U0525762

宋殇

岳飞与赵构

曹晓波 著

人民东方出版传媒
东方出版社

图书在版编目（CIP）数据

宋殇：岳飞与赵构 / 曹晓波著 . — 北京：东方出版社，2024.7
ISBN 978-7-5207-3943-6

Ⅰ.①宋⋯ Ⅱ.①曹⋯ Ⅲ.①中国历史—南宋—通俗读物 Ⅳ.① K245.09

中国国家版本馆 CIP 数据核字（2024）第 091864 号

宋殇：岳飞与赵构
（SONGSHANG: YUEFEI YU ZHAOGOU）

| 作　　　者：曹晓波
| 策　　　划：张永俊
| 责任编辑：张永俊
| 责任校对：曹楠楠
| 出　　　版：东方出版社
| 发　　　行：人民东方出版传媒有限公司
| 地　　　址：北京市东城区朝阳门内大街 166 号
| 邮　　　编：100010
| 印　　　刷：鸿博昊天科技有限公司
| 版　　　次：2024 年 7 月第 1 版
| 印　　　次：2024 年 7 月第 1 次印刷
| 开　　　本：880 毫米 ×1230 毫米　1/32
| 印　　　张：12
| 字　　　数：325 千字
| 书　　　号：ISBN 978-7-5207-3943-6
| 定　　　价：68.00 元
| 发行电话：（010）85924663　85924644　85924641

版权所有，违者必究

如有印装质量问题，我社负责调换，请拨打电话：（010）85924602　85924603

自序

"满朝朱紫贵,尽是读书人",说的就是宋朝。自建隆年以后,赵宋为此也赢得了读书人的极好口碑,有了史书上被光鲜的一百六十八年。后来女真族崛起,"大宋"倒霉了,第八、第九个皇帝,即徽宗、钦宗被掳不说,连后妃都成了他人奴妾。

赵构登基,国号"建炎",要是能痛定思痛,"炎""隆"再继,重用武将,决一抗战,光复强国,也是极有可能。对此,赵构有过治政的改变,有过"绍祚中兴"的努力,也有过起用岳飞等令后人乐道的一段。

但是,因缘际会,新一轮的宋殇,也在绍兴年间的一连串变故中,悄然注定。于是,百年以后,当又一个游牧民族崛起,历史依旧足本重演,赵宋终于彻底寿终正寝。当然,也是因为朝中"尽是读书人",南宋的经济、文化、艺术,也有被后人叫好的一面。

但是,"叫好"不等于有了自我修正"殇患"的体制,当时的宋学理念虽然还没有到达后来的理学的臻至,但对于治国平天下,还是着重专权之下的个人修养一路。为此,无论是皇权至上还是相权"僭越",自身的衰亡,始终无法避免。

如此说来,南宋初时赵构和岳飞等武将的矛盾,并不是集兵权于中央的方针不对,历史证明,兵权集于中央一尊,毕竟是利大于弊。当然,也不是崇文重儒的大计不对,要晓得,一度主政的抗战派赵鼎、张浚都是尊尚程学之人。就连秦桧,也属王安石这一派系的延续。身在其中的赵构，倒是兼收并蓄，看得明白。那么，究竟是什么促成了赵构与岳飞的矛盾升级？又是什么造成了绍兴十一年（1141）的岳飞悲剧？

对此，历来说法不一，但很少有一个令人折服的剖析。譬如韩世忠，对赵构的"非武屈人"的和议之策同样心怀不满，更甚的是，他无视赵构旨意，在金国议和使者返回的要道上还想实施截杀，以毁和议。虽然事泄没有成功，但这行径，足以让赵构深恶痛绝。不过，韩世忠居然无事，倒霉的却是同样作为赵宋军事支柱的岳飞。

不少的文字说到这点，往往只说其一，不及其余，少有根据史料作深入剖析的。当然，有意说"其一"的也有。其中，受专制礼教束缚为尊者隐的，受英雄史观的传统意识局限为英雄讳的，为时势所需的，约定俗成的，都有。但更多的是浮于史料，人云亦云。

为尊者隐，是历来专制意识所成。君君臣臣，说君王无不是，屎盆子只能且永远扣在秦桧等一干人的头上，谓之"奸臣当道"。让他们跪在岳飞墓前，享受张口即来、义愤成本极低的唾沫和击打。

英雄史观就不朽了，何况后世又将岳飞推崇到了"二圣"（关、岳）之一的地位，更是不可非议。民国的吕思勉先生虽然对此有所破及，但受时势所需，论说也为之而终。这一种为时势所需的取向，历来随时代而变，仍是大势，何况吕先生是过激了一点。于是，说史为文，往往变着法子绕了这"桩"走。

本书援引了岳飞与赵构的往来书札，以及当年的横向史料，努力梳理、思考、还原岳飞和赵构这一段历史。从而剖析岳飞与赵构的观点异同、秉性枝梧、意见分歧、矛盾冲突，说他人所不及，道他人所未道。在寻找历史真相的努力下，形成本书文字。

或许，说赵构也是一个悲情人物，读者不一定会在本书中明确悟见，因为本书的述说截点是在绍兴十一年（1141）。至于绍兴二十五年（1155）十月，赵构在秦桧死掉的那天告诉杨存中（杨沂中），"朕今日才免靴中置刀耳"；以及绍兴三十二年（1162）七月，赵构决定禅位给养子赵昚（shèn），同时决定给岳飞平反，都没能在本书中提及。大概，这一类的延续，更能让您窥见赵构的些许悲情，哪怕他藏得再深。

本书在述说这一切时，不设预定框架，只求陈述细节，复原历史，让读者在历史的重构中自主寻找答案。当然，这种复原，多少会给人有隐藏了作者观点的想法。为此，在本书中笔者多少保留了岳飞与赵构之间的书信原貌。尽管这些文字会给读者带来一定程度的"不友好"，但还是以加"脚注"的形式保留了。

为了不让读者对这一段历史的阅读感到枯涩，本书采用了文史相结合的轻阅读的写作形式，即以文学的手法重构历史，力求流畅、详尽、生动地将岳飞与赵构之间的芥蒂、恩怨与破裂，抽丝剥茧，从始到末，一点一点捋出来。同时，也写了南宋头十五年的兵燹颠沛，以及行都临安的初盛与人文风情。

本书的文字既要写得有趣好读，还要处处和不同版本的史料相互印证，以寻找故事的发挥空间，或许，这会与一些大家的治学风格、理念存在不同。好在有著名历史学家何兆武的一句话壮胆："开口都说一样的话，那是不可能出任何成果的。"(何兆武《上学记》)

岳飞遇害于南宋绍兴十一年十二月二十九日，这是按夏历记日，按公历，这一天是 1142 年 1 月 27 日。本书全文采用的年、月、日，也以夏历记时，俗称农历、阴历。这涉及本书的故事背景，特向读者说明。

曹晓波

2023 年 8 月写于杭州青枫书斋

主要人物（以出场先后为序）

岳飞	建炎年间从裨校以战功擢升，绍兴七年 (1137) 起任湖北、京西路宣抚使，绍兴九年 (1139) 以后授开府仪同三司、加少保衔，绍兴十一年 (1141) 为枢密院枢密副使。
赵构	庙号高宗，徽宗第九子，南宋第一代皇帝。
李纲	建炎年第一任尚书右仆射兼中书侍郎（右相），绍兴五年 (1135) 后为江西安抚大使。
范宗尹	建炎三年 (1129) 任尚书右仆射、同中书门下平章事兼御营使，绍兴元年 (1131) 罢免。
王彦	建炎年河北招讨使属下统制，绍兴六年 (1136) 任安抚使，后任都督行府军事参谋。
张俊	建炎年任两浙西路、江南东路制置使，绍兴四年 (1134) 任江南东路宣抚使，绍兴十年 (1140) 任淮西路宣抚使，绍兴十一年 (1141) 任枢密正使、加太傅衔。
韩世忠	宣和二年 (1120) 平方腊建功，绍兴四年 (1134) 为淮东宣抚使，绍兴六年 (1136) 为京东、淮东宣抚处置使。绍兴十一年 (1141) 任枢密正使。
赵鼎	建炎四年 (1130) 任签书枢密院事，绍兴四年 (1134) 任参知政事、知枢密院事，绍兴五年 (1135) 加任尚书左仆射，绍兴七年 (1137) 复任尚书左仆射、同中书门下平章事兼知枢密院事。
张浚	绍兴五年 (1135) 为尚书右仆射、同中书门下平章事兼知枢密

主要人物

院事、诸路军事都督府都督。绍兴七年（1137）八月，引咎辞职。

刘光世 宣和年间马步军副总管，建炎四年（1130）加宁武军节度使，绍兴元年（1131）为淮南、京东路宣抚使，绍兴四年（1134）为淮西宣抚使。

杨沂中 绍兴四年（1134）为主管殿前司公事，绍兴六年（1136）加任殿前都虞候。绍兴十年（1140）任淮北宣抚副使，绍兴十一年（1141）殿前都指挥使。

王伦 建炎元年（1127）为朝奉郎假刑部侍郎任金国通问使，绍兴九年（1139）赐签书枢密院事，担任迎还二帝梓宫及交割地界使。

宇文虚中 建炎年资政殿大学士，绍兴二年（1132）以"祈请使"的名义派往金国，被金国强留，任礼部尚书。

胡松年 主战派，绍兴初年任签书枢密院事。

秦桧 绍兴元年（1131）任尚书右仆射、同中书门下平章事兼知枢密院事，绍兴二年（1132）八月罢免，绍兴七年（1137）起复为枢密使，绍兴八年（1138）三月为尚书右仆射、同中书门下平章事兼枢密使。

沈与求 绍兴三年（1133）后任御史中丞、吏部尚书，绍兴五年（1135）任参知政事兼权枢密院事。

吕祉 绍兴六年（1136）兵部尚书、诸路军事都督府参谋官。

张宗元 绍兴六年（1136）兵部侍郎、诸路军事都督府参议。

刘锜 绍兴三年（1133）为陕、蜀宣抚司统制，后为江东路副总管；绍兴六年（1136）为提举宿卫亲军，绍兴八年（1138）为枢密院都统制，绍兴九年（1139）主管侍卫马军司。

王庶 绍兴初年曾任陕西制置使，绍兴七年（1137）为兵部侍郎，后擢升兵部尚书，绍兴八年（1138）为枢密副使，后贬任潭州知州。

赵士儴 光山军节度使、同判大宗正事、齐安郡王。

张九成	绍兴八年（1138）太常府博士、礼部侍郎兼权刑部侍郎。
张戒	绍兴八年（1138）兵部员外郎兼监察御史。
张焘	绍兴八年（1138）权兵部侍郎，绍兴十年（1140）任成都知府兼本路安抚使、四川制置司。
刘大中	绍兴八年（1138）礼部尚书，后擢升参知政事。
魏矼	绍兴八年（1138）秘书阁修撰，后为权吏部侍郎。
胡铨	绍兴八年（1138）枢密院编修。
晏敦复	绍兴八年（1138）吏部侍郎。
楼炤	绍兴八年（1138）给事中。
孙近	绍兴九年（1139）任参知政事兼权同知枢密院事，次年被罢免。
范同	吏部侍郎兼实录院修撰、给事中，绍兴十一年（1141）擢升为参知政事。
王次翁	绍兴十年（1140）御史中丞擢升参知政事，兼权同知枢密院事。
岳云	岳飞长子。
张宪	岳飞部将，绍兴九年（1139）任副都统制，前军统制，兼提举岳军一行事务。
王贵	岳飞部将，绍兴九年（1139）任中军统制，兼提举岳军一行事务。
牛皋	岳军部将，绍兴六年（1136）为建州观察使，后任湖北京西路宣抚使司统制。
杨再兴	岳军部将，曾任背嵬军统制。
郝晸	岳军部将，绍兴九年（1139），任岳军中军副统制，后升任先锋军统制。
董先	岳军部将，后任背嵬军统制。
姚政	岳军部将，游奕军统制。
薛弼	绍兴五年（1135）入岳军司署任参谋官，绍兴七年（1137）十月调任户部员外郎。
李若虚	岳飞谋士，绍兴六年（1136）任荆湖北路转运判官，后任岳军参议官。

朱芾	绍兴六年（1136）前任安南路转运副使，薛弼调任后，朝廷派任为岳飞军参谋官。
袁溉	与朱梦说、张节夫、孙革等，为岳军早期"非战士"，后期的谋士、幕僚。
兀术	女真人，汉名完颜宗弼，金太祖完颜阿骨打第四子。绍兴九年（1139）为金国都元帅。
粘罕	女真人，汉名完颜宗翰，绍兴四年（1134）为金国丞相、都元帅。
挞懒	女真人，汉名完颜昌，绍兴四年（1134）任金国监军。
乌凌阿思谋	女真人，河东北路制置都总管，遣宋通问使。
张通古	汉人，金国尚书右司侍郎，绍兴八年（1138）遣宋节使。
刘豫	汉人，建炎初年为宋朝济南知府，降金后，为伪齐国皇帝。

目录

引子　/ 001

第一部　略说建炎年间　/ 005

第一章　因祸得福　/ 006

第二章　小试牛刀　/ 008

第三章　初见手诏　/ 013

第二部　寒门何载富贵乎　/ 019

第四章　剿抚流寇　/ 020

第五章　蜂蚁之群　/ 023

第六章　虔城恩怨　/ 028

第七章　盛哉行都　/ 031

第八章　天竺雄心　/ 035

第三部　大江上流的厉害，无如飞者　/ 043

第九章　首次北伐　/ 044

第十章　摧枯拉朽　/ 048

第十一章　金兵南下　/ 052

第四部　捡大漏的六龙临江　/ 057

第十二章　奇葩南使　/ 058

第十三章　孤注一掷　/ 063

第十四章　威震庐州　/ 067

第五部　水师，宋军的短板　/ 071

第十五章　力主放权　/ 072

第十六章　以寇攻寇　/ 076

第十七章　洞庭大捷　/ 080

第十八章　一擢再擢　/ 085

第六部　再有辞免，其属官等并当远窜　/ 089

第十九章　手诏再三　/ 090

第二十章　又觐圣上　/ 095

第二十一章　母丧至上　/ 098

第二十二章　龙颜震惊　/ 103

第七部　憋了一口气的北上　/ 109

第二十三章　苦口婆心　/ 110

第二十四章　御驾再征　/ 113

第二十五章　激愤南撤　/ 119

第八部　爱卿，你又怎么了　/ 123

第二十六章　大敌压境　/ 124

目录

　　第二十七章　行在告急　/ 128

　　第二十八章　累请无益　/ 133

第九部　进止致机，委卿自夺　/ 141

　　第二十九章　号恸擗踊　/ 142

　　第三十章　君臣无间　/ 146

　　第三十一章　寝阁重委　/ 152

第十部　太祖曾言，"犯吾法者，惟有剑耳！"　/ 159

　　第三十二章　高光时刻　/ 160

　　第三十三章　太尉暴怒　/ 164

　　第三十四章　重上庐山　/ 169

第十一部　深契朕心，唯有爱卿　/ 175

　　第三十五章　淮上兵变　/ 176

　　第三十六章　老相再起　/ 179

　　第三十七章　混混使金　/ 185

第十二部　上穹真开悔祸眼了？　/ 191

　　第三十八章　和战两难　/ 192

　　第三十九章　回銮临安　/ 197

　　第四十章　唇枪舌剑　/ 201

　　第四十一章　初定和议　/ 207

第十三部　飞或有不幸下狱，愿公救之　/ 211

　　第四十二章　累乞致仕　/ 212

第四十三章　一相独大　/ 216

第四十四章　金使来了　/ 224

第四十五章　待漏风波　/ 229

第十四部　得偏、裨之心，分大将之势　/ 235

第四十六章　臂指之势　/ 236

第四十七章　谒陵进退　/ 242

第四十八章　卿不能走　/ 249

第四十九章　平和之患　/ 253

第五十章　再觐行都　/ 259

第十五部　仰诸路大帅各竭忠力　/ 265

第五十一章　风云突变　/ 266

第五十二章　毁约之战　/ 271

第五十三章　解危顺昌　/ 277

第十六部　兵难遥度，卿可从宜措置　/ 283

第五十四章　矢已离弦　/ 284

第五十五章　孤军深入　/ 288

第五十六章　血战郾颍　/ 294

第五十七章　诏令班师　/ 299

第十七部　以辅不逮，擢贰枢廷　/ 305

第五十八章　径捣寿春　/ 306

第五十九章　兵败濠州　/ 312

第六十章　老谋深算　/ 318

第六十一章　枢密院事　/ 324

第十八部　天下事，竟如何　/ 331
　　第六十二章　楚州之行　/ 332
　　第六十三章　群起弹劾　/ 336
　　第六十四章　祸起回易　/ 341
　　第六十五章　仰天长叹　/ 346

赘言　/ 351

主要参考文献　/ 365

引子

绍兴十年（1140）九月初七，被金牌召回行都临安（杭州）已数日的岳飞，向赵构辞行返回鄂州大营。岳飞进得凤凰山大内，远眺近看，碧空如洗，晚桂花香。这是临安一年中最好的季节，岳飞的心情却好不起来。

要说岳飞和赵构最亲密的一段，是绍兴七年（1137）。四月的一个午后，正在大江（长江）一线巡视的赵构，召岳飞到御船的寝阁晤谈，君臣欢洽。晚上，岳飞再次被召，赵构聊得一时兴起，决定将刘光世的七万兵马悉数交予岳飞，又让岳飞拥有节制其他宋军的权力，并承诺，"进止致机，委卿自夺"，以图北上。

但仅仅三年，君臣关系江河日下，以致岳飞此时走进大内，略微显出了拘谨。在大内侍邓琮的引导下，岳飞步履滞重。到了慈宁宫外，邓琮先入，岳飞伫立以待。

这慈宁宫是赵构得知亲娘能够归回，去年才拆了最初作为御殿的三楹茅屋，盖起来的。为了给父皇服孝，殿内器物悉数换成了清水原木，从素从白，宫内嫔妃也清退了一半。眼下的近侍妃子，就剩吴贵妃、张婕妤等极少几个。

自慈宁宫盖好，赵构常在南侧小阁独自静坐。小阁视野开阔，东望江水浩荡，舟船如梭，风和日丽时，船上摆渡者的轿子，清晰可见。知道岳飞要来，赵构放下批奏，也在等待。是的，日子太快，落叶倏然，和岳飞促膝相谈十余回的赵构，这一次，也找不回曾经的欣然。

这是赵构人生中最难拿捏的一段，只有吴贵妃、张婕妤明白，每日静坐中的赵构，不只是在想他苦命的亲娘，挚爱的邢氏，他还在考虑一盘决定南宋命运的大棋。

是的，赵构心情极差。去年，宋金和议的条款正在履行，金国元帅完颜宗弼，也就是金太祖的四太子兀术，扬言和议有弊，再次举兵南下，夺回了已归还南宋的土地。

当然，宋军早已不是十年前的弱不禁风，尤其岳军，孤军突进，迎头痛击。当捷报频传到临安，赵构却认为，单凭一支孤军难以取得"直捣黄龙"的全胜。以往岳军的北上失利告诉他，应该见好就收，让金国回到议和的"桌上"来。但面对十二道撤兵的金字牌递诏书，岳飞转不过弯，他再次被激怒：不干了，请辞！

赵构要和岳飞好好谈谈。

当素装净面的张婕妤款步退入内室，邓琮一声宣召，岳飞趋步而进。他对赵构唱个大喏，行了揖拜礼。赵构说一声"平身"，又说"赐座"。小内侍端上青瓷茶盅，躬身退下。

那一日阳光和煦，岳飞着一顶软翅交脚幞头，身穿曲领方心紫袍，腰系玉片革带，孔武壮实。赵构头戴朝天幞头，一身团龙素袍，腰系通犀金玉带，儒雅清瘦。君臣对坐，一时无语。赵构干咳一声，照例先是寒暄。当日，近侍、舍人都未在场，也无君臣对话的片字记录。

不过，第二日朝议，赵构倒是正色告诉近臣："朕昨日当面晓谕岳飞，凡为大将，当以天下安危为己责，不应计较一得一失，存有此想法的，只配当一个士兵。"

赵构又说："朕又告诉岳飞，朝廷对你等大将，也是有一定分寸。譬如边境有战事之前，朝廷就给了你赏封，而不是等你有了功绩再赏。有功欲赏的，那是裨校、佐将胸襟。"

近臣们知道，这虽然是说给他们听的，但也是皇上对岳飞强忍的不快。好在这一次晤谈以后，岳飞不再坚持辞职归乡，估计也不可能心悦诚服。

臣子们的猜测，还真错了。

说这话时，岳飞一早已经出了余杭门，坐上北去的航船。对慈宁殿小阁中赵构的训斥，岳飞从未和他人提及。倒是后来李心传写《建炎以来系年要录》，写到"建炎元年八月"，因为缺少当时史料，调用了岳飞在绍兴十年（1140）九月二日的奏札作为补充。岳飞的奏札说："臣昨❶建炎初因论事罪废，偶幸免死，实出圣造❷。"

认真说来，建炎元年（1127）八月，赵构并不认识岳飞。岳飞说"偶幸免死，实出圣造"，也非事实。那么，岳飞为什么一反被撤兵的激愤，煞有介事提起十四年前赵构的"恩赦"？是想借此表明他早已紧跟赵构，还是为了表示圣上的"免死"之恩没齿不忘？如果并非如此，那究竟是为了什么？

要说清这些，还得略说一下建炎年间。

---

❶ 昨：泛指过去。
❷ 圣造：指皇上赵构。

第一部

略说建炎年间

第一章　因祸得福

要说建炎元年（1127）八月，赵构不认识岳飞是肯定的，更谈不上对岳飞有"免死"之恩。李心传摘录这一段岳飞奏札，只能是绍兴十年（1140）九月，岳飞上了凤凰山皇城的心迹。

赵构外表文质彬彬，内心倒不怯弱。这位儿时就能拉满一石五斗的力气才能使得的弓，胆儿又肥的皇上，虽没有刘邦发迹前的那一种痞性，但还是让金帅斡离不见了，吃不准是文弱的赵佶亲自下的龙种。于是，被拘押金营，该吃吃该睡睡一点都没耽误的赵构，被斡离不认定是假冒亲王，逐出了金营。

这就有了宗泽、张俊、苗傅、杨沂中、田师中等人，对十九岁的赵构"天下兵马大元帅"的拥戴。赵构也不含糊，靖康二年（1127）十二月的"乙亥、丙子、丁丑"（十四、十五、十六），连续三天，率兵从相州过了黄河，直插大名府（今河北大名），想包抄金帅斡离不的退路，截回他的亲娘老子，还有兄长、发妻。赵构又以恳切的文字，召来了能操抗金大盘的李纲，要和金兵大干一场。

到了赵构登基，改年号"建炎"，颟顸的女真人是一根筋到底，要斩草除根。刚任命为左、右宰相的黄潜善和汪伯彦，怂恿赵构南奔以保赵宋命脉。赵构也晓得，自己的老子、兄长已经将大宋军队葬送得差不多了，李纲召来的勤王义军，号称百万，实际大多是打死一只兔子就以为是猎手的山寨响马，还有捏了锄头就算兵器的乡民。赵构就此转向，开始南奔。

南下的金兵，号称十万，前锋只有五千铁骑，由兀术率领，轻兵突进，势如破竹。这兀术既有游牧民族的彪悍，也有丛林猎手的多智，仗着铁浮图与拐子马那一种诡秘的骑兵，宋军大多是闻风弃城。

赵构南奔，反对的也有，裨校岳飞就是其中一个。二十四岁的岳飞在御前中军副统制刘浩帐下,激愤难当,他给赵构写了上书。

岳飞指责李纲、黄潜善、汪伯彦之流不能承担收复失土、迎还二帝的大任,反倒唆使御驾日益南奔。他要求赵构车驾返回东京汴梁,乘敌穴尚未巩固之际,亲率宋军北渡。岳飞认为,只要圣上天威所临,将帅上下一心,中原必定指日可复!

这上书连同李纲一起骂了,可见岳飞终是小校一个,不知高层的复杂。岳飞的上书,哪怕被赵构看到了,也是扔一边的结果。当然,这是两说,岳飞的上书也许是被黄潜善或者汪伯彦一目十行地看了。因为,岳飞很快以"越级犯上"之罪,被逐出宋营。

后来岳飞说是"圣造"之恩,才免一死,纯属臆想。如果这封上书被赵构看过,以"朕下"自称的新帝,除了将它扔一边,还真不会驱逐岳飞出营。

岳飞不知去哪里是好,回老家汤阴?那也太对不起一身的腱子肉和武功了。要晓得,岳飞十九岁时,双臂就能拉开三石力气才能拉满的硬弓,足足是赵构的两倍。这身功夫,只能奔驰沙场,才会光宗耀祖。岳飞背上还有"尽忠报国"刺字,是从军临行前母亲请人刺下的。"忠""孝"二字,母亲希望他"忠"字在先。

岳飞在归德府(治所在今商丘市睢阳区)流浪,过着吃一口热饭都是奢望的日子。当时,义军与山寨好汉混杂河北,凭岳飞一身武功,到哪儿都能混一个吃喝不愁,但岳飞还是投奔了河北招讨使张所。都说乱世出英雄,但乱世中最能被人看重的,还是气质。张所直接提拔岳飞为中军统领,还给了一个"修武郎"的军阶。

岳飞被分到都统制王彦手下,就是士兵在脸上刺"赤心报国,誓杀金贼",被称"八字军"的那一支部队。可惜岳飞和王彦都是犟种,一言不合各奔东西,岳飞就这么奔去了,要命的是还带走了兵,这是可以问斩的罪。岳飞后来没被斩,是东京留守司宗泽允许他戴罪立功。

宗泽病逝,杜充接替,杜充也看好岳飞。这一支辗转江淮的大宋官军,大多是开封义军的凑拼,与金兵打仗虽然胜少败多,但足以让赵构欢喜。再说杜充是前朝老臣，进士及第，士大夫中的异数，对下斩杀立断，连武将张俊、韩世忠都惧他三分。

这足以让赵构视杜充为文臣治军的翘楚，连续擢升。最终，杜充成了尚书右仆射、同中书门下平章事兼御营使，政事、军事可以一口算数。让赵构万万想不到的是，大敌压境之时，杜充突然反水，宋军顿时土崩瓦解。赵构大呼："朕待杜充不薄，何乃至此哉！"二十二岁的赵构，一夜之间，白发陡生。

杜充手下仍有效忠赵宋的人，岳飞就是，虽然一个比统制还低一档的同统制，却收集了上百名散兵，在宜兴打起了游击。农家意识极强的岳飞，决不允许士兵骚扰乡民，哪怕偶有饥色。岳飞驻兵张渚镇，此地四面环水，有一出口。岳飞利用这地形，封闭休整、操练。这一招，颇得民众好感。后来如张宪、王贵，都是这时随的岳飞，可见他不乏对属下的体恤。

建炎四年（1130），宜兴因岳飞的驻兵，盗贼偃息，成了常州一带的人皆向往之地。为此，乡民、士绅给岳飞建了生祠："父母之生我易，将军之保我难。"被金兵、流寇糟蹋得难以安生的乡民，对岳飞，远比对那位遁入东海的皇帝，更怀有大恩。

岳飞渐渐有了两千多兵马，他们也是后来岳军的核心。岳飞还供养了十几名读书人，以一种"非战士"的名分，领饷吃粮。这种行为虽然在后几年一直遭到臣僚的弹劾，但作为军中谋士，"非战士"让岳飞的学识有了长进，岳部也具有了与他军不同的部队文化。

第二章　小试牛刀

夏天到来，金兵因不适应江南多变的湿热，有了返乡的念头。让兀术想不到的是，在明州（今浙江宁波）城外，金军居然被强弩之末的宋军狠狠地阻击了一把。这是宋军在建炎年以来的第一个正面胜仗，领兵的是浙东制置使张俊。

更让兀术无法忍受的是，金兵在北归途中，手下败将的宋军残部，竟然会狠"咬"了他。这就是韩世忠与岳飞的部队，韩部将金兵逼进了黄天荡，差一点要了兀术的命。岳飞是紧跟着金兵的屁股，见机出击。

农历五月，江南梅子正熟，时雨乍热，哪怕没有日头，也闷热得如同在蒸锅之中。是的，江南人称这种天气为"黄梅天"，也称"蒸天"，骡马都会"蒸"得直喘粗气，何况第一次领教"蒸天"的北方汉子。无心恋战的金兵，好容易接近了大江，空气似乎也通爽了一点，裹了绫罗葛帛的金兵，更不愿扔掉来之不易的横财，宁可让湿透的内衣再捂上几天。

眼看到建康城（今江苏南京）了，不料在茅山道上，宋军如猛虎时时从莽草林中冲出来。来不及拔刀应付的金兵，裹得厚实的，直接被砍了最软的脖颈。这就是岳飞的部队，尾随金兵，趁隙就砍，见好就收，直杀得金兵呼爹喊娘，恨不能变出四条腿来。

这时的张俊，已改任两浙西路（包括如今的苏南）、江南东路制置使，岳飞归到了张俊属下。张俊命令岳飞尾随金兵，收复建康。岳飞哪还等得到建康交战，半途就截杀开了。清水涧、牛头山，金兵横尸数里，还连连遭了夜袭。

岳飞要求手下专割戴了耳环的头颅，那至少是一些千户以上的头领。这一割，前前后后、真真假假割了千余颗，葫芦瓢一样扔进了石灰缸。那头颅环顶一圈披发，中间少毛，石灰中一脱水，就像晒干的芋头。张俊听说部下收割了那么多金人头颅，报捷到了赵构案头。一个从没听说的裨将岳飞，斩得如此多金人首级，赵构有一点不敢相信。赶紧传圣旨，送到行在，给众爱卿开开眼。

建炎四年（1130）六月，二十七岁的岳飞，押了金人头颅和一干战利品，来到水乡越州（今浙江绍兴）行在，第一次觐谒皇上。赵构一见岳飞高大英武，又见生石灰炝得脱了水的首级好几大桶，龙颜大悦，连说了四声"好"。更高兴的是，赵构还从俘虏的口中，得知亲娘老子，还有兄长、宗室的近况，唏嘘良久。

赵构一声传旨，赏赐岳飞铁甲战铠五十副，金腰带、良马、好鞍，镀金枪各一，百花袍一袭。据说，当时的赵构穷得比乞丐稍强一点，赏赐是打的白条。不过，给赏岳飞时，史书上并没有说不是实物。

第一次觐见皇上的岳飞，并没有诚惶诚恐，他侃侃而奏，居然还数落了顶头上司张俊："制置使张公要我去守潘阳，我认为不妥。要是金兵再次南犯，必定奔浙江而来，怕的只是有重兵断他的后路。我乞求圣上给微臣拨一支兵马，让我去扼守淮河，以拱护江南腹心。"赵构闻言连连点头，嘉许这武将的谋略与胆识。不过，对于岳飞的请求，赵构不置可否。

倒是尚书右仆射范宗尹看好岳飞，但赵构说："岳飞乃杜充爱将，杜充于朕失臣子之节，而能用飞，有知人之明，犹可喜也。"赵构这话有一点似是而非，他本是说岳飞乃杜充爱将，意思相当明了：难以信任。又说杜充有"知人之明，犹可喜也"。这几乎是写史者的饰笔，为尊者讳，遮遮掩掩。不过，此话虽然是赵、范两人私聊，也注定了岳飞后来的使用。

不日，岳飞擢升为昌州防御使，通、泰州镇抚使，兼泰州知州。昌州防御使只是一个官阶，并非真正在昌州驻守，通、泰州镇抚使是一个实职。

通州、泰州地处大江以北、淮河以南，岳飞想"扼守淮河"的愿望，还是达到了。看来，这至少是范宗尹的赏识，也见出了南宋初时士大夫与君主的共政。

但岳飞并不领情，第一次和朝廷打交道的岳飞，直接递上了"乞淮东重难任使申省状"，提出通州、泰州并非兵家"重、难"之地，我不接受。我宁愿将老娘、婆姨、两个儿子抵押给朝廷，允许我岳飞到淮东去招兵买马，给我打过淮河去的权力。

这是老将都不敢说的话语，一个小将直愣愣地说了。在"申省状"的后面，岳飞还附一张小帖子："如蒙允飞所乞，即乞速赐指挥❶，亦不

---

❶ 指挥：指令。

敢仰干朝廷❶，别求添益❷军马。伏乞钧照❸。"那意思是说，只要同意我的请求，我不要朝廷再增添一兵一马。

这"申省状"让赵构和范宗尹都蒙了圈，难道你岳飞真的不晓得朝廷规矩？你在战乱时拉起的兵马，朝廷一纸"擢升"都认了你吃粮的名分了，你再拿妻儿老小说话，向朝廷挑明潜规则，这不是要自立家军？

建炎年间，群雄四起，流寇窜动，朝廷在江淮前沿设立一种近似藩镇式的镇抚使辖制。即招抚安顿一些"非主流"的军队，北御金兵，南护行在，一举两得。是的，在赵构和范宗尹的决策中，岳飞这一种河北义军班底的部队，与刘光世、张俊、韩世忠等"主流"军队完全不同，后者可作野战军使用，前者只能固定在一处镇守。

岳飞要自行招兵，要想以野战流动的形式北上收复失土，赵构根本不可能给予答复，也没精力对付这些琐事。哪晓得，朝廷没当一回事，岳飞也就没去泰州上任。从建炎四年（1130）七月任职令下发，到了八月，岳部兵马还在宜兴。

朝廷不搭理，岳飞又写奏札："臣飞虽有一万多人马，但连同随军家属共有七万余口，现驻扎宜兴，地方一直勉强应付我军钱粮。如今既然任命我为通、泰州镇守，出发的粮草应该向谁要？据闻，大江上缺乏渡船，七万余口人马要完成渡江，至少半个月。这期间的粮草，希望平江府等地能调拨我三两万石。"

这是一个难题。岳飞又提："原本隶属泰州的兴化县，盛产稻谷，鱼米之乡，现在却归为了承州（今江苏高邮）管辖。原本的泰兴县也不错，现在又划归了扬州。当今泰州属下四县，都靠近海陵碱地，又累遭贼寇蹂躏，庄稼全无收成。以上伏望朝廷详酌，重新划分泰州的辖域。"这是第二个难题。如果我岳飞退一步去泰州上任，朝廷应该调整一下辖地，让我岳飞也拥有一两块富饶之域。

---

❶ 亦不敢仰干朝廷：亦，也。仰，表示尊敬。干，冒犯。全句，我也不敢冒犯朝廷。
❷ 别求添益：益，增加。全句，另求添加兵马。
❸ 伏乞钧照：钧，对于朝廷的敬辞。全句，等待朝廷的通知。

第三个难题是:"如今臣飞带兵万余,从春以来,朝廷还不曾支付过衣服、粮饷,至今仍穿着冬衣,伏望详酌体念。"朝廷既然不同意我自招兵马,自筹粮饷,又不允许我像其他军队那样流动。那就从快给我调拨军衣、粮草。你看,桂花都开了,部下还穿着去年的冬衣(当然也都掏去了棉絮)。

要说刘光世、张俊、韩世忠等嫡系军的任意流动、驻防,还真是赵构的一块心病,但战乱时期,还真没法规范。这当口儿,初出茅庐的岳飞也想如此,道理有,但按兵抗旨之嫌,也不是没有。见岳飞如此,估计那些老资格将领,都会说这老弟的胆儿也太肥了一点。

通州、泰州是一块贫瘠之地,但镇抚使的权力也不可小觑。除了地方的茶盐之税归属朝廷,其他的各种赋税还可以免除三年。镇抚使一旦立有大功,子孙可以世袭职务。只要干得好,融入主流的机会极大,不会一直处在边缘。

这一些,岳飞肯定不明白,要是通州、泰州不贫瘠,哪还能轮到你岳飞?平江(今江苏苏州)丰腴吧,但一个知府死了近两年,等候此职的官员有三四位,愣是定不下来任命谁。为什么?哪个在朝中不盘根错节,有一大把理由。

朝中臣僚谁会和岳飞说这些透话?乡党、同门,还有前朝老臣的小圈子,能够左右朝政的有不少。但对武将,都持一种看法,重用只是一时所需。给你初出茅庐的岳飞一个通、泰州镇抚使,已经很不错了。想打过淮河,打过黄河,你岳飞也想得太多。

是的,岳飞僵持着不去上任,就是想北上。年少任性,不知深浅,那是别人的看法。岳飞认为,只要给他一支军队,打过淮河,打过黄河,并非难事。

岳飞写过一篇《五岳祠盟记》:"自中原板荡,夷狄交侵,余发愤河朔,起自相台❶,总发从军❷,历二百余战。虽未能远入夷荒,洗荡巢穴,

---

❶ 相台:即相州,是以府台的资格相称。
❷ 总发从军:即束发从军。

亦且快国仇之万一。今又提一旅孤军，振起宜兴，建康之城，一鼓败虏，恨未能使匹马不回耳❶！故且养兵休卒，蓄锐待敌，嗣❷当激励士卒，功期再战，北逾沙漠，喋血虏廷❸，尽屠夷种。迎二圣，归京阙，取故地，上版图，朝廷无虞，主上奠枕❹，余之愿也。河朔岳飞题。"

岳飞说他"总发从军，历二百余战"，估计连捉拿毛贼的战斗都算在一起了。但岳飞有胆气，就是要打过黄河去，踏平金虏地，"迎二圣，归京阙"。这篇《盟记》的落款是"河朔岳飞"，中原之人，收复家乡，当仁不让。后来流传一时的《满江红》，应该是有心人借鉴了《五岳祠盟记》的豪气，以岳飞之名写就的。

等待中的岳飞，好歹见到了朝廷的回复：由湖州调拨五千石大米，资他移兵泰州。哪晓得，当岳军的运粮船到了湖州，知州赵子璘说他并没有接到朝廷通知，害得士兵白跑一趟，气得岳飞又写奏札给了朝廷。

第三章　初见手诏

绍兴元年 (1131) 以前的赵构，还真搞得晕头转向。李纲、张浚主张伺机攻战，范宗尹、赵鼎主张据守养息，吕颐浩、朱胜飞主张迁都他地。都是文士要臣，一吵起嘴来，谁都不让谁，宰执如同走马灯，岳飞这镇抚使的小事，赵构哪还能顾及。

眼下，金国左监军完颜昌率领的北下接应援军，与兀术会合以后，正打算沿运河北归。扼守运河要冲的扬州镇抚使郭仲威、楚州（今江苏淮安）镇抚使赵立、承州镇抚使薛庆，闭关不让借道。完颜昌和兀术合兵强攻。郭仲威难以抵抗，放弃扬州奔兴化去了，赵立、薛庆危在旦夕。

完颜昌的女真名叫挞懒，和兀术一样，足智多谋，善打硬仗。于是

---

❶ 恨未能使匹马不回耳：只可惜没能让金兵匹马无回。

❷ 嗣：接着。

❸ 喋血虏廷：喋，踏平。虏，对胡人的蔑称。全句，踏平胡虏之地。

❹ 奠枕：安枕无忧。

楚州、承州告急，刚升任签书枢密院事的赵鼎，眼下是枢密院唯一管事的，他要求张俊出兵救援。张俊提出，要把还没去泰州上任的岳飞，调拨给他，先行出发。

赵鼎，前朝崇宁年间的老臣，从权户部员外郎调任的签书枢密院事。滑头的张俊压根儿没把赵鼎放在眼里，除了调派岳飞所部，他并没有再多派一支兵马。

赵鼎一再要求张俊多派部队，张俊说："金兵正在势头上，我这一点兵马全上去，也是徒手搏虎，必亡无益。再说，如今的行在越州，立脚不稳，人心易摇，大部队还是留在朝廷附近，卫护圣上为好。"张俊这话，无懈可击。

赵鼎说："楚州、承州要是一失，大江以北即无依仗。张制置使，你要是怕担当阻敌失败的责任，我赵鼎和你同往。"张俊一听，头摇得拨浪鼓一般。赵鼎没法，只得调派刘光世部队。岳飞所部，就势拨给了刘光世。

说这话，已是建炎四年（1130）的八月二十二日，只要能北上打金兵，岳飞一得令，就派先头部队赶向了江阴。这时，朝廷的省札到了，岳飞一听连上司都换了，晓得前线吃紧，赶紧要副统制王贵带后续部队等待船只分批渡江，自己领一支轻骑，率先渡江。

九月初九，岳军连家属五万多人全部到达泰州，由张宪守城，岳飞率兵去楚州救急，他要给老将刘光世一个好印象。

到达楚州外围的岳飞，本以为刘光世手下的王德、郦琼部会按约定会合，一起先援承州，再夺楚州。哪晓得刘光世是一个捡漏的主，遇到硬的，只打外围，绝不和挞懒、兀术硬碰硬。第一次协同作战的岳飞哪晓得这些，他驻在离承州不远的三墩，都看得见挞懒大营，静等王德、郦琼部到来。好在岳飞善于打游击战，在外围也打了几个小胜仗，抓了七十多个俘虏，送往了朝廷。

岳飞等得粮草都快吃完了，刘光世的部下还没到来。九月十五日，岳飞给刘光世发了求援粮草"行状"，也算告诉老刘，我岳飞到位好几天了。

刘光世的回札没有到，赵构的手诏却意外地来了。这是岳飞第一次得到皇上的亲笔，末尾那个似"田"非"田"的御押，看得岳飞激情澎湃。是的，赵构的亲笔手诏与御笔、诏令不同，御笔、诏令虽然也是赵构旨意，但往往由近臣或舍人执笔而成。前者赵构极少写就，尤其给裨将如岳飞者等。

赵构不知道岳飞在承州附近，正急于得到刘光世的统筹进取，也不晓得岳飞还打了几个小胜仗。赵构手诏的前半段说："近据刘光世差王德等统军马过江之后，累奏战捷，杀获金兵甚多。"后半段说："岳飞奉命许国，忠劳甚著，朕常嘉之。今可与光世所遣将领等协力并进，往承州、楚州等处，杀伐金贼，期于剿扑，当议不次推赏。其有能获龙虎太师者，白身与除观察使。"

龙虎太师是金军的领兵军师，赵构受其逼迫，曾日夜南奔。赵构承诺，谁能抓获这个家伙，哪怕是"白身"兵士，立马任命五品观察使。这时的赵构，几乎视武将为中兴的根本，动辄褒奖擢升，几无食言。

但刘光世的王德、郦琼部究竟在哪儿？居然还是"累奏战捷，杀获金兵甚多"。难道他们不知道承州、楚州已岌岌可危，仍在别处恋战？初涉宋军，不知个中隐情的岳飞，还真有点莫名其妙。岳飞在给赵构回札时，不敢提及刘光世仍未接战，只说，至今我不知道王德将军屯兵在什么地方，我们怎么会合，什么时候向金兵发起进攻。

岳飞的回札才发出，赵构又来了一道诏令，这一回是御笔诏令。随同一起送达的，还有赏赐：金注碗一副，盏十只。岳飞明白，圣上肯定是见到我部解押去的战俘了。

赵构的诏令说："敕，岳飞节义忠勇，无愧古人。所至不扰，民不知有兵也；所向必克，寇始畏其威也。朕甚嘉焉。方今国步艰难，非卿等数辈，朕孰与图复中土[1]者耶！奈何江表尚多余寇，卿可竭力措置擒获，

---

[1] 中土：中原，黄河以北。

必期静尽，无使越境，为吾之忧。姑赐卿金注碗一副，盏十只，聊以示永怀也。"

金注碗和金盏都嵌有"文思院"印款，这是一处专为大内制作御用器具的工场。行在颠沛尚定，文思院又在初创之时，赵构将如此精美的制作器皿作为对一个从五品武将的赏赐，怎么能让岳飞不激动？岳飞记得第一次与圣上见面，曾说起自己好喝几口。圣上如此记挂在心，真让岳飞诚惶诚恐。

是的，赵构这赏赐并没有经过三省、枢密院，也跨越了刘光世。从后来的发展来看，这也是赵构对一种新关系的确认。岳飞部队的勇武与对民众的"所至不扰"，传闻到了朝廷，也让赵构看到了"主流"官军的不足。

可惜，没等岳飞为圣上尽忠出力，承州已被金兵攻破。没几天，楚州镇抚使赵立战死在了城头。承州、楚州一失陷，无险可据的泰州完全袒露在了金兵的进攻之中。十一月七日，岳飞决定放弃泰州，退回江阴。岳飞向朝廷发去奏折，以"失守待罪"。

对于泰州不经应战，闻风放弃，朝廷臣僚纷纷弹劾。当然，弹劾的是刘光世，毕竟岳飞只是刘军手下的一员统制级武将。赵鼎向赵构提出："这事定要问责。"赵构说："光世挡此一面，委实不轻，若责之太峻，恐其心不安，难以立事。"

说这话，赵构也是叹一口气。他明白，眼下对待武将，只能顺着毛捋。哪怕刘光世拥兵自大，滞步不前，只要表面还顺着朝廷，能不敲打，还是不敲打的好。

建炎四年（1130）秋天，挞懒终于接应回了兀术，所有金兵撤到了淮河以北。大江南北，也就稍稍安定了下来。不过，连续几年的战乱，各地盗贼也没消停，人人争王，个个称霸，全不把赵宋朝廷当一回事。赵构打算，江南路招讨使张俊改任江、淮招讨使，将那股由镇抚使反水的流寇李成，先行剿定。

这李成和岳飞一样，最初也是衙署的弓射手，靖康年，金兵占了河北以后，他聚众起事，与金对抗。李成作战勇猛骁悍，对部下号令森严，也极体恤，士卒未食他不先食，兵校有病他亲视之，部下往往所向无敌。李成持之勇锐，两次接受南宋朝廷招抚，二次反水。

第二部
寒门何载富贵乎

第四章　剿抚流寇

绍兴元年（1131）正月十八刚过，张俊朝觐赵构，对于征讨李成，他面露怯意。毕竟李成这股部队，作战凶猛，太强悍了，将会消耗自己太大的实力。张俊启禀赵构："微臣兵寡将疲，实有负圣令，望改派他军。"

赵构笑说："李成攻打江州（今湖北九江），两个月不能得逞，可见兵力虽众，却无可畏惧。看来，你还不如韩世忠能独擒苗傅、刘正彦。张爱卿，你不妨一去，攻下一郡，让朕看看如何？"

苗傅、刘正彦，就是腰斩大内侍康履，用血淋淋的大刀逼迫赵构退位，制造"明受之变"（也称"苗刘兵变"）的两人。最终，为勤王的韩世忠等部击败、擒杀。张俊晓得没了退路，打起了老部下岳飞的主意：这厮作战彪悍，不亚于李成，还不是嫡系。

张俊说："蒙圣上厚爱，臣一定朝至而夕入，为圣上分忧。不过，圣上能否将江阴的岳飞部仍调拨于臣？"赵构颔首许可，诏令枢密院即日行文。

因弃城失职还没有得到处分的岳飞，为此又受到重视，调拨到了老上司张俊属下。这一年岳飞二十九岁，受了招讨使张俊节制，也给他的前途带来了转机。

岳飞没负厚望，一出手就以奇兵突击生米渡，战筠州，战朱家山，枪挑了李成的一员副将赵万。在楼子庄、蕲州又大战两场，打得李成北奔，余部纷纷告饶，都说要"知尊朝廷"了。

眼看大江秋防在即，也就是到了江水下降，北方草丰马肥，女真人容易兴兵之时。赵构命令张俊班师去驻守大江，只留岳飞一部在洪州（今江西南昌），并授岳飞为神武副军统制。不久，又授岳飞亲卫大夫、建州观察使。这亲卫大夫是官阶，建州观察使虽冠以"建州"，却并不一定在建州防守。这时的岳飞，就这么妥妥地融进了神武副军的"主流序列。

因了岳飞的威名，洪州治安一时安定。大凡插了"岳"旗之处，小偷、村氓都安分了不少。当然也有不知好歹的，岳飞只派了几个佐校，就扫平了。地方一安宁，岳军风纪又严明，乡民叫好一片。洪州受江西安抚大使李回节制，李回奏报到了朝廷，又擢升岳飞为神武副军都统制，正五品。从同统制到都统制，不到两年，还不是真正和金兵作战，岳飞也感到升迁的意外。

正好，岳军中一位主管文书的秉义郎高泽民，从临安来了信。他说岳飞的"都统制"是他向枢密院友人恳请得来的。高泽民是岳飞的外甥女婿，读完来信，岳飞吓出一身冷汗：讨要功名，我岳飞被朝廷看成什么人了？

较真儿的岳飞，次日就向安抚大使李回请罪，力辞都统制一职。搞得李回也摸不着头脑，赶紧禀奏朝廷："岳飞一军自从讨贼，服勤职事，忠勇之名闻于江右，纪律之严信于疲氓（疲困之民）。留屯洪州，声势甚远，江、湖群寇，率皆逃避。近来迁升为神武副军都统制一职，确实名副其实。但岳飞得其外甥婿书信，方知这职是外甥婿高泽民私自乞求来的，着实惶恐不安，几次与臣告知，实在不是他指使高泽民。"

让岳飞不敢相信的是，皇上赵构要近臣回复李回："岳飞勇于战斗，驭众有方，任神武副军都统制，确实出自朕意，非因陈乞，可令安职。"

这几乎就是圣上的直接回答：你岳飞的一举一动，我赵构完全看在眼里，朕赏识你。

绍兴元年（1131）的赵构，为了中兴，事无巨细，躬身自察。尤其武将，更注重有加。当时，除了川陕一带的吴玠、吴璘等单独作战外，江淮浙湘的各位将领，其战绩、军纪，赵构都了如指掌。尤其江东宣抚使刘光世、浙西制置使韩世忠、浙东制置使张俊、福建制置使辛企宗，以及一万以上兵力如王𤩲、岳飞等部，赵构几乎是动辄过问。

上述将领中，王𤩲是文官带兵，深为赵构看好。岳飞是后起之秀，文韬武略，也为赵构欣赏。只有老将辛企宗，战绩不多，常被人弹劾

"养寇自重"。为此，辛部兵马，几次被朝廷拆分。这也是杜充投敌以后，赵构对将领拥兵自大的首次抑制。岳飞因这几年的征讨胜绩，兵马增多，又加上骁勇善战，治军严谨，名声鹊起，逐渐有了替代辛企宗的趋向。在战斗力的排序上，与老将王瓘，也有了伯仲难分之势。

"匪来若梳，兵来如篦"，战乱中的官军，往往也让民众难以接受。枢密院启奏赵构说："诸军剿寇，肆为掳掠，甚于盗贼。望赐告戒诏，自今出师，毋得秋毫骚扰。"好在岳部没有如此弊端，这一点赵构也明白岳飞的不易。天下纷纷，粮赋短缺，正赖各大将出力之时，赵构还真拿不出一个好的治理法子。

眼下，岳飞派催粮草的"乞科拨钱粮照会从申省札"转到了龙案，朝廷虽有压力，但赵构还是当即批示："疾速应付，并札下江南西路安抚大使李资政照会，催促应付施行。"李资政，就是刚被任命为江南西路安抚大使的李纲，因为李纲当过资政知事，也属执宰，虽然一度被贬，资历仍在。如今，也只有江南西路的粮食，有一点储存。

但江南西路也被地方势力曹成搞得焦头烂额，曹成号称大军十万，良将近百，福建、江西、湖北的各路官军都奈何不了他。李纲手下无强将，朝廷只得再派岳飞兵马前往。又将那一带的韩京、吴锡等小股官军，以及广东调拨来的刀弩手、弓箭手，一并归入了岳军。岳军一下子有了一万两千兵力，除去辅助兵种，能征战的精锐也有七千多。

岳飞一到潭州（州治长沙，辖区跨今湖南、湖北），先兼知州，又兼了荆湖东路安抚都总管。为了掐断曹成的窜逃之路，朝廷命令韩世忠率部前来，设法一举解决掉这一块后方的心病。

赵构也算是宅心仁厚，他认为地方势力本都是大宋黎民，只因兵荒马乱、生计太苦，才逼出的乱子。只要他们能遵奉朝廷，还是招安为上。为此，朝廷给了岳飞金字牌和黄旗各十副，作为招降信物，又几次发来省札，询问岳飞招抚的操作。

赵构明白，能让官兵挠头的盗寇，往往锐勇，招抚是改变宋军羸弱局面的一个良策。当然，赵构这种因时势的需要，"从寇转军"的策略，也是文臣士大夫后期对武将不屑的主要缘由。

要说曹成的十万大军，只是虚数，除了老弱、辅助，真正能打仗的，三万顶天了。但曹成有其他"盗寇"不及的高明之处，他养了不少谋士，人称"打食人"，和岳飞养"非战士"一样。看来，曹成也是一个想成大事的人，对这样的人，仅仅靠"抚"，后患无穷。

这时的岳飞，也能和赵构搭上话了，他上奏折，不同意安抚之说："臣窃惟内寇不除，何以攘外；近郊多垒，何以服远？"这几年不绝的流寇，皆晓得圣上的"务广德意"，往往"玩威不畏，力强则肆暴，力屈则就招"。岳飞说："臣深以为陛下好生之意如此，为臣子者患❶不能推广而行之，故先宣布上恩，以期改行。"

这意思是说，圣上的好生之德，我岳飞会向盗寇宣布。但攘外必须安内，这是立国原则，我担心圣上如此的恩泽，不一定能得到好的结果，只有抱定彻底剿灭的决心，曹成才会老老实实，知尊朝廷。

这时的赵构，对武将正倚重有加，见崭露头角的岳飞如此固执己见，也就且听一回，剿除吧。但说出这话，赵构还是担心湖南地形复杂，民风彪悍，一万多兵马的岳飞，应对不了拥兵十万的曹成。赵构再三要求岳飞，等会合了韩世忠的部队，一起总攻，防止盗寇退入崇山峻岭，那麻烦就大了。

哪晓得，绍兴二年（1132）闰四月初二，朝廷的这道敕令才到达岳部，岳飞早已连打带追，尾随曹成部队，进入茶陵县，向郴州进发了。

第五章　蜂蚁之群

由于轻敌急进，岳部先锋中了曹成部的埋伏，韩顺夫、岳翻（fān）两位裨将也被曹成部将杨再兴斩获。岳翻是岳飞的弟弟，岳飞哀痛之后，亲自生擒了杨再兴、郝晸，并收伏为属下，后来两人成了岳军十二

---

❶ 患：担心。

统制之二。

只剿不抚的岳飞，其实也有分寸，杨再兴、郝晸的收伏，就是例证。岳飞对赵构的安抚之说所持的异议，从后来讨伐虔州（今江西赣州）等地来看，并不全是他的卓越见识，而是他的自信。岳飞要给赵构，以及其他宋军，显示的是自己的实力。

不按朝廷的命令行事，也让赵构看到了岳飞的不足。不过，从后来接二连三的胜仗来看，为了稍纵即逝的战机，将在外君令有所不受，赵构还是理解。倒是岳飞，多少有一点惶恐，一封"追赶曹成捷报申省状"，最后几句满是知错的诚意："伏恐庙堂过忧，上勤宵旰，谨具申尚书省并枢密院，伏乞敷奏施行，伏后指挥。"

岳飞在此连用三个"伏"字，虽然只是敬辞的一种，但"敷奏施行"，也表示出往后对指令的听从。赵构没有过分责备岳飞，他下诏枢密院，除了勉励，特别交待："宜令岳飞一一记录将士劳绩，候贼平日，参酌功效高下，开具闻奏，当议优与推恩。"

不过，对于岳飞，更看重的是及时的论功行赏。当军士郭进第一个冲入莫邪关时，曹成的旗手正好也登上关口寨头，郭进挥枪而出，杀了旗手，占据高处，赢了战机。岳飞当即解下赵构赏赐的金腰带，奖给郭进。又封郭进为秉义郎军阶，破例提了"干"。当然，这当场的赏赐，事后岳飞都会报给朝廷，给予追认。

绍兴二年（1132）六月末的一天，大热，岳部驻扎在永州祁阳县（今湖南祁阳）大营驿，部队安顿以后，岳飞骑马巡视，唯恐有不妥或违纪之处。这时，远处尘烟起处，有快马"嗒嗒"而来，见了岳飞，翻身落鞍。来的正是朝廷信使，送来六月十一日敕令：岳飞的官阶从亲卫大夫提升到中卫大夫，官职也从建州观察使升迁到武安军承宣使。

承宣使虽然是节度使的候补官职，也称"节度观察"，从四品，但与节度使一职却"路途遥远"。鉴于太祖赵匡胤陈桥兵变，后来的节度使已无实权。节度使如此，承宣使更甚，只表示一种加官虚衔。这时的岳军兵力已今非昔比，不算附属兵种，能征战的精兵就有一万两千，朝廷不能不重视了。

见到敕令的那几天，岳飞心情不错，题笔白壁："权湖南帅岳飞被旨讨贼曹成，自桂岭平荡巢穴，二广、湖湘悉皆安妥。痛念二圣远狩❶沙漠，天下靡宁❷，誓竭忠孝。赖社稷威灵，君相贤圣，他日扫清胡虏，复归故国，迎两宫还朝，宽天子宵旰之忧，此所志也。顾蜂蚁之群，岂足为功。过此，因留于壁。绍兴二年七月初七日。"

这是岳飞第一次自称"权（代理）湖南帅"，后来再也没有如此自诩过。是的，"将"是握兵打仗的，"帅"是统率大局的，朝廷在行文中可以褒称武将为"帅"，但这只是一种美誉，武将却万万不能自称为"帅"。越是接近"统率大局"的可能，越是不能自负，这也是赵构的大忌。

不过，此时的岳飞，相信只要君臣圣贤，社稷威灵，收复失土、迎回二帝，只是早晚的事。眼前曹成这"蜂蚁之群"的剿灭，根本不是他岳飞可视作的功勋。

又有消息传来：赵构想召见岳飞，枢密院通知下来，只等令到，"即以兵赴行在"。"即"是马上，"以兵"是带几个将士，到行在让朕瞧瞧。当然，"以兵"只是少数"英模代表"，宋史上赵构召见武将允许"以兵"，不曾有过。

岳飞眼巴巴地在永州算计着启赴觐见的日子，等啊等，等了三个月，变化来了。绍兴二年（1132）十一月，两广、江西各地接二连三给朝廷上奏：要岳飞的部队到他们那儿去。第一个上奏折的是岳飞曾经的上司，江西安抚大使李回，他说："吉州（今江西吉安）盗寇彭友等为乱猖獗，请岳飞前往。"

接着，广东西路宣抚使明橐（tuó）也上了奏："虔州盗贼实乃两广隐患，士绅纷纷有请岳飞，岳军不但能剿灭盗匪，还不骚扰民众，望朝廷

---

❶ 狩：狩猎，对徽钦二帝被俘虏到北国的隐讳说法。

❷ 靡宁：不得安宁。

矜悯远人❶，派岳飞到来。"

梧州知州文彦明不怕不热闹，也上奏说："虔州盗寇常越界劫掠，乞望派岳飞部前来剿抚。"江南东、西路宣抚使刘大中，更是连连上奏，恳请岳飞早早前来本地汇剿盗寇。

要说吉州的彭友、虔州的陈颙等大小流寇，在那一带合时呼啸裹挟，分时掳掠对方，危害远及两广，确实不可一世。那些前往剿讨的官军，纪律也差，说是剿，实为掠，民众苦不堪言，几次剿讨下来，乡人反倒倾向了流寇，不买朝廷账了。

岳部军纪严明，行军夜宿街市，开拔时还为主人汛扫门宇、洗涤釜盆，早已名声在外。有一次途经庐陵，太守在郊外为岳飞设宴饯行，哪晓得部队走到末尾，都没有看见岳飞。太守问殿后的偏将：大将军何在？偏将答道：岳将军走在头上，早已远去。

赵构也希望每一支军队都能像岳飞那样，他不但同意地方对岳飞的请留，还针对各地剿盗的迫切，怕操之有过。绍兴三年（1133）三月四日，赵构敕令："此虽盗贼，本吾赤子，必不得已，而后杀之。况为将者自不可多杀。"

针对虔州，赵构另有专诏："虔民啸众，皆吾赤子，虽曾作过，尚务宽贷。仰江西帅宪❷及本州告谕，限二十日（内）自新，一切罪犯特与赦免。如违，即令虔州见（现）屯（驻扎）军马，依已降指挥，前去收捕。"从后来岳飞的剿抚得胜来看，赵构此话，深藏了他的难言之隐。

一心想赴行在的岳飞见了征讨令就不爽了，他给枢密院的奏折说：天都热了，弟兄们还穿着冬装，"军无春衣，无法遵命"。夕寐宵兴的赵构得知后，赶紧落实江西、广东、湖南各处漕臣，要他们从快应付岳部的钱粮春衣。

为了安抚岳飞，赵构给这位从四品荣誉衔的岳飞写了亲笔手诏："朕

---

❶ 矜悯远人：怜悯远方的人。
❷ 帅宪：此指执掌军政、刑狱的长官或部门。

已亲敕诸路漕臣，应付卿军马钱粮，拖延者，坐贬岭外之罪❶。卿当体国，疾速统率精锐人马前去，务要招捕静尽，无使滋蔓，罪有所归。仍具起发日时及沿路所至去处，逐旋以闻。付岳飞。御押。"

赵构要求岳飞体谅国家安危，赶紧发兵，务必做到招抚与捕捉都干净无遗，使得地方能长期清静，不能再使流寇蔓延。赵构晓得岳飞有这个能力，也晓得岳飞有点不爽，他要求岳军每到一处，马上禀告，让他知道所经路线。这时的赵构，对初露头角的岳飞，除了尊重，还有敲打。岳飞你一报出行军时日，朝廷就能掌握你的进程。赵构不能说得太重，显示的只是关心，他太需要岳飞这样的将才。

这时的岳军，兵马也有了两万四千，他一到彭友的地盘，先派出两位谋士前去劝降。彭友傲慢地说："人人都说岳承宣智勇双全，天下第一，我今天要是打败了他，天下还有什么话好说？"他又说："将我的话告诉岳承宣，不要虚张声势吓我，我宁可和他决一死战而败，也不会投降。"

第二日对阵，岳飞放马与彭友只一个回合，就晓得对方与自己不是一个档次。只见岳飞拖枪而回，彭友恃强疾追，马蹄声中，岳飞突然回身，略展猿臂，将彭友擒下马来。一见岳飞如此神力，彭友手下的"十大王"返身狂退，不降者尸横遍地。

彭友的手下大将李满，当即退入固石洞❷据险顽抗，那洞内藏粮草颇多，又四面皆水，只一条山道攀缘而上。岳飞再派谋士上山劝降。贼众道："你如能破我山寨，我们就是死，也没有什么遗憾好说！"

次日，岳飞先是佯攻，将寇寨的檑木、炮石消耗殆尽。又一日黎明，岳军将士铠甲在身，持弓满箭，列阵固石洞四周。又派出三百"敢死士"，沿了山道疾马奔驰，向前山发起佯攻。另一支主攻的"敢死士"，以前后"靥心"（一种形似盾牌的金属装备），攀山而上。山上贼众登时大乱，

---

❶ 坐贬岭外之罪：坐，定罪。岭外，也就是五岭以外，即后来的海南、香港、澳门之地，当年的蛮荒瘴疠之处。
❷ 固石洞：也作"固始洞"，学界对其具体位置尚存争议。

有的弃洞而奔，有的坠落山涧，有的缴械投降。也就十几天，吉州、虔州悉数平定。活捉彭友、陈颙、李满等大小首领二百多人。

第六章　虔城恩怨

虔州平定，岳飞看出了民生的艰难，彭友、陈颙不是流寇，是地方武装，要是按照讨伐曹成的套路，斩了二百多大小首领，可能会激起民众对立的隐患。赵构也说过，他们原本都是愚民，还是宽恕的好。岳飞想放了被胁迫的人，也好成全圣上美意，于是上奏朝廷：

"恭奉圣旨，措置虔贼。今已节次生擒杀降到虔州诸县界山寨贼首罗诚等二百余人，见拘管在寨。未审❶令臣一面处置，唯复申解朝廷，伏望圣慈速赐指挥，以凭遵禀施行。"

二百多首领的发落暂且等待朝廷诏令，岳飞挑选了喽啰中几百名面善且勇锐体健的，充入岳军。其他被胁之众，一律释放，要他们返回故里，安业耕种。这个决定顿时使得虔城民众一片欢呼。次日，市面井然，买卖照常。

朝廷的命令，终于在仰首中到来了。让岳飞料不到的是，枢密院转来的一道"密旨"，相当简单："庙堂以隆祐震惊之故，有密旨，令飞屠虔城。""庙堂"也就是赵构，这二百多名大小首领不仅要杀了，虔城百姓也要杀。

那么，"隆祐震惊"又是怎么一回事？赵构为什么一反宅心仁厚，说此狠话？这话要是道来，就长了。

话说靖康年间，京城汴梁沦陷，赵佶、赵桓二帝连同皇子公主，所有宗室、嫔妃，全被掳去了北国。不过，有一个丽人倒是万幸逃脱，她就是住在汴梁相国寺前府邸的元祐皇后孟氏。孟氏十六岁进宫，后来成了哲宗帝的正宫，但三十岁那年，被废。这本是一桩冤案，赵桓当皇帝

---

❶　未审：不知。

时，正打算给她正名尊号，不料战乱发生，也就顾不上了。

赵构登基那日，孟氏以皇室中唯一的长者，将张邦昌交出的御玺，郑重授予，赵构也就名正言顺地成了赵宋第十个皇帝。赵构尊孟氏为隆祐皇太后，掌管后宫事务。当时南奔，本着"女士优先"，隆祐太后率六宫三百八十三名女眷先行撤走。

这"六宫"，近有哲宗以后三代皇帝的嫔妃遗留，远的还有英宗朝十六位有名号的，后者估计都垂垂老矣，她们都在汴梁城破时万幸逃脱。要晓得，仅赵佶当朝，内宫女子就超了万数。赵桓登基发"罪己诏"时，遣散了嫔妃九千名。能剩下的，那都是粉黛百媚了。

金兵临近杭州，隆祐皇太后由李邴、滕康两位宰执陪同，带了这支"六宫"女眷，在禁军亲兵的护卫下，先期奔向了洪州。此后，又转道更偏远的虔州。一路翻山越岭，吃煞苦头的不仅仅是脚夫，嫔妃更甚。途中遇水，舟被倾覆，死亡一成；林海苍莽，几次三番被毛贼劫道，又亡一成。劫去行囊金银不说，半途亲兵变心，遁逃掳走的更多。这些吃够了苦中苦的嫔妃，没承想，在虔州等待她们的，又是一场大难。

虔州的知州跑路了，吏胥说库银早就空了。隆祐皇太后一行，身边只有不多的"沙钱"——一种铜质不足的钱币。"沙钱"不被市商看好，不能使用。这说法载于正史，不过，曾担任鄂州守令的庄绰说：绍兴四年（1134）他到过虔城，吏卒告诉他："你持有的制钱市面上不能用。"为什么？答："这制钱是政和、宣和年间，前皇上的无道钱，此中不使。"政和、宣和是赵佶的年号，浙江、江西一带庶民，被官吏追逼奇花异石去迎奉赵佶，搞得倾家荡产。民众痛恨之极，也祸及了当时的制钱。

搞不明白的卫士为此与买卖人发生了争执，被虔州乡民围攻。其中一个叫"陈大五"的"长者"，最为狂悖，号召力极大，卫士无法抵挡，宰执措手无策，风韵犹存的隆祐皇太后更是受足羞辱。更不堪的是，年轻的嫔妃，连同轿子，被村夫们捡了大便宜似的抢走了不少。要不是一小支官兵正好路过，隆祐皇太后估计到此也就史书了断。

没承想隆祐皇太后受此颠簸，从虔城返回行在越州后，时时病卧，绍兴元年（1132）驾鹤西去了，真痛煞赵构。赵构说过，他幼时，隆祐"爱朕不啻己出"，他也视隆祐如同母后。这一段耻辱，赵构一直记在心头，难于乱世，无暇对付。等到腾出空来屡派讨伐时，虔州的乱民反倒是越战越强，最后连赵构的招抚令都不予理睬。

赵构本想压下激愤，留作天下平定后再"秋后算账"，眼下先安抚为上。这一回，虔州乱民撞到了岳飞的刀口上，赵构恨从胆起，他要屠平虔城。

赵构没想到，一贯主张只剿不抚的岳飞，这一次却和他杠上了。岳飞上奏说："圣上，不能这么干，只能杀彭友、陈颙为首几个，其他应予赦免。"十几天后，赵构又一诏送到，很简单，"不许"，还是要杀。

岳飞的执拗，也露了出来，他再三上奏，"连请不已"。岳飞提出：官府为了隆祐皇太后震惊之故，曾经在虔州的十县之间，有过几次汇剿，失业之民反倒率众附寇。虽然圣恩浩荡，饶恕胁从，但几年下来，积怨已久，没有一次从内心真正信服过官府。微臣愚见，还是按照以前在建州平抚范汝为的体例，特降"曲赦"，宽恕以往。"曲赦"也就是特赦，岳飞说，"如此，则人获安乐，盗贼潜消矣"。

绍兴三年（1133）的整整一个六月，快马携了奏折、诏书，就这么在临安与虔州之间的道上奔驶开了。一边是赵构说"严惩不贷"，一边是岳飞说"只杀首恶"。

如此来来回回，马飞尘起，"请至三四"，搞得赵构脑袋都大了。以前要你岳飞以抚为主，你偏要严惩；如今要你严惩，你却要宽恕，难道是朕不知据情变通？最终，"县官不如现管"，赵构拗不过屯兵虔州的岳飞，算是看在他剿寇的功劳上，"曲宥"了。也就是没直接答复岳飞的"不杀"，只表示出一种曲意的宽容，你岳飞看着办吧。

这么一来二去，虔城的民众都晓得了岳飞的不杀之恩。呼啦啦，家家贴开了岳飞画像，香烛供奉。这一日，岳飞领亲兵，从城外的大营开进了虔州城中，在十字街头擂响大鼓，当众正法了彭友、陈颙及"十大王"。大刑完毕，岳飞冲北向作一个大揖，口称"皇恩浩荡"，一声令下,将上百个大小首领,一并松绑放人。那些提了心肝看杀头的家属,欢声如雷。

卖岳飞画像的摊铺,那几天完全被买断了货,虔州民众干脆将岳飞像绘在墙上供奉。直到岳飞遇害,权臣当朝,虔州人祭祀岳飞仍年年不断。每到岳飞的生、忌之日,城内香火旺盛。好在当时并没有明文规定要张贴赵构画像,否则,"犯上"一罪就有得说了。

此时的岳飞能坚持己见,一是因为君王与臣子之间的说话宽松;二也是因为赵构对武将的倚重。不过,与岳飞剿灭曹成的那一种不予饶恕相比,虔州之赦也是赵构和朝臣们始料未及的。或许,曹成供养了有文化的"打食人",让同样拥有"非战士"的岳飞看到了潜在的威胁?或许,地方势力与流寇是应该如此对待。

第七章　盛哉行都

绍兴三年(1133)七月末,南方的炎热尚未退去,岳飞的副将王贵又传捷报:袁州的刘忠、萍乡的张成两股盗贼被彻底剿灭。

临近八月,赵构的亲笔手诏到来:"卿殄灭群寇,安靖一方,应无遗类,为异日之患也。朕甚嘉之。已诏卿赴行在,可即日就道,勿惮暑行。纪律严明,秋毫无犯,卿之所能也。朕不多及。七月十二日。敕岳飞。御押。"

岳飞双手捧了御札,恭敬读完。末尾虽有"朕不多及",当面再聊的意思,但"应无遗类,为异日之患",还是让岳飞觉出皇上的担忧:岳飞,应该没有盗贼的隐患了吧。

果真,没隔几天,江南西路安抚大使赵鼎得知岳飞将要班师,赶紧向朝廷发去奏札:"今来,岳飞虽已破荡巢穴,窃虑大兵起离之后,(盗寇)复行啸众,合要一项军马弹压措置。除已牒❶岳飞量留军马五千

---

❶ 牒:通知文书。

人,权就虔州驻扎,自余军马发往吉州歇泊。量带亲兵❶并刘僅人马赴行在。"

刘僅是虔化县巡检,代理县令。流寇李敦仁部攻打虔化县,刘僅领兵击退,郡守曾奏报过朝廷。这次盗寇平定,赵构要刘僅随岳飞进京,既是对文职能破敌的破格褒扬,也有当面考察,有待提拔的可能。

岳飞要走就没那么容易,朝廷同意了赵鼎的请求,将岳飞的部队进行拆分:张宪、王贵两部留在了吉、虔两州。枢密院又有院札:圣上旨意,岳飞部再选派一员统领官,"差三千人并家小,前去广州屯戍"。广州在五岭以南,路途遥远,明文要求三千官兵带家小而去,那就是有去无回,再也不可能是岳飞的部下了。

没办法,在江南西路,也只有岳飞这一支部队能东挡西扑。虽然右翼还有池州的刘光世部,但盗贼不甚畏惧刘部不说,一出兵还扰得百姓鸡飞狗跳。岳飞无奈,既然顶了赵构召见的好大荣誉,也只得忍痛分拆了好不容易拉扯大的兵马。于是,岳飞只带了岳云等上千官兵,以及刘僅,去了临安。

这日,岳飞人马来到会稽的进化大岩山村(**今杭州萧山**),滔滔浦阳江在村西几里外。岳飞晓得,顺这江水而下,也就半日,即可到达行在临安。眼下千余人的队伍,不可能全部去得临安城,岳飞决定在此等候朝廷诏令。

正是江南八月"桂花蒸"的日子,燠热无比,将士们走得苦渴难熬。见村东有一泉潭,两丈方圆,中间汩汩冒着清水,众将士一见好生欢喜,围了泉潭一顿猛喝,顿觉沁人心脾。岳飞就此驻顿了下来,后来,此地就有了"岳驻村"和"欢潭"的地名。

朝廷的诏令到了,要岳飞只带几十名随从和刘僅等人,前往行在。

次日,岳飞一行人乘坐的船只,在太阳西斜,船工的一片落帆声中,来到了临安城南的白塔岭船埠。这是绍兴三年(1133)九月七日,岳

---

❶ 量带亲兵:量,酌量。全句,要求岳飞酌量带少数亲兵。

飞第一次来到临安。早就听说，白塔岭船埠北侧的凤凰山上，就是当今大内。果真，晚霞中那山岚似有一片帝王之气，林荫间更有莫名香气袭来。有明白人说，那芬芳是因晚桂花开了。

早有枢密院吏员在船埠迎候，互通名讳以后，吏员和岳飞等人各骑上了马匹，和一干将士，沿了茆山河边人声嘈杂的翻塘行和店铺徐徐而行。不久，来到了兵丁簇立的嘉会门。

嘉会门是临安府城的正南城门，行都的第一门面，靓丽夺目。暮色渐临，巍峨的楼亭、如齿的雉堞，那成百的大红灯笼刚被点亮，勾勒出了画栋飞甍的多姿绚彩。嘉会门的门洞开阔，不过，挑夫、行旅的独轮车，顶盘担架的叫卖者，都得绕道去东侧的府城墙便门。枢密院吏员领先一勒马，岳飞一行人等经过赳赳兵丁，走入嘉会门那前后有两道门扇的城门洞。

出城门洞，半里开外的正北，又是高高的朱红城墙。走近看去，正对面那高墙间，有同样朱红的门扉，布满圆头门钉。门首卫士，禁军打扮。吏员说，这是皇城大内的阊门东便门。岳飞这才明白，他顺皇城的朱红城墙略西看去，有一座冲天的城门楼阁，朝着正南，那该是皇城的丽正门了。丽正门与嘉会门不在同一轴线，不只是堪舆的要求，也有军事的避冲。

岳飞一干，哪见过如此的辉煌伟丽，亲兵们略显拘谨，顺了府城墙与皇城墙之间的大道默默右行，过了仪鸾司官署，又北折，沿皇城的东城墙外，行走半里许，再左拐。见一座青石大拱桥，桥下舟船逶迤，顺河往北望去，眼尽处，暮色烟霭间，座座石桥横梁，叠影压流。

枢密院吏员说，这就是六部桥。过桥，见皇城的北门和宁门在左首岿然而立，正对了无尽灯影的南北向大街，诗文也誉称"天街""御街"。只见街上店铺骈盛，幌子、店招在贼亮的灯笼下晃得行人眼花缭乱，岳飞等人也兴奋了起来。吏员说，这是临安城中最为闹猛的一段。岳飞也算是走过南闯过北的，那些州、县的街市与这大街相比，只能称得巷子。

再抬头顺大街往北望去，远远的，还有一座巍巍城楼，也已点起了明晃晃的灯具。吏员说，那是吴越钱王时的鼓楼。岳飞早听人说，临安城从南城外的白塔龙山，到北城外的湖墅北新桥，入夜时，人称"四十里灯光不绝"，看来，果真不虚。

　　众人沿了大街往北，过孝仁坊、登平坊。这一路的坊巷口子，牌坊高耸。从牌坊中径直望去，坊巷中也是大红灯笼高挂，犹如外邑州县的正月十五。众人继续北走，越走越见出酒楼歌馆的闹猛。吏员说，这还不是最热闹的时分。但人头拥挤，南腔北调声杂一片的熙攘，让第一次来临安的人只有张口结舌的份儿了。吏员又说，这街不到三更梆子敲过，店家、摊铺是不会吹灯拔蜡的。

　　那一座吴越钱王的巍巍鼓楼渐渐近了，灯光下，城门上方颜体匾书"朝天门"三字煞是招眼。鼓楼左侧有坊巷一条，巷口牌坊书写的是"长庆坊"。枢密院吏员说，下榻的邮亭驿到了。

　　当晚，岳飞等人喝了几杯驿吏推荐的好酒，解去了途中疲乏。本想上楼早早歇了，驿吏突然告知：内侍省都知大人到！岳飞赶紧穿戴好从四品官服，恭谨下楼行礼，三呼"万岁"。原来，内侍省送来了圣上赏赐的金腰带一副，都知大人又传口谕："岳爱卿明日面觐，系上此腰带！"

　　内侍走后，众人争相看了这金灿灿的赏赐，岳飞说声"早早歇了，明日好上殿面觐"。这时，街上敲木鱼儿的"笃笃笃"走来，敲过了戌更。

　　众人入睡，也就亥时过得，大街嘈杂一片。岳飞起身，隔了窗棂的薄蠡壳，见街对面临了盐桥运河边的房子，一片橙黄。再推窗一看，烈火卷着浓烟，正腾空而起。说时慢，那时快，一溜房子就了风，腾腾红了半边夜空。那都是一些两三层的木板楼房，"火老鸦"在毕剥声中腾空飞跃，有不少还洋洋洒洒地飘落到了大街西侧的邮亭驿一边。

　　岳飞和一干随从下楼出了官驿，见那大火飞龙似的往南烧去，也不晓得何从入手去救。在众人的欢呼声中，修内司的搭拆兵赶到，持了斧锯桶索，麻利地上了通江桥北侧的屋顶，扒去了几间房子，那火才被停阻了下来。也有搭拆兵拖来水龙，十几台脚踏起来，水柱喷涌，火才渐渐灭了下去。

岳飞身边站着"非战士"袁溦，见火扑灭，和另一个"非战士"朱梦说开了一句玩笑："看来，主公是个旺星，将来非富即贵。"但袁溦不知道，此地紧挨的清河坊，正是朝廷的御史台所在，一个弹劾官员的机构。朝廷官员，无论大小，一旦被御史台谳问，再往大理寺一送，那就玩儿完了。

岳飞是九月九日上的凤凰山皇城，这日大朝，文武两班按时趋步，进了垂拱殿。皇上升座，众臣以笏叩额，三呼万岁。礼毕，大内侍传皇上口谕，要岳飞首班出列。

这是赵构第二次与岳飞相见，时隔三年，赵构依然亲切得如同常见一般，他徐徐说道："盗贼起来，免不了兵燹相加，但一时剿抚皆是斫末之技，而非治本。如果守令、将帅，能皆如岳爱卿奉行诏旨，则天下就无以忧之，黎民能人人自安，盗贼何以作乱耶？"

赵构对年长自己四岁的岳飞，褒扬有加，相当敬重。虽然伐曹成、平虔城君臣稍有龃龉，此时皆似雪消。岳飞闻此，以笏顿首，再叩再谢。心中想说的话语，一时忘了。

第八章　天竺雄心

这日无事，岳飞想去上天竺走走。上天竺看经院是吴越钱王所建，供奉的观音大士相传极为神灵。岳飞动身赶赴临安时，得知母亲卧病，他想去看经院祭拜一番，为母亲祈福。

袁溦、朱梦说等几个随从而行，在官驿中借了马匹，请驿中小厮带路，一清早就出得钱塘门，沿了西湖西行。九月秋风，白沙堤依然杨柳袅袅，路上也有去烧早香的妇人，肩舆抬着，匆匆西行。但见西湖上船只不多，只是打鱼人，敲着船帮"笃笃"地赶鱼，呼叫声此起彼伏，鱼也有穿出水面的。

远望西侧有锦带一般的堤与桥，驿中小厮告诉岳飞，这就是哲宗爷那一年，太守苏东坡疏浚西湖之泥筑的长堤，人称"苏堤"，上有拱桥六座。众人骑行继续西行，到苏堤第一座桥堍，岳飞从桥头向南望去，第二座桥也可隐隐望见，再往南望，只见长堤上的桑树和菜地，似一条湖中腰带，以堤尽而尽，让人想起了"芳草天涯"这词。

说话间，苏堤的北口在马蹄下也就"嗒嗒"过了，众人又西行。突然，马鞍上的岳飞感到似有莫名物什随风向胸口袭来，他一个激灵，当即又坐稳了。岳飞当然不会想到，右侧的山坡，那莽莽林间，居然就是他身后的魂息之地。

灵隐寺院的山门到了，岳飞一行折南走了天竺山道。那是一溜石板道，溪水叮咚，一路相伴。只见卖酒的青幡高扬，卖茶的炭炉正燃，更多的是卖香烛的店家，大支的蜡烛，也有手臂粗细。更有做箸的作坊，大清早的，一家一家正忙，有的伙计在箸的一端镶入僧帽似的箸头，有的伙计在箸杆上烙花。这箸，在临安也小有盛名，俗称"天竺筷儿"。

看经院果然香火旺盛，高大的佛龛黄绫漫挂，内有左手托净瓶、右手执柳枝的观音大士端坐。岳飞请过香，再三祈祷，恭敬奉上，由小沙弥插入香案。末了，岳飞一干又移步寺院，见一白壁，上有不少题字，岳飞饶有兴致，一一读去。

那寺中的主持是何等的眼神，他早就将岳飞看在眼里，令小沙弥随后奉上笔砚。岳飞也不推辞，持笔浓浓地蘸了墨汁，挥笔往白壁上写了七个苍劲大字："寒门何载富贵乎"。那几乎是岳飞不假思索的落笔，富贵宁有种乎？

次日朝议，也是岳飞辞行的日子。赵构当众又将文思院刚制作的赏赐器物，令内侍一一交予岳飞。如今的文思院在临安城内延定坊东的鹅鸭桥巷内，巧匠群会，器艺更精，熠熠生辉。赐予岳飞的有衣甲、马铠、弓箭各一副，金线战袍、金带、守刀、银缠枪各一，还有战马的海马皮鞍、鞍镫一套。最让垂拱殿满堂生辉的是，一面足有两丈宽窄的姜黄旌旗，镶了大红牙边，上绣斗大的四个字："精忠岳飞"。

这是赵构亲笔题词做成的旌旗，既无前例，也无来者，岳飞感恩再三。从那以后，岳飞出兵打仗，这旌旗由高大的旗手擎举，跟在跃马挺枪的岳飞左右。所到之处，往往令金兵望风而逃。江淮一带的"岳家军"说法，名声鹊起。

内侍又捧出白花花的银锭二千两，赐予岳飞，作为犒赏有功将士之用。听说岳飞的大公子、十五岁的岳云武艺了得，赵构特赐米白色战袍一领，上好弓箭一副，银缠枪一支。那是一支专为岳云打造的银缠枪，白皑润亮，让人好生喜欢。赵构并不知晓，岳云上阵，使的是八十斤重的铁椎一对。即日，又另下一诏，赐封岳云为保义郎、阁门祗候。

岳飞动身这日，圣旨又到：擢升岳飞为镇南军承宣使、神武后军都统制，又任江南西路、舒蕲州制置使，驻扎江州。为此，还兼了江州置司。

"江南西路"，岳飞多次剿抚流寇的洪州、郴州、永州、吉州也属其辖地。"舒蕲州"，即大江以北的舒州（今安徽安庆）、蕲州（今湖北蕲春蕲州镇），刘豫的伪齐兵经常越境南犯之地。这两处历来乱多安少，民不聊生。制置使，因时势所需而设，得管军政、赋税、刑狱，也显示了赵构对岳飞的信任。绍兴四年（1134）以后，随着局势趋于稳定，制置使的衔才逐渐消失。

这是绍兴三年（1133）的九月，不仅是岳飞的职务和驻防地有了明确，刘光世、韩世忠、王𤫉等大将的驻防地也一并给予了确定，同时"更戍"换防，并实行相对长期的驻守。

在此之前，宋军的主力部队诸将领拥兵而无分地，任意驻扎，随意流动，几乎是战时常态。其最大的弊端，是军队对民众的骚扰。一经驻扎，敛赋征役没有节制；一旦开拔，趁机掳掠更无分寸。军士一人拥有两三个女人都有，行军招摇，动辄数十万众。

朝中对此弹劾颇多，但限于时势，以及对武将的倚重，赵构始终无力扭转。如今局势稍有平稳，又有了岳飞这良将的契机，赵构也算是对武将初试小招。对此，岳飞当然是莫知莫觉，刘光世这等老将，就有一点"惊愕"了。

那时，大江上流（宋时对长江中游的习称）沿线的江州、鄂州（今湖北武汉境内）、岳州（今湖南岳阳）都是江防重镇。原本扼守此处的宋军，有官军，也有受招抚的部队，器械不良，乌合居多，你走我来无定。赵鼎说，"万一有警，难以枝梧❶"，何况又是秋防，需要岳飞这样的良将驻守。

这时的岳飞，虽然没有后来的兵众之势，但以赵构"用偏裨以分主将之势"的一贯思路，岳飞是一颗适宜的棋子。于是，岳飞的"江南西路、舒蕲州制置使"又改为了"江南西路沿江制置使"。大江上流，南北两地的防守，归属了岳飞。原本部下如张宪、王贵等，也因需要，依照岳飞的要求，逐渐回归到了他的麾下。

对于朝廷的擢升，岳飞也是按规矩再三谢辞。与众不同的是，岳飞的谢辞不全是虚词，他在谢辞中提醒赵构："盖恐朝廷将来别有使唤，庶得❷将士尽力。区区之愚，毕竟如此，伏乞钧慈特赐详察。"

岳飞这话说得隐晦了一点，他要圣上"特赐详察"的是：功绩全赖属下所得，我还得希望将士继续冒死尽力，能否升迁几位在剿抚流寇中有功的将士，成为体制内的编制，以便朝廷再有使唤，也能尽心尽力。赵构明白人，隔日颁诏，将张宪、王贵、郝晸、杨再兴等佐将，擢升为从六品或正六品的武职。

岳飞又提出，江州我只能放五千兵马。为什么？去年我在那一带驻扎过，山多地少，圩田易涝，粮赋缺乏，一旦转运司应付不继，部队粮饷短缺是常事。为此，部下也有过"杀马、剪发、卖妻、鬻子"的。岳飞这一自我"抹黑"，也说出了当时宋军的窘境。杀马为食、剪妇人头发换钱，都微不足道。卖婆姨卖儿女，就凄惨了。岳飞是不得已才说这话的，粮草不济之时，士兵舍弃妻儿的那一种惨景，让他难以忘却。

---

❶ 枝梧：支撑。
❷ 庶得：希望得到。

这几乎是史家留给南宋的一点光鲜文字，如果细掰，"背后"之事更为惨烈。按鄂州守令庄绰记载：靖康元年（1126）以来的六七年中，江淮一带买一斗米要"数十千"制钱，也就是数十吊，即十几、几十两白花花的银子。"盗贼、官兵以至居民，更互相食。人肉之价，贱于犬豕。"肥壮的人肉，市场上卖"十五千"一身，有钱人往往买一全身，晒干后收为过冬。"卖妻、鬻子"意味着什么？

绍兴三年（1133），山东登州的忠义军首领范温率众人来到临安，自带的干粮就是人肉干。客栈伙计一见，差一点吓尿。范温解释说，这在当地叫"两脚羊"，肥瘦老少有不同名称。瘦的叫"饶把火"，省柴火；少妇叫"不羡羊"，吃过连羊肉都不想；小儿叫"和骨烂"，一焖就酥。

正史绝不会记载这些，岳飞也是点到为止，无意细说，他只想表示肃正军纪的不易。不过，仅仅这几句，赵构就吓得不轻，当众责问宰执吕颐浩："抚国家，给馈饷，自古亦然，岂有无粮之理！"赵构下令，拿出抚州的"椿管钱"九万余缗，再由江西安抚使李回将岳部的衣帛钱折成粮食一万斛，一并补给岳飞。椿管钱，也有写成"月椿钱"的，是专为战争费而纳的一种赋税。一缗即一串制钱，一千文。九万余串，也不算小数。

赵构晓得临安也没有足够的粮食，宗室每月的俸禄米面，初时"减半支给"，近来减少到了三成。好在他们吃口小，国难当头，也没异见。但殿前三衙就不一样，步军都指挥使兰整发牢骚说，他担任殿前班长行时，每月还有四石八斗米面，如今升任到了都指挥使，米面反倒少了，他要求出宫去前线当统制官。可见南宋初时朝廷的窘境。

赵构的重视，枢密院也心领神会，即日敕令：现江西诸路军马，虽然隶属枢密院，但如果遇到军情紧急，允许岳飞抽差使唤，事后枢密院由赵鼎发遣应付。又说，如果军期急速，来不及上报，允许岳飞一面随机措置施行，再报赵鼎。长江对岸的舒州、蕲州，也可令岳飞如此节制。这一敕令，给予岳飞的不仅是军事的，当然，也包括地方粮草的应付。

这时的赵鼎，已调任江南西路制置大使，文官统帅，正管着岳飞的

"制置使"。赵鼎调出朝廷，出任地方，也是因为"赵"姓人不宜在朝廷揽权过多的流言所致。不过，同样是文臣士大夫的赵鼎，对岳飞相当欣赏，他说："飞久在江西（江南西路），人情地理，素所习熟。今陛下委付如此，飞必能感激奋励，向前立功。臣谨当委曲协济，以图报称。"

抗战派朱胜非这一年又重返朝廷，担任右仆射同中书门下平章事。他向赵构提出：考虑到江州一带的重要，某帅应该担当那一路的防守，就确定在那一路，今后不能再随时调动。朱胜非所提的这一点，赵构已经有过规划，眼下如果出现反复，也只是暂时的。朱胜非所说的"帅"事，应该是对岳飞等将领的尊称。

但朱胜非这种下意识的称"一路大将"为"帅"，仍带有藩镇一方的旧时观念；对大将"驻兵一方"的相对长期，领会还是不够。果真，朱胜非也没有在宰执的位上干得太久。后来赵鼎二度入相，以及张浚以文臣主帅执掌枢密院，倒是揣摩透了赵构削弱各大将兵权的心思，就干得长了。当然，这是后话。

岳飞的"非战士"朱梦说也看出了这些，此人是赵佶时期的进士，进出宦场多年，对朝中之事略知一二。朱梦说好直言，因此得罪他人而几次被贬，岳飞收他入军中以后，倒也英雄相惜。

这一次去临安，朱梦说见到了刚担任御史中丞的老乡辛炳，士大夫间的相谈，颇多投机。离开临安时，朱梦说与辛炳辞行，没见着，留了一信。信中说起当前的治政，上无良相，朝乏贤臣，对武将的看重，是权宜之计。日后战事平息，文臣士大夫是容不得武将分权的。辛炳胆小，见到这信手都抖了，他将此信上交赵构，言及朱梦说是岳军中的"干办公事"，这意识似乎有碍岳飞。

朱梦说的言语杵到了赵构软肋，他绝不允许岳飞受这些"明白人"的蛊惑。赵构手谕岳飞："罢之朱梦说"。赶走他。这是赵构第一次干涉岳飞身边的"非战士"，虽称得是爱护，更主要的是，赵构要想把岳飞打造成他的"臂指"，岳军中就不能有如此谋士。对于这些，岳飞当然不如朱梦说那么清醒。

岳飞有点沾沾自喜，当今官家❶确实偏爱他，当李回向赵构奏报：一位从他处调入岳军的裨将，因瞒报兵马的小事，被喝醉酒的岳飞海打了一百军棍，最终棒伤发作，死了。某次，岳飞又饮酒大醉，将另一位调入的裨将赵秉渊痛打一顿，差一点致命。李回的这两次上奏，赵构并没有深责岳飞，只是亲笔劝谕："岳爱卿，你大任在身，真的要戒酒啊！"

那时的中兴大将，张俊好财，吴玠好色，韩世忠好货❷，刘光世财色皆具，唯独岳飞一味好酒。为此，赵构也曾赏赐过岳飞一套金酒器。当岳飞见到赵构的戒酒手谕，当即摔了酒盅，发誓说："从今往后，不收复失土，不迎回二圣，决不再饮！"当然，后来的小饮还是有，只是没有大醉过。

岳飞所辖的江州、鄂州、岳州一段，大江狭隘，江水湍急。大江以北的襄阳府所辖六郡地域，以前是镇抚使李横的防守之地，也是通往川、陕的交通要道。一度被岳飞打败的李成，自从投靠伪齐皇帝刘豫以后，就在那一带活动。

眼下这李成兵多将广，早已不把南宋的镇抚使李横放在眼里。李横只有一万六千兵马，大多还是招抚之众，李横也厉害，调教出了一万精锐。但大江千里，曲折湍急，江北漕运实为不易。李横部为了粮草，常常越境北上，虽然一时强势，直捣过郾城、颍昌，但往往以兵败告终。眼下，又一退再退，只剩了几座易守的城池。

绍兴三年（1133）十月，号称有五十万兵马的李成，又发起对襄阳、郢州、随州、唐州、邓州、信阳军的进攻，想趁秋收之机倒捞一票。要命的是，大江南侧的洞庭湖，还有一支已成气候的杨幺水寇，和李成遥相呼应，准备以楼船五十艘，顺大江接应，要灭了只据有德安府等地的李横所部。消息传到临安，愁煞了赵构。

---

❶ 官家：指皇上赵构。
❷ 货：田产买卖。

伪齐刘豫立国，是建炎四年（1130）的事情，占据的是河南、山东、河北，以及陕西、山西大部。如今李成南下襄阳六郡，有刘豫做后盾。宋廷是放弃，还是夺回，赵构一时拿不定主意。据险扼守大江的岳飞，也只有眼睁睁地看着。

要说绍兴三年（1133），按照作战能力，宋军又有了较为明晰的排序。前四位，大致是四十五岁的刘光世、四十四岁的韩世忠、四十八岁的张俊、三十一岁的岳飞。他们的部队，几乎就是赵宋的依靠。每当战事来临，在赵构的思绪中，首先就是这四位。

第三部

大江上流的厉害，无如飞者

第九章　首次北伐

绍兴四年（1134）二月，赵鼎调回朝廷，擢升为参知政事兼知枢密院事。宋时的参知政事，数赵构一朝人数最多，虽称得宰执，但只有议事和建议的权力，没有表决权。倒是知枢密院事，在军事调动上，如没有枢密使时，几乎就是枢密院的一尊。

宰执，也是中书、门下、尚书省的一、二把手，以及副参知政事、签书枢密院事等以上官员的统称。从建炎元年（1127）到绍兴三年（1133），上上下下的宰执有过三十五人。主事的尚书省左、右仆射，也有过十一个，赵鼎是两落两起了。

后人好说"南宋无良相"，但对于赵鼎来说，有点不确切。赵鼎的唯一不足，是痰气重了一点，和皇上又是同姓。只要权力一大，再容易得罪人，就会被沾上一点僭越皇权的"腥气"。

赵鼎明确告诉过赵构，他看好岳飞。岳飞得知赵鼎重执政事，也不失时机地提出：襄阳六郡是我们恢复中原的立脚地，不能丢。现在不是备战、坚守，而是要打过去，以除心膂之弊。确实，襄阳要地，进可攻陕川，退可守吴越。后来的一百多年，当元兵占领了襄阳以后，也只有两年，南宋就寿终了。

正为失去襄阳六郡而烦恼，却又抽不出兵马去收复的赵构，看了岳飞的奏札，十分欣慰。要说打仗，岳飞那两下比谁都行。不过，建炎四年（1130）打金兵，正是金兵北撤无心恋战之时，让岳飞捡了一个大"漏"。这几年剿抚盗寇，对付的也是一些乌合之众，无非羽毛丰满了一点。眼下，伪齐与金兵合力，正在势头上，岳飞前往，能有几分得胜的把握？

这一日朝议，朱胜非首先出班："启禀陛下，襄阳上流近来日蹇，望圣上早日定夺进取。"赵构闻言，回顾左右，徐徐问道："委派岳飞进取，如何?"话音刚落,赵鼎与朱胜非几乎异口同声:"圣上明鉴,大江上流的厉害,无如飞者。"赵构频频点头,看来,还真没有比岳飞更合适的人了。

赵构当殿拍板,大江上流,全权授予岳飞,以决定收回襄阳六郡的一并事务。这决议一出,满朝诺诺,无人异议,毕竟,当下还真抽不出一个像样的战将去应对。且慢,赵构的拍板刚落,签书枢密院事兼权参知政事徐俯出了班,举笏高声说:"微臣徐俯有异!"这徐俯也是赵佶朝的老臣,依他看来,大江上流历来复杂,如此要地,授予一个初出茅庐、又不知深浅的武将,实在欠妥。

赵构并没有听取徐俯的异议,隔日,三月十四,枢密院发出敕令:岳飞即日出兵,领襄阳六郡事务。这敕令,几乎破了文臣士大夫共治朝纲的惯例,把徐俯气得够呛,见了人就"嘚嘚嘚"说个没完。

徐俯的异见,并不全是个人偏见,若是细说,还要提到襄阳的镇抚使李横。李横原本是桑仲的部将,桑仲和岳飞一样,最初隶属王彦,后又归属宗泽、杜充。李横的兵马和岳飞相同,都是北方沦陷时开封义军的班底,部将牛皋、董先,作战强悍,小有名声。

李横与岳飞一样,也是积极北上的人,当然,其间也有对粮草的需求。伪齐初时,兵不执坚,李横一度北上,攻下过汝州、颍昌府,接近郑州、开封。这才有了后来金、齐的合兵反击,李横兵力不支,退出了襄阳。

李横部的军纪,和岳飞部完全不能相比。缺粮短饷的时候,南宋所属的州县他也不放过,照样强取硬要,为此还攻打过襄阳府东南的德安府。德安府辖德安、复州、汉阳军三地,相比于襄阳府更为富裕,镇抚使是陈规。陈规是文臣,前朝进士出身,小有胆略。正因为这一带的宋军并非"主流",西边还有这么一个不守规矩的李横,朝廷才让陈规出任镇抚使,还挂了一个三品官阶的徽猷阁待制,也算是威慑。

李横并不买陈规的账,一度围德安城七十天,要粮要饷。最终,李横就指名要德安城内一个名妓,消消火,说可抵得粮草。陈规手下一裨将说,"以一妓活一城不亦可乎?"陈规拒绝。李横恼羞成怒,架起浮桥,领兵强攻。陈规亲率六十名敢死队,持火铳迎接,又放出一群火牛,焚烧浮桥,强横的李横无奈败去。

陈规后来直言赵构:取消镇抚使,自己也不再担任。并明白无误地提出:"诸将跋扈,请用偏裨以分其势。"这几乎是将赵构心心念念之说,由陈规响亮地在朝议中提了出来。

赵构并没有难为李横,因为李横的最大优点,就是尊上,即对赵构的忠诚。这也是武将在战时的底线,李横把握住了,赵构也容忍了。眼下,赵构并没有淡忘陈规的忠告和武将李横的跋扈,也不是不顾徐俯这老臣会气出一个好歹。赵构以岳飞替代李横,是他看到了岳飞的知书达理,就此也能顺势取消襄阳镇抚使的辖制。事到如今,他只能如此。

是的,徐俯的异议不是没有道理,天高皇帝远,先不说岳飞是否会步李横后尘,单说李成部队万一又是一只"软柿子",岳飞会不会和思虑缜密的文臣领兵一样瞻前顾后?一旦越过了宋、金的旧日界限,惹毛了金国,又该怎么办?

赵构赶紧给岳飞发去一道亲笔手诏:"今朝廷从卿所请,下令你收复襄阳六郡。卿要做到服者舍之,拒者伐之,千万不要超出原定的李横所辖旧界,招引祸患,有误大计。否则,虽立奇功,必加尔罚。故兹笔谕,无慢我言。付岳飞。御押。"

赵构强调这是他的亲笔,岳飞你千万"无慢我言",别不当一回事。是的,赵构确实担心眼下的宋军实力,这一次主动出兵襄阳,只是对李成的惩罚,并非北上收复失土。能打通川、陕走道,已属上上。你岳飞口口声声要北上,万一越出旧界,遂心而战,被金国找到了入侵的借口,这"锅",朝廷就背大了。

岳飞当然明白这道理。尤其看到赵构亲札后那个似"田"非"田",右边一竖之下还带有一个浓浓小钩的"押"字,晓得圣上说这话的分量了。

眼下的赵构,可谓患得患失,要收回襄阳,不得不重用武将。但又要担心惹毛了金国,还要担心朝中老臣不快,更要担心岳飞内心不爽。思来想去,到了第七天赵构又给岳飞发去一道手诏:"朕看了你的出师奏折,以卿的智勇双全,必定能克敌制胜。近日刘光世也来奏乞求收复襄阳,朕已授命爱卿你了,决不再有更改,只要求刘光世随时准备增援爱卿。但你也要将朝廷的要求,告示将士,以益壮军心,鼓士气,所向无前。"

这一次,赵构就全是鼓励了,他也怕挫了岳飞的锐气。同时,赵构要求榷货务、漕运司,务必确保岳军在收复襄阳六郡时期的粮草、钱饷以及论功激赏的真金白银。当时战乱甫停,春小麦还没收割,江西转运副使曾纡就因为粮食调运没按时送达岳营,被贬秩❶了一等。

这毕竟是南宋第一次主动出兵,赵构十分重视,他手谕刘光世,要他备带两个月的粮草,即刻发兵舒州、蕲州之间,随时配合岳飞。又手谕岳飞周边的刘洪道、胡世将、解潜等地方守军,要他们随时应岳飞的要求,签发援兵,资助粮食,不得动辄分彼此,致使失去战机。

四月十九日,赵构再次致诏令于岳飞:"朕曾听爱卿说过,王贵、张宪、徐庆数次立下战功,深可依仗。方今正赖将佐竭力奋死,助卿报国,以济事功,理宜先有以旌赏❷之。其王贵等,各赐捻金丝战袍一领,金束带一条。"这也是赵构好在战前奖赏的惯例,王贵、张宪、徐庆深受鼓舞。

得知岳军定下了过江的日子,五月一日,赵构又敕令一道:加封岳飞为黄州、复州、汉阳军、德安府的制置使,这四地都在江北,与襄阳六郡接壤。这一任命,也是给了岳飞在军事上更大的节制权。

赵构的再三亲笔,也让岳飞明白,这一仗事关重大,他应该见好就收,千万不能越界。岳飞的内心虽然不爽,但圣上能如此重视,他也足够欣慰了。这时候的岳飞,已有二万八千兵马,浩荡过江时,岳飞环顾

---

❶ 贬秩:贬职、削减俸禄。

❷ 旌赏:表彰奖赏。

同船的幕僚、将士:"飞不擒贼帅,复旧境,不涉此江。"也就是说,我岳飞要是不能擒获李成、收复襄阳六郡,不再渡江返回!

对于赵构提出的"用兵当持重,宜深戒躁",岳飞还是重视的。他兵分两路,一路由张宪、徐庆率领攻打随州;一路亲率,进攻郢州。

五月初五,岳飞一路在郢州城首战告捷。但张宪一路就不顺了,数日强攻不下随州。牛皋请战:"我只带三日口粮去援助张宪。"岳飞当即拨给牛皋二千人马,又派岳云同往,后来第一个登上随州城墙的,正是双臂挥舞八十斤铁椎的岳云。

坐镇襄阳城的李成号称拥兵十万,见岳飞率大军亲临,不敢轻视,布下了大阵。岳飞上马观阵,哈哈大笑:"此贼没个长进,步兵布阵,应该据险,他却占了一马平川。骑兵布阵,应得地开阔,他却簇拥汉水一边,今日真不值得我军一击。"

果真,王贵的长枪步卒对伪齐骑兵,牛皋的骑兵攻伪齐步兵,战鼓擂起,李成当即大败,兵马死伤数里,襄阳城被岳军收复。李成退到新野,收拾残部二次迎战岳飞,又大败。岳军乘胜向邓州、唐州、信阳军进发。

第十章 摧枯拉朽

岳飞的捷报飞往临安,赵构才读了开首,就从龙椅上惊得站了起来,有一点不知所措。但惊喜过后,担心也来了。是的,按岳飞这么快的进程,打得顺了,会不会就此往北"顺"了过去?还有,后续粮草漕运如何跟得上?赶紧,三省、枢密院同奉圣旨发出敕令:"令岳飞详度事机,如果邓州、唐州、信阳军能取则取,不能取,就此驻兵,措置襄阳、郢州、随州的防事。务在持重,终保成功。绍兴四年六月二十三日。"

这札子虽然不是赵构亲笔,却完全是他的意思。胜利来得太快,赵构反倒不踏实起来,辞句相当明确:眼下已达到了教训伪齐的目的,岳飞,你见好就收,就此罢兵。确实,赵构担心岳飞深入襄阳腹地太远,分兵过多，粮草供应力不从心。当然，这只是一方面。赵构最担心的，是这节奏几乎像大人揍小儿，容易招怒金国，尤其那个元帅完颜宗翰。

完颜宗翰，女真名粘罕，金太祖手下的一员老将，伪齐皇帝刘豫的倾心扶植者。粘罕能征善战，性子急，连当今的金国皇帝完颜晟都不放在眼里，完颜晟要是犯了女真规矩，粘罕都敢当廷真杖实打完颜晟的屁股。这样的脾气，赵构怕岳飞"打狗"欺了主，让粘罕落不了脸。万一暴怒，发兵南犯，就惹大了。连刘光世、韩世忠、张俊的兵力，卷了进去都不够。

赵构的内心极为矛盾，他写札子给岳飞说："眼下正是六月下旬，要考虑大江秋防为要，岳爱卿，不知眼下战况如何？"话说到此，赵构又担心岳飞泄气，就势退军。于是，赵构顺便说了一句豪言："倘若敌人尚敢再南犯，朕当亲率诸军迎敌，使之无遗类❶，即中原可复！"赵构说这话，也是想到了眼下的宋军，不至于会像三年以前连大江都守不住的时候。他说："如是再采取远避，退入大海，大宋怎么立得起来？"

赵构如此豪言，一大半是受了岳飞的激励：想不到我宋军雄起如此。一小半也是真心流露，赵宋退守如此，也太窝囊了。绍兴四年（1134）的赵构，明显觉出，没有背景的后起之秀岳飞，已是他最可倚重的人。虽然岳飞常会提出一些让人挠头的主见，但赵构还是觉得，岳飞的每一个要求，都是出于忧国爱君。

那几天的赵构，始终沉浸在喜忧交加、患得患失之中，他又一次给岳飞写了亲笔手诏，不无担忧地提出，万一收复了襄阳、郢州、邓州以外城池，要尽快作出防御谋划："守军留得少，怕敌再犯，前功尽弃。守军留得多，千里运粮，不是长久之计。此国计之所在也，故兹笔谕，深宜体悉。"手诏的末尾，看得出赵构完全将岳飞视作股肱了。

几天以后，放心不下的赵构，又手诏岳飞，以商量的口吻说："此前朕之亲笔，要卿筹划守御的全尽之策，宜赶紧筹划良策上来。卿若班

---

❶ 无遗类：没有能逃回的。

师,留守的兵马也不要太多,卿也不要离开襄阳太远,好有照应。一切卿更筹之,朕不遥制。"

岳飞的谋士们对赵构发来的这些亲札,也解读出赵构对邓州、唐州、信阳军的攻取,没有过分阻止。尤其"卿更筹之,朕不遥制",也看出赵构对进取还是有想法,只是碍于朝臣的担忧,想保守为上。于是,岳飞权衡左右,作出大胆选择,继续北进!

岳飞回札赵构说:"金贼累年之间,贪婪横逆,南犯我土,所爱惟金帛、女子,如今志已骄惰。刘豫僭臣贼子,虽以俭约结民,而伪齐之人心终不忘宋德。攻讨中原之谋,正不宜缓。如失去时机,使伪齐修治城壁,添兵聚粮,再为攻取,费力费时。陛下渊谋远略,非臣所知,但以臣之见,抓住时机,直捣中原,只须精兵廿万,就能力图。国家长久之策,陛下睿断!"

岳飞不但要继续北进,还想将其他各路宋军全都卷进来,趁此时机,也就调动二十万宋军,即可进军中原了。

七月十五日,岳军在邓州西北再次与敌军交锋。这次,不仅有李成部队,还有金国大将刘合孛堇的数万金兵。岳飞分兵两路,王贵一路取道光化路,张宪一路出兵横林路,两面夹攻,大败金兵,刘合孛堇只率了少数兵马逃脱。

七月十七日,岳军对邓州发起总攻,将士全然不顾城上如雨的箭簇,前赴后继,登云梯如蚂蚁附众而上。岳飞二鼓擂罢,邓州攻下,生擒伪齐守将高仲。

岳军继续向唐州、信阳军开进,三省、枢密院同奉圣旨的省札又急急地来到了岳营。这时候,朝廷并不知道邓州已经拿下,还是要求见好就收,不要再北上了,大军就此回到鄂州驻扎,不得乘胜轻敌,以免落入敌虏的奸计。估计,这又是患得患失的赵构的意思。

邓州收复,岳飞确实没有第一时间向朝廷报捷,他怕赵构和那些文臣担惊受恐。但江州知州陈子卿,还是第一时间禀报了朝廷。这一日,正在朝议的赵构接到捷报,惊得半晌回不过神来,才十几天啊!他回头和参知政事胡松年说:"朕素闻岳飞行军极有纪律,未知破敌亦能如此。"胡松年也是一个主战的老臣,他说:"大凡号令严明,方能破敌如此。若号令不明,士卒不整,方自治不暇,缓急间,岂能成功邪?"

说是这么说,赵构还是为二万八千岳军的安危,悬了一颗心。万一深入敌后过深,军队是撤还是驻?给养怎么办?好在没多久,岳飞来了奏折。在这奏折上,岳飞并没有对后续的进军,作出明确说明,而是针对赵构"留兵太少,怕伪齐军再犯;留兵太多,粮草不济"的担忧,提出了"营田之法",也就是军队在此搞生产建设,军垦戍边。

军垦戍边当然不是岳飞的首创,早在曹魏就已成绩斐然。岳飞在奏札上说:"即今已到了七月,未能耕垦,只能来春整体措画了。眼下,还得朝廷支运粮饷,来年,我军就无馈粮之忧。"襄阳六郡地僻人稀,岳飞近三万兵马要屯扎下来,眼下还真的要饿肚皮。

赵构阅过岳飞奏折,和左右说道:"岳飞筹略,颇如人意。"不过,岳飞对后续的进军不置一字,让赵构颇有微词。没办法,将在外君令有所不受,赵构只有挺胆听天由命了。对于岳飞想来年屯田襄阳的想法,赵构令学士院降诏奖谕,又派内侍中使前往襄汉前线抚问传宣,随同又运去赐给岳军将士的银合茶、避瘟药等降暑药饮。

七月二十三日,岳军顺利收复了唐州,开始向信阳军进发。

这时候,赵构也读到了岳飞"以臣之见,抓住时机,直捣中原,只须精兵廿万,就能力图"的奏折,担心的事情终于来了,害得赵构好几天茶饭不思。赶紧要三省、枢密院发出省札严厉阻止。好在岳飞只是一种想法,没给赵构吓出一个好歹。

这一次出兵襄阳六郡,也给了岳飞北上的第一手地理资料,他知道,六年前顺了大运河南奔的赵构,对这一路并不清楚。岳飞一边行军,一边在琢磨战后去一趟临安,向赵构谈一下北上黄河的设想。一份"乞赴行在奏禀边防奏"就在马背上酝酿了,这晚驻兵,岳飞当即书写:

"臣已按枢密院要求,向各级降下指挥令,班师后返回鄂州驻军。臣恭敬地依照朝廷命令,也望圣上能考虑一下臣在这之前提出的北上陈乞。眼下，襄阳府六州只剩信阳军一地，克日即可拿下。但臣对边防上的利害策划，仍想赴行在面奏圣上，伏望圣慈特降睿旨，依臣所乞。"

不久，信阳军收复。信阳军临近颍昌府，再往北，是刘齐的"国都"开封府地界。这是后人所称的岳飞"第一次北伐"，也是继李横北上以后给金、齐的第二次打击。好在岳飞拿下襄阳六郡以后，按赵构要求停止了向北的行动，分兵驻防，自率大军班师了。

但是，进了八月，岳飞赴行在临安的要求，始终没有得到赵构的正面回答。

不过，对岳飞的擢升，还是很快下来了：岳飞任镇南军承宣使，神武后军都统制，江南西路、舒州、蕲州，兼荆南、鄂州、岳州、黄州、复州、汉阳军、德安府制置使。绍兴四年（1134）的制置使，拥有的军、政实权，还是相当大的，这也是朝廷对岳飞功绩的肯定。

岳飞照例请辞再三："窃念臣人微望轻，虽任斯❶职，欲望特降睿旨，委任重臣，……令臣罢制置使职。"一句"人微望轻"确实是实话，一介农夫，出身低下，岳飞不希望担任这么多地方的制置使，还是愿意驻守江淮，营屯练兵，随时北上。

第十一章　金兵南下

襄阳六郡一收复，南宋的政治、经济立即见出了成效。原本被李成占据的川、陕交通，得到恢复，朝廷的旨意，吴玠的奏报都能畅通无阻。还有粮纲运输、商贸的交流通行，也没了风险。赋税一到位，朝廷的小日子好转了起来。

八月二十五日，赵构一道诏令，擢升岳飞为清远军节度使，湖北路荆、襄、潭州制置使。这一次，不仅襄阳六郡纳入了岳飞的制置使范围，还加封了"武昌县开国子"爵位，食邑五百户，食实封二百户。

---

❶ 斯：这，这个。

节度使是官阶，原本是藩镇一方的最高官职，从二品，掌握一地或几地的军、政、财、刑大权。但"清远军"是一个虚名，并不等于岳飞驻扎在清远军，或者将清远军这块地域封给了岳飞。

不过，岳飞从建炎二年(1128)的从七品偏将，经短短七年，跃擢为从二品的节度使，也见出了赵构的厚爱。这一年，岳飞三十二岁，虽然再三辞谢，但内心相当自豪。岳飞和左右说："吾三十二岁建节，只有太祖也是。"太祖就是赵匡胤，他也是三十二岁"建节"，即擢升为后周朝的节度使。当军权在握以后，赵匡胤发动了陈桥兵变，夺了后周的帝位，成为北宋的开国皇帝。

也因为有了这先例，宋时的节度使不再握有"某地"的实际职权，只是一种象征性的虚职，往往上朝与皇帝扯扯淡，下朝和姬妾做做爱。不过，哪怕虚职，节度使的"建节"仪式还是有的：授九幅宽的红色缯绫门旗二面，上绣"耀篦铁钻"；还有金铜螭头、髹杠旌面的龙、虎前旗各一面；再有带金涂铜、紫绫流苏的符节一杖，麾枪二支，豹尾二支。节度使出巡，要是认真起来，旌节仪仗，前呼后拥，那排场就得惊煞人。

岳飞确实值得骄傲，虽然刘光世、韩世忠、张俊早已有了节度使的官阶，但刘光世是四十二岁被授予，韩世忠是四十岁被授予，张俊是四十三岁被授予。就连后来文臣主帅张浚，也是三十六岁被授的节度使。

更值得一说的是"武昌县开国子"爵位，虽然是"公、侯、伯、子、男"五等爵位的倒数第二位，但一个农家子弟，一下子跃过了低爵位的"男"，高开成"子"爵，那就是迈进了贵族之列。再说此爵位一旦授予，世代相袭，后代犯法，还可以罪减一等。

武昌县开国子爵享有食邑五百户，是朝廷给予的封地，但只是一个荣誉性的虚数。食实封二百户就是实数了，是归属岳飞可支配使唤的相应农家，包括土地收成、劳作务工。食实封的户数，无论多少，不但免官家赋税，官府还有一定的津贴。这对于岳飞来说，只要不被夺官，随着爵位提高，只会累加。

绍兴四年(1134)的岳飞，手握兵马虽然不多，只有二万九千，但打过几场胜仗，手下将士个个骁勇善战。当时，保卫临安内外围的有两支军队，一支是杨沂中的神武中军，一支是张俊的神武右军，相加约七万三千兵马，虽称得是近卫精锐，但真正能啃得硬仗的，还是要数襄汉的岳飞部队。

至于江淮一线的淮东刘光世、淮西韩世忠、湖南王䕫，共约十二万二千兵马，也只有韩世忠的五万多人马算是过得硬的。其次，川、陕的吴玠、吴璘十万部队，也和金兵打过几场恶仗。这么一算，南宋的兵数总共约三十三万。其中王䕫部队只有一万五千，岳飞早在绍兴三年(1133)就越过了这位老将，当然，不仅是二万九千的兵马，还有善战的士气。

让赵构郁结的倒不是宋军的总数不如金军，要是指挥得当，这三十多万宋军还是能抵挡金军一阵的。只是宋军杂乱，大多又是战乱中由各大将拉扯大的部队，人们往往也以韩家军、张家军、刘家军、岳家军相称，佐将裨校的门阀意识相当强，想集兵权于中央的赵构对此一直纠结在心。眼下，赵构的旨令只能下到这几位大将一级，能不能不折不扣地执行，还得看他们是否愿意。

其中，杨沂中是个例外。从赵构初任大元帅起，杨沂中始终扈卫赵构的寝幄，转战南北。哪怕前线吃紧，朝廷临时派遣杨沂中前去增援，始终没人称过杨部为"杨家军"。

转眼进了九月，湖南、江西一带从夏季开始的阴雨低温，涨水、瘟疫，似乎还是没有随着天气的转凉而有所缓和。各地灾情不断，奏报纷纷。难道是天谴？是我大宋王朝有违天意之处？赵构要朝臣上谏。

御史台这就接上活了，忙了一阵，侍御史魏矼出班总结说："依微臣所见，是右仆射同中书门下平章事朱胜非蒙蔽主聪❶，致干天谴❷。"魏矼的话一落地，倒是有不少的附和，朱胜非一看这阵势，晓得在主战派中

---

❶ 主聪：皇帝的耳朵。对皇帝听闻的美称。

❷ 致干天谴：导致遭到了老天的责罚。

他也没得啥人缘，于是按照弹劾的规矩，说了一些辞职谢罪的话语。

自从秦桧这个和议派大佬第一次被贬出朝廷以后，赵构身边的治政宰执虽是一片主战派的"欣欣向荣"，但烦心事也有。尤其朱胜非，就是罩不住同样是文臣的主战派臣僚，有一些老臣还好揭老底，总拿朱胜非在"明受之变"时的不作为说事，一言不合就唾沫横飞。

朱胜非提出辞职，赵构思忖了数日，还是同意了。不知底细的臣子，总以为赵构是纳谏如流，或者是转嫁"天遣"。却不知，还有一个更深的缘由，那就是朱胜非总好提出给大将放权。一个宰执，处事不知道揣摩上意，这是赵构无法忍受的。

那些日子，金国也没有消停过，各派为了立储这件大事，在较着劲儿，女真族的主战派们还真腾不出空来罩着那位"大齐"的儿皇帝刘豫。

不过，一旦金太祖完颜阿骨打的嫡长孙完颜亶被认定为皇储以后，各派的关系也都磨合得差不多了，完颜族的大佬们，坐下来认真商讨为刘豫讨面子的事。尽管立这个儿皇帝的时候，大佬们各有各的主见，但眼下这"儿子"吃大亏了，"老子"们还是觉得很没面子。

金太宗完颜晟当殿发问，要是对宋开战，能不能打赢？左监军完颜希尹有点怯战，说按如今江南的兵力，要想一举打赢，不像当年吃麻花似的容易了。这话刚落，右副元帅完颜宗辅大声说："皇上，我看这仗可以打赢！"

完颜宗辅是金太祖的第五个儿子，女真名叫完颜讹里朵，一个强硬的对宋主战者。这次推举完颜亶为皇储，要数这完颜宗辅的态度最为强硬，一度搞得完颜晟面颜大跌。完颜宗辅话一落，丞相、都元帅完颜宗翰，即粘罕，起身也大声叫战。两个大佬一叫战，完颜晟决定由金、齐合兵，再次南征，给赵宋一个教训。

出兵前，先调正将帅，完颜宗辅暂领左副元帅，右监军完颜昌，暂领右副元帅。左都监完颜宗弼，五年前一直攻打到了浙东，知晓江南地理险易，为前军统帅。

要说金军的兵力，以铁骑著称的女真族其实只占了十分之四，其他兵马是老渤海国的汉人，原辽国的契丹人，以及宋朝降兵。都元帅府又从渤海调集了能征善战的"汉儿军"五万，加上由刘豫之子刘麟率领的"大齐"部队，对外号称六十万大军。

九月，秋风劲起，草丰马肥，英武不减的完颜宗弼，也就是兀术，开始调兵遣将。兀术先放出大军南下的风声，扬言一路骑兵直奔泗州（今安徽泗县），目标攻占滁州；一路步兵，先下楚州（今安徽淮安），再攻承州（今江苏高邮）。

六十万大军虽然是虚数，不过，兀术放出的进攻方向，倒有一定策略。先进攻淮东刘光世这一根南宋的软肋，扩大战果以后，再对付淮西韩世忠。毕竟从这一路过了大江，险阻极少，可直奔南方，径取临安。兀术这声势一放出，南宋朝廷几乎吓瘫了半边。

要说赵构的三十一个同父兄弟，还真数他出类拔萃。这连年的征战，要换上其他一个赵家的儿子，撑不到这步田地。但一想到刀光剑影、尸骸遍野，赵构还是心里发毛。

第四部
捡大漏的六龙临江

第十二章　奇葩南使

这日朝议，众臣见圣上一筹莫展，个个缩紧了脖子，谁也拿不出主意。建炎年初派往金国向赵佶、赵桓二帝问候的"问安使"王伦双手举笏，诚惶诚恐地出了班。

王伦说："微臣在北面时，听得金国都元帅完颜粘罕与臣说，有与南宋和议之念。"王伦这话，立马引起了赵构的兴趣，想起被罢黜的尚书右仆射秦桧也说过，金国是有想议和的人。但秦桧说的是完颜挞懒，赵构没有想到，主战的完颜粘罕也有这和议的想法，顿时来了精神。

赵构说："要是两国能和议倒也不错，哪怕花上大把金银，总比年年打仗，生灵涂炭的好。"赵构这么一想，主战派的七言八语也听不进了，决意要派礼部的潘致尧、韩肖胄、章谊三人，前往金国，先去找一下宇文虚中，探一个口风。

隔日，赵构又派魏良臣、王伦，作为和议正使，带上礼品前往金国，要他俩求得宇文虚中的帮助，试探一下操作和议的可能。赵构又要求王伦再去一趟五国城，给二圣及后妃们捎些上好的金银花和茶叶。北国干燥，以火过冬，赵构一想起即将到来的天寒地冻，以及这些龙凤之体在严寒中的苦难，心如刺扎般难受。

赵构要使臣们去找的宇文虚中又是何人？

宇文是复姓，宇文虚中是一个老臣，北宋大观三年（1109）的进士及第，南宋建炎年的资政殿大学士。绍兴二年（1132），以"祈请使"的名义派往金国，祈求放回二圣，也就是赵佶、赵桓两位皇帝。这宇文虚中虽然是一介文士，却极有胆气，见了金太宗，慷慨陈词："我是奉命来祈请二帝的，二帝未还，虚中不可归。"

这宇文虚中和金国皇帝一叫上了板，果真油盐不进，撵他都不走了，在金国留下来过了第一个苦寒的冬天，还不时跟随上朝，呼吁还我二帝，胆气倒也受金帝完颜晟的敬重。就像当年一副硬骨的秦桧，被完颜昌看重一样。完颜晟后来说："你真要在金国长住，就兼礼部尚书吧。"礼仪教化也是女真族的"短板"，日长天久，宇文虚中居然在金廷推行起了汉文化。

也就两年，在宇文虚中的教化下，金国不再是"百户""千户"满地走了，也有了以科考取士的制度。到了后来，金国除裘毛鸱尾的冠饰没有变，四书五经、琴棋书画逐渐被士人看好，朝野上下渐渐也以汉文化为荣了，连完颜晟也喜欢上了诗书。朝廷上下，都将宇文虚中尊为"国师"。要说南宋战败不假，但在文化上，倒是胜者。不过，宋、金双方极少有人知晓，宇文虚中和赵构还有秘密的书信往来。按后来的说法，也算是单线的"潜伏"。

魏良臣和王伦临行前，赵构单独召见他俩："你等见了宇文虚中，可告诉他，朕对他的父母，关照倍切，奉银照旧。"赵构又说："卿等要是见到粘罕，不要在语言上有什么计较，可以和言告诉，襄阳六郡本是我宋故地，只因李成南犯，本廷才命令岳飞收复，并没有向北再作冒犯之意。"

赵构再三交代使臣"要卑言语，厚礼数，只要能停战议和，不必与虏人计较岁币、岁贡。"王伦听了赵构的话，鸡啄米似的点头，他本是一个街头混混，极少官场气，赵构也觉得他行事少有做作，利落实在，很是看得顺眼。

王伦比宇文虚中早四年去的金国，他张嘴好跑轱辘，金人一直没当他一回事，一拘留就是五年多。好在王伦自小也是将牢房当作客栈住的，关了五年，也无所谓，再说金国也不是囚犯一般的对待王伦。当建炎二年（1128）三月十五日，王伦辗转到了云中郡（地处内蒙古）时，时任西北两路都统的完颜粘罕正在云中，酒喝到兴头，居然"赠"给了王伦内夫人一名，宗室女四人，让他有一个长住的准备。从当时确庵、耐庵所编《靖康稗史笺证》中李浩的《呻吟语笺证》来看，这"内夫人"和"宗室女"也并非女真人和辽人，而是南宋北掳的宗室女子。

这王伦回到临安，隐下了此事，后来他专跑宋、金之间的这条和议"交通线"，虽说是天大的苦差，但有这段"隐情"在其中，他倒也乐此不疲。最终，王伦以"跑线"有功，擢升为签书枢密院事，也算入了宰执的人。这在盛行科举取官制和贵族世袭制的南宋，是一个奇葩。

其实王伦的入朝为官，纯属偶然。他自小家贫，识字不多，好往来于汴京、洛阳之间，做一点游侠似的任性事。当然，这是雅词，往俗了说，就是一个混混。有钱请人喝酒，无银诓人财帛，常被官府拘留。

靖康元年（1126），金兵临近，为了应付金人的天价勒索，官兵掳刮尽了各家财产，积怨极多，民众常常聚众骚乱。此时的殿前禁军本已短缺，根本无法弹压，皇帝赵桓只得登上宣德门罪己抚慰。那宣德门并不高，王伦乘乱走到赵桓眼皮下面，对着束手无策的赵桓高叫："皇上无忧，我能弹压得住！"赵桓是病急乱投医，当即解下所佩宝剑赐予王伦："汝给朕平息！"

王伦就此耍开了无赖气，说我无官职，怎么弹压？赵桓也让乱世搞昏头了，要内侍取一纸，着笔写道："王伦可任兵部侍郎。"王伦持纸，挟持了几个恶少，三下五除二地搞定了骚乱。

尽管宰相何㮚（lì）后来不认赵桓的任命，只给了王伦一个"修职郎"的六品小官，但到了建炎元年（1127），朝廷要选人去探望羁押在金国的二帝和皇室时，满朝廷也就王伦有这一块肥肝了。赵构当即擢升王伦为"朝奉郎假❶刑部侍郎"，担任大金通问使。阁门舍人朱弁任副使。

王伦到金国，第一个见的是左副元帅完颜宗翰，面一见过，完颜宗翰就不理睬王伦，把他搁一边了。某日，有汉人密告王伦，说二帝就关押在黄龙府，王伦径直溜去了黄龙府，通过关系见到了二帝。赵佶、赵桓见有臣子于冰天雪地中赶来拜见，百感交集，又得知老九赵构已经登基，大宋重新据南而立了。

要说宋金议和，还真是王伦自说自话首先提出的。当完颜宗翰任了

---

❶ 假：临时代理。

左副元帅以后，派了制置使乌凌阿思谋到驿站来会晤王伦。这王伦好容易逮着了说话机会，先是大谈当年宋、金合作灭了辽国之事，又说："那时'海上之盟'，约定两国是万世不变的兄弟，我大宋曾实实在在援助过你们，也修了两国盟好，难道后来的举兵祸宋是你们先帝的想法？从长远来看，南、北君主都有久远之谋，还我二帝、恢复大宋疆土，使南北子民无生灵涂炭之苦，不就是双方长远的幸事吗？"

这乌凌阿思谋是一个直性的女真人，听了王伦这么一番天花乱坠以后，他说："你说的也是，我一定禀达元帅。"

完颜宗翰得知此话，就没这么简单，他后来问王伦："以前也没听说康王要归还土地，是侍郎你自说此言吧。"绍兴八年（1138）以前，金国并不承认南宋，只称赵构为康王。王伦见了老相识粘罕，说话更是有恃无恐："作为使者，肯定有指使，不然来干什么？人定者胜天，天定亦能胜人，望元帅察之。"宗翰起身，没有回答。

再说赵构见王伦一直不归，几年间又相继派出资政殿大学士宇文虚中、礼部侍郎魏行可、朝散郎洪皓、右文殿修撰崔纵，还有张邵，出任"大金通问使"。他们一到金国，说的都是归还二帝，谁也没敢奢谈归还土地。不过，金国仍然不当一回事，全拘留了。倒还是王伦的"土地论"，让完颜宗翰另眼相看。

绍兴二年（1132），当完颜宗翰和右副元帅完颜宗辅、左监军完颜希尹、太傅完颜宗干等人合力拥立完颜亶为皇储以后，某日，宗翰来到了馆驿，和王伦谈论起了金、宋议和的设想，他让王伦回临安探听赵构口风。完颜宗翰和王伦的会晤，并无第三者在场，但宗翰为什么会有这一种想法？难道是想得到赵构什么承诺？细究起来，无非希望赵构能有所回报，以迎合皇储完颜亶对儒家文化的青睐，还有，天下无战事后的平和享乐日子。

绍兴二年（1132）的秋末，王伦回到行在临安，入见赵构。快六年了，赵构再一次得知父、兄以及母后等人的安好，极为欣慰。当时秦桧刚被罢免了宰相，主战派朱胜非主政，正信心十足在考虑对刘豫的征讨。王伦的"和议"说，总让人觉得离奇，被认为是这混混的满嘴跑轱辘，没人当回事。

其实王伦的嘴巴还是守得住好歹的，这几年在金国，他也见过天会八年（1130），也就是建炎四年六月初三金廷的榜示："宫奴赵构母韦氏、妻邢氏、姜氏，凡十九人，并抬为良家子。沐此湛恩，想宜改悔。又，赵构妹，凡六人，久侍宗子，获宠生男，应予优容，抬为次妇。服此隆恩，懋昭激劝。"

金人粗鲁，文字直白，比诘屈聱牙的南宋榜文更为王伦明白。这是说赵构的亲娘韦氏，还有赵构当康王时的两个夫人等十九个嫔妃，已答应成为金人名正言顺的婢妾，提升为"良家子"，即不在"洗衣院"做性奴了。赵构的六个妹妹，成为完颜宗室的婢妾以后，因为生了男婴，提升为"二夫人"。

对于这些，王伦回朝后守口如瓶，没有和他人提及过。其实，赵构的内心，哪会不明白？羊落虎口，能咬几口而不呜呼，已是大幸了。

当然，赵构也不愿意臣子们论及这事。有一个侍郎的侄子李浩，被金人误认为宗室子弟掳去，与二帝一起拘禁。这李浩出于忠心，将二帝、后妃的遭遇日录了下来。到了绍兴十二年（1142），李浩随赵构的母亲韦氏一起被释放回到临安，将这日录上呈。赵构不但命令立即烧毁，还下令斩杀李浩。多亏韦氏说情，李浩从此隐落民间。李浩是个聪明人，该日录事先已抄录了副本。一百零三年后，副本被人发现，但只剩"下帙"了。

再说绍兴二年（1132）的秋末，王伦回到临安不久，金国还真的派遣了李永寿、王翊两人，到临安来探听"和议"的虚实。这李、王本是汉人，对南宋朝臣却倨骄得很，也没有什么和谈的明确方案，再加上抗战派主政，没人"鸟"他们。李永寿、王翊也就不了了之地走了。

后人好说宋金议和是秦桧埋下的伏笔，真是抬举他了。尽管秦桧在金国时，太上皇赵佶听说赵构登位，写了一信给执事的完颜宗翰，希望金、宋能达成和议。此信的文字虽然也由秦桧润色，结果和议无戏，并无下文。倒是秦桧被拨给了监军完颜昌，也就是挞懒帐下，承蒙挞懒看得起，他才过上了几天好日子。

秦桧能返回南宋，挞懒是不是指望他能劝说赵构，归顺大金，史书并没有提及。只写他随挞懒南下时，在江苏涟水军的水寨头领丁不异帮助下，航海南归到了南宋行在越州。秦桧能如此冒险南奔，或许是他看到了挞懒有"议和"的一面，觉出赵宋也有能够不战而立的可能，是他对赵构的尽职之处。没想到，后来粘罕一死，挞懒主持了金国朝纲，天降大戏给秦桧唱了。当然，这是后话。

第十三章　孤注一掷

议和使者王伦一派出，满朝莫衷一是。抗战派更是群情激愤，奏议不断，都指望刚卸了尚书右仆射兼知枢密院事的朱胜非能出手阻止，但朱胜非上了朝却是干立，并无一言。新上任的知枢密院事赵鼎憋了几天，终于打熬不住了。

这日朝议，赵鼎出班奏启："陛下，虏人南犯，刘光世、韩世忠尚未交手，我大宋就如此认怯，派人说和，臣以为极不妥当。哪怕我大宋能扼守大江迎战一仗而不捷，再谈和也不晚啊！"

侍御史魏矼，是北宋宣和年（1119—1125）的进士，资深老臣，他紧跟出班，慷慨启奏："金虏出战，是想越过大江，夺我大宋江山。刘、韩二帅十几万兵力虽不足以对付虏人，但刘豫之兵总是心向我大宋的多，要是能用好孔明说吴伐魏的智谋，策反伪齐，打败虏人，完全可能。"

这魏矼近乎说鼓书的节奏，赵构还真没听进耳朵。不过，接下去魏矼说："行在还有右军、中军七万余人。陇上的吴玠部队虽远，湖北的岳飞仍可以急速调往，我们决不可丧己士气，授人以弊。再说，和谈的动议只是虏人以前的想法，如今兵戎相见，不宜求和！"

魏矼话音一落，签书枢密院事胡松年出了班，这胡松年资格更老，前朝政和年间（1111—1118）的中书舍人，他说："要是圣上担心刘光世、韩世忠、岳飞的三支部队互不相属，在统一指挥上有什么不顺，一时又派不出合适的人，微臣愿疾驰以赴其急，与诸将会议进讨，扼守大江。"

胡松年这话不仅点出了赵构的心结，更是文臣士大夫主宰政事的要求：怕武将有隙，怕武将趁机坐大，我胡松年文臣挂帅，可以吧。要说自朱胜非遭弹劾以后，眼下能主帅的文官还真没有。若让武将统兵，哪怕真有这号召力，赵构也忌讳。

宋廷从绍兴二年（1132）秦桧罢黜以后，大多数臣僚是近年引入的主战派，一说起抗金，热血沸腾。赵构的父兄、母后与原配邢氏，毕竟也被金人所执，真处水深火热。见朝臣一个个如此慷慨激昂，赵构的血脉也偾张了起来。这一日，听了朝臣的激愤语言，赵构环顾左右，相位一直空缺，当即要中书舍人起草任命诏书，擢任赵鼎为尚书右仆射兼知枢密院事。当然，这也是赵构酝酿已久的，朝纲纷杂，若真要以战论事，此位不能再缺。

赵鼎说："圣上，既然让微臣当了宰执，臣斗胆进言一句，为了鼓舞前方将士，臣愿圣上亲征。"赵鼎此话，似乎有一点得寸进尺之嫌，众臣僚面面相觑：皇上刚提拔你，你就敢给皇上下套了？

但赵鼎毕竟是老臣，朝中说话极有分量，此话也是他深思熟虑以后才说出的。建炎三年（1129）四月，兵力远不如今，为鼓舞前方抗金，赵构也曾移跸建康六个月。赵鼎这时再提亲征，他晓得只要皇上不拒绝，左右再一造势，赵构早晚会答应。毕竟早些日子派使议和，也是王伦正撞了众臣六神无主的"软肋"，赶得巧，并非皇上的深谋远虑。

这一日下了朝，宣教郎喻樗（chū）私下和赵鼎说："圣上六龙临江，兵气肯定百倍，金人指日可拒。但公自料此举，果真万全否，抑孤注一掷？"

"六龙临江"，是指六匹马去往大江的御驾亲征。喻樗的意思相当分明，这当口你赵鼎忽悠圣上去江淮前线，是否有点孤注一掷啊！

赵鼎说："事到如今，那你说怎么办？"

喻樗说："公欲圣上亲征，应该先考虑好退路。张德远有重望，若令他宣抚江、淮、荆、浙、福建一路，从诸路募兵赴行在，他的来路，正好是圣上的归路。"

喻樗的意思是说，你要圣上亲征，应该先考虑好后路，若有个三长两短，也好作后退的打算。要不，亲征真就成了孤注一掷。张德远就是张浚，喻樗认为应该起用赋闲在福州的张浚，任命他为长江、淮河、荆湖、浙江、福建一带的宣抚使，让他一路赶来，一路募集兵马。当张浚领兵马到达镇江的圣上行銮以后，一路上的障碍也全扫净了，皇上的退路就有了。

建炎年以来，这张浚以文官执朝廷的兵马之帅，倒也有诸葛亮的风度。要说运筹江淮，抵挡金兵，还真非他莫属。当建炎三年（1129），临安"苗刘兵变"，也全靠张浚对各路将领的指挥，才得以平定。后来他去了陕西汉中，督战抗金，几战几捷，建功不小。要不是他轻听误信，造成战将曲端冤案，遭御史中丞辛炳弹劾，赵构是不会贬他去福州的。

赵鼎向赵构一进言，赵构当即下诏起用张浚。又下令筹集粮草，调拨库府钱饷，先支付前方刘、韩、岳、王四支军队。于是，兵饷二十八万余缗一下子发齐了，将士人均二缗半。一缗即一串铜钱，一千文，也就是一两银子。要晓得，仗一开打，打的就是真金白银。

到了九月，江淮前线风声日紧。二十六日，快马送来急报：金兵临近，楚州知州兼防御使樊序弃城败退。面对数倍的金兵压境，淮东宣抚使韩世忠也准备退驻镇江，以扼据大江天堑，拦击金兵，以保临安行在。

事到临头，赵构倒也不含糊，当即下诏，命令右军都统制张俊率三万兵马，火速增援韩世忠。他说："朕为二圣在荒漠远地，又天下生灵涂炭日久，不得已滋生委屈求和之心。金人如今这等嚣张放肆，朕当亲率六军，前临大江，一以决战。"

赵构决定亲征的话一出口，群臣慷慨激昂。赵鼎说："圣上英明，我大宋以民生计，累年退避，敌人一发情骄。今亲征真是圣断，将士若要闻之，当会愿效奋决，以一当十。"

赵构当即发出敕令，要淮西宣抚使刘光世，移军建康，确保大江防务，准备迎接御驾。

那几天，临安的快马，南来北往奔驰不断。十月二十一日，消息传来，金兵攻陷了濠州（今安徽凤阳），守将寇宏弃城出走。这时，赵构亲征的诏令也已发出，考虑到最坏的结果，赵构诏命大内的后妃们即日出嘉会门，先坐船顺之江南下温州。万一战况不好，下海坐船前往泉州。又决定，御驾出征以后，参知政事孟庾为行宫留守，率殿前统制王进六千兵马，以及神武中军五百禁军，驻守临安。

好在那几年经过岳飞对江西、福建、浙江的盗寇剿抚，世面清净，临安有六七千兵马守护，也无大碍了。

十月二十三日一早，赵构在赵鼎、胡松年、沈与求、魏矼、喻樗、杨沂中、刘锡等文臣武将和亲卫禁兵的扈从下，浩浩荡荡出了皇城和宁门，出征北上。

满城士民得知皇上亲征，倾城而出，沿了大街夹道等候。这日，细雨沥沥，晨风中颇觉寒意。銮舆辘辘一出和宁门，到了大街，车轮又变得沙沙有声。早一日，大街上就由"三衙"兵士突击铺撒了潮沙。按祖规，皇上出巡，铺的应该是代表显赫的黄土，也称"黄道"。高宗厉行俭朴，曾下诏，就近以江沙替代。

銮舆在三衙太尉、御带、环卫、内侍的引导下徐徐而行，天武官高声提醒大街两旁的观者："躬身不要拜，唱喏直声立，奏圣躬万福！"那些站立在大街两边的士民，恭谨地以手加额，不少人见皇上冒了风雨，为宗庙生灵之计，亲巡前方，唏嘘流涕了起来。

銮舆在这一片肃穆中，缓缓往北，到了新庄桥直街左拐，又经余杭门（后称武林门），来到了北郭税务亭。这亭处在大运河东南端的船埠一边，是临安对船运的赋税征收处。打先的御前中军，早已在亭前布置好了出征的仪仗，"呜呜"的大号吹起，所有停泊河面的北征船只，撑起了樯帆，等候御驾出发。

第十四章　威震庐州

　　北征的船队长龙似的由西往东，过了泛洋湖，一路浩荡，拐向北去。当晚，赵构到达临平，前线快马报捷：淮东宣抚使韩世忠在承州大仪镇，打了一个胜仗。次日，御船刚到硖石，又接韩世忠飞报，进攻承州的金兵，被韩部的佐将成闵、解元合力击退。

　　赵构见到捷报连连，顿时踌躇满志。记得八月仲秋，韩世忠给赵构捎来十几条大鲟鱼干，赵构回札说："朕在艰难之际，倒也习惯简陋膳食，尔等要是有军功报来，比鱼干更能让朕开心。"这一回，得到韩世忠捷报的赵构，比吃了珍馐还落胃。

　　韩世忠得知赵构亲征，从镇江重返到了扬州城外，调整了布防。这兀术得知先锋铁骑在承州被挫，亲自率领金兵赶来，想起那次在黄天荡差点没被韩世忠搞得全军覆没，兀术恨不得一口生吞了宋军。不过，足智多谋的韩世忠并没有发起正面阻击，他利用兀术轻敌之心，在沼泽地设下了埋伏，又打了金兵一个措手不及。

　　正面阻敌的韩世忠毕竟只有三万多兵马，除去辅助，战斗力只有二万五千。这一战，虽然没有歼灭兀术的前军，但也挫了他的锐气。于是，金军在扬州以北驻扎了下来。

　　赵构这一路北上，除了韩世忠的报捷，据说刘光世的防御也不错，龙颜大悦。到了秀州（今浙江嘉兴）这日，张浚也来了奏折，他已和韩世忠、张俊、刘光世等将领书信商定，不日将在镇江召开联合抗金会议。张浚告知赵构说：前方将士勇气倍增，正在布置对金作战方案。

　　张浚还在奏折中提出，金兵无意进攻鄂州，要岳飞赶紧分兵，亲自率军出击江淮。其实，赵构从决心亲征那一日起，天天都在想着调用岳飞的兵马，但不到万不得已，他还是不想动这一支劲旅，毕竟岳飞的辖地辽阔，防守也不易。如今，调集岳军兵马正是时候，赵构当即给岳飞写了亲笔手诏：

　　"近来淮上探报紧急，朕甚忧之，已降指挥，督卿全军东下。卿夙有忧国爱君之心,可即日引道,兼程前来。朕非卿到,终不安心,卿宜悉之。"

当时正在池州(今安徽池州)的岳飞接到赵构亲札,就这"朕非卿到,终不安心"八个字,他顿时深深感受到了圣上的倚重之情。岳飞命令牛皋、徐庆先带两千骑兵为先锋,日夜兼程赶去淮西。随后又调集一万精兵,亲率前行。

赵构也是早出晚泊,仅用了五天行程,于十月二十七日下午到达了平江府(今江苏苏州)。被重新起用为知枢密院事的张浚这时也到了镇江,他召集韩世忠、张俊、刘光世等前线将领,正在布置战事。那日会议决定,由韩世忠派统制王愈,先声夺人,到扬州北的金营,去下战书,与金军定下日子,布阵开战。

闻说战书的兀术不知所措,他问:"在镇江的张枢密是何人?"王愈答:"是曾经的枢密使张浚。"兀术一脸不信,他说:"张枢密远贬岭南福州,怎么会在此地?"王愈指了战书后张浚的签署,兀术当即大惊失色。王愈告诉兀术,参知政事胡松年,也正在对面江边布置专治战舰的方案,兀术更是发起呆来。

要晓得,从建炎四年(1130)到绍兴元年(1131),在陇上的和尚原、大散关,张浚率吴玠、吴璘、曲端等将领,打得兀术一度剃光了须髯,混在兵士中才得以逃脱。这一回,兀术本是趁了宋军无主帅,各将难合心的"短板",乘隙进攻的淮西。岂知冤家路窄,又遇上了张浚。再加上连日阴雨,粮道不爽,金兵正打算速战速决。让兀术想不到的是,张浚、胡松年这两个足智多谋的南蛮子,就在大江对岸,他的眼前。

这日晚上,兀术先是得到探子传报,岳飞正从六百里外的池州赶来。到了凌晨,兀术又被亲兵叫醒,大都急报,皇上完颜晟病危。若是完颜晟一死,各派不一的金廷必有一场争权夺利的内斗,兀术得赶回大都去。他思来想去,一夜未眠。

次日一早,兀术发令,决定撤兵。不过,不甘心的兀术,还是想捞回一点胜利的面子,他决定返回淮西时,打庐州(今安徽合肥)宋军一个措手不及。

说这话，已经进入十二月，庐州守将仇悆（qiú yù），刘光世手下一员老将，虽只有三千多兵力，却个个精悍。金兵南下时，得知这仇悆善战，庐州城防守严密，攻打一时费事，绕开了。这次回兵，决意要掳平庐州。仇悆不知底细，奋勇出迎金兵前军，虽然以一当十，还是吃了败仗，只剩了近千残兵退守庐州城，凭险据守，自知难以为继。

好在牛皋、徐庆带了数十快马，日夜兼程，先于两千骑兵赶到了庐州。仇悆迎进城，一听牛皋、徐庆说援兵稍后即到，他俩愿领几十亲兵先行出城迎战，大惊。仇悆说："尔等数十骑怎么能抵挡得了上万敌兵？"就在此时，刘豫的儿子刘麟，又率数千兵马到了庐州城外，扬言十万金军马上赶到，要仇悆识趣开门纳降，以免屠城。

牛皋劝仇悆不必惊慌，城门一打开，他与徐庆率数十骑迎了出去，大呼："牛皋在此，尔辈胆敢进犯！"见敌兵正愕然相视，牛皋命军中亮出"岳"字旗来，尝过岳军厉害的伪齐兵，顿时惊慌失措，阵脚不稳。

这时，岳军的两千先锋骑兵也正尘土飞扬地从远处赶来，牛皋一声呐喊，挺矛冲阵，势不可当。只几个回合，刘麟大败，继而狂奔。牛皋、徐庆率众骑疾追数里，伪齐、金兵死伤大半。又一股金兵接着来救，也被岳军斩得千户长五人，百户长数十人，宋军士气大振。

老将仇悆，在刘光世军中，连王德这样的悍将都得尊称他一声"仇公"。仇悆第一次看见岳军打仗如同快马踏进西瓜地，践踏得干净利落，骇叹之极。后来仇悆上书赵构，先禀报庐州已保，又大赞岳军神勇，当世无双。

身在平江的赵构，闻讯深受鼓舞，他给岳飞御札说："卿义勇之气，震怒无前，长驱济江，威声远扬。宜奋扬于我武，务深得于敌情。既见可乘之机，即为捣虚之计。眷兹忠略，岂俟训言❶，深念勤劳，往加抚问。"

---

❶ 眷兹忠略，岂俟训言：眷，关注。俟，等待。全句，信任你的忠君之心，哪里还会给你训言。

这御札除了对岳飞的表彰，还希望岳飞务必得到敌人的确切情况，为直捣敌人的弱处，找到可乘之机。赵构记得，建炎三年（1129）四月，他来此巡阅时，各路宋军哪有眼下这等气势？只不过借了金兵的撤退，给将士们鼓了鼓士气。但赵构唯一的皇子赵旉（fū），却是在那一阵被吓死了。如今，就连骁将兀术这六十万金兵都畏缩不前，赵构很有一点沾沾自喜。当然，这时的赵构还不知道，金国皇帝完颜晟病危，金兵真的退了。

第五部
水师，宋军的短板

第十五章　力主放权

绍兴五年（1135）正月初三申时，一日两餐的赵构，晚膳喝了一点小酒，正端坐沉思，内侍来报："知枢密院事张浚求见。"得准后，张浚满脸是喜进来，揖拜刚起，迫不及待地说："启禀圣上，完颜宗弼与伪齐诸军，昨日全已退过淮河，往北遁去，臣特此奏告。"

赵构一听，如同春风拂面，精神大振。这二日，赵构也搞不明白，金虏何故退兵不战。不过，如此能让军民安心过上一个正月，也是个好兆头了。赵构以手加额，笑逐颜开："刘豫父子强诱金人拥众南侵，本是决意江浙，今乃一夕遁去，可见其所亡失多矣。张爱卿能为朕措置如此，可谓孜孜奉国，知无不为也。"

张浚一听，连连称谦："这全在于圣上亲征之决断，威名所在。眼下，正可措置召集淮南各官吏，还任地方，抚存归业乡户。"

紧接着，右仆射赵鼎、参知政事沈与求、签书枢密院事胡松年，三宰执前后赶来祝贺。沈与求说："臣听谍者说，这次刘豫诱使金人渡江南犯，其最主要一条，是因我大将有拥兵不和之隙。如今圣上亲征，各大将协心共济，敌人技穷谋尽。可见，克师之胜，在于和诚。"

沈与求这一番话，说得赵构频频点头，他说："大臣和于内，将相和于外，所以举措得宜，而敌人知畏。"

到了正月初五，就近的韩世忠与刘光世、张俊相继入觐，给赵构拜年。韩世忠唱一个大喏说："敌虏遁去，陛下必定大喜，正是一个好年。"赵构笑说："诸位爱卿，此不足为喜，若复中原，迎还二圣，乃可大喜耳。然有一事，以卿等将士贾勇，争先御敌，已非昔日惧敌之时可比，这才是朕可喜之处。"

面对长自己十七岁的韩世忠，赵构说得极其诚恳："如今天下未定，世忠、光世两位爱卿，纵有睚眦，今日朕为分之。但愿从今往后，你等两虎不得再有私斗，为朕尽释前憾。"四十六岁的韩世忠与四十七岁的刘光世就此感泣揖拜，谢恩再三。刘光世说："臣等虽有过违言，但至于国事，从不敢心分彼此。今日圣上如君父般训饬叮嘱，臣等惶惧无所，岂敢不奉。"

赵鼎、张浚也在一边以笏叩首，祝贺两将相和。赵构继而将话题转到了张浚这主帅和眼下三大将的关系，赵构说："将帅和，社稷之福也。但愿尔等大将，从此匡助都督，同心驱敌。"都督，是指张浚都督军马一职。赵构要近侍端出大内的金盘尊罍❶各三套，注满美酒，赏赐给张俊、刘光世、韩世忠三人。三大将捧尊罍一饮而尽，赵构吩咐，将各人手中的金盘尊罍赏赐予个人。

赵构明白，三大将结有嫌隙并不可怕，可怕的是他们拥兵日长，各自为政，不把朝廷号令当一回事。如此思去，赵构就想起年长四岁的岳飞，与这些父兄手上的老将相比，岳飞毕竟是自己从微职中提携上来的，更是大宋日后的倚重。看来，路途遥远的岳飞，正月是赶不来觐见了。

正月欢悦，可惜日短，一晃过了十五元宵。满街的张灯结彩还没落尽，日子又进了二月。

二月初二，岳飞从池州风尘仆仆来到平江府，觐见赵构。早一日，听说岳飞在途中不畏雨雪所阻，喜爱交加的赵构就下了诏令，加擢岳飞为镇宁军、崇信军节度使，赐白银二千两，丝绢二千匹，作为援淮西、保庐州之功的奖赏。

加擢镇宁军、崇信军节度使，是在岳飞原有"清远军节度使"衔上的加官。镇宁军辖澶州府（今河南濮阳），即真宗与辽国缔结"澶渊之盟"的地方，如今属于刘豫"大齐"之地。崇信军也是。这两个节度使衔，虽不是实衔，只是荣誉，但着实让岳飞感到赵构对他的喜爱有加。

岳飞入觐，赵构当众又封岳飞的母亲为福国太夫人，又赏赐岳母，

---

❶ 尊罍（jiǎ）：宫中酒器。

以及岳飞的夫人，即"孺人者"二人，共三袭凤冠霞帔。这也是诏令中对岳飞有两位夫人的明确表达，以示赵构对岳飞的嘉爱。此后，又擢升岳云为阁门宣赞舍人，岳雷为阁门祗候。可以说，于公于私，赵构都为岳飞考虑到了。

岳飞一到，久等的赵构决定次日动身，返回临安。

二月初三一早，在文臣武将的簇拥下，赵构于平江的枫桥埠头上了御船，春风浩荡，顺风顺水南下。岳飞领了亲兵，登上前船，护送赵构。

当晚，船泊吴江县，内侍传岳飞上御船，与赵鼎、张浚、沈与求、胡松年等一起，商讨国事。君臣就此谈到洞庭湖水寇中日益坐大的黄诚、杨幺，就在金兵犯境之时，这帮水寇曾扬言要顺大江东下，会合南下的金、齐兵马，夹击宋军。

说到这话题，方才慷慨陈词的岳飞不作一声，赵构微笑说："岳爱卿为何不作一辞？"岳飞抬头，直言不讳地说："臣飞去年九月有一奏折，说的就是剿抚水寇之事，圣上尚未答复微臣。"赵构含笑未答，他当然记得这一回事，只因岳飞在奏折中提的要求太多，一时没有回复，又赶上金兵南犯，搁下来了。

二月初八傍晚，一回到临安的赵构，当夜要中书舍人调出岳飞的"措置杨幺水寇事宜奏"，秉烛又细读了一遍。奏札中岳飞说到他的军马，大多不习水战，但要是圣旨驱使，万万不敢辞免。又说到洞庭湖水寇，拥有战舰、舟船数目浩瀚，又多机能之巧，又凭恃水港险恶，常年猖獗。湖南、湖北各地以往的镇抚司，曾多次进剿，只因单独一面，都难以奏效。

岳飞提出他剿灭水寇的要求：一是朝廷要特降敕令，将湖南、荆南原镇抚司所属军马、舟船，尽数拨付岳飞。二是将鼎州（今湖南常德及周边地）附近的马准、步谅所部也统一调拨岳飞使唤。三是湘湖制置使王瓂的战船暂时全数拨借给岳飞。

岳飞还提出，湖南州郡多山地，产木材，朝廷要允许岳军采购征用、增添舟船。为此，除了拨给工匠费用，还希望朝廷能从宽支给银两。

如果圣上能依臣所乞，我誓尽犬马之劳，力求将洞庭湖水寇剿尽。

赵构明白，岳飞的这些要求，除了王瓊的战船事后尚能归还，其他的，若要归还就难了。这对于怕武将握兵权太多的赵构，委实答应不下来。不过，从这一次淮西解围来看，岳飞对朝廷的诏令能不折不扣地执行，还是让赵构看出了精忠之心。赵构知道，宋室"中兴"，就得依靠岳飞这种多智骁勇的年轻良将，难道放他兵权一试？

但左思右虑的赵构还是放心不下，岳飞再精忠报国，一旦兵权过大，日后难免似兵屯"陈桥"的太祖，奈何？赵构还是难下放权的决心。如此几日，直到潭州、鼎州传来王瓊与当地将领为了一些琐事而忿争，坐视杨幺日益猖獗的奏折，赵构才下了最后决心：给岳飞所要求的全部权力。

二月十二日朝议，赵构当廷颁发诏令：改任右仆射赵鼎为左仆射，擢升张浚为右仆射并同中书门下平章事、兼知枢密院事、都督诸路军马，出使湘湖，督促岳飞平定水寇杨幺。任命岳飞为荆湖南北、襄阳府路制置使，神武后军都统制。

这一次，赵构并非像以往一州一府地任命岳飞，他将洞庭湖所在的荆州南北，以及湖南、湖北全境，还有长江以北的襄阳府六郡，全放权给了岳飞。又赐给岳飞钱十万缗、帛五千匹为犒军之费，并诏令湖北转运判官刘延年跟随岳军专任粮草转运使，再命令湖南江西漕运司薛弼、范振，即时应付随军钱粮。

南宋初时不设丞相，只设左、右仆射（相当于左、右宰相）兼门下、中书侍郎，简称"同中书门下平章事"，相互制约，几乎没有为相者的弄权一说。朝议时，臣子说话民主得很，不少官员也敢对皇上吹胡子瞪眼。这不，对岳飞的诏令一下，签书枢密院事兼权参知政事徐俯当即又提出了反对，他奏道："老臣以为，为国靖难，除寇安民，当是武将职责。圣上如此授权予岳飞，可知武将骄惰益增乎？"

绍兴四年（1134）二月，当赵构决定授权岳飞进兵襄阳，也是徐俯首个出班反对。眼下他这么颤巍巍地出班一说，满朝文臣也有为之颔首的。是啊，武将拥权过大，一旦骄惰如何掉尾？赵构听了徐俯之奏，未露声色。这一回，他完全将屁股坐在了岳飞一边，说一声"朕已定"，再无细释。气得徐俯这倔老头第二日就不来上朝了，这也让岳飞首次领教到了文臣在朝的发声，以及士大夫那种主宰朝廷的意识和气场。

徐俯不上朝，并没有削弱赵构对岳飞的倚重。不晓得赵构是不是也发了梗，接下来的动作，几乎一气呵成：赐予岳军中牛皋以下的二十九位援庐州有功偏将，每人一条金束带。又将岳飞的爵位，从"子"爵，直接高开到了"侯"爵。

"公、侯、伯、子、男"，仅仅六个月，岳飞这跳跃式的升迁，也让众臣僚目瞪口呆。要说官宦之家，逢喜遇庆，最得意的贺词是"马上封侯"；最好的贺图是骏马锦鞍坐只大猕猴，也是寓意"马上封侯"。后来，岳飞再次擢升为"公"爵后，属下还是以"岳侯"相称。可见，"侯"还具有封爵并无破顶、仕途尚有锦程的含义。

赵构这一连串的赏封，也是他历来的主张：不是等你有了功绩后再行赏赐封。岳飞明白，他面临的这场剿灭水寇的大战，皇上是下大注了。赵构对于岳飞毫不掩饰的倚重，还有必须剿灭多年猖獗的湖寇那一种狠心，也让满朝臣僚再无违言。

就在岳飞动身返回湖北的前一天，也就是二月二十二日，赵构特别赐予岳飞金字牌、金字旗、金字榜各十副。这些都是信物，只要岳飞在剿抚水寇之中，答应了投诚者的官职，都可以出示相应的牌、旗、榜作为信物，事后朝廷凭证认可追封，决不食言。

赵构对武将岳飞的这一系列赏赐和权力的追加，气得徐俯连宰执这一金饭碗都不想端了，提出"奉祠"。

第十六章　以寇攻寇

岳飞回到池州，已是三月，当即率军进驻潭州，号令邻近宋军。远在临安的枢密院也发出敕令，要求江东、浙西路各造九车战船十二艘，浙东造十三车战船八艘，及时发往潭州。又命令江、浙、荆、湖、福建诸路宪司，督促各州县，将每年需要上缴的弓箭、盔甲等物料，尽快补齐，同时派工匠赴军器监服役。这几乎都是往年抗金的大动作。

九车、十三车，指的是船舷一侧用以踩踏前进的大轮，船舰之大，足可远涉重洋。这一些，都用来资助岳飞对水寇的剿灭。新上任的右仆射同中书门下平章事、兼知枢密院事、诸路军马都督张浚也来到潭州，坐镇剿寇，以协调邻近诸军兵马，并督促岳飞的进剿。这对于武将来说，也是一个兵权的牵制，虽然放权让你号令友军，却多了事事的请示。

正是暮春时分，连日久雨，泥淖没膝，士兵叫苦连天。这一日，岳飞站在八百里洞庭湖边，放眼望去，近处芦苇丛生，远处烟雨茫茫，但见湖水浩荡，港汊无常。平定过多次乱寇的岳飞，第一次面对这无边无涯又多支流的水面，以及出没诡秘的水寇。岳飞晓得，剿灭的难度极大。

杨幺本名杨太，因为年轻，于众寇中排在末尾，人称杨幺。杨幺的手下，水中功夫个个了得。大王钟相死后，杨幺等人拥戴钟相之子钟仪为王，号称十万水军。杨幺也因勇武多谋，成了十几股水寇的首领。

这些水寇，仗着浩渺湖水，汊里汊、湾里湾的河道、水域，水寨丛立，卡哨密布，船舟出没，遍布数百里。洞庭湖不但广袤，还连接了荆江、湘江、沅江、资水、澧水、汨罗江，可守可攻。若攻，东可犯岳阳、北可犯江陵、西可犯澧州、南可犯潭州，并能扼制鼎州、潭州、武陵、安乡、汨罗、湘阴、益阳、常德、津市、华容等州县。若退，可从岳阳、荆州往北，进入大江，或遁入各支流。

这些年来，不熟悉水路的官军，一进水荡，想出来都难，更何况要剿灭对手。早先的鼎州、澧州镇抚使程昌寓，后来的荆南府、鼎州、澧州、潭州、鄂州制置使王瓘，也搞过几次招降策反，往往是肉包子打狗，包子吃了，狗却没有打成。大规模进剿也有，但官军从陆路进袭，水寇退入湖港；从水路出击，水寇登岸而去。这几年水寇越战越强，民众大多在胁迫下依附了他们。

岳飞到了潭州，十几天中只是询问当地乡人，对洞庭湖的水港、杨幺的大小水寨分布，也多少有了知晓。他明白，如此水寇，要想剿灭，只能采用"以水寇攻水寇"的计谋。要是正面硬攻，绝无赢局。

"以水寇攻水寇"需要时机，最初，岳飞一有小胜，无论俘获喽啰还是小头领，都给足遣散费释放，让他们去购物再回水寨。围久的水寨，除了女人不缺，其他都缺。岳飞派人告知商贩，遣返人前来购物，半价给予，另半价由官府补足。于是，水寨中都晓得了如今的市面，有了思返之心。

如此三番，岳飞就变了手法，有了小胜，常挑出长相凶恶又桀骜不驯的俘虏，当众斩首。对俯首听命的，仍发遣散费释放。如此恩威并施，水寇也都知晓这一次官军与以往不同，渐渐有了投诚之心。对于投诚的，岳飞承诺了官职，给予金牌、金榜作为信物。

好在老天也助岳飞，连日久雨，又连续大旱。这一日，岳飞和谋士正商讨建造船舰之事，马弁报来，朝廷粮饷已到，押送者提举湖南运司判官薛弼求见。这薛弼是温州永嘉人，前朝政和二年（1112）进士及第，曾任杭州的州学教授。绍兴年来，一直从事运务，见多识广，对岳飞久有仰慕。

岳飞说声"有请"！薛弼进来，双方寒暄过后，见岳飞正在商议造船，薛弼说："大帅如今造船，不宜。造船本是水寇之所长，可避而不可斗也。今大旱，湖水枯落，不如重金购买木筏，截断上流水路，使他大船的长处，成为废物。其后，岳帅你可直捣其寨垒险卡，取胜就在眼前。"

岳飞一听，立马起身，郑重作揖称道："先生说得极是！"要说岳飞这几年的用兵，多半出自"非战士"的足智多谋。后来，岳飞向朝廷再三请求，要来了薛弼，做了帐下参谋官。

薛弼这一招果真见效，水退湖枯之时，贼势恐慌。一个叫黄佐的头领，觉得死守不是出路，前来潭州投诚。岳飞请他上座，在空名告上填了"武义大夫"给他。黄佐感恩，愿按岳飞要求，返回水寨，劝降杨幺的亲信杨钦。

杨钦不敢贸然答应投诚，岳飞依然厚待黄佐，要黄佐再次返回水寨。地方官看不懂岳飞的操作，潭州知州席益和张浚说："岳节使这么和盗寇来往，会不会有别的用意？"张浚笑说："岳节使是个忠孝之士，足下不知，用兵有深机，怎么能随便议论呢？"席益一听惭愧不止，但张浚说是这么说，心中也犯嘀咕，岳飞你何时是一个了结？

远在临安的赵构，也听说岳飞抓抓放放，有点按捺不住。四月二十三日，赵构给岳飞写了手诏："近得奏，知卿已至潭州，时方盛暑，将士良劳。朕以湖湘之寇，逋诛累年❶，故特委卿，为且招且捕之计，欲使恩威并济，绥靖一方。闻卿到彼，措画得宜，朕甚嘉之。然今去秋防不远，若此寇既平，则可以专意捍敌。更宜多算，决敌成功，此朕所望于卿者。其他曲折，张浚既至军前，可就议也。"

赵构这番话说得实在有一点藏藏掖掖。岳爱卿啊，你那边什么时候能完事啊？如果能在江淮秋防之前剿平杨幺，那我们就可以专心一致对付金虏了。又说剿寇是要多多算计，这是成功的保证，也是我的希望。张浚既然在潭州，爱卿你还有什么"曲折"，和他多多商议。

什么"曲折"，赵构的言外之意，无非是不能再拖了。岳飞接到这手诏之日，也算天佑，黄佐伺机偷袭了大头目周伦的水寨，周伦大败出逃，黄佐获得大战舰无数，来到潭州岳军大营。岳飞出迎，他仰视高大的战舰，当即授黄佐为"武经大夫"。

五月下旬，赵构要召张浚回临安，商议江淮的秋防之事。张浚问岳飞："圣上有旨召浚返回行在，岳节使，你能否告诉我一个剿灭杨幺的日程？"

岳飞拿出杨幺的藏身图说："请都督细察。"张浚看后说："此寇所据之处极为险阻，几无进攻之隙，难怪往年剿寇多有失算。浚即日将回行

---

❶ 逋诛累年：逋，逃避。诛，此处可理解为惩罚。全句，多年未得到诛罚。

在商议秋防，岳节使何不暂且罢兵，一同去规划长江上流的防守，以等来年进剿。"

岳飞明白，张浚这一番好意，藏有些许激将。岳飞说："都督，何必等到来年，汝要是信我岳飞，请稍作等待，我定可破贼。"

张浚问："岳节使，要浚等到何日？"

岳飞说："最多八日，一旬以后，定随都督还朝。"

张浚一听，正色严辞："岳节使，为何说得这么容易？王四厢在此剿抚两年，尚无成功，你能八日破贼？"

王四厢就是王𤫉，张浚故意以"四厢"的官职相称，也是点出：朝廷一度让王𤫉支配、指挥四厢的兵马剿这水寇，眼下你岳飞才一厢。要晓得，宋时的兵制，百人为"都"，五都为"营"，五营为"军"，十军为"厢"。当然，王𤫉的四厢是一个虚数，且多各地杂牌军，而岳飞拥有的兵马，倒是实实在在超过了一厢。

岳飞说："王四厢以王师攻水寇，则难；飞以水寇攻水寇，则易。若以寇之将、兵，灭寇之贼酋，更易如反掌。眼下时机成熟，飞可在八日之内，献敌酋于你都督庭下。"

张浚听后，半信半疑："岳节使，军中无戏言，浚将当即禀报圣上。八日满后，虽不以贻误军机罪汝，但岳节使必须马上撤兵，以规划长江上流军事。"

第十七章　洞庭大捷

岳飞说这话，胸有成竹。在黄佐的努力下，杨钦、全琮、刘诜等大小水寇头领，已约定六月初起事，共同出击杨幺。

杨幺也不是那么好对付，依仗配有撞竿、击石、大轮转动激水等奇巧机械的高大船舰，据险扼守，要强攻极难。杨幺没想到，岳飞并非强攻，而用了满载腐草的大木筏，顺流而下，将杨幺主寨前那一片水港汊道全堵上了。

第五部　水师，宋军的短板

载腐草的大木筏一停，筏上的岳军将士高声喊骂，将杨幺的亲娘老子全"问候"了一个遍，气得杨幺嗷嗷直叫，命令所有战舰将击石打了出去，又发动战舰去撞击岳军木筏。这时才发现，战舰的水轮全被漂来的腐草纠缠上了，难以行进。

岳飞发起总攻，所有反水的头领，以及事前潜伏的岳军裨将如任士安等，还有正面待令的官军，一并鼓噪向杨幺主寨发起夹攻，杨幺防守无望，只得弃寨而逃。岳飞让小木筏支起牛皮篷帐，顶着飞箭乱石，直追杨幺木筏。到了这地步，杨幺只得举起小主子钟仪，一起跳入湖中，被牛皋领兵泅水生擒。岳飞怕节外生枝，当即斩了杨幺，头颅放置木函，直送张浚所在。那一天，正是岳飞应诺的第八日，张浚直呼"岳侯真神算也"！

赵构得捷报，大赞："真神助我大宋良将也！"当即挥舞御笔，褒辞迭出："比❶张浚奏，知湖湘之寇悉已肃清，纾❷朕顾忧，良用欣惬。非卿威名冠世，忠略济时，先声所临，人自信服，则何以平积年啸聚之党，于旬朝指顾之间。不烦诛夷，坐获嘉靖，使朕恩威兼畅；厥功茂焉❸！腹心之患既除，进取之图可议。缅思规画，嘉叹不忘。然恐招抚之初，人怀反侧，更宜绥辑，以安众情。措置得宜，彼自驯扰❹，浚必已与卿计之熟矣，或有陈请，可具奏来。付岳飞。御押。"

"缅思规画，嘉叹不忘。然恐招抚之初，人怀反侧，更宜绥辑，以安众情。"这句还真是赵构的肺腑之言：你岳飞"以水寇剿水寇"的规划，朕至今感叹不已。当初对此，人人心悬，认为集聚兵力剿抚更为适宜，没想到岳飞你会如此"措置得宜"。赵构这番躬身自省的语言，几乎也是说给众臣僚听的，岳飞武功文略，深有远谋。

杨幺一荡平，洞庭湖南北，即湖（湖北）、湘（湖南）一带，以及大江

---

❶　比：近来。
❷　纾：宽舒。
❸　厥功茂焉：厥，他的。全句，他的功劳很大。
❹　彼自驯扰：该地自然驯服柔顺。

的上流，再也没有盗寇作乱。赵构一声传旨，加授岳飞为"蕲州、黄州制置使"，几乎将大江上流的州、县，全部交与了岳飞。

收降了杨幺水军，加上事前朝廷拨予的兵马，岳飞一下子拥有了近十万之众，也有了后来名扬一时的二十四位正副统制。统领的兵种有：背嵬军（亲随军）、前军、右军、中军、左军、后军、游奕军、踏白军、先锋军、胜捷军、破敌军、水军，可谓军种齐全，兵马精悍。尤其水军，有大小船舰几百艘，其中五至七层的楼式战舰数十艘，南宋军队的水师短板，从此不再。

岳飞明白，论资历、年龄，宋军各大将中他是老幺。论军威、兵马，还有赵构的偏爱，应该称得是前列。树大招风，猪大挨宰，岳飞决定送两艘大船舰给倚江可泊的韩世忠、张俊，也算一个人情。这是两艘超大的船舰，长二十多丈，宽约五丈，船头饰以飞虎，两侧有翼轮七对，兵士脚踏驱动，行走如飞。舰上还配有击石器、撞木、飞弩等巧术良械，又有懂操作的水兵各舰五十名。

到了张浚召集大将议事之日，岳飞依然屈以下之。韩世忠毕竟是直性汉子，一见岳飞，大呼小叫："老弟，送的好楼船！"张俊见了岳飞，仍是一副见了下属公事公办的样子，一抬眼，半晌不语。总当是曾经的小校岳飞，拿楼船向他显摆。

是的，在官阶上，岳飞确实无法和韩世忠、张俊相比。韩、张虽然也是节度使，却都是少保荣誉衔的宣抚使，享受开府仪同三司的待遇，妥妥的正二品官员。岳飞虽然有从二品的节度使荣誉衔，但在剿杨幺之前，只是荆湖南北、襄阳六郡的制置使，剿灭杨幺后又加授了制置蕲州、黄州。

与韩世忠、张俊的宣抚使相比，绍兴五年（1135）的制置使就差远了。早先，北宋的宣抚使是称得宰执的，全由文臣执掌，只有仁宗朝给过武将狄青。绍兴年以来，武将授予宣抚使的虽然有，也仅限于刘光世、韩世忠、张俊等极少几个。岳飞号称从二品节度使，但制置使的官阶只相当于正三品。

得了"蕲州、黄州制置使"加授的岳飞，一连上了三道"乞辞"，有点让赵构摸不着头脑了。因为这"乞辞"道道没有虚话，清清楚楚写的是"乞宫祠札子"，也就是说，岳飞要求和徐俯一样，去"奉祠"。

"奉祠"是什么？是赵宋崇尚道教的一种体制，即对一些规模较大的道观，由朝廷委以专使、提举，实施管理。王安石搞新政，也将那些对新法有异见的臣僚贬出朝廷，派往道观，美名"奉祠""优老"，实则成了"面壁思过"的另一种说法。当然，此时的被"奉祠"人是可以任意闲居的，俸禄、级别也一样不落。

南宋初始，杭州西郊的洞霄宫中，执宰一级的"奉祠"就有李纲、朱胜非、吕颐浩等七八人，几乎能玩上两桌纸牌。在家"奉祠"的也有，岳飞所要求的，应该是在家。岳飞才三十三岁啊，没有"老"，也没有"异见"，"乞辞"的理由也只是"荆、襄三路盗贼屏息，乞罢制置使职事"。

赵构想不通，"盗贼屏息"也不是"奉祠"的理由，还有金国和伪豫啊。犯了倔的岳飞却一再上奏，说"比具诚恳，冒犯天聪❶，……未蒙俞允❷"。看来，岳飞再"未蒙俞允"，还得启奏，还得冒犯皇帝的天聪。

如此的札子一送达龙案，赵构的脑袋就嗡嗡响。好在皇上圣明，看了几遍"乞辞"，又派人了解，多少明白了一点，岳飞是眼疾发作，难受之下执意求闲。岳飞说，自他进入湘、广，剿捕曹成之时，"渐染瘴疠，后来屡中暑毒，每至夏月，疾间发作，两目赤昏，饭食不进。加之老母别无兼侍，病既在身，并且垂白"。

一到夏天眼疾发作，应该是真的。至于说老娘有病，没人侍候，就不能当真了。因为二月春上，赵构亲授过岳飞的母亲为"福国太夫人"，毕竟可以享受童仆的侍奉。你岳飞想亲侍老母，我赵构也有老娘在北国当牛做马啊。

---

❶ 天聪：对天子所听所闻的美称。

❷ 俞允：应诺。

岳飞说"重念朝廷付以上流，责任不轻，恐致颠跻，有误委寄❶"，这也不是加授了蕲州、黄州制置使以后，辖区太多，责任太重的真心话。不过，赵构多少也看出了隐情，应该是岳飞的兵马编制没有得到朝廷的认可之前，驻防分得太散，没有那么多名正言顺的佐将去分管。

赵构的近臣，那就是人尖了，早将赵构的心思揣摩得透透，撰写给岳飞的回札，虽然也是些不着边际的套话，但也有点穴似的神笔。譬如七月十一日的第三次"不允诏"，刀笔吏一样的舍人就点了岳飞几句："俾朕贻用才不尽之讥❷，在卿乘图功攸终之义❸，揆之于理，夫岂宜为❹。卿当厉忠愤之素心，雪国家之积耻，……往体眷怀，勿复有请。所请宜不允。"

这几句皮里阳秋的话，说重不重，说轻不轻：要是圣上这么随便同意你的请辞，你岳飞也算是将圣上置于了用人的不仁不义之地。这里还借用了《尚书·大诰》中的"图功攸终"之说。国家有这么大的耻辱，希望你担起为君上完成大业的道义。不要再请辞了，你再请，朕也不宜允许的。

这"不允诏"，赵构应该一字一句看过，不然，也不会盖上御玺，以"御札"的名义下发。这一点，岳飞的谋士们不会不明白，当眼疾稍好一点以后，岳飞不再"请辞"了。

当然，赵构还是将岳飞当一回事的，八月二十二日，赵构特降旨，同意枢密院对岳军原本十员佐将的编制，调整为三十员。这就是说，赵构承认了岳飞的扩军，在二级将领上，保证他拥有三十位吃财政饭的官阶名额。

赵构想，岳飞应该会记恩的，这一支部队，将来定会在他的掌控之中。

---

❶ 恐致颠跻（jī），有误委寄：颠跻，困顿挫败。全句，恐怕招致挫败，耽误圣上的委托。
❷ 俾朕贻用才不尽之讥：使朕留下不能充分发挥人才能耐的过失。
❸ 在卿乘图功攸终之义：你当担起为君上完成大业的道义。
❹ 揆之于理，夫岂宜为：于理揣测，也不宜所为。

第十八章　一擢再擢

要说绍兴五年（1135），应该是赵构最寄予岳飞厚望的一年。

一进九月，赵构亲笔手诏岳飞："武昌控制上流，淮甸只隔一水，可多方措置，遣得力人间探，无使寇攘窥伺。即今动息如何？莫谓未有警报，而缓图之。事不素定，难以应猝。卿用心体国，万一有警，当极力捍御，趁势扫戮，无少疏虞，即卿之功。日具的实动息❶，奏来。"

这份亲笔，赵构授予了岳飞更大范围的军事制动权：第一，多派出探子，去敌方打听消息，不要让敌人反来我方窥探，也不应眼下无警报，有所放松，以致事出突发，难以应急。第二，万一襄阳方面有敌情，岳爱卿你要极力捍卫抵御，抓住战机趁势杀回去。目前你要做到没有一丝疏忽怠慢，这才是你的最大功劳。

亲笔的结尾，赵构要岳飞将每日的"的实动息"，记录报来。这似乎也可看作赵构对岳飞的不放心，也可以说是赵构对岳飞的重视，怕岳飞万一有什么闪失。

当江淮的朔风渐起的时候，赵构的关怀又如暖风吹来。九月十一日，门下省发出特授令，加授岳飞为"检校少保"，并进封为"武昌郡开国公"。增加食邑五百户，食实封二百户。

这是在一番"服矢弢弓，尽散潢池之啸聚❷；带牛佩犊，悉归田里之流逋❸。清湖湘累岁荡汨之菑❹，增秦蜀千里贯通之势"的美誉褒词下，对岳飞的破格赏封。

"检校少保"是二品官职，也是"六阶"衔的起步。哪六阶？即少保、少傅、少师、太保、太傅、太师。要说"检校少保"是起步，那"武

---

❶　日具的实动息：的实，确实。全句，每日呈报确实的动态信息。

❷　服矢弢弓，尽散潢池之啸聚：弢，弓袋。潢池，出自"潢池弄兵"，意为叛乱、造反。全句，持弓佩箭，尽扫叛乱之兵。

❸　带牛佩犊，悉归田里之流逋：流逋，流亡的人。全句，让流亡的人牵牛耕种尽归田地。

❹　清湖湘累岁荡汨之菑：荡汨，迅疾流动。菑，初耕的田地。全句指动荡的洞庭湖成了平安的鱼米之乡。

昌郡开国公"就破了封爵的常规了。要晓得,才二月封的"侯"爵,仅仅七个月,岳飞就成"开国公"爵了。

虽然这"开国公"离"国公"的爵号还隔了"郡公"一级,但岳飞才三十三岁啊,正二品大员都不一定能得到这么一个爵号。被授予"开国公"的岳飞,要是不出意外,按眼下赵构对他的厚爱,离享受宗室贵族的"国公"待遇,也就不远了。

后世好称岳飞为"鄂王",那是他被害后的第六十四年,宁宗皇帝追封的。绍兴年间能生身享受封"王"的,只有四人:张俊的忠烈王、韩世忠的忠武王、杨沂中的武恭王、吴璘的武顺王,全是武将,只有秦桧是死后才追封为申王。当然,这一些被封的"王",都是在岳飞身后,也就是绍兴十二(1142)年以后。这在崇文抑武的赵宋,足够文臣士大夫们咂舌了。当然,臣僚中有明白的,这也是岳飞被害后,赵构对武将的一种示好,多少带有一点内心的愧疚。

不过,绍兴五年(1135)赵构对岳飞的赐封,还没有完全结束。十二月一日,枢密院又下了一道擢升令:岳飞从制置使提升为了"招讨使"。这招讨使和制置使的最大不同是,招讨使可以根据军事的紧急需要,在不预先奏报朝廷的情况下,自行处理军务。此外,朝廷还允许岳飞对辖地内"不法、害民"的县官,行使调动、罢免之权。当然,这些,事后还须补报朝廷。

这接二连三的赏封,要说满朝的文臣没有想法,那是不可能的。对此,岳飞的"谢辞"也是诚惶诚恐地没有少写。不管是幕僚写的,还是岳飞说的,每一札的文字都极其诚恳。仅"辞检校少保札子",就习惯性地写了四道,比惯例的"三辞",要多一道。

岳飞写道:"伏念臣已三贡辞章,出于诚悃❶,冒犯天威,罪不容赦,圣恩广大,一赐温诏❷,两降札命,扪心揣分❸,感极涕零。伏念臣草芥

---

❶ 诚悃(kǔn):真心诚意。
❷ 温诏:温煦的诏书,指赵构要岳飞注意敌情的那封手诏。
❸ 揣分:自我估量。

第五部　水师，宋军的短板

固陋，备数戎昭❶，曾无尺寸之功，仰报天地之恩。"

岳飞说自己是一个固陋草芥，要是没有圣上的指导，哪来尺寸之功？明眼人一看就晓得是往过了说的虚词。不过，得到赵构赐封后的岳飞，内心确实充满了感恩。当然，以此解释岳飞的谢辞每次都要习惯性连写四道，也不充足。不少的恩赐、擢升，他也明白辞不掉。岳飞要如此做，应该只是一种固执的本能。

绍兴五年（1135）的南宋，已经形成了五支颇具规模的军队，又作为御前的前、后、左、右、中行营命了名，拱护行都临安。他们是：行营前护军韩世忠部队，八万兵马，驻署楚州；行营后护军岳飞部队，十万兵马，驻署鄂州；行营左护军刘光世部队，五万兵马，驻署庐州；行营右护军吴玠、吴璘部队，七万兵马，驻署兴州（今陕西略阳）；行营中护军张俊部队，八万兵马，驻署建康。另有杨沂中所部，三万，为御前禁军。

吴玠、吴璘的部队远在川陕，似乎有一点"计划单列"的意思。当然，所有的部队如此明确地加了"行营"之名，透出的是赵构满满的希望：将所有的主力军队列入"御"的掌控。是的，眼下"韩家军""张家军""岳家军"的叫法，着实让赵构担忧，他指望年轻的岳飞更能少一点老军阀的风气。

从十二月八日赐拨给各部队炭火钱的诏令来看，赵构的天平也是向岳飞倾斜的。诏令说："时雪天寒，戍边士卒暴露不易，可特赐柴炭钱，韩世忠、刘光世、张俊、岳飞军各一万五千贯，杨沂中八千贯。⋯⋯韩世忠、刘光世、张俊、杨沂中军借过钱，可令建康府榷货务依数拨还。"看看，这么多军队，还数兵马最多的岳军，没有向朝廷借过钱。

当然，借钱的大将们，好田产的有，好买卖的有，好美女的也有。是不是将借的钱全都用在了士兵身上，又是两说。这一点，赵构还是记得岳飞的好，该还的明确要还，不能眉毛胡子一把抓。

进入腊月，凤凰山大内的乌鸦都没了踪影，刮风的日子，山林呼

---

❶ 戎昭：兵戎之事，指赵构在军事上时时的指导。

呼地响了。赵构还是愿意独坐在慈宁殿小阁中，炭盆中白色的灰烬下透出了红亮的火，关了窗棂的小阁成了暖阁。赵构想起了冰天雪地中的娘老子，还有挚爱邢氏，不知道王伦等人有没有见到他们。又想起江淮前线，正在为北图失土厉兵秣马的将士。

一年一度慰问前方将士的季节又来到了，赵构呼来大内侍邓琮，要他先安排好路途较远的鄂州。叮嘱去岳飞大营的使者，带上宫内特备的赏赐物，务必在小年夜前赶到。赵构再三交代，御医房为岳飞备下的眼药，一并带上。

腊月二十一日晚上，尽管鄂州大雪纷飞，江风凛冽，路上走道的人都缩紧了脖子，但彩灯还是红红火火地挂起来了。内侍省的茂恂，在灯影下，踩了积雪的冰凌，来到了招讨使署。宫内赏赐众将士的物品尚在船上，赵构特意赐予的眼药和银合茶，茂恂还是亲手交到了岳飞手上。岳飞感谢涕零。

使署外的鞭炮声远远近近地响起，过年的喜气一天比一天浓了。

第六部
再有辞免,其属官等并当远窜

第十九章　手诏再三

绍兴六年（1136）正月的茂恂，紧赶慢赶，回到临安，好歹与家人过了一个正月的尾巴。但他万万没有想到，鄂州知州的检举信，也紧跟着送到了朝廷。说茂恂在岳飞处"受馈过数"，也就是说，岳飞给茂恂的馈赠超过了常例，促成了茂恂的"赃罪"。

鄂州知州并不是和岳飞有什么抱孩子跳井的过节，他只是按宋律办事。要是他今日不举报，日后也逃不出"失察"的过错。因为按照大宋祖规，内侍与外官将帅若有结交，轻则降职，重则逐出朝廷。

大过年的，赵构很为难。按祖规，对驻外大将的赏赐，是君主的恩德，内侍不应该借此示好，结交得利。大将更不应该错投桃李，主次不分。参知政事沈与求郑重提出，要将茂恂逐出朝廷，他说："陛下罚此一人，可以为后来人戒。"沈与求的话没有错，这风气要是不刹，内侍一效仿，朝廷政事也容易被他们左右。但沉思之下的赵构，只说了一句："有罪则罚，何但此一人。"

这意思很明确，要处理，不仅仅是茂恂一人。当然，还有岳飞，赵构没有明说。最终，赵构还是下不了逐出茂恂的决心，要晓得，这一逐，动静大了，打岳飞脸了。

过完正月，赵构要张浚前往镇江的都督行府，和诸位将领商讨，重新调整一下对金、齐的防务。赵构又要张浚带一封亲笔手诏给岳飞，自茂恂被举报以后，赵构总担心岳飞会有所耳闻，心情不爽。对岳飞寄予重望的赵构，还没有"投鼠"之举，就担心"器"了。尤其岳飞，还是重器。

赵构的信写得很谦和，要不照录，几乎表示不出赵构对岳飞推心置腹的示好:"朕以寡昧之资❶,履艰难之运,虽夙宵自勉,冀恢复于丕基❷。因事不从心,艰困倍受,殆欲亲蒙矢石❸,身属櫜鞬❹,报两宫迁越之仇,拯百姓流离之苦。坐薪尝胆,疾首痛心,十年于兹,终食屡叹。"

说这话,赵构不仅仅是对失土和父兄,以及亲娘等被囚的痛心疾首,还有对岳飞的抚慰和激励。想一想,连朕都恨不得要去冒箭持戟,为国雪耻,而做臣子的要是计较一点琐事而不尽力,情何以堪?赵构说,他好似当年越王勾践,十年卧薪尝胆,宵衣旰食,有哪一顿饭不是在叹息中止箸。

赵构这一种掏心肺之语,不是虚情,当然,目的还是说给岳飞听。只见赵构笔锋一转:"卿以柱石之资❺,总貔虎之众,居怀愤激,期于荡平。……毋窥近效,有害成功,必使部伍无哗,田间不扰,副我抚绥之意,共成戡定之功。舍爵策勋,朕不敢忽。故兹亲笔,卿宜悉之。付岳飞。御押。"

赵构以岳飞的"柱石之资"佐以自己的"寡昧之资",褒称岳飞统领貔貅、虎豹一样的将士,荡平敌寇,让朕充满期盼。是的,我赵构若要雪耻,全得靠你岳爱卿,你千万不要以眼前小得小失,放弃远望,务必做到部下"无哗"。这"无哗",几乎是赵构的心病。此后的安抚百姓,平定敌寇,朕不食言应予你的爵位、奖励,几乎就是赘语了。

右仆射,诸路军事都督府都督张浚到镇江,是主持二月三日的江淮防务会议,沿江的各路将领,都按时赶来了。要晓得,张浚代表的是朝廷,谁敢怠慢?毕竟淮河上游尚未完全解冻,金、齐兵马说过来就会过来的。

当时,淮东宣抚使韩世忠的主力驻在淮河南口的楚州(**今江苏淮安**),

---

❶ 寡昧之资:能力浅陋,事理不明。
❷ 冀恢复于丕基:希望恢复伟业。
❸ 殆欲亲蒙矢石:几乎想亲自冒着箭矢飞石。
❹ 身属櫜鞬(gāo jiān):身披盔甲弓箭。
❺ 柱石之资:如巨石坚强可靠,能担负国家重任。

以及承州（今江苏高邮），淮西宣抚使刘光世的主力驻在大江以南的太平洲（大致在江苏的镇江范围），江东宣抚使张俊的主力驻在建康（今江苏南京），湖北、襄阳府招讨使岳飞的主力驻在鄂州（今湖北武昌）沿线。相比较，只有韩世忠的主力是在江北，占据淮南，金、齐南下的要冲。

会上，张浚对各路防地给予了调整：韩世忠部驻防地基本不动，只是要求随时伺机北图。刘光世部的主力进驻淮南的庐州，张俊部也进兵淮河以南，驻守盱眙，岳飞部也要将主力驻守到大江以北的襄阳府，又请主管殿前司的杨沂中部作为张俊的后翼。这一调整，多少放弃了扼险据守的大江防线，整个宋军向北作了防务的延伸。

张浚这一方案，朝廷审议时，李纲也曾提出过责疑，认为有五处不尽善。其中最大的一点是"诸路之兵，尽付诸将"，万一敌人抓住一处薄弱，乘虚而入，保卫行都的力量太过于单薄。再说，"肘腋之变不可不虑"。这话的意思是说，兵力全放到了前线，万一临安附近发生什么变故，怎么办？

张浚听了李纲的话，马上回应："哪怕金虏南犯，我军主力在其臀后，也是他的兵家大忌。"张浚拿了楚汉之争的战例，作为佐证。至于"肘腋之变"，张浚只轻轻带过：临安之安，今非昔比。赵构一听，欣然同意张浚之说。

李纲没有说到一旦将领在外有变，朝廷拿什么军队去互相制约，这毕竟是一个"乌鸦嘴"的话题，几乎没有臣僚敢跟随李纲再附和表态。不过，后来将兵力放到前线的刘光世部真的发生了哗变，虽然并非这一次调整的起因，但不能不说是互相制约不足的根子之一。

张浚将这一思路在镇江会议上一宣布，各将领一时无语。张浚问："各位大帅意当如何？"当然，张浚称在座的将领为"大帅"，也是往好听的说了。他也晓得，能称得上执"帅"事的，当朝就他一个。

刘光世开了口，他资格最老，说话却模棱两可："能守则守，不应冒进。"要刘光世挺进到长江以北去，他真有一点不情愿。

韩世忠说话就痛快多了："愿听都督，随时进兵。"

张俊说出了话外音:"都督欲战则战,欲退则退。"你张浚如今大权在握,圣上又称你诸葛孔明,你说了算嘛。

岳飞没有表态,张浚仗着资历,毫不客气地连问两遍:"岳节使以为如何?"

岳飞说:"当见机行事。"那意思是,要想北上收复失土,就不应该一步一步地拱,我岳飞将见机行事。

张浚赞扬韩世忠:"韩宣使一贯忠勇,不违圣意。"对于岳飞这个后起之秀,张浚也不敢怠慢,他说:"岳节使沉鸷,正是朝廷所倚。"鸷,凶猛的鹰,张浚这是称岳飞的善战,如同鸷的阴沉凶悍,内藏不露。

这一次会议,还宣读了朝廷敕令:江西制置大使李纲、湖南制置大使吕颐浩,以及刘光世、韩世忠、张俊,为本防区营田大使。让人想不到的是,拥兵最多的岳飞,和川陕宣抚副使吴玠一样,被任命为了"营田使"。

这一任命,是赵构斟酌过的,深受赵构垂爱的岳飞,毕竟是制置使,在资历上与宣抚使、制置大使有一定差距。尤其制置大使这官衔,是绍兴三年(1133)赵鼎从宰执的位上调到地方才有的,本身就是以资历而设。论年龄,在座数吕颐浩最长,他与李纲都是前朝的进士及第,建炎初年的宰执级一品大员,这是岳飞没法超越的。

要说以前的"屯田",是由兵士、乡民共同耕种辖内的官田、荒田。兵士的田地相对比乡民的更据"险隘"之处,宜于平时扼守。乡民之地较多水田,一亩缴赋粳米一斗,或旱地的麦、豆五升,满两年的耕种者,就成为"永业"田了。

如今改为"营田",是召乡人前来耕种,秋后的收成,按约定的比例分配。"营田"的最大利处,就是不会成为军队的累赘。所以,无论是"营田使",还是"营田大使",单从"营田"的操作,都一样,没有权力大小。这也是戍兵屯垦、伺机北进的最好办法。

会议还没开完,岳飞又得到了赵构第二封亲笔手诏,语言依然谆谆:

"朕以父兄蒙尘,中原陷没,痛心尝胆,不敢遑宁❶。已命相臣往专经画❷,正赖尔等深体此怀,各奋精忠,勉图报效。倘有❸机会,无或后时,所希二圣还归,故疆恢复,用副朕平日眷待责成之意。付岳飞。御押。"

信札中的"相臣",指张浚。整一封信,可称得言之切切,一再说到羁押在金国的父兄,要迎回,得靠岳飞你等将领。倘有进取之机,哪怕一刹那,岳飞你等也要抓住。当然,赵构能专一给岳飞写信,在表示一种深情倚重以外,更为深邃的是:营田之事"正赖尔等深体此怀"。是的,无论"大使""小使",不必挂齿。你我君臣,来日方长,朕必定会"眷待"你岳飞的。

军事会议还没结束,赵构的第三封亲笔手诏又到了岳飞手上:"朕惟国之用武,必据形胜,以为地利。今西南之重,实占上游。既已委卿移屯要害,深图战守之计。卿宜以朕此意,敦喻将佐,抚劳士卒,勉思忠义,戮力一心,协赞事几❹,庶克攸济❺。有功必报,朕不忘汝。赐岳飞并本军将佐等。御押。"

连续得到三封亲笔手诏的岳飞,也得到了所有与会者的注重。当然,岳飞不是张俊那一种草寇出身的莽夫,也不是韩世忠那一种略涉文墨的武夫,从赵构信札中"移屯要害"之句,岳飞还是读出了圣上的内心不安。那就是赵构对待岳飞,似乎不像对前朝老臣韩世忠、张俊、刘光世那么踏实。岳飞才三十出头,仅仅六年,已拥有了南宋近四分之一的兵力,老臣徐俯的担心,赵构不是没有。

尤其岳飞将率部深入襄阳六郡,那是比江南的鄂州更为艰苦,但也是一旦可以北上的发轫之地。赵构希望岳飞要明白这点,不仅"深图战守之计",更需"勉思忠义"。手诏最末的"有功必报,朕不忘汝",几

---

❶ 不敢遑宁:不敢贪图安逸。
❷ 经画:策划。
❸ 倘有:倘有。
❹ 协赞事几:协助参赞事机。
❺ 庶克攸济:希望克服所有困难。

乎是三封亲笔都说到的一句话：我赵构赏罚分明，决不食言。

第二十章　又觐圣上

宋军防线的北推，早在绍兴五年（1135）的夏末，岳部就有过设想，也曾有过将制置使署设到江陵府（今湖北荆州等地区）去的打算。江陵府在大江以北，临近襄阳府，掌控六郡便捷，条件要比襄阳好，当然比鄂州差。议论时，众将佐都没有意见，唯独任士安不作声。岳飞颇怒："问汝为何不说话？"任士安说："鄂州有十几年修建的长江工事可守，迁往江陵，我等将失去天险之利。在下不敢说同意，也不敢说反对。"

任士安是久驻湖北的老将，对江防相当了解，他这么一说，众将佐附议的也有，这事就这么搁置了下来。任士安如今已调往江西安抚大使李纲麾下，岳飞要是再提出使署移驻襄阳，虽然比江陵更苦，估计佐将们不会有反对的。

但岳飞还是想面觐赵构，探个口风。你皇上究竟是一时兴起，写信聊聊想念娘老子的苦楚，还是真想打过黄河去。如果皇上你真有如此伟略，岳飞也有经营襄阳的谋划。此外，太行山一带的山寨好汉，不时有人前来联络。岳飞也想单独和赵构请示，是否可以就此在黄河以北暗暗布局，既不惊动金人，又可作为今后北上的内应。

岳飞和张浚说，会议以后，他不想逆枯水期的大江而上，返回鄂州。想顺运河南下，再走衢州、信州（今江西上饶），从陆路回湖北。这一路，破李成、征曹成、平虔州时岳飞没有少走。当然，他并不是去凭吊战场，而是想去行都临安。岳飞说："此行并非依章参觐，只想一睹天颜，少慰臣子瞻恋之心。"这话说得就像这几年下来，君臣真处出了感情一样，他岳飞想念皇上了。

张浚不敢怠慢，当即派快马向朝廷奏报。二月九日，得到赵构旨意，允许岳飞前往行在临安，并准免上朝，觐见后当即返回鄂州。赵构明白，岳飞是有话要和他说。

长话短说，岳飞与亲兵到达临安城外，在并非官埠的艮山门外东新桥边泊了船。正是夕阳西尽的时候，在船埠等候他的是内侍省的御带侍卫官。岳飞进了艮山门，行都的二月春风，正应了"剪刀"一说，城内的河岸，鹅黄垂柳，随风依依。一行人从盐桥转到众安桥，沿大街徐徐南行。

临街人家的门额依然春联户户，过年的喜气似乎尚未退尽。过了众安桥，马匹放慢了脚步，外乡的社火还有没走的，在坊巷口拉幕搭棚的正吹开了觱篥、横笛，他们要抓住二月的早春，再赚一点钱。行都士人的赏钱出手，是比外邑人大气得多。

冠巷口肋排尽是前铺后坊的店家，小二正在门首悬挂点燃蜡烛的灯笼。这一带店铺，集中了锦绣罗帛的手艺人，冠店最负盛名。妇人的描画领抹，头冠簪饰，应有尽有。男子的束发冠、幞头、帻子、纶巾、圆笠，还有北方风帽、翻帽、匈奴帽等最为齐全。

只见那家的店中小二，一幅绸帛在手，一折一叠，一剪一缝，当场为女子束起发来。再佩了七宝珠翠，配以飞鸾走凤之绣饰，那就是头顶生"花"的罗帕，这在临安最为女子时兴。岳飞来不及看热闹，他打算离开临安前来一趟，给母亲好好挑两款锦制的花形软帽，挑几条青白相间的披帛。

想起远在湖北的母亲，岳飞又不安了起来，自去年入秋以来，母亲的沉疴宿疾，经多方郎中诊治，都无好转。岳飞虽已将老母从庐山岳家市接到了鄂州大营，由妻孥侍女悉心照料，但还是不放心。这么想去，岳飞也无心关注这一路的店铺了。

突然，一声河南口音的"买馓子慈茶"，让岳飞心头一震，回首看去，一住家掀了门帘正在大声招呼卖馓子茶的担贩。这茶岳飞喝过，一种撒有油炸面食，用慈竹叶熬的稠糊，热乎乎，鲜鲜咸咸，寒冷中极为暖胃。这么一想，一天中未进热食的岳飞，倒也肚饥了起来。

再看那端进馓子慈茶的棉门帘后，透出晃亮的大蜡烛光来。这要是在外州小邑，只能是大户人家的派势，平常人家点的都是油灯。想起来，江淮将士守着的，正是大宋士民的安宁，这倒让岳飞生出天大的责任来了。

马过朝天门，经邮亭驿。这一路，右侧仍是六部监门、大宗正司的官署，只是比旧年多了辉煌。到了三省六部大门，内侍领岳飞一干人左拐过了六部桥，走到右侧有"箭道巷"之称的巷子口，侍卫说："官驿到了。"这是都亭驿，本是外国来使的下榻处，比朝天门的邮亭驿要好得多，可见内侍省承赵构之嘱对岳飞的关照。

次日无大朝，岳飞在后殿觐见了赵构，君臣一年不见，分外亲热。也没有什么过多的客套话，岳飞直接提出了思虑已久的想法，第一要恢复襄阳府六郡的旧称。因为宣和年以前，这汴梁西南侧的襄阳六郡，是被称为"京西南路"的。岳飞认为，这名称应该恢复，可称作"京西路"，以表示朝廷一直视中原为领地的夙愿。赵构一听，欣然同意。

岳飞提了第二，襄阳六郡自绍兴四年（1134）收复后，正赖抚绥，使民户安业。但这几年地方建制残缺，官员不足，尤其各级监司，大多缺乏，以致州县官员蠹政行为衍生。对此若不健全，有碍圣上恤民之心。至于"京西路"一级的监司，也就是提举使兼转运、提刑使一职，岳飞提议由他使署中的参议官李若虚兼任。岳飞这种任贤不避亲，照实举荐意中之人的直率，赵构倒也欣赏，领首照准。

李若虚本是一个秀才，依抚恤制入的仕，从秀州的七品户籍吏到朝廷的六品司农寺丞，后被调任到湖北路制置使署，任了从五品的参议官。李若虚比岳飞年长一二，见广识多，对军务多有分析，颇受岳飞依赖。不过，这一次岳飞对李若虚的荐举，朝议时也遭到了臣僚的异议。毕竟李若虚并非科举应试出身，由一个武将推举，还是集粮、刑、财、赋为一身的地方要员。好在赵构力排众议，还是通过了岳飞的推举。

岳飞是二月二十日离开的临安，朝廷当即于次日下了诏令："契勘湖北、襄阳府路如有阙官去处，自知、通并州、县官，许自踏逐强明清干官，令先次供职外，申奏朝廷，给降付身。仍许荐举改官，及升擢差遣任使。"

也就是说，在湖北、襄阳府范围内，不但是监司如李若虚，还有知府、通判和州、县一级的官员，如有缺置，岳飞都可以根据考察情况，自行任免、擢升、罢黜。要晓得，德才兼备的苏轼出任杭州通判，都是朝廷的任命。眼下，只要岳飞看重，可跨越吏部的考察，立马出来一个知府、知州。为此，吏部给了岳飞若干份"空名告札"，只要岳飞依札子的要求填上姓名、阶职，以及理由，押字、用印后，即可上报吏部。

朝廷又发文，对襄阳六郡"蠹政害民、赃污不法"的官员，允许岳飞先作出撤换，再将情况奏闻朝廷。对于新委任的官吏，要详细说明缘由。岳飞对赵构说过："文臣不爱钱，武臣不惜死，天下太平矣。"赵构也看到了岳飞的耿直与精忠，他需要这种有担当的人。

岳飞本想在临安多逗留几天，二月十八日，赵构的口谕到了，要岳飞次日到凤凰山内殿再作会晤。这一日，赵构明显流露出了对江淮防务的担心。是的，岳飞离开前线的日子太久了。赵构也晓得岳飞好容易来一趟行都，没有好好逛逛街市、游游西湖。但岳飞也听出了赵构的担忧，他说："圣上放心，微臣明日立即回程。"赵构连说"爱卿辛苦"，欣慰得很。

赵构又要内藏库将刚进库的二百两黄金取来，赐予岳飞为"酒器金"，又封了白银数千，作为将佐士卒的赏赐。临别之时，赵构从御座起立，紧握岳飞的手说："望卿勿忘朕之嘱托，勉励将士，各奋精忠，以图报效。"岳飞回说："臣当图报陛下，万死不辞。"言讫，再三谢恩。

第二十一章　母丧至上

岳飞离开临安以后，赵构心心念念。三月初，岳飞回到鄂州，没几日诏令到了：擢升岳飞为湖北、京西路宣抚副使，"加食邑五百户，食实封二百户"。享受"食邑二千五百户、食实封一千户"的俸禄。

一个区域不设"宣抚使"，只设"宣抚副使"，宣和年以前没有过先例。绍兴年间，也仅仅封过三个，如岳飞、吴玠、杨沂中。岳飞后来因战功去掉了"副"字，吴玠到老只是一个"宣抚副使"。这一比较，赵构对吴玠，就不只是一个擢升的吝惜，或者不称职那么简单了。赵构如此一再眷顾，也有笼络的用心，岳飞当然领悟，毕竟这两年他擢升得太快，连自己都明白是"冒躐❶而居"，连连谦辞了三次。

这两年的金国出奇地平静，临安城内更是盛世繁华，一壮汉进得饭馆，只花三十八个铜钱，就能点一盘白切肉，吃不光，还得荷叶打包。梨花开了，落得也快，紧张的礼部会试也完毕了，天下的俊才们正翘首盼着贡士的榜文发表。礼部为此忙了半个月，也盼来了歇泊假期。但赵构还是有一点不踏实，因为岳飞的使署移署襄阳的消息，迟迟没有传来。

这一日正是四月初七，赵构坐在慈宁殿小阁中，一脑门子正想着殿试的那些妙卷，还有垂拱殿临轩亲睹的各位进士英姿，那都是一些他所期望的中兴之士。

突然，内侍碎步进来，低声说道：尚书右仆射赵鼎有要事求见。只见赵鼎匆匆进来，作揖甫毕，急急从袖中抽出一纸奏折给了赵构。赵构定睛一看，是湖北提举使李若虚来奏："湖北、京西路宣抚副使岳飞，于三月二十六日因母亲去世，已决定扶柩离开鄂州，转道江州，前往庐山。"

紧接着，岳军使署参议官薛弼和鄂州知州也先后有快马来奏：岳飞已经决定辞职，不日将和儿子岳云一起扶灵柩，前往庐山。留言一封，说要"终制"。

"终制"，就是官员的双亲去世，按规矩，辞官守孝三年，才能复出任职。这本是要原官提出，等朝廷重新安置接任官员后，才能离任，履行三年"终制"。但岳飞并没有按规矩给朝廷奏报，赵构差一点当殿失态。这倔脾气的岳飞，怎么能如此任意！这几年下来，你再固陋，也应该明白作为朝廷的命官是有制约的。

---

❶ 冒躐（liè）：无足够的功勋而越级升迁。

见赵构发怔，赵鼎赶紧启奏："臣等已发敕令于岳飞，将帅在外，遇有丁忧，例行起复，不等终制。"丁忧，指父母的丧事。赵鼎这意思是说，作为驻守一方的镇使，一旦遇有丁忧，是不能随意离职守孝的，应该立即起复视事。

赵鼎又说："明日初八，正是歇泊假日子，照例锁院。但臣已经让枢密院先下札子给了岳飞，即日起复，布置过江事宜。至于朝廷札子，已按降制词要求，由中书省撰词，门下省审阅，尚书省将于初九一早发往鄂州。"

岳飞的母亲姚氏有病，赵构早已听说，也由内侍省派人去慰问过。如今正是调兵遣将的当口儿，岳飞你为何如此莽作？跌坐在龙椅中的赵构，一边听赵鼎禀报，一边像是第一次看见内殿的藻井，半晌回不过神来。

当赵构平静以后，还是决定宽容岳飞，没有按朝廷的规矩作处理。明日初八，是会试的最后一日锁院期，好在枢密院已将"起复文"给岳飞发去了。赵构当即要内侍传旨，户部马上支银一千两，绢一千匹，作为丧恤，派人送往岳飞处。又要三省下文，令鄂州地方，全力应办岳母丧事，先让岳飞节哀。

初夏天气多变，雨后又是骄阳。四月初九，经赵构签发的"特起复日下主管军马不得辞免省札"和"内艰赐银绢省札"，还有"令鄂州应办丧事省札"，由快马加急，奔驶出了和宁门。要晓得，那驿差是持了金牌的，只见快马在青石板的路面上，四蹄腾空，瞬间消失在了和宁门外。

金牌，也称金字牌，是朝廷所有的驿差递送中最为快速的，规定一昼夜须行四百里，中途只准换马换人，邮件绝对不许进驿站一步。这样的持金牌快马，从行都临安到湖北鄂州，不出意外，最多十天。

快马赶到鄂州这日，正值滂沱大雨。当驿差在使署门外得知岳飞已在前三天扶了母亲灵柩，上专船，顺大江去了江州，当即勒转马头，到鄂州驿站，持金牌换人换马。于是，又一个驿差消失在了雨帘之中，向江州方向奔驰而去。

　　要说岳母生病以来，一直住在岳飞身边。军务闲时的岳飞，端汤喂药，丝毫不敢懈怠。岳母纵有不适，岳飞不责备婢女，先怪罪夫人，又怪自己没有随时尽孝。母亲去世那日，岳飞几次哭晕，悲恸得三天三夜没进食米浆，昏昏沉沉，压根儿没顾及朝廷那套繁文缛节。

　　还是岳飞在江州一带剿抚乱寇的时候，不少前来投奔的亲属，都被安排在地处庐山西麓的一个山村，也就是后来被称作岳家市的地方。这在河荡纵横、圩寨众多的水乡中，地处高势，水患无忧。按母亲生前遗愿，岳飞在此为母亲选了生圹。如今，岳飞送母亲的灵柩前往，就是这个山村。

　　灵柩起程前，岳飞将鄂州大营的事务交予了张宪、王贵和李若虚，并叮嘱李若虚替他向朝廷呈送一份札子，代告他将守母孝三年，无心返营再问军事。

　　当持金牌的快马追上灵柩队伍时，岳飞父子正扶了灵柩行走在江州瑞昌县的官道上。刚下过雨，初夏的太阳一出，闷热异常，身披蓑衣的岳飞，着一双草鞋，和同样一身衰服的岳云，各肩了灵柩的第一道杠棒，向庐山一步一步走着。

　　快马驿差在岳飞面前飞身下鞍，单膝跪地对棺柩致了哀，再递上朝廷省札。只见岳飞布满血丝的双眼略看了"起复札"的封面，默默揣进怀里。属下将佐过来请求为岳飞代役，岳飞也不准，只是双手向快马回了一揖。

　　理学称"君君臣臣父父子子"，但对于常人来说，母亲几乎就是第一位的。岳飞也不例外，丧母之痛，更大于天。尽管如此，四月十二日，一到瑞昌县的岳飞，还是连夜给赵构呈上一道奏折，又给三省上了一道札子，由瑞昌县衙的快马疾速送往了临安。

　　给赵构的是"辞母亡格外赙赠及应办丧事奏"，岳飞说，金字牌递的二道尚书省札子已经拜读，奉圣旨赠予的银绢，以及要求鄂州地方协办母亲丧事，岳飞"惟知感泣"。岳飞也明白事出突兀，处理欠缺，但他没有和赵构过多地敷衍，只是说"臣以月奉之余，粗足办集，所有上件恩数并格外赙赠，伏望圣慈并赐寝罢❶，庶安愚分❷"。岳飞认为凭他的俸银，已经足够为母亲办理丧事了，谢绝圣上恩赐，全然是一副决意乡野的意思。

岳飞给三省的是"乞终制札子"，近四百字，也是对朝廷要求他"起复"回去重新处理使署之事的回复。岳飞乞求朝廷能让他尽常人之孝，恩准他"终制"三年。

岳飞说："伏念臣孤贱之迹，幼失所怙❸，鞠育训导，皆自臣母。"臣岳飞也是在母亲的开导下，才投奔了军旅，从而只知有君，不知有家，从未亲侍过母亲。如今，我要是再不能终制，"内不能克尽事亲之道，外岂复有爱主之忠"。岳飞这话说得极有分量，也让三省、枢密院的宰执读了，一时不知如何回答是好。

赵构是铁了心要岳飞"起复"，朕如此爱你惜你，关键时刻你居然如此待朕。要晓得，自靖康年以后，在家服丧的士大夫，不等朝廷下令，多有自行夺哀起复、尽忠视职的，武职更不用说了。有一奏折说，兴国军通山县尉的母亲去世，这县尉是个文职，包了缟素的头巾，就视事了。同僚问了，才知是母丧。这县尉说：某已于筵几前拈香起复矣！

国难当头，一个七品县尉，都会在亡灵前说声"不孝"而起复。岳飞啊，朕把荆湖南北、襄阳六郡这一大片前沿之地都托付给你了，你不能给朕一甩手就三年吧！

赵构如此，朝臣们更不敢怠慢，四月七日的"省札"，四月九日的三省同奉圣旨的"起复第二省札"又接连发出。那几天，江州瑞昌这小县的路上，迎来了历史上最为繁忙的人来马往。金牌驿差那飞马承载着的，是远在临安的赵构那一颗忐忑不安又强抑着不满的心。

---

❶ 寝罢：废除。
❷ 庶安愚分：但愿能安抚我愚昧的本性。
❸ 幼失所怙：自小失去父亲。

第二十二章　龙颜震惊

赵构和宰执们经过讨论，决定起草一份"内艰❶起复制"，要门下省颁发朝廷。这也是以岳飞的"起复"为例，从宋律的层面上立出一个规矩，以儆效尤。

"内艰起复制"洋洋数百字，说到父母内艰，实应心独致怀之思，不受他事所扰。但朝廷任命一方的大将，有所不同，他们"任重三军，义在先国家之急"。尤其岳飞，"精深而善谋，沉鸷而孔武，被威名于草木，昭勋绩于旗常❷"。对这样的将帅，国难当头，怎么能久日居守墓庐？圣上每次进食都要叹息，每宿都要中夜醒来不能入眠，"忠孝兼全于家国"，忠是第一位。"内艰起复制"一颁布，赵构无时无刻不想着岳飞的起复，希望能感召他，返回大营，担负起眼下的军务。

赵构为了给自己留下斡旋的余地，没有给岳飞写亲笔手诏。他让舍人以他的名义，拟定了一份言辞坚决的"辞免起复不允诏"，盖上御玺。又令身边的大内侍，也就是东头供奉官邓琮，持这份御札，以及一千两银子、一千匹绢的抚慰品，前往庐山。

邓琮从水路北上，又转走山路，过了瑞昌，上了庐山。那日正是岳母的棺椁下葬，但见仪卫甚盛，人如蚁涌。岳氏宗族、附近乡民，村村倾家而出，株岭间的山路，如同逢圩赶集，一时被堵，搞得邓琮的车马前不着村，后不靠店，水都喝不上一口。丧葬完毕的岳飞刚缓过劲来，听说朝廷来人，赶紧来到暂栖的东林寺恭迎。

岳飞与邓琮见过多次，不甚拘谨。按照接旨规矩，岳飞必须穿戴好从二品的官服恭拜，但岳飞坚持以衰服谢恩。衰服就是丧服，岳飞用这一身服饰表示，暂以布衣之身，不谈"起复"。邓琮坚决不同意，结果还是拗不过岳飞，怏怏而见，不欢而归。

---

❶ 内艰：父母亲的丧事。
❷ 旗常：旌旗。

邓琮一走，自知有愧于赵构的岳飞，写了两道札子。一道是给赵构的"辞格外賻赠银绢札子"，一道是给三省、枢密院的"乞终制第二札子"。

在"辞格外賻赠银绢札子"中，岳飞告诉赵构："臣母今已安葬了当，……种种办集，皆自陛下恩被所及。"那意思是说，臣岳飞的俸禄，都是圣上所给，足以办理母丧了。这次圣上赐予臣的银一千两、绢一千匹，恳请圣上收回。

给三省、枢密院的"乞终制第二札子"，岳飞晓得，最终也会呈到赵构龙案上，他千言万语汇成一句："伏望圣慈检会所奏，特许臣终制。"南宋臣子，只要不是元旦朝会，平时只是揖拜，并无跪礼，一句"伏望"，是修辞，也是岳飞的"乞求"。

札子落款五月一日，快马疾驰送出，半道上，临安送来的信札，也相向而来。那正是赵构四月二十七日的亲笔手诏。因为襄阳六郡中的唐州，近日受到刘豫所部的几番进攻，团练、判官都已战死，知州放弃了唐州南逃，襄阳府告急。主持岳营的副将王贵突遇战况，虽然调动兵马，几次反扑，但伪齐军得知岳飞已经奔丧庐山，更是有恃无恐。本想不到最后不亲笔书札的赵构，再也保持不了沉默。

赵构一反温文尔雅，字字抑制着怒气："比阅军中奏❶，知卿奄（突然）遭内艰（母丧），倚注之深，良用震怛。然人臣大义，国而忘家，移孝为忠，此为两得。已降制命，趣卿起复❷，卿宜体几事之重❸，略常礼之烦❹，无用抗辞，即祗旧服❺。趁吏士锐气，念家国世仇，建立殊勋，以遂扬名显亲之美，斯孝之至也。故兹亲笔，谅悉至怀。付岳飞。御押。"

赵构明确告诉岳飞，要国而忘家，移孝为忠，不要再违抗朝廷。要

---

❶ 比阅军中奏：最近阅览军中奏报。
❷ 趣卿起复：趣，催促。全句，几次催促岳爱卿你起复治职。
❸ 卿宜体几事之重：几事，国家之事。全句，你要体恤国事之重。
❹ 略常礼之烦：指岳飞应该忽略守孝三年的常礼。
❺ 无用抗辞，即祗旧服：祗，恭敬。全句，不要再上奏推辞了，马上遵从旧例回到原职。

趁将士的锐气尚在，立即返回前方建立殊勋，才是你真正为母亲、为祖宗光大扬名的至孝至诚。赵构在结尾中强调：这是我的亲笔，岳飞，你也该体谅我的挚意！

随着这御札的发出，赵构要求岳军在鄂州的将佐，以及湖北、京西路的监司、守臣们，都去庐山东林寺。除了吊唁、慰问，还要敦促岳飞回营。赵构意思很明白：你们的官职皆是岳飞提拔，这些朕都认了，眼下，该为谁说话，你们掂量着办吧。

那几天东林寺院的头山门外，车轮滚滚，马蹄声声，罗伞连连，不绝于道。但一张一张进进出出的面孔，都是苦拉着，像是顶了一脑门难缠的官司。进去的看见出来的，也都大眼瞪了小眼，默默无语。宋时，下属见上司，除非磕头求饶，常礼是不兴下跪。要不然，满寺院的乌压压跪地不起，就更壮观了。

进了门的岳部将佐、各级监司、守臣，也只有薛弼、李若虚、张宪、郝晸等几个能就近与岳飞说得上话。其他人等，作揖完毕，也不再以"侯爷"相称，唧唧歪歪说了一些"请宣抚使回营"的话语。这也是提醒岳飞，总是要以"宣抚使"大任为重。岳飞在上首只是闭目不语，端坐不动，无非一拨出去时，欠一欠身。众人晓得，再说什么都是白费口舌，只得退了出来。第二天，就少人再劝，都伸长脖子静等朝廷处分。

岳飞见朝廷不同意他守孝三年，又写了"乞终制第三札子"。札子开首，岳飞没按常规列一串官职，只以"草土臣岳飞札子奏"开的首。那意思是说，臣还是臣，但已经身无寸职。此札子先将服丧以来的朝廷省札，还有赵构的亲札，择要点复述了一遍。此后，岳飞说：

"缘臣老母沦亡，忧苦号泣，两目遂昏，方寸亦多健忘，自揆余生岂复尚堪器使❶。非敢独孝于亲，而于陛下不竭其忠，正谓灾屯（通"顿"）如此，不能任事。况且臣一介右列❷，若学术稍优，谋略可取，亦当勉强

---

❶ 自揆余生岂复尚堪器使：揆，揣测。全句，自己揣测余下的半生哪还能承担重用。

❷ 右列：指武官，上朝时居于朝班之右。

措置调拨。臣于两者俱乏所长。今既眼目昏耗,又不能身先士卒,贾作锐气。苟不罄沥血诚,披告陛下,则他日必致颠陨,上辜委寄。伏望睿慈俯察孤衷,许臣终制,取进止❶。"

这札子,要真是出自岳飞之手,文笔是一流的绝妙。文中将老母仙逝的话题暂搁了一边,先诉说我岳飞视力本是有疾,这一次丧母苦泣,又昏聩健忘,哪还能再承担国家要事。况且一介武夫武将,要是学问、经术、谋略稍有可取之处,也能勉强为圣上调用。但如今我是羸弱多病,没有多余的锐气,如果不罄尽血泪告之陛下,那么起复之后必定会给社稷带来厄运。还望圣上洞察,开慈恩让我终制三年吧。

岳飞这札子是说过头了一点,什么"他日必致颠陨,上辜委寄",全是敷衍文字,赵构看到这札子时,无法保持久日的克制,勃然大怒。他斩钉截铁地告诉宰执:昭告岳军的将佐、守臣,既然不能为国为君劝岳飞回心转意,就让他们全都远窜、放逐,哪儿来的,回哪儿去!难道朕少了尔等,真成了亡国之君不成?

宰执们见到龙颜震怒,立马给岳飞修书一封,起题虽然还是"辞免起复不允省札",文字也作了中庸的修饰,但赵构的怒气还是穿透了纸背:"不得再有陈请,朝廷已命令尔等属官、将佐,日下敦请你复职治事,至今尚未祗接圣上恩命,显是属官等并不体国敦请,致边事缺官措置。奉圣旨,令本司属官等依已降指挥❷,日下敦请岳飞依旧治事,如依前迁延,致再有辞免,其属官等并当远窜。"

五月十一日,这省札到了东林寺,将赵构伤心透顶的话语明确转告给了岳飞:再固执己见,仍不起复,属下将佐,赶快卷好铺盖,哪儿来的回哪儿去,朕宁可不要这支军队了!

岳飞一字一句读完这"省札",那力擎丈八银枪的双手,也觉出了这一张薄纸的沉重。岳飞明白,他的十万兵马,并不像张俊曾是御前的

---

❶ 取进止:奏疏末尾的套语,意思是听候旨意,以决行止。

❷ 已降指挥:已经下达的命令。

嫡系，也不像刘光世、韩世忠，有前朝过来的官家人马，岳飞的部队全是自己拉扯大的。除了牛皋、董先、李横几个将领是朝廷调拨，其他如张宪、王贵、杨再兴、郝晸、姚政等，多是近年来于偏校之中培养出来的。赵构要是解散岳军，绝不会考虑"转岗"，等待他们的只有落草为寇，或者改换门庭。

第七部

憋了一口气的北上

第二十三章　苦口婆心

　　那些日子，李纲、张浚、朱胜非等老臣也没少写信劝导岳飞，李纲连写两札，尤其第二札，以前辈的口吻指责岳飞："宣抚少保，汝虽天性过人，孝行无极，士人叹仰，而吾对此深窃疑之。孝于亲，忠于君，势难两全，只能偏重其一，故古人为忠，亦有戴孝从戎，披麻从政。圣上如此倚重宣抚，汝更当感恩，岂可以私废公，望宣抚以中兴大业为重，幡然而起，以赴旧任。"

　　与此同时，朝廷对湖北、襄阳府的将佐、官员也进行了调整。原本准备调任京西南路安抚使兼襄阳府知府的王彦，也作了改任。那王彦本已年老体衰，张浚考虑他一旦离世，手下近万名八字军班底的官兵，无人罩压得住。于是，想到同样在河北义军中有一定威望的岳飞，王彦这支兵马，只有移交给同样是杂牌军起家的岳飞，才能得到管束。

　　哪晓得，十年前的新乡之役，岳飞拉士兵出走，王彦与岳飞积怨太深。王彦一听兵马要隶属岳飞，从二月拖到四月，没有赴任。朝廷决定，改调扬州知府刘洪道担任襄阳知府，王彦改任都督行府参议军事。那近万八字军，也就此与岳飞无缘了。同时，都督府又将张俊的部将刘绍先与杨伯孙调来，担任了襄阳府属下的随州和鄂州的知州。

　　调动的消息传到庐山东林寺，岳飞知晓赵构真的在做他辞退以后遣散部将的准备了。一边是出生入死如同手足的弟兄，一边是已被他人替代要职的辖区，并还有继续换人的可能，岳飞感到了属下所面临远窜的危险。就在这时，第三道"起复诏"来到了东林寺。

　　这是赵构的亲笔手诏，也是赵构冷静以后对岳飞的再次规劝。赵构明白，这个农夫出身的战将，一旦固执劲儿上来，麻烦极大。首先，只听从他一人的十万大军怎么处理？再次，蠢蠢欲动的金齐联军真的南犯，又该怎么办？前几天，刚挺进到楚州的韩世忠，在淮北和伪齐军打了一仗。好在韩世忠相当领会赵构旨意,赢一把,又退回到了淮河以南,既没把战局搞大,又威慑了刘豫一把。

赵构思来想去,还是觉得要将岳飞往韩世忠的状态上引导,眼下不能搞僵。襄阳府、京西路的现状,还得岳飞出山才能把控。

这一道"起复诏",赵构既没有对岳飞过分指责,也没有言过其实的美誉,他耐下心来好言劝道:岳爱卿,你累次要求请守终制,是天经地义。但"国事多艰之秋,正人臣干蛊❶之日,反经行权,以墨缞视事❷,古人亦尝行之,不独卿始,何必过奏之耶"?

要说赵构这文字,极无虚言:如今国难当头,违背一下孝道也并非你岳爱卿才有,千万不要一再上奏坚持终制了。至此,赵构笔锋一转,说到当前的金、齐压境:"诸将正在矢师效力,卿不可一日离军。当以恢复为要,尽孝于忠,更为所难。卿其勉之。绍兴六年五月二十八日。付岳飞。御押。"

这赵构的亲笔到达东林寺,正进入六月大热的日子,赵构这么一硬一软的两招,让岳飞深深感到庐山的阴凉是不能再留恋了。岳飞告诉随从,准备动身返回鄂州大营。

从四月六日岳飞扶灵柩上了庐山,他共收到了一道枢密院札,五道省札,一道御札,两道手诏,还有众多同僚的劝慰信札。好在老母的丧事毕了,岳飞也冷静了,接到第三道赵构手诏后,七月初,他回到了鄂州,起复检校少保,武胜、定国军节度使,湖北、京西路宣抚副使,兼营田使。

赵构没有难为岳飞,只是在他移署襄阳以后,"宣抚副使"一职,改称为"湖北、京西、河东路宣抚副使"了,也就是将黄河老河道以东区域,也划给岳飞。都督府又以行文,明确告知岳飞,"节制河北路",全权处理黄河中游的军务。

---

❶ 干蛊:指主事、办事、效力。
❷ 墨缞(cuī)视事:墨缞,黑色丧服。全句,戴孝治理诸事。

这当然是赵构的意思，但赵构有底线，那就是作为臣子，该有臣子的样子，要听从朝廷。后来的日子，赵构对岳飞的态度，更显示出了主意的坚定，这个崭露头角的武将，不能再让他任性了。不日，赵构得到信息，岳飞的宣抚副使使署，将移驻襄阳。

但好强的岳飞还是有一口闷气，他想要破一破绍兴四年（1134）赵构的规矩：不得越过李横旧界。刘豫夺走唐州的"一箭之仇"，一定得报！我岳飞不在，你拿我的州县，岳爷爷这次回来了，过境搞一点秋粮过冬，不过分吧。

这日，听说王彦将从荆南府出发，顺江前往镇江的都督行府上班，正要从鄂州移署襄阳的岳飞派使约定，邀王彦船到鄂州，稍作停顿。岳飞想见见这位老上司，以尽地主之谊，也好一释旧日之隙。王彦也许年老了，刚烈略有消敛，答应两人相见，小酌一杯。

这都督府本是绍兴年初创建，为便于对江、淮、荆、两浙的军马调动、指挥而设置，全称"诸路军马都督府"，现设行府司署在镇江，也称都督行府。张浚任了都督以后，比以往的都督更具备对军务行使的权力，他凡事只听从赵构一人，对三省和枢密院，都督府只需行文知照一下就可以行事。王彦去了都督行府，参与军务，多少也是要管着岳飞的。

这一日，王彦要过鄂州，岳飞约莫时辰来到了江边船埠。不久，见一条官船，远远出现在江际，渐渐到来。那官船接近鄂州江面，慢慢靠近江岸船埠，船工也准备好了停泊的缆绳。突然，西南阵风劲起，船工或许是听了某人的吩咐，居然没有将缆绳抛向江岸。只见樯帆倏然升起，足足地鼓了，船只顺了大风，在岳飞江津亭前顺风而去，往下游走了。

岳飞看见王彦端坐于船板上的太师椅中，虽然苍老，却是挺拔，他未往岸边招呼岳飞一声。岳飞昂首而视，不禁一声叹息："廉颇老矣！"

岳飞叹息归叹息，不服气还是居多了一点，他不清楚王彦为什么会突然变卦，阵风倏起并不是理由，到老了王彦还不能谅解自己，让岳飞无法释怀。难道，仅仅是王彦看见了岳飞的节度使仪仗，忽然生出的宿恨？南宋的抗战武将，互相间并不少见这种情绪，赵构要张浚主帅诸将，这一点也是原因。还有，大将们最终能被赵构分解握于股掌，多半也缘于此。

岳飞的宣抚副使使署驻到襄阳，已是七月下旬，张浚也过了长江，前来视察并安抚各路屯军。按赵构的旨意，张浚对屯兵庐州的刘光世，还有韩世忠、张俊所作的鼎立之势，以及杨沂中进屯泗州，合成对淮北的攻势，又作了一番部署。

张浚在给赵构的奏函中说："各路大将见吾盛暑之下，不惮劳苦，来到江淮，宣诏圣上慰问，十分欣悦。"张浚又说："军马都督府能成为'行府'，移驻江淮，看来确有督军之效。若是仍在临安僻居，内则容易生出安逸，外则不足以号召远近，中原民心更不得而知。如今正临秋防，以将朝廷对敌方略告诉诸位将领，防守为上，伺机进击持慎。"当然，这里面的"号召远近"，也就是对各将领的指挥，在战斗期间，尤为重要。

八月九日，张浚回到临安，又向赵构说了前线，说了岳飞的厉兵秣马，赵构十分欣慰，龙颜大悦。张浚又说："各路探子报来，金、齐似有合谋，今年秋冬，会有重过长江南侵之意。臣已令诸路兵马调发淮上，枕戈待旦，拒敌江淮。为鼓舞三军勇气，臣恳望圣上能再次临驾建康，作长江之巡。"赵构一听，并未当即应允，只说："爱卿说得极是，可先作前期预动，以免缓急仓卒之患。"

第二十四章　御驾再征

次日大朝，赵构将张浚的提议告知文武百官，话音刚落，叽叽喳喳满廷的彼伏此起。赞成者欢呼雀跃，反对者深为圣体不安。总体听来，赞成居多。赵构下旨，要求三省、枢密院即日联署诏告朝野，不日御驾亲征，若有对敌良策，多多奏来。

就在这时，襄阳传来捷报，岳军统制牛皋率部攻下镇汝军，活捉了伪齐大将薛亨。镇汝军是牛皋老家，又是伪齐重镇，牛皋开了一个好头，张宪、王贵、郝晸、董先、杨再兴等率领部下，正在向伪齐的虢州、蔡州分别开进。

对岳飞不经禀报，擅自北上，居然已经深入到了淮水以北的腹地，赵构深感震惊。不过，震惊之余，赵构觉得这倒是一个不错的兆头，居然和朕的北上出征不谋而合，难道是天意？

赵构当殿决定九月一日起程，先达平江。为此，赵构对临安的留守人员一一作了安排：参知政事孟庾、醴泉观使秦桧，共同担任留守使。为了留守时的事务决策方便，又委任秦桧为尚书省、枢密院参决庶事。并要求所有留任临安的百司官员，皆听从留守使调遣。

秦桧从绍兴二年（1132）八月被罢免右仆射、同中书门下平章事兼知枢密院事以来，一直"奉祠"。绍兴六年（1136）是他的幸运年，刚擢升为绍兴府知府，又调任为皇上侍读，这才几个月，再次入朝的秦桧，就得了行宫留守的大权。

秦桧毕竟是老臣，这当口儿，也不免显示了一番想与圣上同甘共苦的要求，提出随驾亲巡，侍候圣上。赵构不允许："爱卿尚且留下，为朕安抚行在。"

赵构倒不是不希望秦桧跟随亲征，这老臣资深干练，要不是前两年好鼓吹议和，好扫抗战的兴头，被抗战派逐出朝廷，赵构还是看好他的。这几年，见他收敛了不少，也说几句抗战的话了，赵构还是想用他。不带秦桧去亲巡，是因为留在行都的这拨朝臣，还真找不出一个能拢得住各党（乡党、师党）、各派的老臣。

赵构又点了兵部尚书，工部、户部侍郎，吏部、户部、刑部员外郎，以及翰林学士、侍读学士、中书舍人、侍御史、左司谏、右司谏、太常少卿、太常博士、秘书省正字等数十官员，从行御驾。几乎将小半个朝廷，都搬去了前方。

赵构还任命解潜负责马军司兼殿前司公事，老将刘锜提举宿卫亲兵，并任总护卫之职。并布置了御驾的前军、中军、后军。命令侍御史周秘负责御舟前弹压，监察御史赵涣负责御舟后弹压。

这与绍兴四年（1134）的仓促出巡北方，就大为不同了。御驾的仪仗早已调排定当，出发前，赵构决定去一趟上天竺看经院，他要在灵验的观音大士前烧香三炷，为羁押在金国的父、兄，以及母亲等皇室祈福，为前方将士祈福。赵构毕竟在战场上滚打过，一想起满地的断臂残肢、无助的凄叫，他打心里不想血腥厮杀。他还要求助大慈大悲的观世音，能遂人意，少一点血腥，意外获胜。

九月初一，东方刚亮出鱼肚白，銮舆出了和宁门，前方由金莲烛炬的引从舍人骑马开道，后是内侍持绛烛灯笼从马紧随。銮舆前后有护驾马队，左侧排列宰执和臣僚，右侧是亲王和南班，也就是宗室弟子。欢送与随驾的，与两年前相比，更多了欢欣。

队伍沿大街北进，提前恭候送行的士民，也在引从舍人的告语下，直立呼喊"万岁"，躬身相送。坊巷中的住户，就没有沿街人家幸运，他们被殿前步军三司的摆龊兵丁阻拦在坊巷的口子，伸长了脖子，数了人头过去。

銮舆出城，沿西湖西行。九月深秋，白沙堤依然杨柳依依，赵构想起远在塞外的亲人，正是朔风初起之时。思想起来，赵构也觉得该择机北上了，只要君臣一心，再加天时人和，十年雪耻，也许就在眼前。

銮舆过了灵隐山门，折南进入天竺小道，方石坚硬，车轮辘辘，颠簸行进。过了下天竺，正在去往中天竺途中，突然有快马在宿卫亲兵的引导下，从后面"嗒嗒"地赶了上来。那快马上的信使执了黄旗，在銮舆的左侧飞身下鞍，作一揖，候在道上。内侍上前禀告：湖北、京西宣抚副使岳飞所遣武翼郎李遇有奏！大内侍邓琮当即接了奏折，示意信使随后跟了。

进了上天竺，赵构不等坐定，就打开了岳飞的奏折，见是捷报一份：岳军的王贵、郝晸、董先，领兵攻取了伪齐的虢州治所卢氏县，斩敌无数，获降万余，得到粮食十五万斛（石）。捷报同时告知，大军正在向伪齐的商州（今陕西商洛市商州区）、伊阳（今河南嵩县）、长水县（今河南洛宁）开进。这几乎是襄阳西北近六百里外的地域，看来，刘齐兵马的薄弱处完全被岳飞抓住了。岳军的另一路往东，就是硬仗了，那是蔡州方向。

赵构读完，一时欣喜。一旁的张浚当即进言："看来，岳飞措画相当大，微臣估量现已到达伊、洛两地（此指伊阳和洛宁）。据悉，太行山一带，多有忠勇民军，他们依据险要山势扎寨，刘豫部久攻不下，又招安不得，岳飞早已对此布下了内应，互通谋划的仍有。这一次，定会里应外合，奇胜屡出。"张浚说完这话，见赵构又凝神了起来，也就不再多说。

赵构进香祝福完毕，辞别主持，出得山门，逶逶迤迤原路返回。本打算到了灵隐歇晌进膳，赵构担心灵隐香客甚众，会有打扰，说还是改在下天竺进膳。于是，下天竺住持仓促备下素食，当众人午膳完毕，天沉沉地暗了起来。

不多久，乌云密布，雷也轰隆隆响了起来，好在大雨少顷即止，众人也说了一番龙行风起的吉利话语，赵构满心欢喜。为了不打扰街市买卖，銮舆顺西城墙外的便道，到了余杭门外北郭税务亭，登上了御舟。当晚泊宿在了城外。没想到，夜暮降临，夜空又电闪雷鸣，雨声大作。要是没有税务亭外那一圈大灯笼，瓢泼的大雨只有耳听，眼睛是看不着了。

九月初二一早，微雨不停，还没等早膳备好，如龙似的船队，逶逶迤迤出发了。一路虽然小雨不止，倒也顺风，当晚到了临平。

晚膳过后，雨倒是歇了，夜空刮起了大风。赵构召集宰执，奏议国事，说到岳飞的连连大捷，赵构先和右仆射张浚说："岳飞捷报确实可喜可贺，如今，淮上诸将，各自据守在要害之处，要求以守为上，但择机出击，也必不可少。不过，兵家最大的考虑不是胜赢，而是要想到失败。如今岳飞虽然连连得手，获粮万斛，但孤军深入太远，就怕接济不上，又无邻军呼应，一旦小有蹉跌，不知爱卿有何措置？"

张浚一时无语，赵构又回顾左仆射赵鼎："赵爱卿，你等也要为朕好好熟思深虑军务一番。"是啊，这一次岳飞出兵，无论枢密院，还是都督府，事先都没有得到预告，也没有想到会如此顺利地深入。获粮万斛终是一时，一旦粮草不继，后果真难想象。张浚、赵鼎只能说声"为臣不周，当再翔实措置"。

赵构的隐情还是有，那就是方圆七百里太行山中，不少民军残部，原本是李纲在建炎初时招募的义兵，还有游勇。岳飞要是和他们搅在一起，不完全是赵宋幸事。

九月初五，御船到达秀州（今浙江嘉兴）。赵构召见当地守令，问完风俗民情、乡人疾苦以后，两浙漕臣张澄的札子到来，说这一次御舟造得比前年略高，所过桥梁多有低碍，暂时拆去较多，因利害关系较小，未曾启奏，先行改拆。只有平江府城水门，关系圣上驻跸安危，是拆是改道，敬请圣上定夺。赵构传旨："当在平江府水门外登岸，乘辇入城，不须拆毁水门。"

又有快马报来：岳飞已攻取伊阳，以及洛宁的长水县，破敌二千，杀敌五百余人，得粮两万余石，得马万匹。赵构一听，不知是夜深人乏，还是在沉思这捷报来得太快，他并无往日欣喜之态。毕竟，按岳军这速度，都快要接近黄河了，刘豫的开封伪京，几乎指日可待，但岳飞连一个行动计划都没有告知朝廷，他究竟要打到什么程度？

赵构望着没有月亮的夜空，徐徐说道："兵家报捷，没有不加缘饰的，岳飞若有如此，也不足为道。"这话一说出口，赵构似乎觉得稍有唐突，他又对张浚、赵鼎说："卿等和岳飞幕僚们再作细细叩问，如实核准。这并非朕吝啬赏典，只是想知晓前方究竟是个什么形势，也好作个措画。"

张浚说："圣上所言极是，岳飞能这么快拿下伊、洛，应该也有太行山忠义之士的倚靠。上次梁兴以精骑数百突围渡了淮河，投奔岳飞，此人十分了得，两河（淮河、黄河）一带人称'梁小哥'，是一个极得人心之士，后来返回河北，多有山寨响应。"

赵鼎接了张浚的话头说道："黄河以北的山寨还有韦诠忠等，一直不愿受刘豫招安，据险自保，金人拿他也没办法。一旦我大宋王师渡河，这些人等必定为我所用，攻城掠池，如反掌耳。"

赵鼎明白，赵构这话不单单是冲了岳飞，对其他将领，也总是要近臣了解得越细越好，只是岳飞的行为、目的，眼下太让朝廷没有一个准底了。

对于黄河以北的岳飞布局，赵构说："大宋臣民能如此不忘祖宗恩德，金人如何不败？朕只望岳飞万事无所挫折，能先行禀告、不掩报不足才好。"

说实话，赵构对岳飞如此摧枯拉朽的挺进，又不见金人见招拆招，还是不太放心。他谆谆说道："见岳飞如此神速，朕终是放心不下。"张浚、赵鼎躬身作揖说："但愿岳飞真如捷报所说，事事顺利。也愿陛下常如今日，教诲臣等。臣愿竭尽驽钝，为陛下殚精竭虑，裨佐万一，以期决胜千里。"

九月初七，御船到达平江府平望镇（今江苏吴江地域），镇西的安德桥极高，在落日余晖下，桥洞与水中倒影宛如一轮满月。桥下的颐（dǐ）塘河两岸，街市终日不息。前年赵构出巡，是在这条街上的赵姓商贾人家留宿的。这一次，赵构准备赶到吴江城下榻。

御驾船队顺了颐塘河缓缓而行，只见有快马从北面赶了过来，那信使的黄旗在平旷水乡上随了疾驰抖动，极是显眼。马到御船前，信使翻身落马，原来又是岳飞的捷报到来：岳军统制王贵收复商州，乞告朝廷，并催促商州知州解隆速来治署上任，以慰民心。

商州属于陕西地界，是通向川蜀的门户，自沦陷以后，朝廷与吴玠的联系，只能逆江而上，绕道辗转。商州知府解隆，并非南宋朝廷诏令委派，他本是当地安邑镇的乡绅，因与兄长纠率乡民反齐，占了商州，后隶属吴玠麾下，被吴玠任命为商州知州。再后来解隆与金、齐几次作战失利，其兄被金、齐捕获受剐而死，解隆率兵撤出了商州。

吴玠不曾收复的商州，如今被岳飞轻易得了。捷报中岳飞对解隆尽快复任知州的要求，也让赵构心底对岳军北上的战绩踏实了许多。

第二十五章 激愤南撤

从岳飞收复镇汝军,到黄河南边的伊阳,只有半个多月。伊阳离河南府的府治西京（今河南洛阳）不远,西京是北宋四京之一,也是宋朝历代陵寝所在。这十年,河南府陷落在金、齐手上,赵构祭扫不成,连做梦都常见"耻辱"二字。如今,西京的外围已被宋军荡平,这真让赵构兴奋了好几日,清瘦的脸上泛出了光泽。

赵构要近臣草拟诏谕,嘉谕岳飞。当晚,洋洋洒洒近二百字的诏谕一气拟就,诏谕中将岳飞比似春秋战将瑕叔盈和公子偃,功绩名垂后世,末尾称赞岳飞道："精忠若此,佳叹不忘,故兹抚问,想宜知悉。"赵构阅后点头,中书舍人加盖了御宝。

当晚,御驾到达吴江。江东宣抚使张俊的属将史愿,淮东宣抚使韩世忠的属将张称,前来接驾。这一路,赵构皆闻岳飞的捷报,他问史愿、张称,张俊部与韩世忠部的近况如何。史愿答："按都督府部署,已进驻盱眙。"张称答："按都督府部署,已扎寨楚州。"

九月初八,赵构一早从吴江出发,临近中午时分到达了平江府。打前站的两浙漕运使张澄,按赵构嘱咐,并没有拆毁平江府城的水门。赵构就此换乘小舟,徐徐入城,泊在姑苏官驿门前,下榻驻跸。

知府梁汝嘉早将平江府署打扫一净,作为赵构临时朝议之处。又将提刑司署腾空,作为三省及枢密院公事之处,签判厅署和提举茶司署作为左、右仆射的相府。如此忙碌两天,臣僚们才一一安排了下来。

到了九月十二日,韩世忠要来平江府觐见。赵鼎说道："世忠之意,臣已略知一二。他不希望张俊在洪泽湖西南的盱眙驻城建寨,想请张俊再往北越过淮河,出兵引惹金、齐。等到一有了天时地利,两军伺机合兵一击,必定让金、齐有来无回。但是,世忠不肯和张俊明说,怕张俊不肯合作,只是在伺机准备,想张都督能从中协调。"

赵鼎又说："臣的意思是,张俊渡过淮河后,最好的一着棋,是径直攻取宿州,继而徐州,得则进,退则归守淮河,使得刘豫无测变化。但微臣没有想到，张俊过了大江，会在盱眙大规模地修筑城寨。臣只怕张俊城寨未修好，刘豫打来，到时候想守则不能，想战又不能必保全胜。"

赵鼎并没有说这是他和张浚的意见向背之处，只说"臣和张都督已经商量，若张俊筑一个能驻扎万人的小城寨即可，选精锐兵力防守，如果敌人绕张俊防线南犯，可断他粮道、劫他的寨子、腰斩他的兵马。敌人忌惮后顾之忧，也就不敢贸然遽取大江。如此，最为稳当。"

赵构一听，明白相、帅之间又犯了隙嫌，赵构问："那张都督怎么个意思？"

赵鼎说："张都督对张俊的大规模筑城，也说待商量的。但后来看到岳飞进兵伊、洛，伪齐应付不暇，淮东防备空缺，如果这时候韩世忠能相应出击，伪齐兵马肯定无法顾及张俊，也就任张俊筑城了。"但赵鼎的话到此戛然，并没有和盘托出心中顾虑，那就是，岳飞一旦深入无援，退兵以后，张俊大规模筑城又会怎么样？

这日晚上，赵鼎和张俊前往韩世忠下榻之处，酒过三巡，说起打算，韩世忠始终不肯尽言。只是说，近来岳飞捷报飞传，世忠也得探子之报，说刘豫已经调集精兵三万，用四个晚上渡过了黄河，已分兵一万去对付岳飞。言下之意，他和张俊合并破敌的好机会已经没了戏。

次日，岳飞捷报又来，西京的长水县已收复。不过，这快马在歇息之时，无意中和熟悉人说起，岳军不日将班师鄂州。此话虽然只是一句传言，但传到赵鼎、张浚耳中，两人都大吃了一惊：无风不起浪，难道连连得手的岳飞有了什么变故？

这快马的话后来还真成了事实，九月十七日，岳军的快马又来到枢密行院，这一次，岳飞并不是报捷，而是递来一封"乞终制札子"。岳飞毫无前提，直截了当地提出告辞，要回庐山"终制"，也就是去给母亲守坟，以"终"三年孝制。这札子从张浚的手转到赵鼎的手，两人面面相觑，一头雾水，岳飞，你怎么了？赶紧，双双同往，启禀赵构，只有圣上出面给岳飞一个亲笔，问问何故了。毕竟这时候的岳飞，连张浚、赵鼎都有一点罩不住了。

赵构见了岳飞这"乞终制札子",虽然莫名其妙,倒也没有惊慌失措。这个才三十岁的皇帝,近臣越忐忑,他倒越是镇静。赵构放下札子,极有分寸地说:"动辄就要朕亲笔回札,此礼遇,也只有你等宰执才能享有,他人断不能如此。尔等回札岳飞,就说朕没看,按旨意,原封发回!"

"原封发回",这是皇帝对下属奏札最为不满的一种处理,即不理睬。赵构说这话,居然没有问一下岳飞究竟为了什么。不过,赵鼎还是猜出了些许。自从岳飞北进,韩世忠、张俊、刘光世虽然也按都督府部署,挺进江淮,但没有一支军队毅然出兵向岳军靠拢,夹击伪齐。这当然有中枢的协调不力,但中枢没有兵权,万事都得各大将愿意才能进行。

赵构当然更明白,岳飞自作主张北进,是好事,也是对中枢最大的挑战。事关北进,赵构不想过多指责,"原封发回",只是刘备摔孩子,点到为止。赵鼎、张浚多少也有点明白,他们不是没有责任。

比起赵鼎,张浚更不安,都督府统筹毕竟也不力。但明文要韩世忠、张俊出兵支援岳飞,张浚也不敢,万一金、齐轻兵过江,直奔平江府怎么办?当岳飞北上伊、洛之时,韩世忠也曾出击过宿州,迫近淮阳,但张浚还是不希望韩部分兵太远,一旦有变,回顾不及。

只有濠州以西的刘光世辖地,离岳飞的湖北、襄阳防区最近。不过,要想让刘光世出兵,难度更大。这倒不是说刘光世畏战,而是他的防地比较复杂,防线拉得也长,能自守已经很不错了。

赵鼎更细心,他算过岳军的粮草,从收复镇汝军开始,到长水县报捷,快一个月。十万之众的兵马,哪怕半数北征伊、洛,东讨蔡州,粮草的缺乏是肯定的。是啊,岳飞这一次出兵,有点过急,据说临安留守也督促不力,没及时调拨粮饷。哪怕岳军攻下城池能获取粮草补充,也不是长远之计。

这一点,驻守江州的李纲也想到了,八月二十二日李纲发信给赵鼎,就说到岳飞给过李纲信函,称岳部面临越来越多的敌军,因粮草不继，岳飞无法再从襄阳调兵。言下之意，有点扛不住了。岳飞又说留守襄阳的士兵，也开始严重缺粮，他正在考虑不日将要班师。

岳飞是八月十五日收复长水县的，按李纲的说法，这一仗打得很苦，拿下以后，又是一座没有粮草的空城。其实，襄阳六郡虽然多水泊多丘陵，也有种得粮食的平原。无奈年年战乱，十户九荒。当年李横，就因为粮草不继，才退兵大江的。

两个月前，当李纲得知岳飞要移署襄阳时，也曾写信给岳飞，除了称赞，更希望岳飞能克服艰难在襄阳站下脚，暂时不要有所行动。李纲对岳飞说，圣上眷注你，肯定不会让你粮草匮乏。但李纲没有想到，岳飞会突然搞出这么大的动静，再加上赵构亲征，临安留守疏忽了对襄阳的粮草运输督促。李纲料到，岳飞这次北征，肯定挺不长。

粮饷没到，岳军北进时又带走了襄阳原有的粮草，驻守的将士后来居然到了无粮接济的地步，又因军纪严明，不敢侵扰乡民，竟致士兵饿毙。当岳飞从信使口中得知，更多的留守士兵因多日食用野菜，走路都打晃了，心忧如焚。岳飞赶紧分兵再次出击蔡州，指望夺取一些粮草。蔡州倒是打下来了，但粮草早已被伪齐运空，留下的只是糇粮，也就是供守城人吃的干粮。

这一次岳飞出兵伊、洛，事先还真给朝廷打了一个埋伏。但哪怕岳飞自作主张，襄阳的粮草还是应该及时调拨，难道仅仅是督促不力、漕运耽搁？岳飞一气之下，当即停止了北进，决定将主力军南撤，回到粮草丰沛的鄂州去，让部下好好吃几顿饱饭。于是，他给朝廷明确写出了"乞终制札子"，不干了！我岳飞还有三年的守孝"终制"，还没了结。

第八部
爱卿,你又怎么了

第二十六章　大敌压境

几天以后，赵构身上那种温良恭俭让又回来了，一封亲笔手诏递到了岳飞手上。赵构说：朕在边境，对军需调度之事，也明白绝不许延误。爱卿你可以具名告诉我，有哪些守、令、监司，在粮饷调运上出了差错。该赏该罚，朕不敢贷。

"朕不敢贷"，皇上对一个宣抚副使的手诏用辞，居然是"不敢"推卸责任，也算是谦鄙到份儿了。赵构在写这亲笔手诏之前，左朝请郎、知临江军赵充之，右奉议郎、通判张昌，都因为襄阳的粮草没有按时调拨，被降了职。朝廷又诏令，调任户部员外郎霍蠡为鄂州置司，坐镇一方，专门负责岳飞一军的粮饷事宜。

岳飞也已觉出了奏折被"原封发回"的分量，赵构这么"朕不敢贷"的一处理，没隔多少日子，这事在另一件大事的突发之下，也就消声无息。

另一件什么大事？那就是岳飞一撤兵，刘豫腾出手来了。刘豫见赵构亲巡长江，宋军又连连动作，他不能不给主子一个交代。九月下旬，刘豫聚众七十万兵马，分兵三路，向宋军的淮西、淮东防线扑了过来。

哪三路？刘麟的中路，从寿春（今安徽寿州）直扑庐州（今安徽合肥）；刘猊的东路，从涡口（今安徽怀远）攻占定远县（今安徽滁州），再奔宣化；孔彦舟的西路，从光州（今河南光山）出发，进攻六安。一旦三路兵马过了长江，准备前后左右夹攻平江府。

七十万兵马当然是虚数，有三十万精兵顶天花板了。其他的除了辅助兵，还有"签乡兵"，也就是临时征集的乡勇，不足一提。但刘豫的几个将领，如儿子刘麟，侄子刘猊，还有李成、孔彦舟、关师古，是打过几场硬仗的。淮西韩世忠、淮东刘光世，再加江东的张俊，总共还不到三十万兵马，赵构有点沉不住气了。

是的,刘豫这次出兵,也是下了狠心。当初伪齐立国,金国也曾意见不一,反对的人总认为将山东、河北等膏腴之地给了后来才投降的刘豫,这对先投降金国的渤海、契丹人不仅不公平,且从长远来看,对金国也不利。所以,这一次刘豫出兵,当他向金国皇帝完颜亶乞求出兵助战时,遭到了安逸已久的女真将领一片反对。

首先是太师、尚书令完颜宗磐反对,他说:先帝(即金太宗)之所以要立刘豫为齐国皇帝,只是希望他能辟疆保境,使我大金能息兵安民。如今,刘豫进不能取江南一寸土地,守又不能保我大金平安,连年兵祸,从无止息。这一次要是答应助他,赢,则刘豫受利;败,则是我大金受弊。何况前年刘豫也是乞求出兵,结果不利。如今,怎么能再答应他?

完颜亶听了这话,也就不再理会刘豫的请求,只派右副元帅完颜宗弼屯兵黎阳(今河南鹤壁浚县),观望助阵,若是有机可乘,则助刘齐一把。刘豫也是明白人,晓得别人不能帮他,这完颜宗弼是会死心塌地助他的,此人因一度败给宋军,极耿耿于怀。

这一次刘豫出兵,也是倾了伪齐之全力了,打算占地以后,长期经营江淮。他任命左丞相,也就是儿子刘麟,领东南道行台尚书令,又加升为淮西王,准备今后长驻,能独当一面。此外,还相应册封了一些江淮之地的行政官员。

出兵之前,刘豫还郑重其事搞出了一篇上百字的"檄文",从赵构十年前的"僭越",到眼下越过淮河的"北侵",将南宋的"罪行"一一数落个遍。估计文笔还不错,赵构读了,差一点气得晕了过去。

气归气,赵构明白,事到如今,没有退路了。他首先给各位将领发了亲笔信札,让大家明白,朕被贼子如此诟骂的彻心耻辱。在信札中,他除了表达满腔的愤怒,还怕各位大将不明白刘豫"檄文"的轻重,又抄送了一份"檄文"原文给各位将领。

赵构给岳飞的亲笔如下:"古之人见无礼于君者,必思有以杀之。今刘豫、刘麟四出文榜,指朕为孽庶首恶,毁斥诟骂,无所不至。朕固不德，有以招致此言？卿蒙被国恩，尚能闻之不动心乎？备录全文，密以示卿，主辱臣死，卿其念之。付岳飞。御押。"

一人一封亲笔御札发出以后，效果确实极大，将领们纷纷回札，将誓死为君决战，不惜殉身。让赵构不解的是，连江州的李纲都回信了，鄂州的岳飞居然音讯全无。

与伪齐部队首先接战的是楚州的韩世忠部，这也是宋军驻守在淮河下游紧挨了淮水南侧的一支部队。张俊的主力虽然也屯兵在淮河南侧的盱眙，但与韩世忠部隔了浩荡的洪泽湖，却在韩世忠的更南侧。最不济的是刘光世，身为淮西宣抚使，却驻守在长江以南的当涂，只派了一支部队，还是一支进退迅速的骑兵，巡游在庐州、濠州一线。

刘光世这个老军阀，知道没有军队就没有立足的资本，一打仗就好自保，这也是赵构最担心的。当然，就算这三支部队的兵马全能协调一致顶上去，还是远远不及刘豫的兵力。张浚准备赶去镇江，行使督战的权力。临行时赵构再三交代，重点要放在刘光世防线。

哪晓得，九月二十五日张浚刚一出发，刘光世就发来急札，提出要将庐州的兵马撤到大江以南。张俊听说刘光世要撤兵，也来了奏札，提出要放弃修建了小半年的盱眙城寨，退守大江。不过，刘、张两人有一个要求是一致的，要都督张浚下令，赶紧召鄂州的岳飞带兵东下，防守淮西，确保平江府行在的安全。

张浚立即回信刘、张："贼子刘豫兴兵，那是以逆犯顺，逆之者亡，是必然。我们没这一点信心和勇气，何以立大宋？又怎么对得起国家养你们的兵马？今日之事，只有进击，绝不能后退指望他军来救！"

在平江府主事的赵鼎，得知刘光世与张俊的畏怯，也沉不住气了，他和签书枢密院事折彦质一合计，还是下诏令要岳飞带兵速来淮西。两人还认为，江、淮的各路部队，必要时可以退师江南，确保平江府行在的安全。有的大臣还提出，请圣上御驾返回临安，留下诸位大将抗击来敌。在这一片争论声中，赵构也觉得有必要诏令岳飞东下。

张浚得知这一决定，极力反对，他从镇江写信给赵构说："要是诸位将领都提出退到大江以南，淮南就全放弃了。淮南之地不但能屏护大江，近来还种植大片粮食，刘豫一旦得到淮南，军粮不需要从北方遥遥运来。如此，长江以南还能保得住吗？当前，要趁士气尚盛，合兵出击。如果不战而退，一退就溃而难收。至于岳飞的兵马，万万不能调动，一旦襄、汉有了敌警，又该怎么处置？"

张浚反对调兵岳飞的信还没送到平江，三省、枢密院同奉圣旨给岳飞的诏令，早就连发两封了。赵构接到张浚信后，也不安了起来。他既想岳飞能早一点赶来，毕竟这是一位最能打硬仗的大将；又怕岳飞一走，襄阳、鄂州告急。不过，让赵构想不通的是，到了十月初五，朝廷连发的两封诏令都应该到了岳飞回札的日子，却仍不见鄂州音讯。

说这话，刘猊的东路兵马已经杀到了淮东，韩世忠的部队毕竟身经百战，迎战了刘猊几个回合，伪齐军被阻。刘麟的先头骑兵，奔到了濠州和寿春（今安徽寿州）之间，因刘光世部的防守地形复杂，多水泽，骑兵难以轻易突破，伪齐只得等待后续步兵。

那后续部队大多是签乡兵，刘豫诡计多端，下令他们穿上女真服装，骑了马四处张扬。这消息一传到宋军前线，再传到平江府行在，都说完颜宗弼，也就是兀术也出兵了，一时人心大慌。赵构盼不到岳飞回音，更是坐立不安，整日拿不定主意。

要说签书枢密院事折彦质也是前朝老臣，"折"这姓在南方极少，在西北却是望族。靖康元年（1126），四十七岁的文官折彦质就担任了宣抚副使，守卫黄河。十一月底，黄河大冻，金兵突击，还没进入战斗的宋军全线溃败。折彦质为此获罪，贬到昌化军（今海南儋州）。五年以后，才获诏复回朝廷。眼下，折彦质害怕平江失守，老罪重犯，再流放去穷乡恶地，苦就大了。折彦质力挺赵鼎，赞同立诏岳飞前来。

赵、折一合计，他俩还真玩儿不起守卫平江城的责任，决定不和张浚打招呼，单以枢密院名义，再一次给岳飞发出院札：岳宣抚，赶紧率军东下，前来平江府保驾！这院札墨汁还没有全干，持金牌的快马就赶紧送走了。

那几天，赵鼎一早出了左仆射府的平江签判厅署，就抬头去看北面的高景山。这山虽然远在彭华乡，山顶烽火台却相当清晰，好在狼烟一直没有起来。但岳飞的回札，该来的日子，还是没来，真正愁煞了赵鼎。

第二十七章　行在告急

岳飞没有音信，赵构也烦躁了起来，他决定放弃赵鼎的方案，依照张浚意见，先振奋江淮部队，迎战金兵。赵构赶紧手书一封，给张浚："近以边防所疑事咨卿，今览所奏甚明，俾朕释然无忧，非卿识高虑远，出人意表，何以臻此。"这几乎是赵构对张浚的战事布局，持全盘肯定。

到了朝议的日子，兵部侍郎吕祉得知赵构的决心，极为振奋。吕祉曾在都督府当过参议，晓得关键时候，张浚还是能镇得住众将，压得住阵脚。吕祉出班启奏说："士气当振，贼锋可挫，圣上相信张都督，这是力败敌虏的根本。"

都督，绍兴初年也是为战争需要而设，由此派往镇江的都督行府，理应受枢密院管辖。不过，自从仆射张浚兼了知枢密院事又任都督以后，凡有涉及三省、枢密院的事，他只是行文关照一下，而不是走请示的程序，这也让当时的宰执之一孟庾有过极大不满。孟庾曾向赵构说："如此，三省、枢密院都成了奉行都督行府的文书职不成？"赵构也正处倚重张浚的时候，没把孟庾的话当一回事。孟庾一气之下，称病赋闲了一阵。所以，赵构称赞赵鼎和张浚相处不错，也有这一个互相谅解和互补的缘由。

赵鼎不作声，折彦质对吕祉的说法就有一点不服气了，同为主战派，关键时刻往往就"尿"不到一个点上。折彦质仗着老臣的身份，出班启奏，口气也就重了："臣就怕误了国家大事，到时候就是斩了晁错，以谢天下，一切晚了。"晁错是西汉文帝时的御史大夫，因进言削去诸侯藩权，诸侯举兵反叛，皇帝只得以酷烈之刑罚，腰斩晁错，谢罪诸侯。折彦质说这话，也是提醒赵构，别到大败时，你推了责任，张浚掉了脑袋。

要说南宋的文臣，出口上谏，毫不含糊，折彦质的启奏虽然让赵构一震，但赵构还是没有听进耳朵。毕竟，这近似"乌鸦嘴"的说法，太招损人。赵构当殿命令吕祉，立即赶往当涂县的刘光世宣抚使署，以朕的名义，临战督师。

满朝臣僚一听赵构的决定，面面相觑，再也没有敢对主外的张浚有什么不宜说法了。这时，张浚也赶到了张俊的宣抚使署，要求他接防刘光世的部分属地，并调杨沂中作为都督府帐下的统制官，立即以都督府的名义，赶往泗州迎敌。也就在这当口儿，快马从庐州传来消息，因刘麟后续部队已经到来，攻战太猛，刘光世部开始退往太平洲。

身在镇江的张浚得知这一消息，赶紧派都督府参军拿了赵构赐予的宝剑，快马疾奔采石矶。这参军一赶到，只见刘部兵马正在撤退下来，参军当道居中举起宝剑，大喝："都督行府受圣上之令，有一人再退，当即斩首！"

这时的张浚，也赶到了刘光世使署，从怀中抽出一纸，也不给刘光世细看，只微微露出赵构亲笔，大声说："圣上有旨，不用命，当依军法从事。"张浚又说："请刘宣抚明鉴，汝或有差跌，张浚圣令在身，不敢有私，当斩不误！"

刘光世一听张浚此话，头皮嗖嗖直冒寒气，张浚这读书人做事手狠，当年川陕名将曲端就死在他的手上。今日手持圣旨，更是有恃无恐。刘光世大呼诸将："汝辈且奋勇向前，救吾首级！"

刘麟的先头部队此时已到阵前，刘光世跃马持枪，王德、郦琼领兵紧跟，全玩儿上命了。要说王德、郦琼两位统制，皆骁勇老将，只因平日跟了主将，也好养兵自重，打仗能退则退。这一回，在"当斩不误"的祭刀前，卖命地与刘麟、李成血战到了一起。

刘麟这厮万万没有想到，向来逢战必退的刘光世部，如今像喝了鸡血酒，都豁出了命。刘麟的兵马猝不及防地被一冲击，前阵一退，后军转身就跑，全垮在了刘光世阵前。东路的刘猊得知刘麟失利，也无心恋战,在藕塘被张俊所部反击而退。

刘麟、刘猊气一泄,旗鼓也重整不起来了,只能指望兀术仗义相助。西路的孔彦舟闻讯老刘家的儿子、侄儿都退了,也不敢轻举妄动,毕竟他这一路离岳飞的防线更近。

要说战争中的平静,让人摸不透。害怕刘齐会得金兵相助并重整旗鼓的平江府君臣,依然心慌不定,再一次将希望寄托在岳飞身上。奇怪的是,鄂州方面居然没有一点动静,难道岳飞真按战时规矩办事,要听都督一张嘴指挥,不当枢密院一回事了?那皇上被刘豫"毁斥诟骂",总该回一札吧。

在君臣的千盼万望之中,谢天谢地,鄂州总算来了奏札,这离三省、枢密院同奉圣旨给岳飞的第一次调兵诏令,都过去半个多月了,奏札还是鄂州宣抚使署参议官薛弼写的。奏札说,岳飞最近目疾昏痛,不能视物,正在治疗。这一次,岳飞也不说"乞终制"回庐山了,直接要薛弼提出"致仕",不想再做官了。

赵构看了札子,一阵目眩,岳爱卿啊,你怎能如此视国事为儿戏啊!等定过神来,赵构当即提笔回札:"知卿病目,立即派差医官前来,为卿医治。然戎务至紧,边报甚急,累降诏旨,促卿提兵东下。卿宜体朕至怀,善自调摄,其他细务委之僚臣,而军中大计须卿决之。如兵之在远者,自当日下抽还,赴比期(限定的日子)会(会合)。想卿不以微疾,遂忘国事。朕将亲临江浒矣,卿并悉之。付岳飞。御押。"

赵构写完亲笔,吩咐舍人:"赶紧急送鄂州。"眼下不是和岳飞计较"微疾"和"国事"孰是孰非的时候,只是希望岳飞体惜君之衷心,赶紧出兵,按要求日子赶来。赵构真怕岳飞的倔劲上来,信札发出,人已上了庐山。

十月十五日戌时三刻,持了金牌的快马终于将御札送到了鄂州使署的司值官手上。薛弼得知是赵构亲笔,赶紧进得内室,叫醒了半卧的岳飞。岳飞翻身,点灯读完御札,也觉出了赵构"累降诏旨""体朕至怀"这几个字的分量。

至于"想卿不以微疾，遂忘国事"，这几乎就是赵构不露声色的训责，君在危难之际，难道你做臣子的就如此视若无睹？岳飞明白，他再不及时按诏令发兵，极容易被朝廷认为是他在表达对深入伊、洛时，兵马、粮草调集不及的不满。

"朕将亲临江浒矣"，那是一国之君将亲自到大江边来迎候你岳飞，赵构如此折倒，不仅是为了求兵，更是为了救国。岳飞阅完手诏，内心虽万绪上涌，却没有表露，又躺了下来。薛弼在屋内稍作伫立，轻声退出。

次日午时，薛弼又疾步来见岳飞，递上了刚由金牌快马送来的枢密院札子。岳飞读完，闭目良久，口述薛弼起草回札：

"臣先为目疾昏痛，不能视物，在假（暂离公务）服药医治，累奏乞致仕，将宣抚司事务权令参议官薛弼、李若虚管干。已申奏朝廷，听后指挥去讫，未蒙回降指挥。十月十五日夜，据参议官薛弼传到御前札子一封，付岳飞，系金字牌降到，内系黄纸。臣遂拆开，认是宸翰❶，臣即时遥拜跪领，不觉感激涕泪。臣平日切切思报陛下之心，惟冀当此大敌，少展区区❷。适以病日，转觉昏暗，臣私心不胜痛愤。又于十六日据薛弼申，累准金字牌降到御封枢密院札子，催促人马前去江、池州，（据薛弼）称已勾抽襄阳等处军马前来，忧恐迟缓，已整饬❸在寨军马，止候兜请钱粮，俵散❹衣赐了当，先次起发。臣比（连续）在假，每日连并服药，全未见效。伏望睿慈检会臣累奏事理，速赐施行，庶几不误国事。取进止。"

岳飞小有学识，身边又不乏谋士，这一封回札，不管是他的口述，还是薛弼的措辞，可称得绵里藏针。岳飞说，我眼疾昏痛，不能视物，多次和朝廷说过要"致仕"回乡，赋闲养身，但"未蒙回降指挥（调

---

❶ 宸翰：皇帝亲笔。
❷ 惟冀当此大敌，少展区区：只希望大敌当头时，能施展区区之力。
❸ 整饬：整治、整顿。
❹ 俵散：把该分的分给大家。

令"。这是说，我岳飞也一直在等朝廷的回复。如今得知战况，受委托权领军中事务的薛弼、李若虚正在勾抽襄阳兵马，以及整蹔附近的部分部队，只等粮饷一到，分配了当，定先次起发。是的，岳飞还是郑重地点出"兜请钱粮"四个字，"兜"就是招揽，我岳飞搞点粮食也不容易。

札子的最后一句"伏望睿慈检会臣累奏事理"，岳飞还是要赵构再仔细去检看他累次上呈的奏札，其中所恳求的"事理"，也就是"致仕"，希望圣上能明确回答。如此，才"庶几不误国事"。这话，让赵构看来，几乎有一点要挟的意思。

赵构晓得，当岳飞按都督府令从鄂州移署襄阳以后，还要求将池州、江州的驻防，移交给新任江西安抚大使李纲。李纲因辖下兵马不多，提出岳飞能各分兵五千，驻守池州、江州，但岳飞还没有派往。这两处离淮西最近，如今枢密院正指望池、江两地先行出兵东援。朝廷没有料到，池、江无兵马可派，岳飞正在"整蹔"附近的军马前来。

岳飞的信札发出，两天以后，赵构指派的金山寺医僧中印、御前医官皇甫知常，也急急地赶到了鄂州。两位医生刚落座，枢密院又来札子："近缘贼马侵犯淮西，累降指挥，令岳飞总率全军，星夜兼程，起发前来。今来边事急切，正赖主帅亲提军马，共济国事。奉圣旨，令岳飞日下不妨本职治事，余依累降指挥施行。先具已治事日时闻奏。今札送湖北、京西路宣抚副使、检校少保岳飞，疾速施行。"

这札子虽然不是战时的最高军事机构都督府发的，是枢密院的院札，但看得出是皇上的意思。文字绕开了岳飞要"致仕"的话题，明确要岳飞以"本职治事"，将次要工作交与他人去做，疾速发兵，支援淮西。并要求岳飞"日时闻奏"，定时上报援兵的行程。

岳飞听薛弼念完枢密院"奉圣旨"的诏令，当了中印和皇甫知常的面，朝东给圣上作一个大揖，又紧闭红肿的双眼，端坐了一言不发。随后，按皇甫知常的要求，伸出右掌，号脉切症。薛弼、李若虚见如此，也不再问岳飞是否要回札的事了。

皇甫知常号完右腕的脉，又让中印老僧号了左腕，两人都说："岳少保放心无碍,无非是内热上行,当服药几日,湿热稍退,即保无恙。"岳飞微微颔首致谢,薛弼、李若虚也舒了一口大气。

没几天,经过御医皇甫知常和医僧中印的诊治、服药,岳飞的目疾好转了不少,他这才整顿起了兵马,准备前往淮西。

第二十八章　累请无益

没想到,伪齐兵马因驻扎在黎阳的兀术没有得到金国元帅府的应允,不敢轻易动兵,刘豫终于放弃了南犯。一口闷气舒出的赵构,又听说眼疾稍好的岳飞正亲自率军东下,心中稍稍有了宽慰。毕竟要赵构回答"致仕"的岳飞,已有了让步。赵构赶紧提笔写信给岳飞,也算是对前一段急速催促的一点慰言:

"比(连续)屡诏卿提兵东下,今淮西贼遁,未有他警,已谕张浚从长措置,卿之大军未须遽发也。闻卿果以目疾为苦,不至妨军务否?近差医者疾驰,望卿所看视,卿宜省思虑,慎药饵,安静调养。至于求闲之请,非朕所知,虽累请无益也。故兹亲笔,以示眷怀。付岳飞。御押。"

赵构的措辞极为谦恭,百余字的手诏,对岳飞连称五个"卿",语言也是几近讨好:"闻卿果以目疾为苦,不至妨军务否?"不过,这并不是赵构的软弱使然,而是克制。四年以后,恰恰是岳飞这一次对淮西军务的贻误,成了他"坐观胜负,逗留不进"的一条大罪。

这手诏后段,并无一"卿"的二十多字,倒是透出了赵构无修饰的真话:"至于求闲之请,非朕所知,虽累请无益也。"岳飞你想求闲致仕,并不是我想知道的,你再请求也无用。

岳飞应该明白,此前赵构还是认为他有托疾之嫌。眼下说"卿之大军未须遽发",是因赵构得知岳飞"果以目疾为苦"。但大敌当前,行在告急,岳飞临危辞职,延误发兵,还是给赵构留下了阴影。主观性极强的岳飞决定继续发兵东下,他不愿依人所思,他要让赵构看看,我岳飞并不是怕襄汉防线不稳而不敢出兵。这一日祭旗完毕，二十几艘大船舰，鼓足大帆，顺风顺水，日夜兼程，向东而去。

次日下午，船到江州，岳飞本准备凑集粮草，以备到达淮西以后的不日之需。才停泊了一天，赵构的亲笔御札又到来了："闻卿目疾小愈，即提兵东下，委身徇国，竭节事君，于卿见之，良用嘉叹。今淮西既定，别无他警，卿更不须进发。其或襄、邓、陈、蔡有机可乘，即依张浚已行事理，从长措置，亦卿平日之志也。故兹亲诏，卿宜知悉。付岳飞。御押。"

得知岳飞决定出兵淮西，以及各分兵五千，去往了江州、池州，赵构还是满意的。他和赵鼎说："刘麟败北，朕不足喜，而诸将知尊朝廷，犹为可喜也。"这确实是赵构的真心流露：大将们能听从朝廷，听从朕，这才是我最最需要的效果。哪怕你岳飞一度延误了军情，眼下知错而改，急急而来，朕依然"良用嘉叹"。

至于要岳飞"即依张浚已行事理，从长措置"，也让岳飞看出了张浚和赵鼎的分歧。张浚仍坚持早先施行的事理：即岳飞要将主力进驻到襄阳，不要满足于驻守鄂州，不能让刘豫有机可乘。要说赵构，至少在战争年代，对武将，尤其岳飞，有过失、过错都不怕，只要不违上、抗上，能知错而改，什么都可以"过往不究"。

张浚的措置不无道理，当刘豫待兵淮西，等待兀术援助时，也得到了岳飞有病在身的消息。刘豫当即在襄阳、京西一路，展开进攻。这次，他分兵十路，每路各一万兵马，不求急进，只求步步为营。刘豫拿出汴梁城中最好的地段，营造良宅十套，又选宫中美女百名。只要有一路部将获城一座，或者生擒、斩杀一员南宋部将，当即赏赐住房一套，美女十名。

伪齐兵先在唐州以北的何家寨重新设置镇汝军城寨一座，屯兵聚粮，伺机攻占唐州、信阳军。唐州的岳部守军只有两千人马，面对数倍于己的伪齐军，只好求援。紧接着，十一月初一，商州的宋军守将贾彦也向鄂州告急。

第八部 爱卿，你又怎么了

眼疾稍愈的岳飞见淮东、淮西各将在赵构的眼皮子底下争足了面子，也不想在襄阳失分。岳飞认为凭自己的兵马，无须他军增援，完全可以所向披靡，打金、齐一个人仰马翻。当然，这并不是岳飞自作主张地"扳分"，张浚的"从长措置"方案，是允许他"择机出击"的，赵构也曾准许。

既然东进不需要了，岳飞当即派王贵、董先、傅选折道北上，杀往唐州、蔡州。又派张宪、郝晸、杨再兴迎敌邓州。再命令驻守虢州（今河南灵宝）的统制官寇成，向商州、长水方向进击。在出发前，岳飞先向平江府行在作了"照会"奏禀：

"今据诸处申到，番、伪贼马厚重，欲分路前来侵犯（京西路）。飞比来目疾虽昏痛愈甚，深惟国事之重，义当忘身，遂不免于十一月十五日躬亲渡江，星夜前去措置贼马外，谨具申尚书省并枢密院，伏乞照会。谨状。"

枢密院当即回札岳飞："奉圣旨，令岳飞更且审料贼情，择利进至，务取全功。"这回札很简单，并没有指望岳飞能打出大动静来，更多的是希望岳飞能审时度势，要在保证"全功"的情况下，择利进退，给刘豫一个教训即可。当然，这一来一去，岳飞是十几天以后才看到枢密院这封回札。

见岳飞抱病出征，部将们更是勇气倍增。这驻守虢州的寇成是一员后起的骁将，近来深为岳飞看好。寇成一出兵，正好迎战来犯的伪齐兵马，一路连战连捷，熟门熟户追杀到了伊阳。王贵、董先、傅选所部，更是势如破竹，挺进到了镇汝军的何家寨。岳军将士毕竟身经百战，面对几倍于己的敌兵，面无惧色。他们也不扎营，连续几日的行军以后，直接列队挑战，将号称伪齐"五大王"之一的守将刘复，打得七零八落，镇汝军城寨被攻取。

张宪、郝晸、杨再兴打得更妙，以一万兵马迎战来犯邓州的五万敌兵，对拒二日，张宪略施诱敌之计，郝、杨两面夹击，拿下了伪齐统制郭德、施富。

岳飞得报，喜出望外，他怕长江沿线兵力空虚，伪齐有机可乘，当即给朝廷发出急奏："臣契勘虏、伪并力侵犯襄、邓、信阳军等处，兵势厚重，谋虑非浅。今来，飞虽已前来措置掩杀，缘荆、湖接连江西一带，地理阔远，窃虑孤军缓急难以捍御，伏望圣慈速降睿旨，令刘光世遣发军马，前来策应，及命重臣统大兵屯驻九江督战。庶几上游之地不致疏虞，再获大捷，天声益振，恢复之功，在此一举。"

这一次，岳飞点名要刘光世防线西移，助他防守大江，是有北上大干的想法。当然，这也不是因为刘光世每当战事告急，好指名岳飞出兵援助。而是刘部紧挨岳飞的荆、湖防线，要是他将驻兵拨一部分过来，配合大江防守会更有效、快捷。当然，岳飞也不想将右翼防线全交给这个动辄即撤的刘光世，他希望朝廷能派重臣前来，屯驻督战。

再说王贵、董先、傅选的东进，一直打到了蔡州城下。经过前两次的襄阳六郡之战，运筹帷幄的岳飞对这一带的水、陆、城、寨了如指掌。眼下再一次攻打蔡州，和上次仅仅为了解决粮草不同，这次岳飞要长期占领。蔡州是伪齐绝不肯轻易放弃的城池，一旦被宋军占据，从这北上，更可以直接威胁到伪齐的心脏，即刘豫的汴梁"都城"。

这一盘棋要是往大了下去，下一步该怎么走？吃过亏的岳飞，想听一下朝廷的想法。岳飞在"何家寨捷报申省状"中说："缘已至蔡州界，去京城大段比近，势未能便行深讨。飞见❶星夜前去相度❷，若蔡州可下，即行收复，差官主管州事毕，班师，别听朝廷指挥。伏乞照会。"

毕竟北上了两次，岳飞都没有打过一个痛快。如果真要打过黄河去，还是需要各路宋军的配合。岳飞说现在写完札子，我想星夜前去蔡州城外察看一番，若能收复，就立马收复。部队也想就此班师，等候朝廷旨意。这也是岳飞的一个激将法，皇上你经常说"收复"，你是怎么规划的，能不能说说？

---

❶ 见：现，当下。

❷ 相度：勘察。

第八部 爱卿，你又怎么了

那正是十一月底，二更时分，月黑星稀，寒风刺骨，王贵挑选了十几个亲兵，随岳飞来到蔡州城下。只见城壕河水开阔，稍有结冰，掷石测水，深有丈余。再看城上，遍插黑旗，如同无人防守。但城外人一走动，夜静声起，城上便有黑旗摇动，雉堞间有兵士走来，也不发喊，也不声张。岳飞的人马走向南去，城上士兵东面退下，南边上来。

看来守城的将领干练至极，要想再度拿下蔡州，难度比上次更大。岳飞坐在马上，望着城楼一算计，眼下王贵这两万兵马，只有七分披带，十日粮草，耗不起这时日。万一重蹈粮草不继的覆辙，又是一折，当即下令撤兵。

次日，随着王贵的兵马撤退，蔡州城内的伪齐兵马倾城追来，断后的董先巧遇伪齐一踏白兵（打先的侦察兵），居然还是亲戚。那踏白兵告诉董先城内的虚实，岳飞一听，计上心来。他让董先率半数兵马且打且退，过数十里外，有一座独木桥，过了桥是连绵山陵，岳飞先行率将士伏于山中。

董先一副竭力应战的样子，边打边退，退到晚上，准备安营扎寨。那追击董先的正是伪齐大将李成，他担心是诈，战一阵，观望一阵。但一想到汴梁城内的大套住房和十个美女，李成决心拼搏一下。毕竟京城买房不易，当年苏轼，也不过是一个租户，何况兵荒马乱。

李成过了独木桥，他一看两边山林，大叫退兵。此时，只听如雷的一片呐喊，岳飞骑一匹白马，持一杆丈八银枪，当先奔下山来。又见左山坡牛皋，右山坡王贵，飞似的夹来。伪齐兵转身狂奔，到了独木桥前，大半填进沟壑，小半跪膝投降。李成逃得快，狂奔过了独木桥，绕开蔡州城，北遁而去。

岳飞也没为难俘虏，反倒给足了遣返钱，说："你等百姓，本是大宋赤子，回去见到中原士民，告之朝廷恩德。如果大宋军队再来北地，汝等定要联络各路豪杰，多多助我大宋。"

伪齐兵除了感恩，还带了岳飞给蔡州知州的信。这蔡州知州本也是宋朝官吏，见信，知道岳飞是一个重义厚道之人。次日一早，知州下令打开蔡州城门,捧了印绶,率了胥吏纳降。岳飞受降,仍然让他担任知州一职。

赵构曾给过岳飞亲札:"中原官吏皆吾旧臣,迫于虏威,中致暌绝,岂弃君而从伪,实权时以保民。罪由朕躬,每深朕咎。(他们)倘能怀忠体国,率众来归,当议因其官爵,更加褒宠,罪无大小,悉与宽除。天日所临,朕言必信。故兹亲笔,所宜悉之。"

赵构的这番话不能不说明智,宋朝到了这地步,虽然不是赵构一人的责任,但他也难辞其咎。这一点,岳飞也极明白。后来,伪齐官吏多数反正归宋,也使得宋金和谈后的城池收复,并无管理的失控。当第一次和议毁约后,淮河以北重新划给了金国,不少一度投宋的官员,自杀的也有。譬如,蔡州通判就是自缢而死。

北进有度的岳飞,也因此连连得到赵构御札的赞誉,赵构几次称岳飞的捷报到来,使得他"当食而叹,中夜以思,非我忠臣,莫雪大耻"。又几次问岳飞:"卿目疾迩来更好安否?故兹亲谕,想宜悉之。"

十一月,赵构在给岳飞的第四封亲笔中说:"朕方申严漕挽❶,督责计臣❷,俾(使得)远赴师之期,庶士无饥色。"赵构把行在朝议的要事及时告诉了岳飞,朕已经督促相关官吏、使者,绝对不允许让那些远赴征途的士兵,面有饥色!要说赵构,一个日理万机的皇帝,能把将士的饥寒牢记在心,也可见出他的体恤入微。尤其对岳飞,赵构更为关注。

不过,关心归关心,赵构对于岳飞想放手大干,不仅没有表态,就连刘光世的防务西移,也没一个下文。赵构的不言,相当明白。当隆冬临近,部队的防寒供需尚无准备,拿下蔡州的岳飞,也就按事先承诺,停了北上行动。

淮北的腊月,大雪纷飞,冻地冰河。赵构派出的年节慰问,前后来了襄阳两次,这也是前所未有的。除了御笔慰谕,第一次来的内侍,持

---

❶ 漕挽:水运曰漕,陆运曰挽。这里代指负责漕粮的官吏。

❷ 计臣:指负责财赋的官员。

了文思院刚制作的宫内特供革鞍、绣鞍各一对，龙涎香一千饼，龙茶一盒，灵宝丹一盒，铁简一对。第二次给岳飞送来的礼物更特殊，是长枪的样枪一支。

龙涎香、龙茶、灵宝丹，都是宫中御物。尤其灵宝丹，是大内的道士百日炼就，据说，服用后强身驱病，是皇上的专用。作为赏赐，是对被赐者的至高恩宠。铁简和一支样枪，是经过赵构悉心改良的兵器。这位赵宋的第十个皇帝，也算是战场上摸爬滚打过的，对兵器很有研究。

这铁简本是铜的改良，一种四棱方柱体的砸击兵器，战时可双持，也可单使。不过，经赵构的改革，四道棱角更为锐利，杀伤力极大。那一支样枪，更是赵构研究的心血，慰谕中说："朕知道军中之长枪，不太适合作战。其枪尖，必须铦利劲决，加之人力，战时，事半功更倍。今日给卿样枪，可按此打造，旧枪尖就不必用了。"赵构的这一赐予，多少可以看出，他对北上的开战还是有想法的。

岳飞从内侍的口中得知，平江府的行在，将打算迁往建康。这也是赵构受到江淮诸大将的战斗鼓舞，作下的决定。当然，金国迟迟不支持伪齐南犯，也让赵构有了北进的信心。

第九部
进止致机，委卿自夺

第二十九章　号恸擗踊

绍兴七年（1137），正月初一，按老规矩，赵构颁布了新年诏谕："朕获奉丕图，行将一纪❶，每念多故惕然于心❷，属叛逆以来，侵幸以时❸，而克定重念❹，两宫征驾未还于殊俗❺，列圣陵寝尚隔于妖氛❻。"

诏谕的后半段是赵构的自责："金兵为了灭我这赵宋承继人，害得南北黎民常年兵燹不息，背井离乡。每想到此，朕惶恐不安，愿苍天惟有归罪我一人。朕夙夜难宁，岂敢弥忘大业。如今朕亲临前线，要将行在驻跸到建康去，这也是对天意的顺从，特此播告遐迩。"

正月初二，随了行在都转运使梁汝嘉先行前往建康府，修缮行宫，安排御驾行程。行营中护军统制杨忠又派往建康府，设立一个每年能制造盔甲五千套，箭矢一百万副的御前军器局。经过几次和伪齐作战，赵构北上的雄心倍增。当然，满朝臣子力主抗战，也是对行在北迁的一个促进。就连留守临安的秦桧，都让臣僚们觉得，已改变了倡和之态。

担任尚书右仆射同中书门下平章事，兼知枢密院事、诸路军马都督府都督的张浚，更忙了。"中书门下平章"，也就是兼了中书省、门下省的侍郎，诸事都得商榷处置。当然，按南宋惯例，左、右宰相，也就是左、右仆射是互为制约的。不过，对于军事调动，左仆射同中书门下平章事兼知枢密院事赵鼎，就没有张浚的分量了，也谈不上制约。好在

---

❶ 获奉丕图，行将一纪：丕图，即宏图、大业。一纪，十二年。全句，承继大业即将十二年。
❷ 每念多故惕然于心：多故，多变故。惕然，惶恐。全句，每想到天下的多灾多难，于心惶恐不安。
❸ 侵幸以时：按一定的时间巡行。
❹ 克定重念：克定，平定。重念，再三思考。全句，平定敌人，是再三思考的事。
❺ 两宫征驾未还于殊俗：征驾，对二帝被掳的忌讳说法。殊俗，风俗不同的远方。全句，二帝还被拘禁在风俗迥异的远方。
❻ 列圣陵寝尚隔于妖氛：妖氛，指被侵之地。全句，祖上的陵墓都被远隔在敌占区。

这两位主战的仆射，主持朝纲后，大方向一致，议和派几乎没有说话的余地。

张浚常去江淮前线督抚诸位大将。赵鼎在行在，仗着是前朝老臣，和那些同样是主战派的臣僚，有时也为一些鸡毛蒜皮的事，争得喉长气短。赵构身边还真需要一个"和泥匠"。赵构让张浚提议一下，要是增加一位能协调臣僚的宰执，谁最适合？

张浚提出了远在临安的秦桧，当然，这不是张浚为了迎合赵构而一时兴起所说，他是经过再三思考的。要说秦桧，前朝进士及第，还考中过"词学兼茂科"，要晓得，这是宋时科举中最难的一门制科，秦桧是凭了"真材实料"任的太学学正，也就是国家大学的校长。

无论才华学识，还是谦和为人，在文臣士大夫中，秦桧是公认的。近来秦桧矢口不提议和，所以，张浚认为，秦桧出任宰执，能压得住朝中臣僚。

不过，赵构听了没有当即表态。

南宋初期，以抗战派为主的宰执，从朱胜非、吕颐浩、范宗尹、张浚、赵鼎以来，臣僚中大小"圈子"，多是不肯互相"补台"的人，一闹矛盾，仗了气势，总好往绝处说话，宰执也似走马灯般上下。后人说"北宋无上将，南宋无良相"，虽属偏颇，也并非无据。这也是人缘不错的秦桧，后来能稳坐二十多年相位的原因。

不过，相比以前宰执之间的互相倾轧，在赵构看来，张浚和赵鼎的配合，很不错了。譬如去年十一月间，伪齐刘豫兵退，张浚向赵构提出：要乘胜追击，捉拿刘豫父子，一举收复河南等地。又提出：这一次作战，刘光世骄惰不战，拥兵自居，请罢免之，以儆效尤。赵构问张浚："此等事，爱卿和赵鼎商议了吗？"张浚说："没有。"赵构毫无顾忌地说："此事不可不与赵鼎商议。"赵构能说这话，至少清楚这两位仆射在遇到要事上，是能够坦诚相见、互相商议的。

赵鼎对这事回答得也直截了当，他说："不可以，这刘豫虽然常倚靠金人为重轻，但只是我大宋案几上的一坨肉。灭了刘豫，虽然得了河南,还是保证不了金人不南侵。如果金人侵入,几乎没有缓冲,何以抗御?刘光世也不能罢免,其军中从统制到士校,多出自他的门下。如果没有一个有力的理由罢免,怕部队上下不安,难以控制。"

赵鼎的考虑还是比较周全,赵构暂缓了对刘光世的处理。在这件事上,张浚第一次觉得很扫面子,毕竟一场抵御刘豫南犯的战斗,始终是他在奔走督促。这一次移驾建康,也是张浚审时度势,几次向赵构提出的。虽然几次都被赵鼎和折彦质以各种理由阻止了下来,希望赵构回跸临安,但是,赵构还是决定按张浚的谋划,将行在迁到建康去。

自从赵构定下了迁移行在的决定,痰气较重的赵鼎一直内心不快,虽然和张浚没有互相掣肘的事,但也说了一些要撂挑子的话语。赵构晓得,赵鼎这老臣痰气重,消消就好。不过,凡是说话固执大了,还是会成真的。

那时,张浚常在江淮前线,日常奔走在都督府与平江之间搞联络的是都督府参事、兵部侍郎吕祉。吕祉是个纯读书人,一到朝廷奏事,有时也有言过其实之处,当着赵构的面,赵鼎总会不客气地抑制吕祉。每当此时,赵构总会私下劝告赵鼎:"要是说哪一天张都督与卿不和,肯定是吕祉的缘故。"赵构这么说,也是要赵鼎在吕祉面前收敛一点,说话不可太咄咄逼人。但江山好改,本性难移,终于有一天,因了吕祉,张浚和赵鼎翻脸了。

赵鼎曾和赵构说过:"臣初与浚似同兄弟,如今疏远,只因吕祉离间,遂尔睽异。浚当留,可以尽情展使底蕴,臣还是远去的好。"赵构也极力劝说赵鼎,他说:"有些事,等张浚归来,你俩再好好聊聊。"不过,赵鼎总还是固执己见的多,日子一长,张浚也是胸中存了一结。

眼下大过年的,新年诏谕一颁布,赵构心情不错,想起来近来益发倚重的岳飞,打算要他来一趟行在。当然,赵构并不是要岳飞来陪自己喝一盏过年的小酒,他是想看看岳飞的眼疾,再聊聊北进的意图。年前内侍去慰问岳飞时,也曾说过,圣上很是想念宣抚。又在腊月二十四日,三省、枢密院同奉圣旨发慰问札时,也提醒岳飞:"候指挥到,如别无紧切事宜,量带亲兵,前来行在所奏事。"

毕竟岳飞坐船顺大江下来,路途也不算太劳累。正月才过了三天,惦记心切的赵构就迫不及待地要三省、枢密院同奉圣旨发诏令给岳飞:"如别无紧切事宜,今疾速起发,赴行在所奏事。"

当然,赵构不是仅仅记得岳飞,对镇守江淮的大将,年前也是各有抚慰。相对比较,对岳飞更是注重一些。当然,几位大将也记得圣上,过大年也有敬奉礼品的。这不,正月初四,给岳飞的诏令刚一发出,内侍就来禀报:"江南东路宣抚使张俊有棕红大马一匹送达。"

要说张俊,长期随赵构辗转南北,知道圣上最爱的是好马。眼下好容易得了这匹没有一丝杂毛的棕红马,赶紧呈来。马匹一牵到,果真,赵构赞不绝口。隔日,内殿朝议才说完大事,赵构就禁不住夸起张俊送的马了。他说这马毛色棕红如毡,嘶鸣似裂帛,应该产于黄河以北的河曲地域,是匹难得的好马。

张浚说:"臣听说陛下只要闻马的足声,便能知道这马的优劣,是这样吗?"赵构说:"是啊,哪怕这马的脚步声隔了墙垣,朕也可以辨之。凡是世上所有的物,只深入切中,知其优劣就不难。"

张浚说:"依臣看来,以物的形、色来辨别物的特点,可能容易一些。要认识一个人,可能就有点难度了。"赵构说:"是的,人确实难知。"张浚因此启奏说:"人虽难知,但说话刚正,面相严峻,就肯定不会是阿谀便佞、固宠患失的人。反之,必不可用。"赵构点头称然。张浚也趁这机会,推举和褒奖了王彦等不少官员。

一晃,正月廿四,这一日,赵构正在后殿批阅奏折。大内侍邓琮来报,西北吐蕃一行,由三十八族的首领赵继忠带领,今日到达平江。

赵构大喜,这也是他登基十年来,吐蕃族人第一次前来觐见。据说,赵继忠一行是辗转了一个多月,才到的平江府。这也让赵构看到,如今的赵宋虽然只剩半壁江山,但对于西域部落,宗主国的地位依然没变,仍是大宋正统的承继。

次日,正逢五日一次的朝议,赵继忠一行正装朝觐,扬尘舞蹈,三呼"万岁"。正坐其上的赵构,喜笑颜开,大大地赏赐了一番。

就这一日朝议,赵构决定起用秦桧,恢复他四年前的知枢密院事一职,秦桧就此二度进了宰执班子。赵构的这一举措,不只是考虑到秦桧能对朝臣起到调和作用,也考虑到张浚在外时,有一个能帮助赵鼎处理庶务的人。当然,赵构也有防备,这赵老汉总好说一些要走人的话语,万一较起真儿来,总是有备无患的好。

赵构也想到,赵鼎一走,朝廷的权力不能让"执帅事"的张浚一人独扛。文臣士大夫与君共治朝纲的祖规,也忌讳单一的圈子与党派。好在对于秦桧的再次入朝,赵鼎也无反感,毕竟都是前朝老臣,年纪虽然比赵鼎要小,任官的资历不低。

就在朝议将近结束之时,内侍进殿禀报,问安使何薛、范宁之带来了金右副元帅完颜宗弼,也就是兀术的亲笔书函,这让赵构有一点莫名其妙。

不等问安使禀报完毕,赵构急切地打开书函,还没看完,就以袍袖掩面,号啕大哭。原来,兀术的信函通报了父皇赵佶和宁德皇后在一年前驾崩的消息。赵构这一哭,几乎瘫了半边身子,差一点抽噎得闭了气。

朝臣一听,恐惶得全伏在了地上,一起放声大哭,更搞得赵构捶胸顿足、号恸擗踊 (pī yǒng),几近昏厥。赵鼎赶紧示意左右内侍,搀扶赵构退入后殿。

第三十章 君臣无间

由于五国城的女真人对赵佶死亡的瞒报,赵宋得知这信,整整迟了一年半。这让赵构如何不痛心疾首!他连哭了三天,终日不食。

正月廿八,张浚、赵鼎等近臣一合计,来到内殿后庑之下。先是伏地朝北,祭拜了太上皇和宁德太后的亡灵,又抽抽噎噎地一阵哭泣。张浚首先说道:"微臣启奏圣上,天子之孝与士民不同,首先应考虑承宗庙、奉社稷之大事,如今太上皇的梓宫未返,天下生灵涂炭,至仇深耻,亘古所无。陛下,你应该挥涕而起,以安天下之民臣。"

张浚这番话说完,赵鼎也如此进言了一番,众臣同时劝慰,赵构这才从榻上起了身。内侍奉来米粥,赵构推辞再三,才稍许进食了一点。张浚等近臣依然伏地,固请道:"陛下不能不理朝政,若如此,臣张浚等只能请求辞职。"

赵构久无回应,于是张浚等再拜,赵构才遣内侍诏令,起复视职。此日,百官皆到行宫西廊,举行发丧。并诏令,特要求前线沿边军民不举哀,只是宣抚使至副将,在军中本营成服举丧三日。成服,也就是各阶服饰外披扎丧礼缟素。

或许是因秦桧在举丧期间的表现,赵构将秦桧的"知枢密院事"一步到位,改任为了枢密使。按照惯例,新被任命者要辞免三次,才可执职履新。但从北国归来的问安使何蘚,不等赵构的三次"不允诏"程序走完,就恳请秦桧以本职视事了。此后,秦桧一到任,何、秦二人对金国、伪齐的看法,谈来倒也投机。

三天以后,张浚等近臣入朝奏事,赵构要内侍赵辙宣旨说:"朕近来情绪荒迷,不知爱卿等奏事始末,可能不会很好地裁决。"张浚说:"今日臣等并非仰望圣上断事,实是因为圣上太悲哀过度,臣等不胜忧惧,实望圣上以社稷为重,稍有振作。"

一晃到了二月初八,从得到先皇噩讯日起算,也到了举丧"二七"的日子。赵构搞了几桌素筵,在平江府大堂的西侧,素幄垂挂的庑屋中,召辅臣一起便宴议事。赵构见满桌素筵,叹一口气说:"朕平日不甚喜欢食肉,总认为杀生诚为不仁。哪怕水陆之珍并陈于前,不过一饱蔬菜。近日心情颇杂,更以豆腐为羹。"

参知政事兼权枢密院事沈与求说:"陛下举此慈爱之心,恩泽天下,国家还有什么不能治理的?但愿君臣同心,共赴国难,早日雪耻!"于是互致了君臣酒礼。哪知赵构一杯酒落肚,又掩袖涕泣,不能自止了起来。

张浚说:"望陛下降诏,告知边外,就说圣上以不奋勉不睿智之身,托于士民之上,日夜勉求治国之道,没想到上苍如此降罚圣上,几遭天地崩裂,使得圣上负终身之戚,怀无穷之恨。凡是大宋臣子,能听之闻之吗?今日,圣上所依赖之宏济大业,也就是兵与民,以及文武之臣日夜所思的北图,要诏令有司,圣上择日将行在设到建康府去!"

文臣士大夫与君共治天下的南宋初时,仆射张浚这番近乎要赵构下"罪己诏"的话语,又将赵构往北上抗战的路上猛推了一步。这时,内侍禀报:湖北、京西路宣抚副使岳飞已到平江府。赵构决定,次日召见岳飞。

次日,赵构在内殿诏见岳飞。岳飞上下素服,赵构一身素袍,岳飞先北向郑重遥拜过了太上皇、宁德太后。落座后,说话凝重,欲言又止。赵构理解岳飞在国丧期间的拘谨,也是想找一些轻松的事聊聊,就说起了后苑中那匹张俊进献的棕红马。

赵构说:"爱卿在军中有何良马?"岳飞说:"臣对马要求不高,谈不上良马。"见赵构一脸疑惑,岳飞又说:"微臣每次初见一匹马,不讲究其力有多少,而看重这马是否有'德'。"见赵构微微颔首,有了兴,岳飞又说:"微臣曾有过两匹马,常常引以为奇。它们每日吃草料豆类数斗,饮清泉一斛,要是不够精洁,宁可饿死也不接受。这马一旦披挂奔驶,开始并不快疾,跑到兴起,突然振奋嘶鸣,疾奔不已,从中午到黄昏,仅仅半日,就可跑二百里。卸了鞍,依然不躺下不汗淋,若无其事。"

见赵构饶有兴趣,岳飞又说:"此马一上鞍受了大事,不会随便应付,有潜力而不逞强,是致远之才。臣在复取襄阳,剿平杨幺时,可惜两匹马相继死了。如今,臣那一匹马就不然,每日吃草料也有数升,但不挑食,也不求泉水,鞍鞯上身,跳跃不止。一上路就有日行百里的疾速,一直要跑到声嘶力竭,汗出气喘,几乎毙命。这样的马,寡取易盈(不挑食易满足),好逞易穷(好逞强易乏力),驽钝之才也。"

赵构连连点头说:"爱卿说得极是,御下❶也如此,若只取庸常易满足之辈,何以济天下之事。国家祸变非常,唯赖上下协力,以图大业。作为属下,不可时时谋求小利,遂以奏功。须各任方面之责,期于恢复中原。"赵构这一番话,几乎将他"御下"的取向,以及对属下应有的德行,说得极为分明。

一番话下来,岳飞也放开了语言,他说:"臣熟思今日恢复之策,不出攻守二事,攻者以我攻彼也,守者防彼攻我也。以我攻彼,则乘机而动,量敌而进,可速可迟,其势皆在我也。防彼攻我,则防突然长驱,忽尔入犯,有莫测之变,有难当之锋,其势皆在彼也。以彼我之势论之攻,虽为难,而守之为尤难。攻虽在所急,而守之尤在所急,今朝廷分委大将各提重兵,天威震叠,士气鼓勇,所谓攻之之策庙堂有成算,主帅有远略,臣不得而议也,唯守之之策,臣请详言之。"

看来,岳飞这一趟来行在,有所深思熟虑。他说:"陛下已下诏移跸建康,前临大江,俯近伪境,非若临安之比也,防守之备不可不严。又况豫贼虽屡败,而未曾殄灭,事穷势逼,必须求救金人。我之所患不在豫贼,唯防金人。金人虽不争土地,唯利金帛,今已知吾国家所有,不如往时,彼无所贪,必不妄动。然而,其所以立刘豫之意,并非使我中国自相屠戮,只是想刘豫成为其藩篱。"

看到赵构频频颔首,岳飞又说:"今闻车驾进跸建康,有北向之意,若渐逼中原,豫贼难立,金人必须援之,矧❷河北便是敌区(**指金地**),驱兵而入,计亦不远,吾岂可不虑?勿信探报之言,谓敌势已衰,不足深虑。宁可守之而不来,不可俟(**等**)其来而不守(**守不住**)也。臣窃见淮东州县相连,道里不远,楚泗两州城壁坚牢,大军分屯,烽堠相望,此其势不易犯也。唯独淮西路分阔远,止有一军,今将移跸建康,则其地尤重于淮东矣。"

---

❶ 御下:率领、管理下属。

❷ 矧(shěn):况且。

说完淮东、淮西的防御与御驾迁移建康之利弊，接下来岳飞所说，就让赵构三思了。岳飞说："臣愚，欲乞措置淮西，先选大臣以临之，更增兵将以实之。要让要害之处不可空虚，使西连岳鄂，东接楚泗，皆有掎角之形。仍令诸大将缓急相援，首尾相应，则虽敌骑之来不足畏矣。"

岳飞此话，说出了他要接防刘光世辖地的想法，虽然也婉转说了要朝廷派大臣监管，岳军只是调拨兵将充实而已。赵构闻言，不置可否。岳飞这一想法是出于对淮西防线的开阔和薄弱，以及行在安全的考虑，但还是触及了武将握权过多，有坐大之弊，赵构不得不防。

岳飞又说："朝中一旦议及军事，皆以为我军兵少为忧，臣独以为兵多而担忧，因滥竽充数者多。望圣上晓谕诸大将，据现在兵数，将羸弱者择去，充当别项辅助差使，老病者去之，退养颐年。所剩壮强者，日赴阅习，使得少而精壮，战则能胜。"

说到此，岳飞略作停顿，见赵构饶有兴趣，接着又说："诸将对此裁军，或有无厌要求，或者各为异议，轻视朝廷的诏令。那只有一法，不能让他满足意愿，要以法威严处之。要是有恶不问，有罪不治，那将更肆其桀骜，又怎么指望他立功？"

岳飞这一番话，说得赵构刮目相看。尤其最后之说，不仅诸大将有，岳飞身上也有。但赵构还是禁不住说了一句："爱卿说得极是。"

前来平江府时，岳飞在船上常有沉思之状，他和薛弼也说起："近来金人传来消息，要将渊圣皇帝之子送到汴梁，替代刘豫，立为伪齐皇帝。不知圣上有否耳闻，如何处置？"

渊圣皇帝，是赵构登基以后对其兄赵桓的追封，后来庙号钦宗。赵桓之子赵谌，在靖康元年（1126）时，已明文册立为皇太子，如今也在北国。这要是推出登基，那完全就是大宋的正朔，是帝王承继的宗法所在。对于被拥立在位的赵构，这是一着死棋。

要说完颜宗弼的足智多谋，也算是女真人的佼佼者，他将赵谌当作撒手铜捏在手上，不到万不得已，是不轻易出手的。毕竟赵谌是先帝赵佶的长子长孙，比九儿子赵构登基更符合祖宗法规。岳飞和薛弼说，他想为圣上破解这个难题,让金人沮丧。

怎么破?当岳飞和赵构说得兴起的时候,久藏于心中的话就顺出来了:"陛下,微臣有一事如在喉,若一吐而冒犯了天颜,恕臣死罪。"

赵构说:"爱卿说来无妨。"

岳飞说:"近来金人流言,欲使丙午元子❶复出。臣思之甚为不安,夜所难寐,是否请陛下速正资宗之名❷,以定天下人心。"

岳飞这话,赵构早已得到过宇文虚中的密报,但此时由岳飞的口中说出来,如同杵了软肋,赵构良久无语,原本清瘦的脸颊,顿时阴了下来。

自建炎四年(1130)赵构的亲儿子赵旉受惊吓死在建康府以后,不晓得是赵构在南奔的途中伤了三寸丹田,还是直接坏了"重器",以致众多的后宫嫔妃,居然没一个能怀上赵宋龙种。搞得赵构一改他老子的"广种薄收"之术,直接在宗室中物色了两位"伯"字辈小儿,作为后继的培育。其中一个赵伯琮,改名赵瑗,被赵构看好,已封为"建国公",这就是后来的孝宗赵昚。

岳飞的"正资宗之名",也就是要将这"建国公"宣称为渊圣皇帝赵桓的指定养子,这做法也称"跻宗",又称"资宗"。那么,金人所扶植的赵谌,对外不过是一个傀儡罢了。岳飞这一招确实不错,不过,这一来,让后一代皇太子继承了上一代皇帝,赵构就只能挂到帝系表以外去了,这是赵构难以接受的。

赵构当即正色说道:"朕虽以为爱卿这话出于忠心,但这不是藩镇在外的大将应该干预的。"外臣不干预宗室之事,何况武将乎?当然,赵构并没有说得这么直接,却已经将慷慨激昂的岳飞镇住了。岳飞一时嘴唇嚅动,说不出话来,只得黯然告退。

---

❶ 丙午元子:丙午,即靖康元年的干支年号。丙午元子,指的就是赵桓之子、正宗皇太子赵谌。

❷ 正资宗之名:对此有两种说法,一是确定当时的建国公(赵构的养子)为皇太子;二是将建国公从赵构这第九房的养子宣布为长房赵桓的养子,即钦宗的养子,称"跻宗"。"资"与"跻"古文相通,也称"资宗"。本书认可第二种说法。

岳飞走后,接着安排觐见的是薛弼。这薛弼虽然是岳飞帐下的第一号谋士,但也是朝廷命官,是从四品的湖北、京西宣抚府参谋官。正候旨的薛弼起了身,往内殿走的时候,见岳飞面色如灰走出来,他晓得岳飞摊上不妙的事了。

果真,当薛弼规规矩矩汇报完湖北、京西宣抚府的事务后,赵构径直说了岳飞的不是:"岳爱卿离开朕时,意似不悦,卿当为朕好好开谕之。"薛弼闻言,低头称是。薛弼意识到,必定是岳飞在船上说的"资宗"一事,让圣上不爽了。当然,赵构在薛弼面前提及此事,还是担心岳飞不爽的多。

薛弼当即说:"岳宣抚与微臣在舟途说起近来谍报,金人将有丙午元子入旧京的图谋,岳宣抚说,莫若正资宗名,使得敌谋沮丧。微臣当时也没有应答。后来见到岳宣抚有一纸小楷,时时一人在阅,不知是哪一个书生教之,竟使岳宣抚贸然而言。"

赵构听了薛弼这一番话,释然颔首,暗暗说道:"果真是他人之言。"当薛弼将要告退时,赵构又问:"爱卿久在湖北、京西路,当有什么可指告朕的?"薛弼略一思索说:"臣有一乞告,请为靖康以来死节之臣立一座祭祀之庙。"赵构一听,连连点头称是。

第三十一章　寝阁重委

要说绍兴七年(1137)二月初九这日,也是蹊跷,薛弼刚退,吏部尚书孙近要求觐见。吏部是六部之首,要是宰执不在朝,朝议时吏部也是可以站头班的。

孙近进了内殿,启奏赵构:"今日太阳有异,氛气四合,朝野众说纷纭,都以为天被蔽,是臣蔽君之兆。"其实,按后来的说法,这一天无非出现了日食,士民、臣僚对此纷纷附议而已。孙近据此又说:"微臣不敢不报,掩君之过,是佞臣之举。"

孙近这么一说,搞得敬天畏神的赵构也有点不知所措了。这天象暗示什么？"君之过"又是什么？又是谁"掩君之过"了？赵鼎在过完年后，已经以观文殿大学士的身份，去绍兴府担任知府了。此外还有谁能"掩君之过"？

次日朝议，张浚也是一头的雾水，只能低头说："臣以非才居位宰执，致天象如此，罪无所逃。"赵构自责说："这乃是朕不德不明所导致的。"

见赵构如此说，张浚更是诚惶诚恐，他说："臣应该对此负责，引咎自辞。"赵构也极实在地说："应天以实，不以文过饰非，以朕看来，做臣子的应多多匡助于朕，或许能消变此事。"赵构要张浚在平日多找一些直言谏诤之士，为他听听建言。

到了二月十八日，岳飞已在平江府整十天了，除了随班入朝，也无什么大事。他要想辞行回襄阳，也要在除却丧服的那一天提出。好在到了十九日，得知十天之内，行在要移驾建康。三省、枢密院同奉圣旨诏令：岳飞统率禁卫马军，扈驾从行。

让岳飞想不到的是，从二月初九"天被蔽"以后，赵构倒是和近臣时时提起岳飞，总说岳飞是一个难得的直言谏诤之士，是匡助社稷之良臣。此话倒不是赵构想破了武将不能委以匡助朝纲的惯例，而是他觉得，岳飞与其他武将有异，文韬几乎不输于士大夫。

二月二十五日，离动身迁移行在的日子还有两天，赵构下了褒奖诏令："进封检校少保，湖北、京西宣抚副使，武昌郡开国公兼营田使岳飞为太尉，擢任湖北、京西宣抚使兼营田大使，加食邑五百户、食实封二百户。

褒奖诏令写得也极有气势，一开首就是："天生五才，莫大于用兵之利；战有百胜，孰逾于得算之多。"说到岳飞战功："积获齐山，俘累载道"，"令行塞外"，"声震关中"，近四百字的褒奖制词，把岳飞的战功拔高在了刘、韩、张三大将之上。

其实，"宣抚副使"改为"宣抚使"，"营田使"改为"营田大使"，都是同一职权的不同说法。在岳军中，哪怕岳飞只是"副使"，行使的都是正使的权力。倒是"太尉"大不同了，这在秦时，是最高的军事长官，与丞相、御史大夫并称"三公"。到了宋徽宗时，"三公"虽改为"太师、太傅、太保"，太尉已成了纯荣誉衔，但官阶和宰执是平列了。

绍兴年以来，武将因战功进封太尉，只有刘光世、韩世忠、张俊三人，在川陕独当一面的吴玠，也只是副太尉。岳飞进封，又享有了三千户的食邑、一千二百户的食实封，这也让他的老上级张俊很不爽。国恤时期，众大将都在赵构周边，张俊一看到岳飞，就"王顾左右而言他"了。毕竟岳飞投军的时候，张俊已经是殿前的都统制了。

薛弼倒是常提醒岳飞，要和诸位太尉搞好关系，宁可谦而恭之。不过，随岳飞的几个"非战士"，也就是谋士，却不以为然，说没有必要苦降尊意。于是，在赵构身边的这一段日子，岳飞与张俊本有的隙罅，日益见深。

二月二十七日，赵构动身前往建康，岳飞也随众臣护驾前往。随御舟还载了几桌赏赐前线守臣的素筵，也是昭示守臣不忘先皇的意思。

二十八日傍晚，船到常州，泊荆溪堂。内侍通报，淮西宣抚使刘光世听闻圣上进发建康，特呈来奏折。赵构无语，内侍将奏折置于案上。近来，赵构每每与近臣说起刘光世，总是不满之语为多。再加上张浚视察军事归来，好说刘光世的不是。就连沈与求也上奏说："人言刘光世以八千人为回易❶，常以陶朱公❷自比。"

军队做买卖也就算了，几位将领哪一个不是如此？赵构一直是睁一只眼闭一只眼。但刘光世整日沉湎酒色，军律不整，士卒多有恣意妄为，让赵构每次闻之必怨恨有加。张浚每见一次赵构，也总要提出，刘光世不宜再握兵柄。还是早日罢免，以儆效尤。

赵构说："光世毕竟是三朝元老，朕知道他训练属下，比之韩世忠、张俊要好，一军皆骁锐。一旦罢免，谁来替代？朕再劝诫于他。"

---

❶ 回易：买卖交易。
❷ 陶朱公：春秋时越国大夫范蠡的别称，后弃官远去，以经商致巨富。

张浚说:"圣上有所不知,刘光世连封三位小妾为孺人❶,诸将大效其尤,连川陕的吴玠等将也一度效仿,盛行起了封妾,置常礼于何地?"

不过,君臣俩说归说,气归气,真罢免刘光世,赵构还是下不了决心。没料到,就这么议论的当口儿,刘光世来了奏折,居然提出要"引疾乞祠",说身体不好,求"奉祠"。要说刘光世这老军阀,深知前朝规矩,大将一旦握军太久,功过不当,必遭猜忌。这次淮上用兵失利,虽然在张浚的监军下扳回一局,未受惩处,但老刘明白,只要书生气重的张浚主持帅职,他早晚要倒大霉,还不如引咎自辞的好。

这就给赵构出难题了,赶紧要近臣拟一份回札给刘光世:"卿忠贯神明,功存社稷,朕方倚赖,以济多艰,俟至建康召卿奏事。其中曲折,俟见面再言。"说是这么说,等见面吧,但赵构还是有了挪动刘光世的想法。那么,刘光世的部队将来交给谁来统辖呢?赵构一时还真没有想好。

三月初一,御驾到了丹阳,韩世忠带了护驾亲兵前来入见。这韩世忠是前朝崇宁年间从的军,屡建战功。尤其建炎三年(1129),苗傅、刘正彦兵变,韩世忠首率部队赶赴杭州勤王救驾,赵构对韩世忠深有好感。将刘光世的部队交与韩世忠如何?赵构一时也想不好。

船途漫长,一路上,赵构召各位文武大臣上御船,谈对国事的见解。内侍省安排岳飞上御船的日子是三月初四午后,一引入座,岳飞又侃侃而谈起来:"微臣以为刘豫只是金人养精蓄锐的一道屏障,必须先除去,使得金人日夜惶恐不宁,然后再图北上。"

赵构频频点头,看来,此前赵鼎要保留刘豫这"案上肉"作屏障之策,不仅张浚反对,岳飞也有此意。接下来,岳飞细细分析了宋、金的军事实力,以及除掉刘豫,收复河南、山东的可能。到了那时,旧日的宋臣将校都会悉数降纳归宋,金人爪牙如此一断,其势必衰,其亡也快。

---

❶ 孺人:宋代外命妇名号之一,叙封对象为通直郎以上之妻或母。

聊到晚膳时分，岳飞告辞，赵构虽然意犹未尽，也不留餐，因为赵构的晚膳往往简单，只能够他一人所食。到了晚上，赵构还是兴奋异常。在此之前，他和岳飞的晤谈，往往来去匆匆，对岳飞只知一二，现在看来，岳飞的文韬并不比武略逊色。赵构兴趣一上来，要内侍再召岳飞来他寝阁，再作恳谈。

当岳飞进了寝阁，赵构不等他揖拜平身，就迫不及待地说："爱卿适才所说，朕思来极是，大宋中兴，朕要多几个爱卿你这样的武将才好。"说完此话，赵构似乎觉得不够尽意，当即提笔，写了手札，书字三行："前议已决，进止致机，委卿自夺，先发制人，正在今日，不可失也。"

"前议已决"，指的就是下午岳飞的提议，我赵构已经认可，以后的进取时机，就由岳爱卿你一人定夺。朕今日以字相交，但愿勿忘。岳飞见了此字，也是激情在胸，起身一揖到地，再次重申誓言："微臣一定铭记不忘！"

见岳飞如此忠诚慷慨，赵构突然想到了刘光世，你不就是不想干吗？那就将你的部下交予岳飞算了。从以往王德、郦琼等人和岳飞的和洽相处来看，岳飞比韩世忠更能驾驭得了这支部队。看来，以王德、郦琼为主的兵马隶属岳飞，倒是对刘光世部整体不散的最好处置。赵构认定了这一想法以后，突然又冒出了一个更大胆的念头：众将作战难以协调，干脆，允许岳飞在必要的时候，可以节制韩世忠、张俊等所有的宋军，以便统一实施北上大业。

赵构对岳飞说出这一番设想以后，不仅是赵构，连岳飞也激动不已，似乎大宋的中兴就在眼前。但赵构毕竟是持重之人，稍待冷静后，还是对岳飞告诫："朕今晚之说，爱卿暂不外传，俟三省及枢密院正式诏令。"

岳飞走下御船时，蓝靛布色的天空，繁星闪烁，上弦月也已升起，岸上巡更的兵丁那梆子正敲响了二更。这是岳飞在赵构身边待得最长的一次觐见，也是君臣间最信赖的一次谈话，岳飞第一次感到赵构视他为大宋中兴砥柱的迫切。当然，赵构也看到了岳飞所具备的文韬武略，还有恭敬唯上，印象好极。大宋中兴，真的非岳飞莫属。一想起收复北土的宏图大略，赵构无法入睡。

第五天，御驾抵达建康。但赵构没有按原计划上得江船，去巡视各路大军。他一踏进行宫，几天都没有出来，也没有召见诸将诸官。

赵构在室内整整思考了三天，他在想，究竟要不要让三省及枢密院下诏令，将大宋的所有军马，除韩世忠、张俊以外，也就是说，连川陕的吴玠、吴璘，还有杨沂中、刘锜的三衙中军，都交予岳飞，让岳飞伺机一掷，去收复北土？

张浚会同意这一番大动作吗？毕竟他是知枢密院事兼都督军马府都督，眼下所有的兵马调动，应该出自他手。这么一想，在榻上的赵构，辗转反侧，更难入眠。

第十部

太祖曾言,"犯吾法者,惟有剑耳!"

第三十二章　高光时刻

这三天，岳飞也是连日未寐，按捺不住啊，圣上，你说过的话怎么没了声息？岳飞打熬不住，三月十一日，他给赵构上了一份豪情满怀的"乞出师札子"。

这札子并不是岳飞为当即出师而作，说的只是想法："臣伏自国家变故以来，起于白屋❶，从陛下于戎伍，实有致身报国、复仇雪耻之心。幸凭社稷威灵，前后粗立薄效。陛下录臣微劳，擢自布衣，曾未十年，官至太尉，品秩比三公，恩数视二府❷。"岳飞列数完了赵构的垂恩，又说："臣实何能？误辱神圣之如此，敢不昼度夜思，以图报称。"

岳飞重复说了那一日在御船上对宋、金的分析："金所以立刘豫于河南，而付之齐、秦之地，盖欲荼毒中原，以中国攻中国。粘罕因得休兵养马，观衅乘隙，保藏不浅。臣谓，不以此时禀陛下睿算妙略，以伐其谋，使刘豫父子隔绝，五路叛将还归，两河故地渐复，则金人之诡计日生，浸益难图。"

岳飞又说："然臣愚欲，望陛下假臣日月，勿拘其淹速，使敌莫测臣之举措。"岳飞希望赵构能给他一定的日子，也不要拘于时日长短，使敌人莫测我军深浅。我一旦抓住机会，当"提兵趋京、洛，据河阳、陕府、潼关，以号召五路叛将。叛将既还，遣王师前进，彼必舍汴都，而走河北，京畿、陕右可以尽复"。

到那时，"刘豫父子必然被擒，失土尽可收复。汴梁旧都往东诸郡，圣上可付之韩世忠、张俊经管，臣依然经略黄河上游南北。如此，辽国也可乘机而立，金人兵力一分散，完全就有破灭的可能。为陛下社稷长

---

❶　白屋：比喻平民、白身。
❷　恩数视二府：二府，指中书省和枢密院，朝廷管理文臣武将的机构。全句，待遇相当于中书省和枢密院。

久无穷之计，实在此举"。

在这份札子中，岳飞很明确地告诉赵构，等到胜利以后，韩世忠与张俊的现有辖地只会得到扩大，我岳飞依然"经略黄河上游南北"。这话，也是岳飞对朝廷迟迟不下诏令，先从个人得失上给出了一个主动的表白。

鉴于前几次北上的经验，岳飞对整个战略的设想也相当详尽：如果刘豫在汝州、颍州、陈州、蔡州坚壁清野，使我军粮食不济，对商州、虢州等要害之地因难于运粮，无法进攻，臣就暂且收兵，退保长江上游。到那时，贼兵肯定追踪南下。臣当率诸将，挫其锐气，击其疲时。这时，臣趁贼退兵，设下埋伏。刘豫之众，小入则小败，大入则大败，然后臣再设法北图。微臣想过，今年不能见效，来年必得。到时候，陛下是归旧京汴梁，还是选择它处为都，唯陛下所选了。

岳飞又站在朝廷的角度说：臣听说兴师十万，日费千金。今臣驻兵襄阳，离朝廷数千里，平时也有粮食不足之忧。尤其去年秋天，臣兵深入陕、洛，在寨的士兵因缺粮，也有饥饿而死的。臣所以当即班师，前功尽弃，皆臣之罪。今年以来，多亏陛下戒敕有司广为储粮，臣也经过深思熟虑，不会再因为粮食，乱了将士方寸。由此谋定此计划，亦微臣深思熟虑，必定能成大事。

到时候，"微臣定迎还太上皇、宁德太后的梓宫，奉邀天眷，以归故国，使宗庙再安，万姓同欢，陛下高枕万年，无北顾之忧，臣之志愿毕矣。然后乞身归还田里，此臣夙夜所自许者"。

此札用词得体，既说了一举致胜，还说了万一失利，又将去年秋天孤军深入的轻率，向赵构做了检讨。再将如今宋军的优势，归功于赵构的积粮有方。最后一句"奉邀天眷，以归故国"，将赵构的亲娘，还有渊圣皇帝赵桓，以及皇室宗亲全都带进了团聚之列。

岳飞这雄心勃勃又条理分明的手札，虽然没有一句提及赵构在寝阁中的承诺，但赵构心中雪亮地明白。他当即批曰："览奏，事理明甚，有臣如此，顾复何忧。进止之机，朕不中制。惟敕诸将广布宽恩，无或轻杀，拂朕至意。"

岳爱卿，你这么一说，朕还有什么可以担忧的？北上的进退，就按你的想法，朕不制约。这时的赵构，完全相信岳飞一出手，无坚不摧。赵构只有一个要求：岳飞你千万要告诫部将，不要杀得太顺手了，还是宽恩招抚为上，无拂了朕一贯的仁厚。

赵构又给刘光世手下的都统制王德、郦琼写了亲笔手诏："朕惟兵家之事，势合则雄。卿等久各宣劳，朕所眷倚。今委岳飞尽护卿等，盖将雪国家之耻，拯海内之穷。天意昭然，时不可失，所宜同心协力，勉赴功名，行赏答勋，当从优厚。听飞号令，如朕亲行，倘违斯言，邦有常宪。付王德等。御押。"

王德、郦琼是刘光世手下的两员悍将，平日，刘光世将部队精锐一分为二，交予他俩率领。正因为刘光世是王德、郦琼的多年上司，王、郦哪怕有隙，也都相安无事。赵构在御船寝阁中曾亲口对岳飞说过，"将以王德、郦琼兵隶飞"。但是，在真正形成诏令文字之前，赵构还是有所顾虑，写给王德等人的文字，也是"今委岳飞尽护卿等"。一个"护"字，言简意赅，一方面是提高了岳飞的身份，另一方面也是要岳飞好好对待他们，不得有所委屈。王德本是山寨中人，号称"王夜叉"，靖康元年（1126），连赵桓都知道王德的威武了得。赵构特意下诏给王德，要他等"听飞号令，如朕亲行"。也就是说，岳飞的号令，如同朕亲自颁布一样，尔等必须听从。一个武将可以替天子行事，这在赵宋，前所未有。此诏也没有经过枢密院、都督府，直接下达于刘光世的部将，也是前所未有。不过，这手诏的文字也极明确，这是打招呼，还没有将王德、郦琼所部归属岳飞。

三月十四日，理清了头绪的赵构按原本计划，御驾亲巡大江。哪晓得，御船才达江面，突然，一片战船从北浩荡而来，赵构一时大惊，难道金兵不宣而战？好在内侍当即禀告说："游弋兵来报，是伪齐军李清所部率兵前来投奔岳飞。"

要晓得，这是韩世忠的防地，与岳飞的湖北襄阳防地，还隔了张俊的江东防地和刘光世的淮西防地。一个伪齐的武将，竟然听到岳飞到来，当即率众来投，这真让驻防地的大将们搁不住脸了。岳飞是在三月十三日返回襄阳的，李清并不知晓。

赵构清瘦的脸颊现出欣然，他曾要求岳飞"以德音檄谕"沦陷之地的旧臣。看来，岳飞还真是如实去做了，怎能不让赵构高兴？赵构在大江上巡视完了韩世忠的水军，回到行宫，马上要三省、枢密院，以及都督府，下了三道省札。

第一道"诏谕靖康叛臣能束身以归当复爵秩省札"，再次告知"失身伪廷之官吏，尔等投降金、齐，是不得已为之，只要能洗心易虑，束身以归，当复其爵秩❶，待遇如初"。这道省札，当由各大防区大将告谕伪齐之地，也是对"岳飞经验"的隆重推广。

第二道"许令便宜行事省札"，是发给岳飞的，也转发各将领知晓。省札说，岳飞在任宣抚副使时，三省、枢密院同奉圣旨，已经允许他如果遇到军务急事，来不及上报，可以"便宜行事"。如今，岳飞已擢任宣抚使，再次奉圣旨告知："岳飞如行军入贼境，有军期事务申奏，待报不及，依已降指挥，许便宜施行讫❷，具事因闻奏及申都督府。"

这道省札再次告知各级，岳飞可在军务紧急时，自行决定应对措施，当了结以后，再将事因奏报朝廷和都督府。此札也可以视作对即将到来的北上之役，岳飞行使权力范围的重申。不过，此省札并未明确这权力的上限，也就是赵构在寝阁中的承诺，岳飞有对其他军队实施必要的节制之权。

第三道是由都督府颁发的"督府令收掌刘少保下官兵札"，在这道札子中，对刘光世仍以"少保"相称，"令刘少保属下五万二千三百一十二人，以及马二千一十九匹，列出清单，移交岳宣抚密切收掌"。不过，这札子末尾，有字一行："仍不得下司"。"司"，就是主管操作、发号司

---

❶ 爵秩：官阶、俸禄。
❷ 讫：完毕。

令。也就是说,刘光世的兵马清单先给了你岳飞,但并非允许你岳飞实施指挥。"仍不得下司",从后来的发展看,或许不是赵构的原意,是张浚不同意赵构对岳飞的承诺,所留下的待决定的尾巴。

在此清单中,还列出了刘光世属下的十三个部将各自所辖的人数。其中,统制官、承宣使王德所辖官兵五千七百三十一人,马三百八十七匹;郦琼所辖官兵五千五十五人,马三百五十四匹。这两支部队,并不包括辅助兵种,是刘光世帐下最称得能征善战的精锐,以往的战斗,大多出于他们。其他如乔仲福所辖兵马,虽然有七千多,马也有三百六十三匹,却多是辎重后勤等。还有,包括岳飞所说的应该淘汰的兵士。

此时的岳飞,不只是感恩皇宠,那雄心壮志,更是喷薄欲出。因为仅仅刘光世部那五万多军队,有七成是可以纳入战斗序列的。此外,岳飞还可以指挥吴玠、吴璘、杨沂中、刘琦等部,总兵力已达到了南宋军队的七分之五。必要时,又能节制韩世忠、张俊部队。在淮西、川陕、荆襄三个主要战场上,完全可以形成对金、齐的包抄进攻态势。

这消息一传出,伪齐的刘豫也下令军队往北收缩,以应付突然变化。要晓得,岳飞并不是一个握兵不动的大将,没准什么时候,突然会冒出一个"窜天猴"来。

第三十三章　太尉暴怒

在岳飞的大计鼓舞下,四月,赵构又提出,将大宋列祖列宗的太庙,定筑建康,临安城内的太庙改称为"圣祖殿"。

这一改,几乎是向天下昭示,临安的"行在"地位将要改变,南宋的北上光复,是早晚的事情,赵构将要与金国血战到底!是的,太庙是列祖列宗的英灵所在,"行在"不可能与太庙分开,也不可能将祖宗的英灵单独放在敌占区的边沿。

这时候的南宋朝廷,主战派完全占了主导地位。收复中原、还都旧京,上下铁了心一般。众臣都认为,打过黄河去,那是早晚的事情。

第十部 太祖曾言,"犯吾法者,惟有剑耳!"

回到襄阳的岳飞,也在翘首盼着朝廷有更明确的调令颁布。半个月以后,岳飞总算等来了赵构的亲笔手诏:"前议已决,不久令宰臣浚至淮西视师,因召卿议事。进止之几,委卿自专,先发制人,正在今日,不可失也。所宜深悉。"

这手诏告诉岳飞,都督张浚先去一趟淮西的防地,与王德等人商量相关事宜,再召岳飞议事,应该就是接手。这也对,赵构没有忘却承诺,那"进止之几,委卿自专,先发制人,正在今日,不可失也",正是赵构在寝阁中交付岳飞的字,无非"致机"成了"之几","自夺"成了"自专"。虽然词意有别,但在岳飞看来,只是圣上的笔误而已。

岳飞又等了半个月,不但张浚没有来召岳飞,连三省、枢密院连同都督府,都没有刘光世部兵马调动的消息。岳飞再次给赵构写了奏札。这一回,就直奔主题了:"圣上,寝阁所请之事究竟如何?"

赵构回札来得很快:"览卿近奏,毅然以恢复为请,岂天实启之❶,将以辅成朕志,行遂中兴耶!嘉叹不忘,至于数四。自余❷令相臣浚作书具道,惟卿精忠有素,朕所简知,谋议之间,要须委曲协济❸,庶定❹祸乱。卿目疾迩来❺必好安,故兹亲谕,所宜悉之。"

从"要须委曲协济,庶定祸乱"这句来看,或许是赵构和张浚商议时,张浚似有不同意见。毕竟张浚是知枢密院事兼都督军马府都督,在张浚没有明确的支持和应诺下,赵构不但不能给岳飞一个确切的答复,而且暗示岳飞要有"委曲协济"的准备。赵构的回札不长,近百字中还问起岳飞的眼疾,当然,这有岔开话题的意思。

岳飞明白,在军事调动上,赵构得尊重张浚。张浚以抗战为己责,运筹帷幄,也无话可说。但皇上你既然答应我岳飞了,朝野内外也都知

---

❶ 岂天实启之:莫非是上天赞助于我。

❷ 余:我,赵构的自谦之称。

❸ 委曲协济:协济,互相支持、理解。赵构要岳飞暂时忍耐,理解。

❹ 庶定:或许可以平定。

❺ 迩来:近来。

晓了，又这么悬而不决，你让我岳飞怎么跨开下一步？难道是都督张浚遇到什么难题了？

张浚还真遇到了难题，这难题首先来自他自己。此时的张浚，担任的是尚书右仆射同中书门下平章事、知枢密院事兼诸路军事都督府都督。知枢密院事是枢密院的二号人物，秦桧虽然是枢密使，军事大权仍在张浚这知枢密院事兼都督手上。如此手握军权，号令四方的人，手下却没有一支直属部队，一直是张浚的心结。

张浚曾经作为朝廷的特派使臣，远赴川陕，督促、指挥吴玠等地方部队，实战才能也不赖。对于刘光世的弹劾，张浚多少也有将其部纳入都督府管辖的想法，五万多的部队，能有一半张浚也知足了。但他万万没有想到，赵构没有和他打一句招呼，就答应将刘部划归岳飞统一指挥了。这一点，张浚虽然不能明确反对，但他可以拖而不决。

当然，文臣督帅，还有一个对武将抑制的传统意识。这意识告诉张浚，他可以站在国家的角度，提出反对。毕竟武将权力过大，尾大不掉，也是你赵构要决意制约的。如今，你为了北上雪恨，却忽视了根本。一旦武将坐大，骑虎难下，还不得我张浚来收拾残局？

近来张浚和岳飞相处一长，彼此的性格也益发了解，张浚觉得岳飞的言行，有时过于任性、执拗，还有点盛气凌人。有一次张浚要去长江视军，告别赵构时说："臣当先驱清道，望陛下六龙凤驾，约至汴梁，作天下主。"这本是一句豪言，指帝王那六匹马拉的让人肃敬的銮舆，不日能乘胜而进，驾临汴梁旧京。张浚说完这话，与他一起步出内殿的岳飞，一本正经地问张浚："相公适才之语，得非睡语乎！"张宰相，你刚才是不是在白日说梦话？搞得张浚一脸的愠怒。

岳飞也是明白人，移交刘部的事如此一再拖延，要我"委曲协济"，可能是张都督在作梗，此事十有八九会黄。岳飞想好了，真要如此，他和刘光世一样，去"奉祠"算了。

就在这时，赵构又一封亲笔御札到了岳飞手上："览奏备悉，俟卿出师有日，别降处分。淮西合军，颇有曲折。前所降王德等亲笔，须得朝廷指挥，许卿节制淮西之兵，方可给付。仍具知禀奏来。"

"前所降王德等亲笔"，是指赵构写给王德的"听飞号令，如朕亲行"。赵构这话说得极委婉：爱卿你想出师，再等一下，另有"处分"下来。"处分"，也就是"吩咐"。因为我赵构给王德的亲笔，眼下有点曲折，要经过朝廷合议，允许了，才能下达。这"朝廷"二字，也就是指主持朝纲的如宰执张浚等。岳爱卿，你还有什么要说，可以禀奏上来。岳飞读完这手诏，从头顶到脚底，顿时凉得透透的。圣上，我还有什么可以再说的？

其实，赵构应该明确无误地告诉岳飞，淮西军不能给他了。但怎么开口说呢？这毕竟是亲口承诺啊，要收回，很伤面子。让枢密院找岳飞谈？枢密使秦桧才上任不久，也不妥。再说，秦桧这聪明透顶的家伙也不会来揽这等烦恼之事。赵构思来想去，还得是张浚。虽然张浚有些想法与岳飞有悖，但事属军事调动，是张浚的权力范围。

但"解铃还须系铃人"这句老话，赵构居然忽视了。是赵构不想直面岳飞，还是他觉得有愧于岳飞？更何况，张浚对淮西军，有其"小九九"。这一点，赵构的糊涂是犯大了，千不该，万不该，他不该将这矛盾交予张浚去处理。

于是，岳飞即日到都督行府所在，和张浚坐了下来。

张浚也不掩饰，将淮西军的处理和盘托出。张浚说："如今淮西军所服的，是王德。我打算还是以王德为都统制，让都督府的参谋、兵部尚书吕祉为统领。太尉，你看如何？"

听了这话，岳飞的气就不打一处来了，淮西军不给我也就算了，你张浚明摆了是想以都督府的名义揽兵权，要我认可？

气归气，岳飞还是耐住性子说："淮西军中，多数是伪齐降将与山寨绿林人等，变乱之事，只在朝夕之间。到时候，并不是吕祉一个读书人能管束得了的。"

岳飞这话没过分，淮西军中如郦琼、乔仲福等，本是山寨之人。好得利，易记隙，一有利害冲突，极易变故，不认君君臣臣那一套。作为草莽出身的岳飞,对此极为了解。

绍兴四年(1134)八月,当岳飞第一次收复襄阳,淮西军迫于朝廷要求,派郦琼率五千兵马增援。当岳军收复了六郡以后,郦琼才奔来与岳军会师。岳飞知道郦琼所部善战,为保实力,故意缓兵拖延。不过,当岳飞向朝廷报功时,还是送了一个顺水人情,说郦琼牵制了外围敌人,应该降旨推赏。这让郦琼很有脸面,也信服岳飞。

岳飞见张浚不吱声,又说:"再者,王德与郦琼向来不对付,一旦王德揠之在上❶,郦琼则必争,吕尚书虽然是通才,但书生不谙军旅,以士大夫的优势不足以镇服游散兵气。必须选择一员大将,才能付之此等重任,不然,王德、郦琼等人不可测也。"

岳飞分析有理,郦琼等人一旦发现王德的提拔是上面派来的人在决定,肯定要相争,吕祉把控不了。张都督你该明白,这下的是一着险棋。

张浚也觉得岳飞说得有理,他问:"这么说来,将淮西军交给张宣抚怎么样?"张宣抚就是张俊。

岳飞说:"张宣抚是一员宿将,也是我岳飞的旧帅。然而,其为人暴而寡谋,且郦琼平日言语,素来不服张俊。万一反起来,就怕压不住。"

张浚说:"那么杨沂中如何?"

岳飞说:"沂中和张宣抚治军差不多,也难以驾驭王德等人。"实话实说的岳飞,还是认为杨沂中勇猛有余,驭人术不足。

这也不行,那也不行,聊到这里,张浚的脸上挂不住,有点愠怒。张浚以老臣自居的口吻说:"我张浚早晓得非太尉不可!"这意思是,你岳飞说了半天,不就是想说非你不可!

岳飞一听此话,也发了梗:"都督以正事问飞,我不敢不尽一己之见,你以为我是为了得到这支兵马而如此说吗!"岳飞暴怒,言下之意,我完全是为了大宋安危。说完这话,岳飞起身,也没给都督张浚打一个礼节性招呼,推开椅子,噔噔噔地出了辕门。

---

❶ 揠(yà)之在上:揠,提拔。全句,有上面提拔。

岳飞到了船舱，给赵构写了一道"乞解兵权"札子，要亲兵回襄阳府和张宪、王贵、薛弼交代军务，自己上庐山给母亲守坟去了。按孝礼，我岳飞还有两年的"终制"，圣上，你就叫张浚去干吧。

第三十四章　重上庐山

岳飞走后，张浚先是端坐发愣，后是勃然大怒。除了赶紧禀报赵构，张浚又怕岳军兵马就此失控，他急忙委派兵部侍郎张宗元去襄阳，担任湖北、京西宣抚使署的判官，监督将士。

当赵构接到岳飞和张浚的札子，整个人都蒙了，哪怕他老子当朝，都没听说过哪一个武将会一言不合，甩手就走的。赵构晓得，岳飞的脾气这回犯大了，"合兵"这坎，他是迈不过了。赵构缓过劲，赶紧写亲笔信："奏札复还卿，国事至重，要当仔细商量，期于有济❶。可速起发见张浚，仍具奏来。付岳飞。御押。"赵构又要近侍将岳飞的奏札原封发还，当然，这次原封发还，并不是说赵构没有阅读，而是读后退还，表示不接受。

赵构还是失策了，他没有大度地给岳飞一个道歉，让岳飞利落地跨过这"合兵"之坎。他要岳飞以国事为重，"速起发"再去见张浚，两人作补救的商谈。若有什么不便说的，可以奏来。

已在东林寺数日的岳飞，见了赵构的亲札，还是一句话，请求免职，以"余服"两年，君臣再说国事。赵构见此，依然原封发还，又亲笔回札："再览来奏，欲持余服，良用愕然。卿忠勇冠世，志在国家，朕方倚卿以恢复之事。近者探报，贼计狂狡，将窥我两淮，正赖日夕措置，有以持之。卿乃欲求闲自便，岂所望哉！张浚已过淮西视师，卿可亟往，商议军事，勿复再有陈请。今封还原奏。故兹亲笔，宜体至怀。付岳飞。御押。"

---

❶ 期于有济：济，补益。全句，期望还有补益、补救的办法。

赵构明白，岳飞并不是真想求闲致仕，而是一时恼恨，他要求岳飞还是去一趟淮西，和正在视察刘部的张浚再商量一下。或许，张浚已有口风露给赵构，只要岳飞来淮西晤谈，可以给岳飞部分淮西兵马，这也是赵构一再要岳飞和张浚会晤一次的目的。岳爱卿，你不要再陈请了，这是朕的心里话，你要体谅我。事到如此，赵构能如此维护主帅张浚，也不能说不对。

岳飞再次回札，还用了一个唐贞元年浑瑊的典故，认为唐德宗对浑瑊虽然时有驳斥，但还是信任的。只是我岳飞主意已定，要求"持余服"两年。

到了这一地步，赵构也没什么好办法，除了将岳飞的奏札再次原封退还，又派遣了大内侍邓琮，持亲笔手诏来到庐山东林寺，恳请岳飞出山。

这是邓琮第二次来到东林寺，熟门熟户，不等小僧通报，他径直进了寺门。岳飞正与东林寺主持慧海法师盘坐榻上相谈，见邓琮进来，忙不迭地起身，揖拜完了，再接御札。

接了御札，岳飞再次揖拜，展札："比降亲笔，谕朕至意。再览卿奏，以浑瑊自期，正朕所期于卿者，良深嘉叹。国家多事之际，卿为大臣，所当同恤。见遣中使，宣卿赴张浚处详议军事。《传》曰：'将相和，则士豫附❶。'卿其勿事行迹，以济功勋。今再封还来奏，勿复有请。付岳飞。御押。"

岳飞在奏札中用了一个"浑瑊"的典故，赵构的手诏用了《汉书》中"将相和，则士豫附"的古训。赵构借此告诉岳飞，只要将相和睦，天下志士皆会乐意归附我宋，一国方能强盛。岳爱卿，你千万不要再坚持"终制"了。

要说赵构派大内侍邓琮来请岳飞，面子也是足足的，但岳飞还是不买账。这邓琮领教过岳飞的脾气，晓得包子已经蒸成馒头，完全没了

---

❶ 豫附：乐意归附。

褶的可能，他倒没有觉得太尴尬。知道多说无益，邓琮起身告别，当日返回。

那几日赵构就日夜不安了，岳飞辞职的消息一旦传到北方，伪齐的军事变动肯定是会有的。这不，江东宣抚使张俊也知道了，来了奏折，说岳飞是"处心积虑，就想并兵，如今不得心遂，放弃军务，意在要挟君上"。都督张浚见赵构犯难，倒是力主一步到位，提出乘机解决掉岳飞的兵权。

赵构虽然比张浚、张俊年轻，心机却深不可测。他明白一旦没了岳飞，那朝野口中的"岳家军"的威名也就此完了，这当口儿，最终还是损了赵宋。赵构下旨，要岳飞最信任的一文一武，也就是李若虚和王贵，去一趟东林寺，再请岳飞回营。要是岳飞有违，李若虚、王贵将军法论处。你俩不就是岳飞提拔的吗？劝不来岳飞，还有何用？

赵构这一招，还真把李若虚和王贵唬住了，因为鄂州使署，文有薛弼和李若虚，武有张宪和王贵。朝廷如果处置了李若虚和王贵，对于岳军来说，并无大碍，但震撼力是极大的。

李若虚和王贵到了东林寺，哪还敢不尽所能，轻易敷衍。两人在岳飞耳边絮絮叨叨连续恳请了六天，岳飞依然油盐不进。李、王两人好话说尽，破话又吃不消说，如此又僵持了两日，素食都吃得倒了胃口。

李若虚不愧是一个不蔓不枝的文士，在个人与朝廷利益的两择中，他坚定地站在了朝廷一边，牙一咬，说开了"破"话：

"宣抚，你不听圣上诏令，是想反吗？这并非美事。你若坚决不从，朝廷就能认定你有谋反的想法！你宣抚乃是河南的一农夫耳，受天子之委任，付与你兵权，难道宣抚你就可以和朝廷相对抗了？宣抚若坚决不从圣上之令，若虚等为此受刑而死，可以说没有辜负宣抚的恩擢。但宣抚你，就对得起若虚等人为你而死吗？"

李若虚在东林寺后堂上这一番激烈言辞，是真拉下脸的。危坐于上的岳飞，从最初的无动于衷，到后来与李若虚的对目相视，神思一时凝重起来。岳飞默默起身，并无二话，退入内室。不久，侍者传出话来：

"宣抚答应受诏。"

于是，岳飞与李若虚一行回到了行在建康，那日落船之时，正遇都督张浚前来迎候。岳飞毕竟是一个直汉，他说："本以为是待罪之身，没想到相公如此礼遇。"

张浚说道："宣抚不该不等朝廷同意，弃军而去。今日回来，正好。"

岳飞无语，良久又说："见了圣上，该怎么是好？"

张浚说："待罪即可。"

岳飞随即表示要向皇上具表待罪。

赵构得知岳飞将来觐见，也为了如何交谈，又不失脸面，正琢磨着。这一日，赵构与左司谏陈公辅说起，陈公辅说："岳飞忠义可用，但确实不应该有如此藐视朝廷之举。微臣看来，岳飞之意并非不忠，只是与仆射所见有异，望陛下察之。岳飞本是粗人，凡事终少委曲。臣揣度其心，也可能是其他大将以拥兵为乐，坐延岁月，岳飞却想早日荡平刘豫，收复中原而已。"

陈公辅见赵构对他的话似有感触，接着说："臣僚中持此说的也有，陛下不必多疑，可以当今战事，与岳飞反复诘难，待他无辞以答时，再委令他重任。如果朝廷想先取河南，京西一面，缓急、战息都让岳飞去决定，他岂敢拒命？"

这陈公辅本是赵鼎的亲近，搂草打兔子，也捎带上了数落张浚，他说："此前朝纲不振，诸将皆有异见，习以为常，故岳飞也敢与宰相议论不合，与朝廷并无二心。"陈公辅这话，也提出以前的诸将，在战事上常有不同的见解，与张浚说话也有习以为常的争论。

赵构听了陈公辅这一席话，对岳飞的怒气倒也消了一大半。

再说岳飞这一日来到建康行宫，正等待赵构召见，看到枢密使秦桧从行宫前走来。岳飞本与文臣少有往来，尤其秦桧，最初倡导议和，也使得岳飞对其心怀不满。这次撞见，岳飞也是待罪，勉强打起精神，上前问候了一句。哪晓得秦桧一见岳飞，一脸的忿忿。似乎岳飞拂了张浚的意，也将这枢密使得罪了。

秦桧与岳飞其实并无私仇，战与和，只是观点不同，还不至于视对方如同推了自己儿子落井一样的不共戴天。倒是双方的个性都很鲜明：岳飞耿直刚正，疾恶如仇，但秦桧真要敬他三尺，在议和的事上，情理两分，岳飞也不会从感情上和秦桧格格不入。秦桧睚眦必报，容不得芥蒂，这要是往好说，算是有恩报恩，有恨报恨。秦桧无论学识和为人，也受朝中人拥护，作为士大夫，他有资格睨视岳飞。不过，作为武将的岳飞，又是精忠之士，时势必需之人，看不起多算计的文臣，也在常理。但岳飞为一时之气而置国事不顾，至少，士大夫是不会这么干的。

岳飞走进内殿，觐见赵构。从四月十六日离开建康，到如今也就一个半月，赵构清瘦了不少。岳飞以待罪之身一揖到地，内心全是惭愧，他说："臣妄有奏陈乞骸❶之罪，恳请圣上明正典刑，以示天下，臣待罪。"

见岳飞如此，赵构心中剩下的小半怒气，也消了。赵构要内侍赐座岳飞，又问候了眼疾，当然，岳飞也感觉到了，言语之间，赵构总少了一些以前的亲密。

这时候赵构的礼节，是厚道，还是过往不究，应该兼而有之。他不但没有追究岳飞擅离军职之罪，反倒下了慰谕诏，其中，"事具悉，朕究观自昔之将帅，罔不归重于朝廷"，也就是说，所有的将帅，以前也是怨言归怨言，错误归错误，最终还是以朝廷为重。这么胡子眉毛一起撸，也算在众臣僚的面前，将岳飞的"擅离罪"撸平了。

对于岳飞的几次具表谢罪，赵构也虚虚实实说了几句："本无瑕咎❷，何以谢为，三复忱辞❸，不忘嘉叹。"如此这般给了岳飞一个台阶以后，赵构又要求岳飞早日回到襄阳大营，仍复原职主持军事。

不过，到了岳飞揖手辞行之日，赵构还是说了几句极有分量的话："以前你所奏轻率，朕实不怒卿。若怒卿，则必然有谴责你的处置，太

---

❶ 乞骸：即乞骸骨，因年老请求告退，使骸骨得以归葬故乡。
❷ 瑕咎：过失。
❸ 忱辞：至诚之辞。

祖曾言：'犯吾法者，惟有剑耳！'所以，复令卿典管军队，继续任命你恢复北土之事，可以知朕并无怒卿之意也。"

这几句狠话，是在给足了岳飞面子以后，特意提醒：朕并无怒卿，若真怒卿，朕不是不会动用太祖赵匡胤的"问斩"之律。赵构这话一出口，还真让岳飞的脊梁阵阵发凉，一路怀了寒意，逆江而上，回到襄阳。不久，岳飞委派属官王敏求，专程前往建康行在，再次向赵构递了感恩奏札。

札中称："非官家保全，岳飞何以有今日？"这话确是岳飞的肺腑之言，赵构要他记住的，也就是这个。要晓得，宋时虽不杀文臣，但对武将犯法，甚是严厉。当岳飞临别，赵构说太祖之法的狠话时，张浚也在场，他不免感叹一句："陛下御将之道，可谓有余矣！"

第十一部
深契朕心,唯有爱卿

第三十五章　淮上兵变

岳飞重返襄阳，兵部侍郎、都督府参议张宗元回到了建康。两个月前，张宗元一到襄阳，岳军人心浮动，都说"张侍郎来，我公不复还矣"。

"我公"，是岳军的下级士校对岳飞的尊称，于是，众将校来到都统制兼提举事务官张宪处，纷纷说道："我公心事，参议必知，张都统何不去问问？""参议"，指宣抚使署参议官薛弼，虽然刚新任襄阳知府，但军中武人还是认为文官如薛弼这样的人，知晓得更多一些。

张宪也正称病，好在他已经得到薛弼书信，面对惶惶不安的众将校，佯怒道："张侍郎来此，是宣抚请来的。"张宪又说："宣抚离开军务没多久，汝等就这样了，宣抚得之，肯定生气。如今，朝廷已发文遣使起复宣抚，张侍郎不会在军中久留。各位回寨安抚各部，若再有乱语者，那是牵累宣抚，当斩不赦！"

张宪这番话，使得浮躁的军心一时稳定了下来。后来张宗元巡阅部队，见将校恭敬顺从，也是欢喜。绍兴初年，南宋朝廷的兵部，从尚书到侍郎，为人倒都正直。这张宗元侍郎后来觐见赵构，对岳军直言称赞，说"将校辑和[1]，军旅精锐。上则禀承朝廷命令，人怀忠孝；下则训习武伎，众和而勇，此皆宣抚岳飞训养之所致"。

赵构一听大悦，当即要近臣拟定褒诏制词，赐予岳飞。那些学士们即刻就拟定出了数百字的制词，以赵构的口吻，称岳飞有"思巨鹿李齐之贤，未尝忘也；闻细柳亚夫之令，称善久之"。

"李齐之贤"，说的是秦末，六国贵族数十万兵力合力在巨鹿抗秦，赵将李齐在秦强赵弱的战况下苦战三月，终于迎来了楚军的反攻。但后

---

[1] 辑和：团结和睦。

来的为文者，却让楚霸王项羽史书有名，倒没了李齐的褒奖之语。"细柳亚夫之令"，说的是汉文帝前线劳军，在细柳军寨被阻，守卒只听周亚夫将军之令，天子来了都不放行。

这两则典故，彰显了岳飞的战功和治军之严。得到这一褒诏，岳飞心情不错，但赵构说话不算数这一道坎，岳飞始终迈不过去。缓过劲来的岳飞，又来了倔劲，给赵构上课了。一道"乞本军进讨刘豫札子"奏了上去：既然圣上你肯定我了，我也想和你实话实说，我要求只以"本军"，北上讨伐，如何？

岳飞性子一上来，说话又没了顾忌："逆豫逋诛，尚穴中土❶，陵寝乏祀，皇图偏安❷，陛下六飞时巡❸，越在海际。天下之愚夫愚妇莫不疾首痛心，咸愿伸锄奋梃，以致死于敌。而陛下审重此举，累年于兹，虽尚分命将臣，鼎列江、汉，仅令自守以待敌，不敢远攻而求胜。"

岳飞说得太直白了：陛下你虽然六骏飞巡，但临安处在越地，已经到了海边（你还能退到何处）。天下连愚夫愚妇都恨不得拿起锄头、棍棒，北上与敌人决一死战。陛下，你也知道以此举为重，却长年累月要各将领鼎列大江备战，等待敌人来犯，而不敢远攻求胜。

以"愚夫愚妇"相比，本已刺到赵构心扉，但岳飞还嫌不够解气，又说："是以天下忠愤之气，日以沮丧，中原来苏之望，日益衰息。日月益久，污染渐深，趋向一背，不复可以转移。"这话还真有点刺耳：天下忠愤之气现已日渐沮丧，就怕到时候，朝野上下真将临安当成了汴梁，说什么都没用了。从后来的百年变迁来看，岳飞还真有先见之明。

岳飞还是绕不开"合兵"的坎："陛下，比者寝阁之命，圣断已坚，咸谓恢复之功，指日可冀。何至今日，尚未决策北向。臣愿因此时，上禀陛下睿算，不烦济师，只以本军进讨，庶少塞瘝官之咎，以成陛下寤寐中兴之志。……惟陛下力断而行之，不胜大愿。区区臣子下情，昧死

---

❶ 逆豫逋诛，尚穴中土：逆贼刘豫尚未得到诛罚，还盘踞在中原。
❷ 陵寝乏祀，皇图偏安：大宋祖陵无人祭祀，朝廷仅能偏安一隅。
❸ 六飞时巡：御驾六骏，也称"六飞"。全句，陛下时时出巡。

干冒天威，无任战栗恐惧之至。取进止。"

三百多字的札子，一个中心：上次在寝阁中已定的意愿，为什么到今日还不实施。答应的兵权不给我，也就算了，我岳军总可以自己出兵吧！这还可少了那些废官的责任，成就陛下梦寐以求的中兴之志。臣子我说这话，若有冒犯，不胜惶恐。结尾，特干脆：圣上，你就明确说一句吧。"取进止"，等候你的旨意，臣决定行止。

赵构读完岳飞的札子，脑袋"嗖"地大了：这岳飞，怎么咬住就不肯放了！眼下宋金对峙，正是重用武将之际，赵构不想和岳飞细掰，他撇开近臣，耐了性子，给岳飞写了亲笔手诏："览卿来奏，备见忠诚，深用嘉叹。恢复之事，朕未尝一日敢忘于心，正赖卿等乘机料敌，力图大功。如卿一军士马精锐，纪律修明，鼓而用之，可保全胜，卿勉之，副朕注意。"

赵构这亲笔，字面温良恭谨，内中溢满愠怒：要是你认为凭自己一军人马，可保全胜，朕就勉励你为之一"鼓"！但你要及时禀告，让我关注。

接到赵构回札，岳飞也不含糊，当真备粮整装，准备北上。临行前，岳飞给赵构写了"乞移都奏略"，提出要重新考虑行在："钱塘僻在海隅，非用武之地，臣请陛下建都上流，用汉光武故事，亲勒六军，往来督战。庶将士知圣意所向，人人用命。臣当仗国威灵，鼓行北向，殄灭北虏，则中兴之功即日可冀。"

岳飞明确提出行都要迁往大江的"上游"，而不是下游的建康。上游指哪？鄂州、江州。临安那一块偏僻之地，哪是我大宋的用武之地？陛下还记得历史上汉光武帝是如何振兴大汉的吗？就是因为放弃了长安那一块安乐之地，将京城迁到了军事要地洛阳，又车驾往返前线督军，最终才定了大汉天下。

岳飞这近似提耳的口气，要是直面，也够戗人的。就在宣抚署的快马将送出这奏札时，朝廷持金牌信使，风似的疾驰到了宣抚署门前。信使飞身下马，缰绳还没绑定拴马石，就要门官赶紧引领，让岳飞拜接圣上手诏。

岳飞见诏，当即展纸，瞬间面露惊色。只见赵构写道："国家以疆场多虞，以及防秋，比降指挥，任张俊为淮西宣抚使，杨沂中为制置使。而庐州统制官郦琼意谓朝廷欲分其兵马，遂怀反侧，不能自安，于八日胁众叛去。朕已降诏开谕招抚，兼遣大兵，如无归意，即行掩捕。卿宜知悉。比览裁减官吏奏状，知卿体国爱民之意，深契朕心，嘉叹无已。付岳飞。御押。"

要说这御札，字斟句酌，写得相当平和。但岳飞一掠眼，还是读出了赵构的痛心疾首：郦琼已经率领淮西军投奔伪齐去了。这不仅给了赵构沉重的一击，赵宋的北图大业，或许，将就此捩转。赵构说得轻巧，"以及防秋，比降指挥，任张俊为淮西宣抚使"。岳飞早对张浚告诫过，淮西军千万不能交予张俊，他镇不住。圣上，张浚这还不该自责吗？

淮西军这一着棋，真让张浚下臭了。当然，说到底，根子在赵构身上。当初要是依了寝阁之语，不至于落到这一地步。眼下的赵构，真悔青了大肠，但言语间还不能不顾及面子，只能岔开话题安抚岳飞说，朕已看过爱卿要求裁减官吏的奏札，晓得你"体国爱民之意，深契朕心，嘉叹无已"。

第三十六章　老相再起

要说淮西军，也就是行营左护军，五万二千多将士，自刘光世"奉祠"后，一直由王德、郦琼看管。两人本都是承宣使，无非待遇略有差别：王德是通侍大夫，郦琼是中侍大夫。三个月前，都督张浚决定以张俊兼淮西宣抚使，派兵部尚书、都督府参谋吕祉专任淮西军宣抚判官，由王德任都统制，郦琼任副都统制。这个决定下达以后，淮西军就一直没有消停过。

王、郦两人本就龃龉，好在西北军人极看重世族门阀，对刘光世颇为敬畏，从来不敢造次。如今吕祉一来，郦琼这绿林好汉胆儿就肥了，常拿王德打趣，说咱俩闹了半天，居然被"一张绣花被罩了"，全不把吕祉当一回事。

吕祉暗与朝廷奏报，提议拆分淮西军。于是，王德带五千多精锐兵马到都督府任了都统制，这也是张浚心仪已久的事。剩下的四万多淮西军名义上还是张俊兼的宣抚使，郦琼对此大不服，吕祉又暗中奏禀，干脆"掺沙子"，将殿前司统制吴锡一军入驻庐州，分拆了淮西军的防地。为此，淮西军的大小将校更是心生不满，郦琼与靳赛这两个绿林出身的"好汉"，私下常愤愤不平。

吕祉想杀鸡儆猴，先罢免郦、靳两人。哪晓得书吏泄露了这奏折，郦琼等人决定先下手为强，一根绳子绑了吕祉，率四万多淮西军往北投奔伪齐去了。

八月初八，淮西军将过淮河时，被绑缚的吕祉从马背滚落到了地上，说我死也要死在大宋的地上。他又大声疾呼："军中难道真没了大丈夫？任郦琼去投奔奸贼？"郦琼大怒，一声令下，乱刀齐砍，吕祉就此身亡。四万多淮西军数日渡过了淮河，一下子说没就没了。

绍兴七年（1137），本是南宋最有希望迎来转折的一年，但在主战派张浚的左右下，就这么反其道地走向了下坡路，怎么不叫赵构心碎肝裂！赵构几日无眠，茶饭不思。朝廷也诏令前线，停止一切北上行动。尤其岳飞，赵构又单独写下一封亲札。

"览卿来奏，备见爱君忠义之诚。朕怀国家之大耻，竭尽民力，以养兵训戒，恢复之事未尝一日少忘于心。但以近者张浚谋之不臧❶，淮西兵叛，事既异前，未遑亟举❷。而议者谓朕当不常厥居，使敌人莫测，建康、临安，以时往来，固不害为恢复之图也。唯俟机会，以决大策。地远，不得与卿面言，卿其益励壮猷，副朕责成之意。"

这是赵构第一次明确向岳飞承认了张浚的失误，谋划失算不说，事

---

❶ 臧：善、好。
❷ 事既异前，未遑亟举：未遑，没有时间顾及。全句，事前既有了异常，却没有及时给予阻止。

先有了征兆,也没有采取相应的行动。这征兆,当然也包括岳飞事先的指出。赵构能忏悔到这一步,岳飞也该知足了。赵构又说:朝议中也有人说我不该常居一地,如此才能使敌人摸不清我方意图。我要"建康、临安,以时往来",抓住机会,再图收复。这也是给岳飞的迁都之说,作了一个回答,也为即日返回临安,打个招呼。到此,北上收复之事,也就彻底凉了。

赵构的文字写得淡定,内心则是肝肠寸断。哎,朕与爱卿离得太远,不详谈了,但愿爱卿更为磨砺,不负朕之要求。这结尾诚恳是诚恳,但也只是几句安慰而已。

张浚迫于臣僚的弹劾,不得不提出辞去尚书右仆射同中书门下平章事兼知枢密院事,以及诸路军事都督府都督一职。张浚明白,这一次失误,与绍兴二年(1132)的川陕一样,给赵构的打击无以言说,这都是夹杂着圣上的赞同、朝臣的厚望,一子落错,全盘皆输,一落千丈的逆转。这一次赵构也痛下了狠心,让张浚出局。

秦桧因此忙了起来,身为枢密使的他,似乎看到了朝纲独揽的机会。在朝议中,秦桧也开始充当起了张浚的角色。为了方便秦桧参与三省议事,赵构又加封秦桧为"权从参知政事"。"权从",暂时兼任。当然,一旦正式担任,离宰相的位子,也就是仆射之职,差不了多远了。所以,轮到秦桧当值的日子,他倒也不辞辛苦。

三十一岁的赵构,在这场刻骨铭心的打击中,努力保持着外表的平静。面对群臣,强忍痛苦,他晓得自己不能失态。这一日,张浚来到后殿,单独提交请辞,赵构也没太为难他,只是问道:"卿辞后,谁可替代?"

张浚不知是因为舍不得离开赵构,还是觉得眼下朝廷充满未知,内疚之极,一时无语。赵构不得不问:"秦桧何如?"

张浚说:"近来与秦相共事,方知其暗。"秦相是对秦桧旧职的尊称。"暗"是什么?不光明磊落。这话从即将去职的张浚之口说出来,对朝廷后来的治政评价,相当重要。

赵构再三问张浚："那谁可以接替卿？"

张浚为人不愧堂堂正正，他推荐了一度和他处事相左的赵鼎。赵构说："如此，还是用赵鼎为好。"张浚这话不久被秦桧得知，恨得秦桧牙根直痒。张浚也为此落得了一个难堪的下场。当然，这是后话。

要说秦桧，确实讨臣僚们喜欢，岳飞那种刚直得不顾他人能不能受得，好发梗的脾气，秦桧绝对没有。绍兴二年（1132），当吕颐浩将秦桧赶出中枢时，朝廷也曾张榜公布：不准秦桧再次入朝。于是，秦桧以醴泉观使的身份，去了偏远的温州，任了知州。虽然宰执的俸禄照给不误，终究远离了朝廷。秦桧的骨子里虽然没有放弃和议的想法，但他醒悟到，抗战派把持了朝纲，他也得表现出改弦易辙。

赵构好读书，希望多了解前朝治政的规矩，对和议之说有所收敛的秦桧被赵构看好，兼了侍读。侍读也称"侍讲"，和大卿监以下的臣僚只能担任"说书"一职不同，"侍讲"往往由宰执担任，可见，赵构的内心并没有将秦桧排斥在宰执以外。

担任侍读的秦桧与皇上走得近了，看得也顺了。眼下，经张浚这么一说，赵构对秦桧的认识，又打了折扣。赵构决定重新起用赵鼎，再观察秦桧。

张浚走了，赵鼎来了，赵构还是在心疼那四万多的淮西军，他走不出这阴影。正如他给岳飞的札子中所说：是朝廷"竭尽民力"养的兵啊！直到赵鼎到任，赵构还在考虑，如何能让白白而去的淮西军，再回来。这是赵构心头的一坨肉，建炎年以来，看着它围着行在"长大"的。

赵构不知听何人说，岳飞与郦琼关系不错，他想要岳飞劝郦琼回心。赵构给岳飞亲笔一封："近日郦琼领军北去，只缘任命张俊、杨沂中、吕祉之故，使得淮西军众情疑虑。虽郦琼忠义有素，却不能自信，仓猝之间，遂成大变。朕降亲笔，与郦琼委曲喻之，使之知朝廷本意，乃已不及。"

但赵构还是没能和岳飞说亮话，郦琼的"领军北去"，就是因为赵构没按寝阁许下的诺言去做，这也是岳飞至今的痛处。赵构说，"朕降亲笔，与郦琼委曲喻之，使之知朝廷本意，乃已不及"。这完全说的就是套话了，还来得及吗？圣上你再提"郦琼忠义有素"，不就是圣人说废话吗？

四万多宋军啊！赵构每天都在脑海中列队打转。赵构问岳飞："听说郦琼与卿同乡里，又素服卿之威望，卿宜为朕选一二可委之人，持朕之手书与郦琼，使他晓得朕意。他若能率众还归，前犯之罪一切不问，当优授官爵，更加于前。朕已复召刘光世，不晚到行在。琼之田产布在淮、浙诸郡，已降指挥，令原佃人看守，以待琼归。卿是国之大将，朕所倚注，凡朕素怀，卿之所悉，可仔细晓谕郦琼，使其洞然无疑，复为忠义，在卿一言也。"

赵构现在才想到，王德、郦琼二人，只信服岳飞。赵构要岳飞设法劝郦琼率军回归，过往不究，再"优授官爵"。不过，赵构最后那句"在卿一言"，可谓言重了，它说出了赵构追回淮西军的迫不及待，也说出了心隐：郦琼和岳飞是同乡，流寇出身的武将又对岳飞如此诚服。圣上，你怎么不提岳飞和郦琼是抗战中结下的"战斗友情"啊？

对武将的郁结，对岳飞的担忧，似乎在绍兴七年(1137)的八月，一颗芽似的悄然萌生在了赵构的心底。当然，岳飞还是按赵构的意思，给郦琼写了信，派探子送去了淮北，伺机交给了郦琼。但赵构在此时会想到自己与郦琼的这一层关系，也让岳飞感到不爽。

岳飞给赵构写了回札："陛下从平江移跸建康，立即将恢复北图作为凤愿大计，不料郦琼率淮西军马溃叛，又胁迫军民出奔，此事实属出于仓猝，实非兵士良久的本心。据闻，胁从的兵马在半道逃归的人数也有，于国于军没有太大的损失，圣上不必过度痛心。臣以为，近来伪齐不会有何举动，襄阳上流连续以来也平静。臣愿趁此机会，提本军进屯淮西，万一金、齐稍有窥伺，臣当竭力奋击，直至剿灭。"

四万多军队啊，中途逃回的还不到十分之一，赵构明白，岳飞说的只是宽慰话而已。但赵构的内心依然极有分寸，除了嘉谕，对岳飞领兵前往淮西的想法，几无表态。朝廷已经将这一防地明确交给了张俊和杨沂中,又请出刘光世到行在谋划布局,眼下金、齐既然没有南犯的迹象,你岳飞还是驻守在襄阳、池州一线吧。

好在郦琼的回信来了,是由刘麟派人送达的。这郦琼虽然是粗人一个,处事也有心计,他不直接与岳飞进行信件来往。郦琼的回信如此写道:"昨❶在合肥,已闻大齐政事修明,奉法向公,人民安乐。今既到此,目自见之,投身效命,合得其所。"这文字,岳飞知道不会是山寨出身的郦琼亲笔,但郦琼不返回赵宋的意思,已经相当明确。岳飞当即将郦琼的信送往建康,处理这信件的是刚复任的赵鼎。

赵鼎是九月十六日从绍兴府的任上,回到建康的。次日,三省奉圣旨宣布:赵鼎授尚书左仆射一职。赵构见到赵鼎的第一句话是:"爱卿,如今你是众望所归,难道还能让你在外府久待?你先谋划一下,以后怎么办?慢慢拟来。"

赵鼎说:"微臣当初说过,行在要撤回临安。但此时不能撤,以防军心、民心不稳。"

赵构点头:"爱卿所言极是,当初见淮西之敌报,连宰执奏事都惶恐失措,朕反而安慰他们,就怕人心不稳。"

赵鼎说:"正应该如此,诸将也会安靖,不会胡乱猜测。不然,更增添了他们的傲慢之心,以为朝廷这下该明白武将的举足轻重了。当下,正是要他们加倍饬备江、淮防线,知晓朝廷的有备不紊,不妄自尊大。"

赵鼎这番话完全出自士大夫治政的本能:此时决不能让武将有恃傲之心滋长,更不能让他们小觑朝廷。此话正说中赵构的心扉,他忙不迭地点头,这也是赵构不同意岳飞分担淮西防务的缘由,他只是没像赵鼎说得如此透彻。

赵鼎又提出,今年的秋防不同于往年,要暂时停止兵力的挺进和突袭。要将所有的随军家属迁徙到大江以南,名义是保证部队的粮饷充足,实质是应付突然而至的战斗。这话又说得赵构频频点头。

---

❶ 昨:以前。

赵鼎最担心的还是远在湖、襄的岳飞，君臣一合计，由赵构再给岳飞亲笔一封："卿盛秋之际，提兵按边，风霜已寒，征驭良苦。若是别有事宜，可密奏来。朝廷以淮西军叛之后，每加过虑。大江上流一带，缓急之际，全藉卿军照管。可更戒饬所留军马，训练整齐，常若寇至。蕲阳、江州两处水军，亦宜遣发，以防意外。如卿体国，岂待多言。付岳飞。御押。"

这札子明确要求岳飞，除了驻兵襄阳外，还应该派水军扼守长江岸边的蕲阳、江州，就当是北寇经常要来犯一样，而不是北进。"如卿体国，岂待多言"，岳飞也觉出了此话的分量，这当口儿，他也不再有什么要求向朝廷提出。当日召集使署会议，派遣水军船队，布兵大江，以防刘齐部从淮西军的防线突然向西偷袭。

一晃到了十月初冬，江、淮、荆、襄、川陕各部，分屯要害，按兵不动，局势稳定。赵鼎提议赵构应该按祖上的规矩，发一份"罪己诏"，用圣上的诚心，以凝天下军心、民心。赵构说："我也是这么想的，但总想等处置了张浚以后再降诏。"

怎么处理张浚？考虑到张母年老，张浚在建炎年也有勤王的大功，赵构决定发配张浚去蛮荒之地岭外，这也看出他对"罪咎"处理的果断和从严。倒是赵鼎，为张浚再三说了好话，处置也一再拖延。直到十月初九，三省、枢密院同奉圣旨："降张浚为左朝请郎、秘书少监。"多少拿一份俸禄，去湖南永州居住。

第三十七章　混混使金

白得了四万多宋军的刘豫，这一年也没什么蠢举妄动。三个月后，赵构的心情也平静了不少，按往年规矩，派出内侍，持御札和慰劳品，前往江淮前线慰劳。

派往湖北、京西宣抚署的是内侍舍人江谘，也是赵构身边信得过的人。给岳飞的亲笔手诏，也写得颇有深意："比降旨，令卿领兵应援淮、浙,庶几王室尊安,中外安宁。"一开始,就给岳飞戴了"高帽",说这几年多亏爱卿你遵旨剿抚、增援淮西、浙江,才有了如今的大宋安宁。

赵构又说:"闻卿即日就道,已屯九江❶,悯劳跋履之勋,良用嘉叹。今遣江谘赐卿茶、药、酒、果,及宴犒将士,仍令谕朕委曲之意。卿其悉之。"最后这句,也是赵构的真情,这毕竟是一支大宋的劲旅,犒赏的酒宴哪怕只到将校一级,朕对将士的心意,岳爱卿你也要替我传达到位。

建康的行在何去何从,直到此时,以赵鼎为首的宰执班子才有了决议:回临安是肯定的,日期,等待来春。眼下"秋防",万一有警,圣上在此,也可为将士鼓气。这个提议一出,赵构也有一点凄然,一年多的心血,就此付之于东流。赵构说:"两河(黄河、淮河)故地,朕哪能不着意啊?朕的父子团聚,还有列祖陵寝,能北上一顾,朕之志愿足矣。朕之此念,寝食不忘!"

这时的金国朝廷,权力也在发生变化,当初,左副元帅、鲁国王完颜昌,是力挺刘豫当大齐皇帝的推手。让他没有料到的是,刘豫搭上了后来的都元帅完颜宗翰,就不把完颜昌放眼里了,贡品也以宗翰为主,完颜昌为此常愤愤不已。

绍兴五年(1135),也就是金国天会十三年,完颜亶登基当了皇帝以后,金廷也有过一番钩心斗角的争闹,完颜宗翰完全失宠,继而忧愤而病,不久身死。完颜昌,也就是挞懒,又掌控了朝廷大权。

完颜宗翰得势的时候,完颜昌就常常放言要废刘豫,说他不能钳制南宋,还一打就输,给上国添堵。完颜昌也曾提议,干脆将刘齐国的这一片土地还给南宋,让赵构替代刘豫,当一个年年进贡、岁岁来朝的儿皇帝,也省得上国征战,劳命伤财。完颜昌这提议,一是说明金国有了厌战之心;二是他也指望赵构能记得他的好,私下孝敬不会少。

这提议当然遭到反对,尚书左丞兼殿前都点检完颜宗宪就说:"我大

---

❶ 九江:此处泛指江河,包括襄阳六郡等大江支流,并非单指江州。

金俘掠赵构父兄，这仇怨并非一日，如果给予他土地，那是助了仇人！"但完颜昌是太祖完颜阿骨打这一辈的人，赞成他"和宋"提议的，还有太师完颜宗磐、东京留守完颜宗隽等宗族大佬。对安逸享乐的女真贵族，对汉文化极追崇的完颜亶，也都看好完颜昌的提议。当然，附议完颜宗宪的也有，如太傅完颜宗干，也是大佬一个。为此，双方相持极久。

绍兴七年（1137）正月，当问安使何藓从金国带回先皇赵佶的噩耗时，也带回了金廷两派对"战"与"和"的态度。这让处于抗战热潮中的赵构有过触动，也使得重入宰执班子的秦桧觉得该他来戏了。这秦桧在金国多年，一度被完颜昌看好，但秦桧也看出了宋、金和议的苗头，完颜昌就是一个希望。对于秦桧的冒险南归，如果史料并无完颜昌故意放归的纪实，那么，也有秦桧想为赵构立宋而献策的可能。

何藓回到建康以后，最谈得来的人，也就是深知金廷一二的秦桧。当赵构因为岳飞合兵之事，一度彷徨，秦桧的态度和张浚高度一致，反对将淮西军交给岳飞。但秦桧的反对，完全是站在文臣士大夫的角度，他骨子里始终认为，只有不战而屈人之兵，才是文人治国的根本，他秦桧能做到这一点。而单凭武将立国，将会养痈遗患，后患极大。这一点，深合赵构之心，这也是后来君、相二人能越走越近的缘由。

得知女真的和议派主持了朝纲，被淮西兵变搞昏了头的赵构，决定让王伦以徽猷阁待制、假直学士的身份，再次出使金国，交涉先皇和宁德皇后的棺椁归还，还有兄皇、韦贵妃等宗室的回归，试探一下和议的可能。这是王伦回宋以后第二次出使金国，临行，赵构单独召见说："你见了完颜昌，可告诉他，河南等地，上国既然不要，何不归还我宋。若能如此，你上国能在刘豫处得到的那些好处，朕可以细谈。"

王伦奉诏，持国书前往金国，因为带有孝敬渊圣皇帝赵桓，还有太贵妃韦氏的黄金各二百两，以及赐予宇文虚中、完颜昌等人的金帛，走得就比前两次风光多了。车马满载，前呼后卫，来到了伪齐的睢阳。王伦熟门熟路来到客栈，刚下榻，睢阳守将受刘豫指派，上门来查看宋使的携带物。

王伦说："本使持带国书，须见金主面纳，国书所说之事，祈请梓宫之辞也。其他随物，若要查看，须得经过元帅。"元帅指的是完颜昌，睢阳守将也无办法，毕竟齐国是金国傀儡，只得上告"朝廷"，刘豫得知后，愤懑难抑，但也不敢截下。可见，郦琼给岳飞的书信说到伪齐"政事修明，奉法向公"，还是没离谱太远。不然，那黄金、丝帛，早就被半道劫走。

王伦到了涿州左元帅府，见了完颜昌。女真人直爽粗犷，遇到王伦这大咧咧的混混坯子，倒也投味。再说双方也是见过几次面的人，说半生，总还是熟的多。王伦奉上了金帛等礼，酒席间，王伦说："大胆刘豫，居然敢索取上国（金国）的国书，这种背叛本朝（宋）之人，将来肯定会背叛上国。"完颜昌酒酣，一听此话，对刘豫也有点愤愤然了。

巧的是，那段日子，襄阳的岳飞居然无意间当了一把废黜刘豫的推手。这说的是此年十一月，边境上不断有伪齐佐将、裨校前来岳军纳降。某日，一名金人奸细混入，岳飞借了酒意，忽悠说："你家主子说好要为我诱杀四太子（兀术），为什么迟迟不下手？你带信回去告诉你家主子刘豫，不能再拖。"

那奸细佯装称是，当兀术见到了岳飞的伪造之信，怒从胆起，大骂刘豫：降贼真不可心信！可怜刘豫，就此倒了最后的靠山。

绍兴七年（1137），也就是金国天会十五年，十一月十八日，伪齐皇帝刘豫被废。完颜亶念在他为金国奔命的分儿上，将其降为了蜀王。

伪齐帝一废，辖地由原宰相张孝纯以金国行台左丞相职，执掌事务。说这话时，王伦正在燕京入见金帝完颜亶。尽管王伦不是读书人，但儒家范儿多少也有一点，还没有读书人恃才傲物的做作。酒席间，那种"跌得倒，爬得起"的洒脱，很讨完颜亶欢喜。要说完颜亶，也是女真的异数，他未登帝位前，就通晓汉语，知四书五经。完颜宗室的大臣见他都如同见了汉人，他也当宗室臣僚似异类。完颜亶与王伦一番把酒言欢，几乎无话不谈。

王伦借了七分醉意，直言提出归还梓宫及赵桓、韦氏、邢氏之事，又提出以伪齐的河南等地还予南宋。完颜亶虽然没有定言，但还是应允王伦先与完颜昌等议定起来。完颜昌也说："回去好好报与江南（南宋），如今道涂无壅，和议之谈，可以平达。"

这可是金国皇帝和元帅亲口所说，赵构得知这一信息，欣喜异常，自淮西兵变以后，终于露了笑脸。赵构说："朕因为梓宫（棺椁）以及皇太妃（韦氏）、渊圣皇帝（赵桓）未能归还，晓夜忧惧。如果敌人能从朕所求，一切都可商量。"

一旁的赵鼎听了，有口无心地说："臣仰见陛下如此孝心焦劳，不胜唏嘘。"

赵构说："国家能有今天，是承了老天之意。如此，我大宋岂无恢复疆土之日？"

宋金和议，就此展开。

十二月二十九日，王伦以徽猷阁直学士提举醴泉观的身份，再次充任奉迎梓宫使；右朝奉大夫高公绘为副使，带了赵构的诚意和要求，又一次前往金国议定和议细则。

徽猷阁本是收藏哲宗御札所在，到了南宋，此阁早就不存了。为了提升王伦的身份，重设徽猷阁直学士一职，王伦也成了从三品官员。赵构又给了王伦一个提举醴泉观的职衔，这虽是闲职，但也相当于宰执的级别。为了"和议"，赵构不惜破格任命了。

要说这混混王伦，能促成宋金和谈，真是天数。赵构本只求父皇、皇后的棺椁，以及兄长赵桓、母亲韦氏等宗室能够返回。如今，连土地的归还都有了可能。说清楚这一点，也说清了后来绍兴八年（1138）的"战"与"和"的走向。还有，文臣士大夫主政在战乱年代的绝处逢生；以及，岳飞命运的挨转。

第十二部

上穹真开悔祸眼了?

第三十八章　和战两难

　　刘豫一废，伪齐军人心涣散，将校官吏多自找起了出路。不久，伪齐临汝军统制崔虎带兵前来投奔岳军。岳飞上报朝廷，追认官职，也设宴款待。酒席间，崔虎说起刘豫废黜以后，金人曾放出消息，汴梁将迎少帝。"少帝"指的就是赵桓的儿子赵谌，河北等地的民众对这消息倒是大喜过望，能找回大宋的感觉倒是其次，没了皇帝，总觉得少了做人的倚靠。

　　岳飞喝了小酒，血脉偾张，忠心又泛了上来，几乎忘记了赵构曾经的训斥。岳飞借了酒劲，给赵构写起奏札来了，除了要求乘虚北上，又说了"汴梁将迎少帝"的流言。这奏札到了赵构的手上，"乘虚北上"倒可以不作理会，这"少帝"的流言，还真让赵构倒吸了一口凉气，凭空又失眠几夜。梓宫、土地的归回尚无下文，又多出一个正宗的赵宋少帝，这以"北"为主的中原惯例，让居南而立的半壁江山该怎么称谓？

　　好在这流言风似的一阵，又没了声息，是否王伦在金国的会晤，起了作用？不过，岳飞这"汴梁将迎少帝"的奏札，反倒推了一把赵构，让他更决意向"和议"靠近。赵构不想节外生枝，打淮西兵变以后，他一再要求襄汉、江淮各将领以守为上，不能轻举妄动。眼下，更坚定了这一决策。

　　岳飞不这么想，刘豫刚废，伪齐上下人心惶惶，对那些逃亡投宋的，岳飞不想拒之门外，这毕竟是天赐良机。岳飞再三写奏札给赵构，要求打开关隘，接纳降者。曾经对岳飞有奏必回的赵构，这一回，眼见岳飞的执拗，也没了及时回复的好习惯了。

　　当然，岳飞送呈的每一份奏折，赵构全细细读过，每一折都会使他沉思，却无法回复。若说好，怕给边境守备添乱；说不好，又怕冷了岳飞尽忠的心。和与战还没有水落石出，赵构不想招惹金人。万一对

第十二部 上穹真开悔祸眼了？

方真推出赵谌，搞得自己手上这一颗张邦昌交予的玉玺，都名不正言不顺了。

再说，自郦琼兵变以来，淮西防守本就薄弱。一旦惹翻金人，你岳飞的襄汉他得罪不起，掉转枪头直冲行在建康，又该怎么办？赵构就这么盼星星盼月亮，等着王伦与金主会晤后带回的消息。

眼下都督府也已经撤销，王德的五千多精干兵马决定划给张俊。要是岳军真要一动，求兵添马，也只有将王德这支善战的部队拨与了，这又是赵构一忌。巧的是，这一"忌"还真被岳飞惦记上了，岳飞又来一奏札："臣所守湖北、京西一路，以及大江上游，地域分得着实开阔，若不能添兵，臣只能减少防地。"

这奏札，似乎让赵构看到了岳飞那一撇固执的八字胡须，难道岳飞真得知王德兵马已有变动？这一回，赵构回复也快，从落款日看，只是岳飞奏札到了建康行在，又到襄阳府的一个来回时段。赵构的文字相当干脆，几句问候，直冲主题：

"宁与减地分，不可添兵，今日诸将之兵，难以分合，末大必折，尾大不掉，古人所戒。"这一回，不但直截，还有一点不甚客气，干脆说出了圣祖的用兵大忌：将不可尾大不掉。笔墨不错的岳飞当然也读出了分量，想到淮西军的合兵风波，他再也不和赵构提这些话题了。

赵构确实担心建康正面的防线，自郦琼兵变以后，这一带始终是江、淮布防的软肋。如今，这防线交给江东宣抚使张俊兼管，地盘大了，赵构整日都是担心。他怕的就是战事一来，张俊应付不暇，只能求岳飞出手。

赵构既不想岳飞掌握更多的兵马，又少不了岳飞，着实有点矛盾。要晓得，如今没了军马都督府，没了都督张浚，到末了，还得赵构觍着脸去求岳飞。一想到要哄着捧着武将行事，赵构真有一点不爽。

要说赵鼎在战事的掌控上不如张浚，但知人用人还是一把好手。赵鼎建议调刘锜担任庐州知州，兼淮西军务，这提议很得赵构的心意。刘锜本是一员蜀将，和尚原之战大名远扬，绍兴三年（1133）被都督府调来临安，任殿前统制。刘锜一贯寡言少语，没多久，又擢升为了江东路副总管。

刘锜一到庐州，伪齐将士知他威名与忠厚的也多，一时纷纷渡淮河向南归正，一日多达几千的也有。没有多少日子，刘锜就拥有了三万多军队，郦琼的人马几乎一半回来了，喜得赵构逢人就说："朕每虑江上诸将控扼之势未备，若上流有警，万一岳飞不能来援，奈何？若硬是拨兵，则岳军的江州、池州数百里空虚。如今得刘锜一军，遂可补此缺矣！"

赵构不想一有战警就求援于岳军，其根本缘由，不仅怕助长了岳飞的骄气，最大的担心还是岳飞的防线太广阔，抽动不得。如今有了刘锜如此，也算天助大宋！赵鼎听了赵构这一番称赞刘锜的话，他说："事若就绪，则沿江上下形势相接，防守就不同前日了。"赵构说："如此经营，人事既尽，若功有不成，则天意也。"

金人有了"议和"的想法，还能归还土地，如今江、淮防线上下相接，和与战，两手都有了准备，赵构心情一时大好。

想想也是，和平，总比没完没了的刀光剑影、血肉横飞要好。赵构开始考虑要不要再待在建康，这一种动辄就高呼北上，费心计、吊胆魄，胜负却掌在武将手上的日子，他有点厌倦，想回到温柔之乡临安去。赵构决定召前线的将领来建康聊聊，说说还都的想法。

张俊离得近，颠颠儿的第一个来见赵构。这张俊最近兼任了淮西宣抚使，说起话来气昂了不少。君臣先是闲聊，说到刘光世近来的日子，张俊不无羡慕地说："刘少保如今真是登仙一般，大丈夫诚当如此。"

赵构一听，笑意顿时全无，愠然说道："卿当初见朕时，是什么官职？"张俊说："是副使。"赵构问："当时家资如何？"张俊说："贫穷得不行，那天见陛下，正是隆冬日子，我曾求于陛下，给一领战袍以抵御寒冷。"

言毕，张俊立马明白了赵构的意思，他当即说了一通难忘君恩的话语。赵构正色说："卿今日贵极富溢，知晓怎么来的吗？"张俊说："来自陛下所赐。"赵构说:"是啊,卿应该好好想一想,为什么还要去羡慕光世?"君臣这一席话,还没说到正事,就让赵构觉出这一次将淮西交与张俊,又是一着臭棋。

其实,眼下的大将,赵构最放心的还是张俊。自相州力举二十岁的赵构为天下兵马大元帅,到后来拥戴赵构登基,张俊的忠诚,始终不贰。此后,又长期跟随赵构左右,深得信任。这一次说起宋金和议,他也是唯唯诺诺,说独尊圣上旨意。但赵构觉得,天下若真有了战事,武将真的不能留恋富贵。赵构对张俊的这番敲打,完全下意识,毕竟张俊也是儿子一样,两人说话极随意。

没几天,最早发给诏谕的川陕宣抚副使吴玠,也派来了参议官吕政。吴玠近来身体欠佳,无法前来。对于宋金和议,吕政也只有聆听,回去转达而已。当觐见完了,吕政也说了吴玠的一点意思:川陕宣抚司远离朝廷,来一次不易,要求圣上好歹赏赐一些物事。

吴玠虽然被后人列在南宋中兴四大将之外,但川陕军队这几年对金兵作战,功勋斐然,川蜀之地,全赖吴氏兄弟。但从吴玠始终是一个"宣抚副使"来看,赵构的门阀意识还是有,不经面命耳提的下属,终究疏而不亲,这几乎是一个潜规。

赵构见吕政开口要赏,正打算给武将立威的他,不说给,也不说不给,反倒是很不客气地说:"回去告诉吴玠,他自一小官,朝廷提拔擢升他至宣抚副使,皆出于朕的准许,而不是都督张浚也。"

这当头的呵斥,吓得吕政差一点出门找不到北了。当然,这也说出了赵构的不满。建炎四年(1130)以后,张浚受赵构委派主政川陕,他最得意的就是吴玠,为此也残酷打击了不少与吴玠不睦的武将,以致曲端惨死。吴玠确实多有战功,尤其大散关和尚原大战,金人连做梦都要被吓醒。当然,赵构这番话并不全是对吴玠的敲打,对张浚的怨怼,他始终没有散去。

赵构又说:"大丈夫当自结主,何必附托傍靠某个大臣,川陕军的犒赏,张浚在时,已经支给一百五十万缗,不能再给。你回去告诉吴玠,这并不是因为张浚的进退，朕对川陕有所厚薄。"

赵构的行事，大致也是如此，他能看重和擢升岳飞，也正因为岳飞不蔓不枝，绝不依仗权臣行事。赵构也特意安排韩世忠与岳飞最后到建康，尤其岳飞，反对和议，旗帜鲜明，虽然在朝中并无他人相通，却极难改变他的一己之见。

果真，韩世忠听说张俊、吴玠、杨沂中、李纲等将帅对和议都无异说，只回答："只要失土能还，梓宫能归，皇太后、渊圣皇帝等宗室能返回，臣愿听从圣上旨意。"赵构一听也明白，只要少一项，这老韩还是会发梗的。

岳飞就没有那么好说话了，听了赵构一番肺腑之言，壮实的岳飞树墩一般杵坐，一言不发。赵构曾对岳飞说过："朕从来待卿如家人，知无不言。"又说岳飞在他的心中，"与其他功臣相去万万"。不过，这时的赵构也晓得，在战与和的戥(děng)子上，岳飞绝不会"失衡"倾向"和"。尽管赵构千言万语地解释，说金人的求和完全是爱卿你等勠力杀敌的结果，被戴了"高帽"的岳飞最终也只说："犬羊安得有盟信？"很明确，我岳飞反对和议。

岳飞这话如铁砧落地，几乎不给赵构回旋余地，赵构无语。面对这员攻无不克的大将，一个战时能派得上大用的人，赵构无法说他的不是。何况宋金和谈，如今只是一个刍议，还没有明朗的趋势，赵构只得说："爱卿的话语，容朕细斟。"

见圣上如此，岳飞也和缓了不少，想起临来时要启奏的事，他掏出一封信札，双手呈给赵构。赵构接过，抽出纸来，见是一份因荆湖北路转运判官夏洪，以及胡邦用等四人，尽职多有建树，岳飞奏求进官的札子。

早在绍兴六年（1136）二月，赵构下诏说过，在湖北、襄阳府范围，监司、知府、通判和州、县一级官员，如有缺置，岳飞可以视考察，自行任免、擢升，但须事后呈报朝廷。见赵构读完札子，搁在案几之上，岳飞满以为圣上已经认可，打算告辞。只听赵构徐徐说道："监司、守臣一等，为朝廷所用。若皆由将帅升、黜，非臂指❶之势也。"

刚想起身的岳飞如同当头吃了一棒，记得去年八月，岳飞擢升为了太尉，想起当初张俊初授此职时曾乞奏给儿子"文资内安排"，也就是想在朝廷内从事文职官员，岳飞也想效仿。当然，岳飞不是推荐儿子岳云，他想保举张所的儿子张宗本，当年要是没有张所，岳飞可能没有今天。于是岳飞上奏，先说了张俊推荐儿子之事，后说到"微臣当年若无河北招讨使张所收留，几乎没有了如今为圣上效力的机会。张所早已为国捐躯，望圣上矜怜，补张所男儿宗本，依张俊例，于文资内安排"。此奏札写出，不多久，没有寸功的少年张宗本就被安排进了文资内。

如今，有建树的僚臣，岳飞居然说了不算了。一时，岳飞真有了今非昔比的感觉。

第三十九章　回銮临安

绍兴八年（1138）二月二十二日，临安，柳叶尽绿，桃花欲放。当春日的余晖抹得余杭门外北郭税务亭一片金黄的时候，离开临安五百多天的赵构，终于回到了秀州船埠。

秀州船埠，是临安北城门外的一段运河水港，秀州（今浙江嘉兴）是临安府最边缘的一个州，过了秀州就是苏州府地界，命名"秀州船埠"，显示的是临安府对府属交通的重视，也提醒船家，这是去秀州一路的专用船埠。

秀州船埠青石驳岸，"一"字形埠阶直落河底，河道中泊满桅杆高大、船头鹢首的大小舟船。在船埠西侧的北上隅，北上坐船的，接客的，捐了行李、担着轿舆、牵引马匹，终日不息。东来西去的船客，要过了征收赋税的北郭税务亭，才会渐渐稀落。

这一日下午，闹猛的船埠早被三衙禁军清了场子，南来北往船客都

---

❶　臂指：如臂膀指挥手指，比喻运用自如，指挥灵便。

去了北面的江涨桥船埠。临到申时，秀州船埠的河道全都是官船了，逶逶迤迤有一里多。当赵构的御舟，在殿前步兵司船和马兵司船的护卫中靠了岸，这一段更是旌旗猎猎，人头攒动。赵构端坐船板帷幄，精神不错，昨晚御船停泊临平镇，见临安在即，赵构难得睡了一个囫囵觉。

在尚书左仆射赵鼎、吏部尚书孙近、兵部尚书王庶、礼部尚书刘大中、侍御史萧振、马步军侍卫统制解潜等文臣武将的簇拥下，赵构走出帷幄。大内侍邓琮一声唱喏，刑部尚书权临安留守胡交修走上，朗声奏事。此后，内侍引导，赵构上岸，登了銮舆。

要说这一路，赵构真没睡过一个囫囵觉。到丹徒县新丰镇那天，知县送来飞禽鱼鲜，赵构毫无食趣，只要生菜两篮。后来人说，早春的苜蓿、蒲公英，当地也称生菜，可清热解毒。看来，赵构这一路还真的心烦燥热。

赵构心烦什么？心烦的是眼下左也难来右也难。要是和谈能迎回父亲的棺椁、亲娘韦氏，还有挚爱邢氏，天下没了兵燹，民众不用承担军赋，他赵构也不用在意武将的倨傲，那该有多好。但如今满朝文武，多为主战，国仇家恨，他们岂能应允低头议和？銮驾在大街上辘辘行走，当赵构远远听到皇城的和宁门隆隆打开时，锦帘外欢呼声中那高亢的冀、豫口音，又让他心潮起伏。一旦议和，民众能拥护吗？

次日，虽不是朝议的日子，赵构还是要补上。五更敲响头一声，天露出鱼肚白，百官身着素色服饰，进了皇城。此时，江风凉爽，草木郁香。五更二点敲过，在和宁门、丽正门候朝房中的朝臣起身整衣，沿了甬道趋步行走，从南、从北，依次到了垂拱殿，脚步声止，一片寂静。

要说绍兴八年（1138）前的凤凰山皇城，简陋得可以。当初修内司乞造三百间殿屋，赵构下诏，减了两百。后来建成，大多也是茅草披顶。只有一座大庆殿，一座垂拱殿，虽是敞亮，无非瓦盖而已。那大庆殿功能居多，譬如到了冠、婚、丧、祭等六大吉日，"大庆殿"的匾额就得换上"文德殿"。如此备用的匾额还有五六块，临时都要修内司上心更换。

只有垂拱殿，五日一朝议所在，匾额不变。不过，绍兴九年（1139）

以前，一直呼喊迎回二帝的赵构，从不在垂拱殿正堂接受大臣朝拜，始终居于内殿。这似乎也是告诉朝野，正殿是留给二帝回来坐的。如今老子没了，给兄长坐的样子，还要继续摆。

五更三点敲过，净鞭三声响起，面颊清癯的赵构，着一袭圆袖淡黄素袍，心事重重走进内殿，入座。两班文武在尚书左仆射同中书门下平章事兼知枢密院事赵鼎的领班下，齐齐出列，以笏叩额，洪洪亮亮三呼万岁。瞻笏礼毕，赵构说一声"众爱卿平身"，文武两列退回本班。

大内侍邓琮出列，一声唱喏，议事开始。赵鼎首个出列："臣一早见苑内正在大兴植竹，内侍说是陛下之意。难道陛下忘了前朝艮岳花纲石之祸，天下扰攘吗？"赵鼎这话一出口，满廷尴尬，都觉得这老赵有点过了。好在赵构改了谦容，欠欠屁股向赵鼎"谢之"。

赵鼎是前朝元老，绍兴年间两度为相，被他引进朝廷的臣僚也多，这几年抗战风盛，正是赵构倚靠的"臂膀"。不过，当赵构提拔秦桧成了枢密使以后，赵鼎在主和这件大事上，也不敢再明目张胆和赵构"扭麻花"了。他担心曾经的"和"派秦桧死灰复萌，和赵构走得近了，冷落了自己。今日，赵鼎当廷说种竹事，一是担心就此引来大内的园林铺张；二是因秦桧尚在建康，赵鼎要让众臣知道，主持朝纲的依然是我老赵。

这日朝议，有一项是议定建康府的知府人选。赵鼎晓得，留在建康府行在的秦桧早晚要回朝廷，他提议户部尚书章谊权任建康知府。此外，赵构也有提议，也就是决定：参知政事兼兵部尚书王庶担任枢密副使。王庶也是老臣，枢密院班子多一个人多一份抗衡，也是赵构思考很久的。三十二岁的赵构，貌似柔弱，内心缜密，赵鼎不得不叹服。

是的，就这几个月，赵构满脑子都是"战"与"和"的"两个人"在不停争诉。往往是"和"者胜了没几天，"战"者又窜了出来，据理力争。王庶进枢密院担任副使，就是赵构脑中的"战"占了上风时做的决定，因为王庶主战。这也见出，赵构还是想在宰执班子中为"战"添一点分量。

这一日，岳飞的奏札又到来了，赵构微合双眼，听内侍开读："臣自去年冬闻金贼废刘豫，此可乘之机，臣屡贡管见，尘渎天听❶。三月二十六日，领枢密院札子，奉圣旨，令臣条具曲折以闻，臣喜而不寐。以谓陛下慨然英断，将欲与王师，举大事，以雪积年之耻。"

赵构一听，晓得岳飞说的前一份让他"条具曲折以闻"，又让岳飞"喜而不寐"的院札，应该是枢密使秦桧写出的。

内侍再读下去："故臣辄忘粗浅，周述厉害，仰紊睿明（请圣上理一下），觊（希望）或采纳。岂知本月初七，臣所差遣行在的人归来，又未说朝廷有何指示。臣今日伏望陛下早降指挥，俯赐俞允。"赵构微微点头，以示倾听。看来，岳飞在本月初七送达建康的奏札，是压在秦桧案头了。岳飞奏札所说的，肯定又是北上。

赵构在袖中扳手指算算日子，从襄阳到建康，再回到襄阳，又到临安，岳飞的第一份札子，到眼下，应该有四十多天了。岳飞说"伏望早降指挥"的"伏"，还真"伏"长了一点，悲愤也肯定是有了。赵构长叹一声，仰靠龙椅，似乎看见岳飞的一脸激愤。赵构心想：我何曾不是如此忐忑，如今金国真要是愿意和谈，归还我北土，送回我母后、兄长，我又何须发兵北上呢？

岳飞的札子好比一道定身符，赵构就这么呆坐在龙椅上，一时想不出如何回复岳飞。若要是仅仅和岳飞说和议之事，又该怎么着笔；若要说备战，金人处如今还没有什么可依据的消息。没办法啊，也只有将岳飞的奏折搁一边了。

这日无朝议，赵构召赵鼎到慈宁殿小阁议事。近来，赵构和赵鼎说得最多的一句话就是"上穹开悔祸"。他说，金国主动提出和议，能使朕不动兵戈，迎回梓宫和苦命的母后、兄长，真乃是上穹开了悔祸的天眼。自建炎年来，赵构常怨天恨地，这一回，真的遂心愿了。

被罢免过一次的赵鼎，生怕再一次失去赵构的信任，说话也变得左

---

❶ 屡贡管见、尘渎天听：管见、尘渎，都是岳飞对自己提议的谦辞。天听，指皇帝的双耳。

顾右盼了起来。从最初"金人不可信"的一味反对，渐渐地松了口风，同意洽谈。

赵鼎说："陛下与金人有不共戴天之仇，如今屈尊请和，不畏圣上斥责的人总不知是为了迎回梓宫、母后。依微臣看来，群臣的愤懑，实出于爱君忠国，陛下千万不可怪罪。来日可宣谕朝廷，就往明说，这并非圣上本意，只是为了迎回梓宫和母、兄，不得已为之。一旦梓宫及母、兄归来，金人若背信渝盟，陛下必然会一战到底，收复失地。"

赵构说："从卿之言。"

隔日，朝廷颁诏，开首就点明了日前王伦带回的和议利好："金国使来，尽割河南、陕西故地，通好于我，许还梓宫及母兄亲族，余无需索，令尚书省榜谕。"

这诏谕除了对驻外将领的宣谕，还在嘉会门、朝天门等处一一张贴。那都是通衢要地，人来人往。诏谕一贴，人头攒动，有识字的拣了要点朗声诵读，也有对荷担顶盘的短衫人白话解说："皇上以东汉光武帝之兴盛作比拟，说光武帝虽然长安、洛阳来回跑，目的就是克敌前线。最终，秉承天意，上继了西汉的辉煌大业。"

短衫人连连点头，好似明白，眼下皇上虽回銮临安，但始终没忘记北土。长衫人又说，皇上夙兴夜寐、旰食宵衣，为啥？不就是为了大宋黎民。如今边界已稳，皇上要治理政事为民造福，并不是厌恶卧霜饮露之苦，更不是要享受内宫清福。

第四十章　唇枪舌剑

痰气重的大臣还是有，"金国使来"、"余无需索"，都明白是赵构的一厢情愿。文臣士大夫中的主战派，胆识不输于岳飞、韩世忠这等武将，他们大不敬地提出，金人"无利不起早"。又说退居临安，是不思国仇，唯图安逸。

南宋朝廷议事宽松，民主得很，主战的臣子又仗了赵鼎这把"伞"，无话不说，尖锐得很。有异见的臣僚也不放过对皇上示好的机会，抓住话机，侃侃而谈。

这日朝议，中书舍人潘良贵与户部侍郎向子谭，为了和与战，先是唇枪舌剑，继而发生了争执，互相指责，各不买账。赵构几次传旨叫停，他俩依然不依不饶。赵构一气，斥责说："当一并逐出。"

赵鼎出头说："子谭并无罪，不宜与良贵一起逐出。"不过，皇上既然发了话，潘、向二人还是被逐出了廷堂。当时负责日录的中书舍人是赵鼎圈中之人，对这事，并没有直笔书录下来。赵构得知，很生气，他说："无黄书，事出有因，已有先入之言。"黄书，就是黄纸上的日录，赵构的言下之意，是赵鼎已对中书舍人有了暗示，赵构第一次流露出了对赵鼎的不满。

一日，又为了战与和，监察御史张戒一说两说怒不可遏，当殿一笏打了给事中勾涛。勾涛吃了一笏，不敢再招惹张戒，迁怒说："张戒打人，是仗了赵鼎的势。你赵鼎内结御史台人，外与诸将相通，你这是以势谩上。"赵构对当廷之争，已是司空见惯，眼睛似睁似闭，但这一句"外与诸将相通"，倒让他心头一惊。

张戒并非赵鼎引进，而是御史中丞常同举荐入朝，但主战的态度，对诸将兵权过重，倒是和赵构、赵鼎极相投契。张戒刚入朝时，只是侍御史，他进言赵构：武将握兵太重，有跋扈之势，宜拆分其部，削弱所握兵权。

张戒与赵构只是初谈，赵构回言："若说武将跋扈，眼下倒也看不出。兵虽多，然聚则强，分则弱，虽欲分，未可也。"张戒说："去年罢黜刘光世，造成淮西之变。所以，现在再要说有善策为计者，陛下肯定不会轻易相信，但办法还是有。"赵构一听，颇为中意，也说了心思："朕今有术，惟抚循偏裨耳。"这话的意思是，我有安抚、扶立偏、裨的打算。张戒说："陛下得之，则大将之势分矣。"赵构说得顺了，带出了一句"也就一二年间自可见了"。

要是按照以往，当廷的纷争无休，赵构必定会逐出殿去的，更不要说当廷动手。但因了对张戒的好感，赵构并没有发话驱逐。不过，勾涛一句"外与诸将相通"的话语，倒是让赵构的五脏六腑不舒服了好几天。

是的，有奏折说："泗州之兵，事无大小，只知有张俊；楚州一军，只知有韩世忠；襄阳一军，只知有岳飞。打的还都是'张家军''韩家军''岳家军'旗号。一旦缓急之际，人皆各为其主，谁知有陛下乎？"

这些话，秦桧也向赵构提醒过，"诸军但知有将军，不知有天子，跋扈有萌，不可不虑"。眼下赵鼎若是再在中间这么横插一杠，难道他也忘了朕要削大将兵权的旨意了？赵构如此郁结了几天，后来渐渐释然，但愿这只是勾涛生气时的过头话。

对战与和的争议，对大将拥兵自重的指责，在刚擢升为枢密副使的王庶看来，都是一些不知深浅的小臣之议。一说战与和，就知道眉毛胡子一把抓，不知韬略；一说大将拥兵，没一个懂得作战就要有一种一呼百应的凝聚力的。

王庶晓得，主战的赵鼎，生怕被秦桧夺了风头，一提及议和，也是态度暗昧，或首或鼠，不敢和赵构明确以对。王庶最初在地方任职，被赵鼎看好，推荐给了赵构。入朝以后，王庶对赵鼎敬重有加。当他发现赵鼎的主战观逐渐不甚鲜明时，碍于提携的情面，也极少参与争议。

王庶是北宋崇宁四年（1105）的进士，是一个敢说话、能担当、有胆略的文臣。金兵入侵，王庶在陕西制置使任上也抵挡过一阵，对战事有见解。文官带兵，稍有战绩，往往被赵构看重。绍兴七年（1137），王庶擢升为兵部侍郎。赵构曾对王庶说："召卿来朝之日，正是张浚罢去，赵鼎未来之时，朕点名提擢你，也是希望爱卿对朕有一个左右襄助。"赵构这一说，很有笼络的意思：不要以为你的入朝仅仅是赵鼎的推荐。是的，自张浚走后，赵构很想在文臣中找一个"帅种"。

王庶曾经对赵构说过："这十年朝廷恢复失土不力，是因为偏听速战，又邪正混淆，如果真能做到赏功罚罪，有谁敢不服？"言下之意，原因并非武将自重、好互相观望。王庶又说到昔日汉武帝以兵取天下的典故,还口述手画了宋、金之防对南宋的利害,赵构大为欣赏。不多久,王庶擢升为兵部尚书。也就一个多月,又升任枢密副使,入了宰执之列。

赵构没有想到的是,"战"派臣子在他主和的意识下渐渐萧疏之时,被他一手提拔的王庶,居然鲜明地站在他的对立面上了。王庶说:"纵观大宋与番伪的几次交手,都因陛下的亲征,奔溃而去。金人遣使来告知太上皇、太皇后讣音,是因为畏惧大宋之威。他要是真心怀了敦邻之好,不该拖了两年才告之讣音。如今,金人又无故提出议和,其中必定藏有计谋。"

同样是老臣的秦桧,或许是吃过一次被逐出朝廷的亏,对眼下的和、战之争,他更像局外人,"和"也可以,"战"也无妨。说起话来,和颜悦色,不急不饬,出言稳妥,并无过多的偏执。

某日,侍御史萧振与参知政事刘大中又争开了,唾沫横飞,各不相让,赵构阻止不下,双双被逐出内殿。赵鼎说:"臣的看法和大中一样,大中要是逐出,臣还有什么必要留在朝廷?"赵构一听这话,脑袋立马大了一圈,一时不知如何回答。秦桧出班解围说:"赵丞相息怒,萧御史与刘参知哪怕说得都有道理,但毕竟圣上在上,尔等也应该知晓畏上的分寸。"这就是礼数,君君臣臣是要有分寸的。

文臣的这些抗争和直谏,并不像持兵的武将那样,会让赵构难以接受。见秦桧如此说,赵构还是微微点头称许,没再对萧振和刘大中有所追究。但秦桧的这番话,倒是改变了殿上臣僚的气氛。这秦桧称赵鼎为"丞相",往好的说,是尊重。因为南宋设左、右仆射,是两相制约,并没有一人之下万人之上的一个丞相。往不好的说,赵鼎你好像是丞相,一言九鼎啊,连皇上都敢为难。

秦桧这话,像是火炉中撒了一把盐粒,满廷顿时噼啪不断,"火焰"直冒,连那些胆小有异见的臣子,一时也气壮了起来。还有窃窃私语的:"赵丞相不想待,当自为去。"也有说:"赵姓人当朝为相,势若一盛,是犯了圣上姓氏的忌讳。"

这反常的议论,气得赵鼎吹胡子瞪眼,一散朝,愤愤而走。倒是落后一步的秦桧,被赵构叫住,停了下来。那时,赵鼎和秦桧的关系并不像后来那么紧张,某日,赵鼎遇见秦桧,问:"圣上那日和相公说了何言?"秦桧不知是有意还是无意,恭敬地说:"没什么,圣上恐怕丞相(指赵鼎)不乐意,要我伺机劝劝。"

农历五月的临安,相当闷热,金国的使者顶了黄梅蒸天,还真的来了。看来,对和谈这码事,办事利落的女真人还是有一点意思。赵构决定再擢升王伦为徽猷阁学士,提高一点身份,担任金国来使的馆伴使。又命吏部侍郎魏矼担任馆伴副使,好给满嘴跑轱辘的王伦把一把"嘴关"。

魏矼虽然不是言必抗战,但反感和议,再说是给没文化的王伦当副手,觉得有点丢份儿,接连谢辞。秦桧会做思想工作,召魏矼到尚书省都堂谈心。上好的建安茶都喝了,魏矼还是说:"在下对金人不甚了解,怕谈不成。"秦桧说:"以公的智慧,加我秦桧对人的诚意,怎会谈不成?"魏矼说:"相公固然以诚待人,我担心敌人不以诚待我,到时候,再有智慧何用?"秦桧碰了一个软钉子,恼不出,直对着三省六部大门外的石桥发愣。

华灯初起的大街,哪怕黄梅天,比白日都凉快不少。一拨一拨扫店带寻凉的士民,摩肩接踵,更添了七分闹猛。那几日,从北而来的信使,是大街一景。信使往往在城东艮山门落闩之前,燕子掠水似的从走马塘奔来。人俯了马首,马四蹄腾空,马尾腾起时,风也随之来了。

马过众安桥,是个"瓶颈",天一热,停了百戏演出的中瓦门首,生意人依然挤挤。两手敲打盏儿卖凉茶的、敲着锣儿吆喝乌龟戴帽献趣兼卖薄荷糕的,还有卖冰镇水果、雪泡饮料的,随了快马驶来,呼儿嗨呀地后退。十四日傍晚,一马过去,一马又来,青石板都被马蹄迸出了火星。

那都是韩世忠的快马信使,连日奏报金国使者的来朝日程,这一日,使者已到常州,按韩世忠的说法,跋扈过分。赵构闻言金国使者如此倨傲，愀然说道："太后春秋已高，朕朝夕思念，为相见，故才不惮屈己，以冀和议。"说这话，赵构有一点愧疚。太后指的是赵构的母亲韦氏，如今宁德皇后一驾崩，赵构就直言父皇这韦贵妃为太后了。

秦桧一听，出班奏道："陛下不惮屈己，与金人和议，这是人主之孝。群臣见人主为孝卑屈，人怀愤愤之心，这是人臣之忠。君、臣用心两得，冀望和议早日达成。"

赵构微微颔首，还是秦桧知心。但赵构依然怕主战的人说三道四，马上又说："如此，还是应该有备无患，哪怕和议已成，也不能松弛武备。"

赵鼎出班："陛下圣明，昨晚枢密副使王庶急奏，岳飞称，今年圣上若不发兵北上，他将要纳节请祠。"这赵老汉貌似在如实禀报王庶奏事，但紧跟秦桧这倡和语言，明显也是一种"据守"为攻的做法。

王庶因劝说赵构对和、战都要抓，被派去巡视江淮前线，如今到了襄阳岳营。赵构在这当口儿听说岳飞又要"纳节请祠"，头皮就噌噌发怵。"纳节"，象征缴还朝廷颁予的官衔旌节。"请祠"也就是"奉祠"，去求个清闲。赵构晓得王庶和岳飞一碰头，主战派对议和的不满、对北上的决心，又强了不少。好在岳飞没有说"辞职"，赵构放心了不少。

赵构还真没猜错，王庶这巡视的汇报札子，前前后后来了五份，份份是对主战的请求，越说越带了节奏。第五份奏札如此说道："臣顷❶与边帅及诸大将议论，都说：若失去当今机会，他日劳师费财，决无补于事功，好似抵掌击节❷。也都说，今年不用兵，乞求纳节致仕。观此则人情思奋，皆愿为陛下一战，望陛下英断而力行之。……"

赵构晓得，这里面肯定是岳飞、韩世忠在挑头。尤其岳飞，更不会依了和议。赵构一声叹息说："朕欲屈己求和，正为的是梓宫未还，土地两分，母后在远，先皇陵寝无人祭扫，兄弟宗室未得聚会，南北军民十

---

❶ 顷：近一段时间。
❷ 似抵（zhǐ）掌击节：好比鼓掌拍手，拍过算数。

余年间不得休息啊。"

说完此话,赵构背靠座椅,两眼发直,内心充满了各种痛楚。其中一个最使他难以言及的心结,就是邢氏,赵构睁眼闭眼都能看到的心上挚爱。

第四十一章 初定和议

赵构十六岁,和十三岁貌美如花的邢氏完了大婚。身为康王的赵构,富贵荣华虽然拥于一身,只因亲娘韦氏不受父皇待见,自小又身在宫外,少人痛怜。赵构与邢氏完婚以后,那是他人生中最是蜜糖一般的日子。四年恩爱,无以言说。靖康之变,十七岁的邢氏被金人掳往了北国。

赵构登了帝位,难忘邢氏恩爱,遥封远在北国的邢氏为皇后。尽管赵构对后来纳入的吴婉仪、张婕妤极为宠幸,尤其吴婉仪,知书达理、才貌双全,但赵构还是念念不忘邢氏,一直想等她回来,后仪天下。

邢氏和赵构的亲娘韦氏一样,一到金国,就被强纳成了女真人之妾,邢氏不久有了儿女。宇文虚中密书来时,也有暗示,这毕竟是耻辱,赵构哑巴吃汤团,心里有数。但邢氏对他情意太深,赵构无法释怀,他是决意要等邢氏的,哪怕白玉有瑕,也不在乎。

按李心传《建炎以来朝野杂记》,绍兴十二年(1142),邢氏与韦氏一起归来临安,"将压境而以讣闻"。也就是说,邢氏选择车轮"压"到了南宋境地那一刻,"以讣闻"了。一缕香魂如此落到故土,了却掉赵构一片苦情。不过,按当时确庵、耐庵所编《靖康稗史笺证》中李浩的《呻吟语笺证》,绍兴九年(1139)六月,邢氏就死在五国城了,有的史书也持此说。可见,史料极有梳理、厘正的必要。

说清这点,也就说清了赵构求和的迫切。三月的一天,赵构召赵鼎说事,问起秦桧:"桧任枢密使也有日子了,朝廷中有没有怨望?"赵鼎晓得,这应该是秦桧擢升的到来,不会是罢黜的前兆,他回答得也圆滑:

"大臣的评说不一定正确,任职在于陛下,暂缺的职位,应该补上。"

次日,诏谕下,枢密使秦桧领尚书右仆射同中书门下平章事。众臣相贺秦桧,只有吏部侍郎晏敦复无语。秘阁修撰魏矼问晏敦复:"侍郎有何不快?"晏敦复说:"秦桧,奸人相矣。"晏敦复这说法,比起张浚说"暗",虽然过激,但多少也说出了秦桧的为人。当然,说秦桧好的也有,只有处事久了,才晓得他的圆滑。

秦桧的婆娘曾被吴贵妃留膳,席间上一条淮青鱼,秦婆娘脱口说:"我家比这大的也有,容臣妾改日供奉贵妃。"秦桧得知此话,骂得他婆娘连死的心都有了,因为大青鱼是江淮前线送来,这让圣上知晓,那还了得!次日,秦桧要婆娘赶紧给吴贵妃送去三条大糟鲢鱼。吴贵妃笑说:"我固然说相府无此大青鱼,秦夫人误认了。"

处事谨慎的秦桧自二次入朝以后,人缘混得还真不错,赵构也要他多多过问宋金和议的事。这一晃,到了六月二十三日,金国使者,河东北路制置都总管乌凌阿思谋、骑都尉石庆克,顶着骄阳,到了临安。

都城繁华,行人挤挨得如同草原牛羊进出圈棚,一行金人看得目瞪口呆。大热天的茶馆酒肆,一时盈门了起来,来客多为打探一星半点金人消息。店家因炎热备下的雪泡椰子酒、梅花酒、冰镇缩脾饮、木瓜绿豆水、白醪水,也因唾沫横飞的争论,卖得瓿空甏空。

朝天门外,大街西侧,衙署虽才初具规模,与街东的排门店家相比,气魄就大了。只见轿舆进出,台门高敞,殿堂端庄,院落毗邻。尤其金使下榻的朝天门外长庆坊邮亭官驿,那一个正对了吴山的院落,据说内庭都是按茹毛饮血的女真人秉性置放的物事。为了看一眼远道来求和的金人,这官驿附近的茶楼、酒馆,清早就满了座。

乌凌阿思谋见满街的汉人,也晕,只想早早了事,他说马上要见赵构。赵鼎传话,金使必须先与宰执在都堂会晤。都堂在哪?在皇城的和宁门外,府桥西的三省大院内。府桥本是前朝沿袭的称呼,因本朝三省六部所在,又称六部桥。那都堂是尚书省的议事大堂,由原来的显宁寺大殿改建,高高正正,对了三省六部大院的正门。

乌凌阿思谋摆起了谱，说上国之臣，下国当以君礼谒见。既然要先见宰执，也好，但宰执无论大小，都要以辅臣之礼，到官驿觐见上国之臣。赵鼎回答不准。金使在官驿干熬了几天，挡不得江南闷热，到晚又不敢贸然出官驿寻凉。最终，无可奈何的乌凌阿思谋，答应去都堂相见。

这日，金使来到三省大院，见那都堂，坐西朝东，台阶累累，巍峨高大。大殿南有吏、户、礼三部，北有兵、刑、工三部，三衙禁军依次排开，如鹰展翅，气势不凡。金使哪见过这等阵势，才进门，傲慢就退了三分。

这赵鼎以会晤从官之礼，和乌凌阿思谋相见。大热天中，依然头戴幞头，硬翅翘然；那相服也极为整肃，曲领大袖，横襕下裾，衣带飘然；一双漆色革履，更是一尘不染，登步雍容。那几年，金国也崇尚汉化，见赵鼎如此风度，乌凌阿思谋的傲慢又放低了三分。好在都堂阴凉，但阿思谋还是憋出了一身臭汗。

赵鼎问乌凌阿思谋："金使缘何而来？"阿思谋倨然说道："王伦恳求而来。"赵鼎问："来有何议？"阿思谋说："有好事与江南君主商议。"赵鼎说："道君皇帝讳日，你等难道不知晓吗？有何好事可说？"道君皇帝是宋徽宗禅位后的自称，如今正是举丧期，赵鼎也想给赵构找一个不出面的理由。

这就说到了道君皇帝和宁德皇后的梓宫回归，以及渊圣皇帝赵桓和太后韦氏、宗室的送还。还有山东、河北土地的归还。赵鼎也知道，当年金国发兵，本是要追杀赵构，再掳一把金帛、女人，对土地并无鸟大的兴趣。当谈及这事，以及边界线的划分，乌凌阿思谋说："这没什么好商量，听我大金皇帝的安排。"说这话，阿思谋对归还赵宋土地，似乎早有计划。又提出，大金的这份诚意，要面见赵构认可。

赵构最终还是见了金使，这等好事，他是急于要认可的。为显凛气，双方会见特意安排在了垂拱殿正堂。宰执赵鼎、秦桧等领了六部尚书，以及掌管禁军的都虞候杨沂中、权殿前司解潜，侍立殿上。阁门舍人引乌凌阿思谋等进殿，赐座。赵构派王伦传谕："本朝先皇梓宫，承蒙上国照管。"这话一出，也算赵构谢了金使。

王伦又替赵构询问了皇太后韦氏，以及渊圣皇帝赵桓身体是否安好。赵构听了王伦此话，举袖擦拭起了眼泪，似有哽咽之声。乌凌阿思谋这汉子再强悍，见此也说了一句软话："三十年旧人无以上报，但望和议早成。"那意思是，三十二岁的赵构，自小生活在宫外，也有三十年没见亲娘了。但愿两国和议早日促成，你母子也好相见。

赵构说："记旧人必能记上皇，切望留意。"这意思是说，一个亲娘，还有父皇梓宫，乃是要金国保证归还的。乌凌阿思谋说："此来就是议定该事。"赵构问："本朝数次派遣使者去上国，从没听说议和一事，不知上国忽然来和，是何缘由？"乌凌阿思谋说："我大金皇帝仁慈，不想用兵，让天下生灵一再涂炭。"

赵构说："如此道来，容本朝细议条文。"说完此话，赵构点头致意，左袖一挥，大内侍朗声传旨："赐宴上国金使，由徽猷阁学士王伦全权相陪！"

七月初一，赵构经反复推敲，终于拟定了两国议和条文。又授王伦为端明殿学士，担任赴金奉迎梓宫使，大理寺丞陈括为副使，定于七月十四日起程。

王伦临行前，赵鼎向王伦交代说：对金的礼数，圣上已定，是以臣待君，在下岂敢再作更议，如有草议，可在"宋皇帝"前加"臣"字。赵鼎再三强调：要以黄河的老河道划界，这是底线，如果金国不从，宁可回绝和议。赵鼎明白，乌凌阿思谋有过淮河为界的说法，要是谈不成，以此回复皇上，最好不过。说起每年纳贡，赵鼎说，因兵燹以来，诸州户口耗减，难比全盛之时，底线是银二十五万两、绢二十五万匹。再多一两一匹，拒谈。

王伦听毕，鸡啄米似的点头。

第十三部

飞或有不幸下狱，愿公救之

第四十二章　累乞致仕

和议拟定，朝廷派使王伦随乌凌阿思谋北上，赵构为此担忧了好几天。他怕这节骨眼上，在外的将领会出什么幺蛾子。尤其江、淮三大将，即京东淮东宣抚使韩世忠、淮西宣抚使张俊、湖北京西宣抚使岳飞，赵构想安排逐个谈话，一叙衷心。首先，赵构想到路途最远的岳飞。于是，枢密院以快马金字牌递，第一个给岳飞发去院札，急速召赴行在临安。

托王庶说过要"纳节致仕"的岳飞，这一次回复也快："臣今月初八日，准照御前金字牌递到的枢密院札子：'奉圣旨，令韩世忠、张俊、岳飞如别无紧急事宜，各酌量带亲兵，暂赴行在奏事。'臣除已恭依处置外，契勘❶臣累具奏折，乞归田野，以养残躯，未赐俞允。伏望圣慈检会臣前后所奏，速降睿旨，许臣致仕，庶几不至于上误国计。"

写完这段文字，岳飞又写道："臣已择今月十二日起发，于江、池州以来，听候指挥。臣不胜恳切之至，取进止。"

岳飞早已得知金国使者到了临安，如今看到院札，口气就有一点不容人了：我已经几次三番提出，要"纳节致仕"，以养残躯，朝廷没给我回札啊！希望圣上再好好翻检案头，赶紧回复，允许我"致仕"。如此，或许还不至于会误了国家大计。

岳飞是八月初八写这札子，他告诉朝廷，将选择八月十二日，沿大江东下，先去江州、池州视察一番，以等待朝廷对我辞职的回复。岳飞选择走水路，而不是快马，那需要多少日子，难道就是为了得到朝廷对他辞职或者奉祠的回复？赵构见此，更铁了要岳飞赶来的决心。他要秦桧以枢密院的名义再发院札，催促岳飞尽快赶来。

这一次的院札更是简洁："奉圣旨，仍依已降指挥。疾速起发，前来

---

❶ 契勘：查找一下。

行在奏事。八月二十二日。"

那一段日子岳飞十分焦躁不安，八月二十二日的院札还没到他手中之前，已在行途中连续给朝廷发出了两份奏札。收到八月二十二日的院札，岳飞也读出了札子中命令式的意味，他并不在乎，又发第四份奏札：

"臣近在路，于江、池州两具札子，冒渎天聪，乞致仕者，退循战惧，莫知所谓。臣迤逦将次广德军❶界，尚未准指挥。顾臣蝼蚁之诚，上赖天地函容始终之赐，唯祈昭鉴，曲示眷怜。伏望早降睿旨，许臣屏迹山林，以养微躯。区区之词，备在前奏，臣更不叨叨，紊烦圣听，臣除于广德军以来听候指挥外，取进止。"

岳飞告诉枢密院，当然也是告诉赵构，他正在"迤逦"前行。当然，这和朝廷的"疾速"要求，完全相背。岳飞就是要以这样的姿态，告诉朝廷，我要"致仕"。岳飞说，他已经接近广德军区域，但至今仍没有得到朝廷同意他辞职的命令，只能在广德军一带作进退去留的等候。

"蝼蚁""眷怜""微躯""叨叨"，岳飞一再以低微的词语，衬托他傲然的缓慢，表示的是：朝廷不理睬，我没有一走了之，已经很不错了。

赵构看到岳飞这札子，恼火是可想而知的，难道还要朕的御札请你吗？赵构还真窝了一肚子的火，他要近臣，也就是学士们拟一份强硬的回札："依已降诏旨不允，不得再有陈请。仍依已降指挥，疾速兼程前来，赴行在奏事。今札送湖北、京西宣抚使岳太尉疾速施行。九月二日。"这封札子反复强调"疾速"，完全没了温文尔雅的修辞，虽不是赵构亲笔手诏，但也是盖了御印的。

岳飞还是在缓缓行走，九月四日，朝廷又发一封省札，措辞更是简洁强硬："遵以累降指挥，疾速施行。"也就是说，请你岳飞遵照朝廷几次下达的命令，赶紧疾速执行，言语间绝无商量的余地。

---

❶ 广德军：属江南东路，治所在建康府。

九月六日，朝廷又一次给岳飞发出强硬的省札。如此五日，连发三札，这几乎已是战时的频率。到了这地步，岳飞虽然仍是坚持说要"致仕"，但回札的语气已经缓和了不少。他明白，再抵制议和，已经没有多少意义了：

"臣椎钝❶之资，过蒙眷注，近累乞致仕，又蒙圣慈降诏不允，及催督赴行在朝奏事。臣不敢固违召令，即遂就道。伏念臣遭遇陛下，实千载一时，……岂敢过欲，频具奏闻，上渎天听，重贻❷罪戾，徒自取之。缘臣不惟眼目脚疾，时时发动❸，深恐才不逮人，缓急有误陛下委付。岂敢就安闲，保养身体，迹其狂率。别无他赐，俟臣异日可愈，陛下尚欲使令，愿尽驽骞，仰受指纵。伏望渊衷俯垂洞照，早赐允臣所请，不胜幸甚。干冒斧钺，退惟战惧，取进止。"

这札子，可以读出岳飞幕僚的那一种文雅而近于迂执的修辞，与岳飞的耿直率性完全不同。将"频具奏闻"的辞职，归于时时发作的眼疾腿疾和"深恐才不逮人"的担心。又说我不是想求安逸，要是以后没有疾病，只要圣上还想对我岳飞下达命令，我愿竭尽驽骞之力，也就是庸劣的才力，牛马一样仰首听从圣上的指挥。

看来，岳飞也晓得如此坚持缓慢行走，坚持宁可"干冒斧钺"的"允臣所请"，只能是一种无力的"狂率"。赵构读完岳飞这份奏札，让近臣回复得也极干脆："不许再有陈请。"

终于，在九月十七日的秋风中，岳飞来到了临安。从八月十二日出发，岳飞足足走了三十五天。到达的这一日，因为不是朝议日子，赵构当即宣召岳飞"入对"后殿。

后殿花圃的万寿菊，或黄或橙，开得正盛，杭州特有的迟桂花，也隐隐郁香。君臣对坐，心情却好不起来。赵构斟酌再三，没有指责岳飞对诏令的如此拖延。他先通报了金国为归还河南等地，不日将第二次前

---

❶ 椎钝：愚钝。
❷ 贻：遗留。
❸ 发动：发作。

第十三部 飞或有不幸下狱，愿公救之

来行在临安。赵构说："朕兼爱南北之民，屈己讲和，并非朕害怕用兵。如果敌国交恶，天下受弊，朕绝不会以和相对。如今，金人能通好休兵，对我大宋有利，有何不可？士大夫持以偏见，总以为讲和是弱，用兵为强，这并非通论。"

赵构特意说"士大夫"持以偏见，而不说武将，还是担心刺激了岳飞，毕竟还没到不需要岳飞出力的时候。见岳飞依然端坐不语，赵构又坦诚地说了迎回梓宫和亲娘的苦衷。见岳飞还是不吱声，赵构无奈之极，不得不问："爱卿以为如何？"

岳飞说："金人羊犬之性，不可相信；真要是前来示好，也不会持久。只是两国仇隙太深，何日可忘？相臣谋国不臧，恐怕会给后世留下讥议。微臣还是那句话，乞求整顿兵马，收复三京❶及先帝陵寝。此后，谋划河朔，复取旧疆。臣受陛下深恩厚禄，无一时敢忘，当如此报答。"

岳飞的话不但强硬，还捎带上了秦桧这"相臣"，直接说他谋国不臧。几乎被岳飞的言语撞到南墙的赵构，也觉得没有什么可再谈了。好在赵构说和议尚未最后决定，武备不能松弛，岳飞也不再当面坚持辞职"致仕"。

拜辞了赵构，岳飞在内侍的引导下走出内殿的苑门，沿甬道走去，没多远到了资善堂前。这资善堂虽是茅草披顶，但轩堂高敞，绿楹黑字，颇为端庄。只见一个十二三岁的少年正走了出来，软巾窄袍，腰系通犀玉带，儒雅中透出英武。这少年正恭敬地向门内两位长者揖拜告辞，那其中的一位，是起居郎朱震。绍兴四年（1134）九月，朱震以详议官的名义前往川、陕、荆、襄，都督各府，曾与岳飞相识。

岳飞与朱震说起话来，才晓得刚走过去的那个少年，是赵构的养子、封为建国公的赵瑷。赵瑷本名赵伯琮，太祖赵匡胤之七世孙，赵构赐名"瑷"，出自荀子所说的"问士以璧，召人以瑷"，也是得到了众人信服的贤良之人的意思。

---

❶ 三京：东京汴梁，西京洛阳，南京应天府（今河南商丘）。

这赵瑷正是后来南宋第二个皇帝赵昚,当然,此时在宫中的赵构养子,还有一人。宗室之事多变,在岳飞见到赵瑷的当时,将来谁为皇储,难以料定。不过,岳飞一见这少年,倒是眼睛一亮,暗暗说了一声"中兴基本,其在此乎!",心中倒也涌出了希望。

岳飞不想在临安久留,离开大营日子太长,他想早日归去江淮前线。临行前,岳飞去了一趟枢密院,一是向主管宰执告辞,二是礼节性拜问。在枢密院,岳飞遇到秦桧,两人好歹露出了笑容,礼节性对揖了一番。一个称一声"太尉",一个道一声"丞相",抬头两眼对视时,岳飞多多少少露出轻视之神。倒是秦桧的细眼,深奥莫测,他已经得知岳飞对他有"谋国不臧"的言语,很是沉得住气。

岳飞离开临安没几天,有关岳飞的蜚语也在朝廷传开。那是从岳飞不爱女色,拒退吴玠送来的美女说起。有人不以为然,鼻子眼睛齐全地说了岳飞曾经抛弃原配,另求新欢的事。这要说出一个清楚的眉目,只能长话短说。

岳飞是建炎元年(1127)投奔赵构大元帅府的,母亲与妻子刘氏都留在了老家。建炎三年,在宜兴站稳脚跟的岳飞,派人去接老母、妻子。母亲接来了,妻子刘氏却因为多年不知岳飞音信,已经改嫁。于是,后来岳飞再娶李氏。

不久以后,韩世忠得知了刘氏下落,岳飞派人去了,给刘氏留下了三百贯铜钱,了却了旧日恩怨。如今重提此事,个中缘由,大多出自和议派对岳飞这一次嫚惰诏令的不满。

第四十三章　一相独大

让赵鼎想不到的是,王伦才去金国两个月,随从提前回来报信,说掌权的右元帅完颜昌大致认可了南宋的和谈草议,王伦正在去燕京拜谒金帝完颜亶的途上。

赵鼎一听,连连叫苦,他搞不懂王伦这混混怎么唬的金人,居然以底线的代价毫无悬念地促成了和谈。赵鼎扫兴地说，金人国书未到，不能全信。不过，这并不确切的信息，已经喜坏了赵构，他连续几日都说，爱卿王伦，办事果然绝伦。

这一日退朝，赵构又要秦桧留步。见群臣稍退，赵构问秦桧："适才说起金人和议，爱卿如何不作一声？"秦桧说："如果陛下决议讲和，乞望陛下从今往后单独与臣议论，不再允许群臣干预。如此，这事乃可成，不然，以臣之见，怕多异变。"

赵构一听，顿觉秦桧话中有话，他说："今日留你下来，朕正想独与卿议。"听赵构说完此话，心计极重的秦桧："此事甚大，微臣怕陛下因苦于思亲，偶然出口。微臣还是请陛下再三思考，三日以后，臣再觐见圣上，别奏。"

三日过后，秦桧单独觐见赵构，这时的赵构，对和议已全然铁心。秦桧说："从此以后，微臣将为圣上的议和，尽犬马之力，定愿事成。"

自这一日起，赵构每逢谈到"议和"之事，总好与秦桧单独商量，逐渐将赵鼎搁一边了。赵鼎毕竟是老臣，鉴貌辨色，又耳目极多，对赵构与秦桧的来往，了如指掌。赵鼎也是碍于情面，按捺了多日，没有发作。

这日朝议将毕，赵鼎又见赵构当众示意秦桧留下，心头有点发堵。他出班启奏说："微臣尚有一奏，望圣上略听。臣自日前双膝有疾，时时阵痛，不便朝奏揖拜，望圣上恩准病辞。"赵构一听，晓得赵鼎心中的不快，也似乎有点内疚，他说："爱卿有病养病，要说辞职，朕断断不受。"

见赵构不受，说话无顾忌的赵鼎干脆挑明说了："臣一度罢相半年，蒙恩召还，君臣相洽。如今，宸衷❶与日前已有不同，臣还是辞去的为好。"见赵构不语，赵鼎明白宸衷已定，又说："臣走以后，他人必有以孝悌之说蛊惑陛下，但凡人者，一旦没有主见，极易迷惑，进言者往往

---

❶ 宸衷：帝王的心愿。

趁虚而入。望陛下圣质英明,洞彻细微。"

赵鼎说完这话,向赵构深深一个揖拜,也不等赵构回语,更没有回看众臣僚的脸色,转身向殿外走去。那步子,哪像双膝有疾的人,走得决然之极,毫无回旋余地,将赵构晾得一愣一愣。

十月二十一日,朝廷诏令:尚书左仆射同中书门下平章事兼知枢密院事赵鼎罢黜,改任检校少傅、奉国军节度使、两浙东路安抚制置大使兼绍兴知府。头衔不少,多是荣誉衔,只有绍兴知府是一个实职,似乎那地方一直空缺着知府,等待赵鼎去上任。

三天以后,赵鼎举家前往绍兴,车舆辘辘,出了嘉会门。一干人将到江边白塔船埠时,那往日喧闹不已的大船埠却人迹稀落,生意人的买卖浮棚,也了无一个。江滩上接客的牛车渡,一一停靠在旁。远远见那津亭之下,伫立了不少官家人。

等到近了,赵鼎的家眷、家仆先后下了车舆,赵鼎这才看清,那津亭中居然摆了一桌筵席,刚出食盒的佳肴,略有热气。只见秦桧在先,恭敬地领了三省、枢密院的宰执,以及六部尚书,步出津亭,迎上前来。

王庶上前一步,对赵鼎说:"公要走,为什么不早告诉王某?"王庶初任兵部侍郎,虽然是赵构的本意,也蒙赵鼎引进,他依然恭敬如旧,尊称赵鼎为"公",在秦桧面前也不掩饰。

赵鼎说:"那日你在枢密院,赵鼎岂敢与秦相一起说话。"赵鼎边说边走,也不进津亭,朝江边停泊的大船走去。仆人也早在船上搬运好了家什,赵鼎走到船边,上了踏板,回身向众人作了一个大揖,说声"多谢"。

秦桧大声说:"丞相,桧得圣旨,备薄酒为相公饯行,为何不作片刻停留?"

赵鼎说:"我和你相公议论不协,何留之有?"说完此话,赵鼎已上得舟船,大声叱喝篙师:撑杆!

秦桧愕然。见舟船渐渐荡开水面,桅帆也已升了起来,便大声叱喝随从收去筵席。又一脸怨恨地朝了离去的船只说道:"桧是好意,岂知相公如此！"

秦桧是一个有恩必报、有仇必还的人。三年以后，秦桧找了一个岔子，下令将赵鼎从富庶的绍兴知府任上，贬到了蛮荒之地的潮州，赵鼎最终客死他乡。当然，这是后话。

十一月初的一天，金国确切的消息来了：奉迎梓宫使王伦并没有迎回梓宫棺椁，金国派了尚书右司侍郎张通古为诏谕正使，明威将军签书宣徽院事萧哲为诏谕副使，来临安宣谕和议诏书。

"诏谕使"是君主对派出的使臣的称谓，金国的宣徽院，类似南宋的内侍省，一个金帝身边的萧哲，只担任诏谕副使一职。可见，这一次金国南来的使臣，无论级别，还是头衔，都要比乌凌阿思谋高出几个档次。

那几天，地处宋、金要道的淮东宣抚使署，也多了邸报。宣抚使韩世忠最担心的是，这一次金国使臣来临安，会以梓宫、土地的归还，胁迫赵构称"儿皇帝"。韩世忠给赵构札子，当然不会像岳飞那样发梗，他只说一旦如此称"儿"，臣受不了，请圣上举兵，"哪里兵势最重，臣当请去哪里"。

没几日，韩世忠的快马又送来邸报：在金国的和议国书中，对大宋朝廷提出的和议条件，大多认可。赵构闻讯，大喜过望，他和近臣说："金人颇有善意，朕即位十年，敌祸未平，兵革馈饷重困民力，天下黎民得不到惠泽。这次真是上天悔祸，敌人肯革心休兵。从此以后，朕定将一切从简，赋税也将减免，让百姓有宽心日子。"

隔日，韩世忠又报："臣得泗州申报，金使的先遣，银牌郎君已到，要求沿途郡县接伴者，必须跪膝阶墀，在门外拜诏。若不如此，打马回府。"韩世忠在邸报中说："如此挑衅，实难应从，日后到了行在，若要陛下卑屈礼数，更为痛失人心。伏望陛下以国体为重，赶紧计议。"

几日以后，韩世忠快马又报："银牌郎君声称，金使到临安，是要陛下更换常服拜谒诏书，并称这是大金国定下的礼数，望陛下速定何以应对。"

韩世忠这接二连三的邸报，委实为圣上赵构不安。他不知道，赵构此时正满心欢喜。赵构认为，只要求得和议，一人受屈，有何可惧。赵构怕韩世忠等将佐节外生枝，他当即口述内侍回札："付世忠，令差人防护北使，不得少有疏虞。仍严戒将佐，不得分毫生事。"

　　隔日朝议，赵构喜形于色地说了北使将到，和议指日可待的话语。没料到，赵构的话语还没说完，王庶一脸冷峻地出了班，他启奏说："陛下谅臣无礼，以微臣看来，人各有能，有不能。臣生于陕西，自小见的是兵事祸乱，从来只晓得气吞强敌，才能天下太平。讲和者，非臣之所能。陛下要是强使微臣参之议和之列，恐怕要误朝廷大计。如陛下为此要罢黜微臣，望早日下颁诏令。若不想罢黜，请委派臣去修戎养兵。臣赋性愚鲁，不像赵鼎、刘大中那样首鼠两端，臣明确告知陛下，吾与陛下不合，求辞。"

　　这哪是什么启奏，几乎是向赵构发出的挑战。赵构耐着性子听完，一脸愠怒，久久无语。等王庶回到班列，他才重重吐出两个字："不许！"

　　王庶可真称得是一块滚刀肉了，他居然没有将赵构的愠怒当一回事，又站了出来说："王伦去北使时，臣料定他谈判不成，将会拘押在金。如今既然归来，看来臣真是愚暗不达理的人了，还有什么颜面站班侍候陛下。伏望圣慈，准许臣回家种田。"

　　见赵构不说话，王庶当众又说："日后陛下一旦称臣，向金国项背相望，进贡币财，金人却嫚书恶声，无所不至。陛下说这是'上天悔祸'，你倒是笃沉于孝心了，臣等奈何？"

　　御史张戒似乎见王庶说得不过瘾，柴火不旺，又送了"罡火"，他说："金使开口闭口称'江南'，想当初我太祖对待李氏❶也不曾如此。'诏谕'是君主对下属之说，既是议和，何来诏谕？如此羞侮，臣请陛下拒绝金使渡过长江。"这张戒曾因赵鼎要走，专为上疏赵构，要求留

---

❶ 李氏：指南唐末代君主李煜。

下赵鼎。此后，张戒又陈言直书"十三事"，评论"和议之非"，直忤秦桧。

遇到如此咬住茬口不松的臣子，赵构也没了章法，一时无言以答。这时候，又听得礼部侍郎兼御史中丞张九成高声称道张戒一个"好"字，赵构更是不敢直视。当初赵鼎被罢，秦桧讨好主战的张九成说："侍郎且同桧促成此和议之事如何？"张九成说："要我枉己而为，不可。"想我委屈，成全你，没门儿。眼下，秦桧见张九成当着众臣僚的面居然如此放肆，怒目相对。

见朝议如此，赵构不得不收起了欢欣，徐徐对秦桧说："秦爱卿，北使前来，仍不知条文如何。如条文尚可，能和即和；若条文苛刻，不能和，则否定。应驰告各地将帅，兵备防守，决不能松弛！"赵构说完这话，也算下了一个退朝的台阶。

随着金使到来的日子越来越近，朝廷的主战派，尤其原本是赵鼎圈中之臣，因为对议和之说的不合，纷纷提出"告辞"，先后走了不少。也有称病不上朝的，如中书舍人苏符任、太常卿尹焞，都上奏说秋冬交际，旧病复发，卧床不起。王庶也说，入冬以来疾疹交作，精神昏耗，脚膝重腿，没法上朝。赵构只有一一"许之"。秦桧见机，也推荐了几个亲信，譬如参知政事孙近，任了同知枢密院事。

主战的中书舍人吕本中、礼部侍郎张九成虽然反对和议，却坚决不走。这张九成是绍兴初年的进士及第，一张利嘴，满朝称畏。张九成最初在赵鼎的帅府为"幕事"，也就是幕僚，称得赵鼎的得意门生。因为赵鼎的举荐，张九成任过太常府博士、礼部侍郎兼赵构的侍讲，后又兼权刑部侍郎，对大案要案深有研究。

赵鼎走后，秦桧最头疼的就是这初生牛犊似的张九成。秦桧曾私下告诉张九成，给予你优越待遇，你就委屈一下少说话。张九成说，我一个正直之人，哪能求迎合之事？张九成不像王庶，一说到议和，好激愤，好提出离开朝廷，眼不见为净。张九成每次论战，条分缕析、据理力争，也算是赵鼎走后，朝中"战"派的主心骨，直至被秦桧的亲信、御史中丞何铸弹劾为"矫伪欺俗"。

张九成虽然不是宰执,但能作为赵构的侍讲,也是因赵构另眼高看。君臣每每说到和议,张九成总是据史力说敌情多诈,不可不察。张九成是因为父亲去世,回乡守制三年,才成全了秦桧后来主和的消停日子。要不,岳飞"擢升"到了朝廷以后,还不至于遭了"围攻"而无人出来仗义执言。

改日又朝议,赵构还是指望抗战派的臣子能理解他,打算再沟通一次,说是畅所欲言。左班领头的吏部尚书张焘,首先启奏说:"微臣以为,敌使前来,必定是藏含祸心,绝非'上穹开悔祸'。臣伏愿陛下拘留来使,练兵自强,以待天时。到时,我大宋必将战无不胜,攻无不克。"

"上穹开悔祸",这几乎已成了赵构近来的口头禅。一听张焘这带刺的话语,赵构愀然变色,张焘见状,连连以笏顿首谢罪。

吏部侍郎晏敦复、秘阁修撰魏矴就没有如此看赵构的脸色行事了,他俩相继出班,反对和议。魏矴说:"当年金人册封刘豫称齐王,就是要刘豫站立北面,朝金使行屈膝之礼。如今金使前来,未必不会如此。臣欲望圣慈速召大将,各带所部统制官同来,以防他日意外之忧。"晏、魏二人虽然反对议和,也算是站在圣上的角度,为之出谋。

赵构自从和岳飞、韩世忠、张俊面谈过后,也只有张俊依了赵构的和议之说。魏矴说的"速召大将",指的就是反对和议的岳飞和韩世忠。让武将来行都站班朝议,这对于抑武扬文的赵构来说,眼下几乎不可能。不过,武将站班,对金使要求赵构行屈膝之礼,倒也真有威慑。

"屈膝"之礼,是对半下跪的一种婉转说法,赵构不免担起心来。据说金使每到一处,都要求接伴者拜诏相迎。要晓得,南宋的君臣,日常朝议也就是以笏相揖,谢恩、谢罪也不过以笏叩首而已。只有元旦、冬至等朝会,做臣子的才行跪拜之礼。如果接金使的诏谕要跪拜,对于赵构来说,是屈辱大了,这真的要打探清楚。

赵构企望臣子能如同晏敦复、魏矴那样,多为君王出谋,少一点死扛。文死谏，虽然是做臣子的样子，但容易激愤对立。这日枢密院编修胡铨出班启奏，就闹大了。胡铨官职虽小，启奏的震撼极大，别人是议论战、和得失，他是要主和者的命了。胡铨说话铿锵："王伦本一狎邪小人，市井无赖，如今无故诱致敌使，是想臣妾我也！""臣妾"，也就是将我大宋视作欲奸就奸的婢妾。

胡铨又说："孙近附会秦桧，遂得参知政事。有臣如此，敌骑怎能不长驱直入？臣窃谓秦桧、孙近、王伦都应该斩首，将三人之头挂藁❶于街。要不然，臣将书奏市井，直到秦桧上表待罪！"

"书奏市井"就是张贴告示，也称"散副本"。宋时的皇帝一旦有不当之事，也惧怕这一招。胡铨这话一出口，议和者目瞪口呆，只听凤凰山上出名的大乌鸦在殿外撒欢噪聒，秦桧等人的头皮都麻了起来。隔日，胡铨被罢黜，由临安府递送广南羁押。

事后赵构和秦桧说："朕知道朝臣都尽忠，却不明朕之苦衷。"秦桧说："臣等有责，孙近也说过，陛下圣德躬行，待疆事稍定，须当明行政刑，以劝惩不恭之臣。"秦桧说完"右"的，又转说"左"："这大半也是金人'诏谕使'的名不正缘故，到时还得与金使计议，改'江南'为'宋'，改'诏谕'为'国书'，金人如不更改，其册封不必接受。"

赵构一听，叹口气说："朕受祖宗二百年基业，为臣民推戴已逾十年，岂愿受金诏谕、册封？要是能重划边疆，两国各自守境，朕不再相与金人关涉。只是正旦、生辰之日，派遣使者问候。非时不许往来，朕计已定。"说话绕了一圈，赵构还是寄希望于和议，对于行屈膝之礼，他还真的是模棱两可。

胡铨家小一被押送，朝臣也开始有转向的，中书舍人勾龙如渊就是。此人本姓"勾"，为避赵构的名讳，改复姓"勾龙"。赵构欣赏勾龙如渊，将其从给事中一职擢升为中书舍人，赵构曾对勾龙如渊说："卿是朕亲自提擢。"勾龙如渊也铭记赵构的隆恩，他和秦桧说："议和之事当

---

❶ 藁：木杆。

断自宸衷,不必在朝廷。"又说:"相公为天下大计,却群说横起,何必不选择一个台官,让不知宸衷的反对者,一一出廷。"

"台官",就是御史台主官,专职弹劾朝臣。秦桧连连点头,隔日擢升勾龙如渊担任了御史中丞。

第四十四章 金使来了

一晃到了十二月十三日,平江府快马来报,金使已经进入大宋境地,每到一处,都要求接待官员跪拜诏谕书。平江府知府向子諲不愿跪拜,提出辞官。小小知府,秦桧根本没当一回事,居然没有禀报赵构,当即以省札回复:"许之。"

金国使者过了淮河,并没有按南宋接伴官的路线行进,坐船怕头晕,坐轿嫌太慢,任了性子策马南奔。这一跑,往往错过了指定的驿站。想歇脚时,见城门关闭,就乱擂一气。怪不得他们早早打发了王伦,不要他随同。此事一经胡铨散副本,士民都晓得来者不善,是想凌驾大宋,羞辱圣上,街头巷尾议论纷纷。

殿前禁军都虞候杨沂中、马军司解潜、步军司韩世良来找秦桧,杨沂中说:"圣上若受敌书(诏谕书)册封,要立北面南,行君臣屈膝之礼,万一军民汹汹,闹将起来,如何弹压?我等宿卫,若让圣上如此屈辱,又如何回答在外三大将?"杨沂中说的"三大将",即韩世忠、张俊、岳飞。

秦桧知道干系甚大,马上入觐赵构。秦桧不无担心地说:"陛下议和,实是为梓宫、母兄,以及土地归还。如今金使持诏谕而来,倘若不拜受,必归罪于我,金人一旦兴师,理在彼处。如果折屈勉强从之,则堂堂中国怎能屈了敌人,真让为臣的两难啊。"

赵构一听,也为难了。秦桧和孙近趁机进言说:"和议事宜,务必接纳适中,要事更在慎密,不能漏言。如今陛下志向固定,至于小吏诋毁,日久必将自明。"这也算是提醒赵构,"折屈"之事,不能随意和他人商议。

十二月二十三日子夜，金使策马到了临平，敲开城门进食、饮酒，稍事休息。见江南冬月，宛如北国暮春，繁星之下，水荡似镜。于是，趁了酒兴，沿运河塘上，又撒欢奔开了。这一跑，跑到了天明。

这时若在北国，暖毡中正是安然梦乡的时候。张通古与萧哲等人放眼一看，只见店铺毗邻，排门尽开，鱼、米丰盈，禽、肉满架。街上来往荷担负筐，还有推独轮车者，皆买卖之人。一名持旄节的随从，本是叛将郦琼手下的副将，多见识。他看金使们见了满船高粱秸的物事蛮亲热，告诉他们说："那是甘蔗，甜如蜂蜜。"

又见一座三孔青石大拱桥，桥下双船并行，桥侧有"江涨桥"三字。持旄节的见了，失声大叫道："此皆江南朝廷所在也！"

金使这才知道临安已到，赶紧整顿仪仗，稽察前后，马匹列队而行。打头的整了整旄节上的青毛，打先走了，众人沿了青石板路，朝余杭门行进。临安府尹闻讯，急忙派人候在了城门。这一日，整个临安城内，上下汹汹，喧嚣到了夜深。

金使一到朝天门，依然住进了邮亭官驿，似乎这是惯例，还没"交好"之前，总是敌国，并非国宾。这金使也实在，当日传出话来：为表诚意，先商议归还河南、山东等地，其余之事将徐徐再议。不过，前提是，赵构必须屈礼拜接上国诏谕，接受册封"臣皇帝"。

圣上怎么能出面屈礼拜接？这一日晚上，苦了秦桧与孙近，还有勾龙如渊、右谏议大夫李谊、殿中侍御史郑刚中等主和圈的核心臣僚。商议到了半夜，脸都成了苦瓜。若是皇上行屈礼，不但士民会生出意外之变，在外的将领一旦发难，在座各位都难逃干系。

勾龙如渊不愧是受赵构欣赏的人，他说："不如要王伦出面，与金使交涉，设法取来敌书。如此，圣上就不必行屈尊礼数接受诏谕了。"众人一听，都说只能这样。

王伦见相府派人大半夜的来找，晓得并非善事，战战兢兢。一到相府，听众臣僚如此之说，面露难色。勾龙如渊厉色说："公为使者，通两国之好，凡事应当与金人反复论定，哪能等敌使到了行在，让圣上难堪！"

王伦晓得摊上大麻烦了，涕泪俱下："伦万死一生往来敌中四次，中丞如此责备，伦只求去职。"秦桧见状，唱了红脸："中丞这话，并无他意，只是想激励公使，前往官驿，设法取了诏谕，以免圣上蒙辱。"王伦一听，不敢不从。

次日，王伦来到官驿，张通古、萧哲等正在喝酒啃肉。王伦好歹是铜壶煮过三江水的人，满嘴又跑开了轱辘。他说临安士民听得圣上要向使者行屈礼，又听上国只说"诏谕"，不说"国书"；说"江南"，不说"宋国"，群情激昂，三衙禁军都难以弹压。万一圣上受屈，只怕情急之下，民众失控，到时候不要说诸位，怕连我王伦的头都要挂于藁上。

这一说，金使们面面相觑，连美酒都喝出了毒药味。张通古、萧哲思量再三，准许隔日议一个变通法子出来，但不允许王伦拿走诏谕书。

王伦这话还真不是唬的，后来，当韩世忠得知和议已成，便指使士兵假扮红巾乡兵，埋伏在金使返回的必经之道洪泽，决意要劫回朝廷的议和书。韩世忠的部将郝卞无意中将此事告诉了转运使胡昉。胡昉一听大惊，想到韩世忠这一步跨出，势必要与朝廷对抗。赶紧，快马迎头截住金使，告诉陪伴官韩肖胄。于是金使临时改道，才免了一场血光之灾。当然，这是后话。

赵构得知王伦说服了金使，舒出了好长一口气。想当初只是派遣王伦出使金国，探望二帝，没想到这王伦就此创生了和议。满朝臣僚当时都认为不可信，但到如今，金人还真持诏书来归还河南等地以及梓宫、太后了。这大字不识一畚箕的王伦，真的让赵构刮目相看。后来和议一成，王伦鸿运当空，被赐予了同进士出身，担任同签书枢密院事。当然，这又是后话。

要说赵构还是将岳飞放在心上的，他晓得，今天能够和议，王伦只是一个偶然小数，必然的大数，还是武将的驰骋疆场，尤其岳飞。和议到了这触手可及的地步，是要让岳飞晓得。赵构当即提笔，给岳飞写了

第十三部 飞或有不幸下狱，愿公救之

札子：

"朕曾与卿等面议金国讲和事，今金人已差张通古、萧哲前来议和。朕以梓宫未还，母、兄、宗族在远，夙夜痛心，不免屈意商量。然，皆卿等戮力练兵，国威稍振，是致敌人革心如此。卿等之功，朕岂可忘？若境土来复，自今尤当谨防边备，切宜体朕此意，益加训练兵马，常作不虞之戒❶，以图永久安固。付此亲札，想宜知悉。付岳飞。御押。"

这或许是赵构矛盾的一面，他明白，没有岳飞等主战将士给予南宋的底气，金人决不会讲和。如今，境土若是真的恢复，你等"尤当谨防边备"。作为一国之尊，如此小心翼翼专挑岳飞愿意听的话语说，也是放低了身价，真心希望岳飞能晓得他的苦衷，不要在这节骨眼上再发脾气，帮倒忙。

岳飞接到赵构手诏，一时无法平静。主上屈尊走了"议和"这一步，作为主战的武将，作为大宋的臣子，岳飞为社稷，为皇上，也为自己，深感屈辱。

当晚，岳飞独自喝了一点闷酒，早早入寝。梦中，岳飞恍惚穿街过巷，像是被押的样子，到了目的地，居然是临安城西的大理寺。

要晓得，这大理寺位于西城墙边，几乎就是临安城的"西天"。凡是大理寺审讯的官吏，上则是内降圣旨的重秘公事，最次则是推究审讯职官侵盗官库事务。十个进去，有两个能无罪又全须全尾出来，就很不错了。岳飞似同栽进了冰缸，浑身一时全凉。

只听得众狱吏一连声的长呼，似乎在说："辛中丞奉旨推勘！"果真是奉旨。南宋的御史台中有若干推勘官，也就是审判官，只有重大要案，或者"奉旨"审案，才由御史中丞出面推勘审讯。浑身全凉的岳飞又惊出了一身冷汗，倏然惊起，原来是梦。岳飞半卧在榻，左视右望，恍惚不定。侍者问及，岳飞也不敢告诉。

次日上午，仍在思想昨夜梦境的岳飞，得沿江守将差兵来报："左朝

---

❶ 不虞之戒：意料不到的戒备。

请大夫、直秘阁学士右正言辛次膺大人,将赴任荆湖南路提刑狱使,其舟正在津亭停泊!"岳飞一听,想到梦中"辛中丞",大惊不已。急忙让亲兵快马赶去,通知守将务必挽留辛次膺大人,告之岳飞将求一见。随即,岳飞整衣备礼,急急前往津亭。

辛次膺是一个老臣,赵佶政和二年(1112)的进士及第,如今的实职官任是右正言,负责规劝赵构过失,纠正错行。辛次膺也是极力反对议和的人,他和赵构说:"父之仇不与共天,兄弟之仇不能举兵,哪有再降了万乘之尊严,屈己君礼向敌国称藩臣的?"但他面奏无效,呈了书札又不给上报,辛次膺要求到远地的道观去奉祠,赵构没有同意,只是让他离开朝廷,去荆湖南路担任提刑狱使。

辛次膺一听岳飞前来相见,对通报者说:"在下负行客途,有不见来客的习惯,敬请岳太尉见谅。"辛次膺的话无非推辞,他也是主战派,与岳飞难得一见,互诉衷肠,应该是最欣慰的事。但作为皇帝身边人,深知中枢机要,不经朝廷允许,是不能私自会见驻外将领的。辛次膺怕给双方招来非议,再三推辞,不料岳飞坚持要见。辛次膺没有办法,只得被岳飞接到宣抚使署。

岳飞摆出酒宴,两人把盏言欢,酒到酣时,岳飞挥手示意亲兵退出。这时,岳飞拿出赵构所有的亲笔宸翰,向辛次膺一一说了圣上对他的眷渥之情,又借了三分醉意,双手执了辛次膺手说:"飞昨日梦见身陷大理寺,遭审时,狱吏高称'辛中丞奉旨推勘',飞正担心畏惧,不敢告诉他人。今日辛公正好到来,公是圣上身边的谏官外任,他日必定会召回朝廷,独坐重任。到那时,飞或有不幸下狱,愿公救之。"辛次膺一听这话,惊骇不已,浑身毛发尽竖,不知道说什么才好。

告辞时,岳飞给了辛次膺一笔丰厚的程仪,辛次膺坚辞不受。后来辛次膺到了荆湖南路的任上,这岳飞的话他只对亲兄弟一人说过,辛次膺说:"岳飞手握重兵,位居人尊,内心却暗藏保身之忧,恐日后有杀身之祸。没承想我大宋良将,畏惧如此。"说完,摇头不已。

三年以后,岳飞被诬告,陷入大理寺,先是御史中丞何铸受命主持勘审。何铸本是秦桧一手从左朝请郎提拔起来，但这何铸良心未泯，一见岳飞背上"尽忠报国"之刺，深知谋反之说难以成立。次日，何铸辞避，不就此职。秦桧无奈，任命万俟卨 (mò qí xiè) 主持勘审岳飞。当狱吏高声呼道"新中丞奉旨推勘"时，岳飞突然想起了三年前"辛中丞奉旨推勘"的梦境。当然，这是后话。

第四十五章　待漏风波

这一日，临安城内贴满了朝廷诏谕："北使及境，朝廷夙夜讲究，务欲上下安帖，贵得和好久远，胡铨身为枢属❶，却狂妄上书，众散副本，要挟圣上，已勒令遣送。如今金国遣使前来，为尽割陕西河南故地与我讲和，许还太上(皇)太后梓宫，圣上母后、兄长亲族，余无须索虑，望士民息安无躁。"

于是，临安城内的躁动，平息了不少。北来之士，得知归日可待，欢欣鼓舞。

这是赵构在得到金使同意将"江南"改称"宋"，"诏谕"改为"国书"的口风以后，要学士们拟定的告示。但金使还是传出话来，赵构必须亲自出面领受国书，这一条不能变。赵构本想屈折求和，咬咬牙亲自出面，又怕招来天下非议。他要秦桧设法，替皇上出面受书。秦桧一听，支支吾吾，面有难色，久久没有答复。

赵构说："卿素来主张议和，事到如今，也别无良策吗？他日金使只来求朕，哪会来找你宰执？"这"他日金使只来求朕"的"求"，赵构只是高抬自己的说法，其实是说以后金使再有麻烦来了，只是找我，哪会找你宰相。你平日口口声声说和议千万个好，如今却拿不出主意，叫朕如何是好？

秦桧这时尚未完全掌控朝纲，不敢对赵构有所不恭，只能连连请

---

❶　枢属：枢密院高官。

罪,他说:"容臣再议个法子出来。"秦桧知道,这不是他敢不敢替皇上出面受国书的事,而是金使已经在文字上做了原则性的退让,是不会再同意宰执出面受国书的。

秦桧还是召集那一帮臣僚,议论这事,众人越议越是满脸的苦相。不管怎么说,张通古、萧哲是代表金国皇帝,与上次金使乌凌阿思谋的身份完全不同,秦桧以什么理由代表当今皇上,受此国书?秦桧等人这一议,又议到了半夜。

给事中楼炤真的是满腹经纶,他突然想到《论语》,他说:"《论语》中的'宪问'有'高宗谅阴,三年不言'一条,何不以此为据?"秦桧一听,大悟,晃着脑袋连声说"好"。

这《论语》中的高宗,说的是殷高宗武丁。"谅阴",说的是天子守丧。"三年不言",指的是三年孝期中高宗武丁对政事的不过问。楼炤也是前朝老臣,给事中一职,近似皇上的秘书。这一回,他得到了秦桧的欣赏,从此也被秦桧另眼高看了。

金国皇帝完颜亶,是一个好汉书崇儒教的人,常以"四书五经"晓谕女真族朝臣。张通古、萧哲本都是辽国的旧臣,宋、辽交结百年,对汉文化浸淫也深。尤其张通古,对唐韵律诗极为精通,所作诗文,多有好评。张、萧二人眼看被宋人钻了空子,无可奈何,没话可说,只得允许秦桧代赵构接受国书。后来的《宋史》记载此事,也就有了"摄冢宰受书"一句。

受国书的日子选在十二月庚辰,即二十八日。这一日并非黄道吉日,却是一个"冲煞"的日子。南宋的朝臣,还真有耍猴似的精明,总会不露声色地占一点道义的制高点。张通古要秦桧提供赵宋朝臣名单,还有授书议程。这张通古本是辽国天庆二年(1112)的进士,任过枢密院令史,深知朝廷司仪。

张通古又提出,要玉辂前来官驿迎接国书,宰执引领百官导从。"玉辂"是前朝皇帝的銮舆之首,其次是金辂、象辂、革辂、木辂,号称"五辂"。赵构南奔临安以来,哪来的"五辂"和"玉辂"?没办法,也只有以赵构的銮舆充数。至于"百官导从",秦桧倒是有办法,他早已告知尚书省、中书省、门下省、枢密院的所有吏员,也就是办事者,届时穿上五品以上的朝服,充当"百官",参加仪式。

二十八日一早,众吏员身穿紫、绯、深绿各等公服,幞头硬翅翘然,腰悬银印红绶,衣带飘飘,亦步亦趋排列在了皇宫北门即和宁门外。三衙禁军或导或从,簇拥了"玉辂",以孙近为首,"百官"随从,来到了朝天门官驿。

金使奉出"国书",放置于"玉辂",骑马跟随其后。赵宋"百官"跟随金使,又由南往北,走回和宁门。闻讯而来的市民,早已挤得大街两侧水泄不通,给足了金使面子。队伍到了和宁门外,往东一拐,来到待漏院。只见秦桧身着紫服,腰系金鱼佩带,迎出阶墀。

这待漏院盖得堂皇,体现的本是赵构对臣子的厚爱。那是绍兴年初时,临安城住房紧张,朝臣多租房,住在坊巷四处。早朝来得早的,和宁门还没开,无一处坐等。来得晚,或者一时有个疾痛,或者和宁门一关,也没有可以等候值班官奏报的歇脚地。后来待漏院一盖好,堂宇轩敞,候朝的臣子就风雨无碍了。某日,赵构为了观看和宁门外的街市,也来待漏院坐过。

张通古、萧哲在簇拥中进了待漏院,坐北向南,秦桧按要求恭敬伫立在厅堂南侧,肃然向北。依照事先的议程,秦桧以臣国之礼,屈膝折腰领受萧哲递予的国书。事后,双方对事先草拟的和议约定,达成了共识。仪式完毕,宋廷在待漏院对面的尚书省都堂摆下了酒宴,张通古等一行趾高气昂出了门。这张通古也是无意,回头看见了"待漏院"三字,顿时脸成了茄子色。他当即跃上马背,一抽藤杖,朝和宁门驰去。

张通古的气,还真不是一时的。当初宋、辽澶渊之盟,缔约成了兄弟之国,虽然北宋每年要朝贡辽国十万白银,但辽也有骏马送来,和好往来了一百多年。当女真人起兵反辽,北宋又与女真结上盟了,出兵出粮,一起攻打辽国。气得辽人降金不降宋,折了北宋不少兵马。如今,张通古又着了算计,待漏院内当了一回宋臣,他发怒要闯皇城去见赵构。

张通古策马闯进了和宁门的外门，还没到内门，门洞内就被亲事官一把抓住了缰绳。这亲事官身手不凡，殿前禁军中也称得高手，烈马被嚼子勒得一顿，窨天似的停了。张通古扬起藤杖没头没脑直抽，这亲事官鲜血直流，依然拽马不放。此时，内门隆隆关上，张通古一见，还真担心外门一关，夹他一个有来无回了。于是策马回头，无可奈何返去。

不过，张通古等人后来还是被赵构极厚重地赏赐了一把，拿人钱财，替人消灾，返回金国后，张通古等人也没少替赵宋美言。赵构的赏赐，也是看在这议和的称心分儿上，那条文黑字黄纸，通红的大宋玺印：以黄河老河道为界划分两国边境，退还宋国河南、山东等地；归还徽宗、宁德皇后棺椁，以及渊圣皇帝赵桓、太贵妃韦氏与众宗室。当然，赵宋对金国要称臣，每年纳贡银二十五万两、绢二十五万匹。

这就是宋、金第一次绍兴和议，按金国年号，也称"天眷和议"。

绍兴八年（1138）的岁末，因为和议的达成，宋廷议和派的主政与主战派的落势，终成大局。虽然这和议条约还需金国皇帝完颜亶最后认可加盖金国玺印，但对于赵构来说，惊惶不安了好几年，还真看见天大的喜事落地了。

后来元人写《宋史·高宗本纪》，说到绍兴八年，最后五字，是"始定都于杭"。不过，"定都"只是一种文字的说法，当时的宋人，还是称临安（杭州）为"行都"。尤其北来的士民，哪能忘了家乡故土，接受临安即汴梁的事实。

至于和议的来临，赵构的内心雪亮地明白，是主战将士浴血奋斗的结果，老天开眼只是顺势而行。或许，日后会有不测，仍是要靠武将的冲锋陷阵。眼下和议有了定约，赵构第一个想到耿倔、认死理的岳飞，要马上通报他。

赵构挥笔："今月庚辰，已得大金国书，朕在谅阴中，难行吉利，止是宰执代受。书中无一须索，止是割还河南诸路州城。此皆卿等扶危持

第十三部 飞或有不幸下狱，愿公救之

颠之效，功有所归，朕其可忘❶？尚期饬备，以保全勋。故兹亲札，各宜体悉。付岳飞。御押。"

快马奔出凤凰山大内时，正是腊月二十九下午，临安的上空飘起绵绵雪花。四乡的舞龙队、社火队、鼓乐队，陆陆续续地进了临安东西南北的各座城门，将从除夕到正月十五，欢腾个通宵达旦。这是赵构近年来最舒心的日子，他听到锣鼓声已经在皇城外敲响，新年的元旦，即将到来。他也在想，襄汉肯定在下大雪，但愿岳飞不要有什么差池。

---

❶ 其可忘：反诘句，难道可以忘记？

第十四部

得偏、裨之心，分大将之势

第四十六章　臂指之势

绍兴九年（1139）的正月，赵构喜上加喜，金国来了使臣，告知金国皇帝完颜亶已经认可了两国通和条议，答应按约归还山东、河南、陕西等故地，并择时商议棺椁以及宗室人员的回归。金国要求，从今以后"务存两国大体，不得辄加诋斥，布告中外各令知悉"。

正月初五，朝廷向普天之下的臣民，发出"讲和赦表"。这"赦表"的开首一句，是赵构反复说的"上穹开悔祸"，真是老天开了大眼。于是普天同庆，大赦天下，各地牢门一打开，大呼皇恩浩荡！那几天，临安城内的锣鼓分外喧天，正月里的龙灯每一日都要闹到启明星升起。

"讲和赦表"不仅大赦监牢中的罪犯，对归还后的河南等地的原刘齐文武官员，也承诺各安职守，概不更换。大宋失守州县的所有投降之人，不以存亡，概予叙复官职。山寨兵勇、土豪等，一干推恩。张邦昌、刘豫僭号背国，原其本心实非得已，其子孙亲属依旧可以参仕，无官者允许应举考试，以取功名。

对收归后的江淮各州县，承诺免去耕者苗税三年、差徭五年。对江浙诸路的行商，绸绢赋税每匹特免文钱一贯。对于前线将士，"赦表"的恩惠更大，称："两淮、荆襄、川陕宣抚使及三衙将官进秩一级。统兵官员，诸军将士，一并犒赏。"

"赦表"到达襄汉，已是正月十二。这一日，岳飞在宣抚署大堂召集统制、统领、将佐、僚属等，照本宣读。事后，得按规矩回复，岳飞请幕僚张节夫拟稿。

张节夫本是岳飞的大老乡，同乡不同村，好读书多博识，豪爽有节气，和岳飞颇有默契。他略作思索，当即挥笔："观时制变，仰圣哲之宏规，善胜不争，实帝王之妙算。念此艰难之久，姑从和好之宜，睿泽诞

第十四部　得偏、裨之心，分大将之势

敷❶，舆情胥悦❷。臣飞诚欢诚抃❸，顿首顿首。"这开首，读起来给人全是喜庆感。

张节夫笔锋一转，用了汉高祖时的娄钦、春秋时晋国的魏绛，说了开去，字词就有咄咄之势了。因为娄钦和魏绛，都是当年与西戎谈和的败例，盟书墨迹未干，战争即起。再抖抖史料说开去，说到了夷虏犬羊无信的本性。陛下，你要是贪图暂时的安逸，倒也可以，要是想"顾长虑而尊中国"，能这样做吗？！

对君王的这一通责备以后，笔头又起转，出来的是恭维："恭惟皇帝陛下大德有容，神武不杀（不尽），臣幸遇明时，获观盛事。"至此，话头一转，是对和谈的责疑："臣统兵在外，功无补于涓埃❹；口诵诏书，面有惭于军旅。尚作聪明而过虑，徒怀犹豫而致疑。"札子最终的落笔，是满满的愤懑："微臣岳飞，仍从全胜考虑，期望一鼓作气收复黄、淮两地，还有燕京、幽云等州，最终复仇报国。此誓心告天地，若要是令我下跪称藩国之臣，我岳飞决不能胜任。臣顿首顿首，谨言。"

这一种以"谢讲和赦表"的名义，实质数落赵构对金称臣，放弃黄河以北的土地，也就是岳飞有此胆量。哪怕借了肥胆给士大夫，写在纸上还是要斟酌一番的，毕竟字句确凿在案，随时会有"秋后"。

这"谢讲和赦表"到了朝廷，秦桧是第一个检阅，他从头读到尾，当案一拍，大怒不已。当他得知此文出于岳飞幕客张节夫之手后，这"张节夫"的名字，就被秦桧牢牢记住了。

当然，秦桧不敢截住不报。这几年来，赵构对岳飞的秉性已经习以为常，无论哪一个幕僚拟的文字，他晓得，体现的都是岳飞的本性。赵构明白，大宋能使金国讲和，底气全来自将士的浴血，他不能得罪。眼下，土地归还了，但梓宫、亲娘及兄长等宗室的迎还待商议，武备更是

---

❶ 睿泽诞敷：睿泽，皇帝的恩泽。诞敷，遍布。
❷ 胥悦：完全的喜悦。
❸ 抃：拍手鼓掌。
❹ 涓埃：指细流与微尘，比喻微小。

不能松懈，朝夕心想的兵权上收，也没有到时候。对岳飞诸大将，只能笼络，还须借了庆贺的东风，封赏一番。尤其对于急性子的岳飞，更得小心。

于是，遵照赵构的旨意，门下省奉圣旨发文：太尉，武胜、定国军节度使，湖北、京西宣抚使岳飞，特别授以开府仪同三司，加五百户食邑、加三百户食实封。和岳飞一起授予开府仪同三司的，还有川陕宣抚副使吴玠。

宣抚使和宣抚副使一并授予开府仪同三司，总让人觉得岳飞这"分"涨得有点蹊跷。韩世忠、张俊是早两年享受的开府仪同三司，这次，一个加授了"少师"，一个加授了"少傅"，都是实实在在的正一品官衔。

要说开府仪同三司，虽然是一个荣誉官衔，但多少也是从一品官阶的待遇。"三司"的说法历代不一，从西汉最尊显的司马、司徒、司空三职，到北宋设立"三司使"，都是对皇帝直接负责的实权长官。南宋时，"三司"虽然不再设立，但"仪同三司"的待遇享受还有。这待遇包括"开府"，也就是朝廷给予编制、俸禄，允许你收养幕僚、谋士。虽然岳飞自宜兴练兵时，就养了不少幕僚，却都是"三无"人员，朝廷不"开饷"，吃战士俸禄，只能称"非战士"。

授予岳飞"开府仪同三司"的同时，岳军的二十二名正、副统制，五名统领，以及正、副、准备等将佐计二百五十二名，也都各进秩一等。譬如，最低的从七品武翼郎成了从七品武义郎，从七品武义郎成了从七品武经郎，等等。

对于每一次进秩，所有从三品以上的擢升者，都要按例进奏"谢辞"三次，当然是一些"愈切惊惶""不胜感恩"类的套话。但岳飞的"谢辞"，又是照例的不同，他接连谢辞四次，一副不受恩封的坚辞态度。是和谈成功的刺激？是与吴玠这宣抚副使并授"开府仪同三司"的不满？从岳飞历来的"谢辞"来看，只要是他认准一个理，就会软硬不吃地发梗到底。

第十四部　得偏、裨之心，分大将之势

岳飞的第一札"谢辞"，除了常规谢恩，还附一纸补充，因为是黄纸，也称"贴黄"。此"贴黄"送达朝廷或者皇上以后，不必和奏札一样留存廷中"存档"，也不必交与朝议宣读、评说，也是给提交者的不成熟意见留一个回旋余地。哪怕语言再是不当、不敬，也不能作为怪罪的依据。

岳飞在"贴黄"中写道："夫虏情奸诈，臣于面对，以曾奏陈。切惟今日之事，可危而不可安，可忧而不可贺。可以训兵饬上❶，谨备不虞❷，而不可以行赏论功，取笑夷狄。事关国政，不容不陈。初（衷）非立异于众人，实欲尽忠于王室。欲望速行追寝❸，示四夷以不可测之意。万一臣冒昧而受，将来虏寇叛盟，则似伤朝廷之体。仍望以此贴黄留中不出，保全臣节。臣不胜至情，伏乞睿照❹。"

这"贴黄"满满是岳飞对赵构的不满，出言也不逊了一点：我和圣上面对面都说过，金人奸诈不可轻信，更何况如今天下，只可以谈危情，不可以谈平安；只能让人担心远虑，而非倾情祝贺之日。说这话的初衷，并不是我想标新立异，是实实在在对大宋王室的忠心。臣一旦"冒昧"接受"特授"，将来金人背叛盟约，发兵南犯，朝廷的脸面往哪里放？

岳飞要求赵构将此"贴黄"以"留中不出"，也就是不要将它交付朝臣评论。这一次擢升进秩涉及面太广，岳飞不想扫众人的兴头。也晓得如此不逊的语言，又会让那些讨好的士大夫抓住把柄而诘难。这也能看出，岳飞对赵构还是无所顾忌，有些话，他俩之间说说，倒也无妨。

赵构没有怪罪岳飞，他对岳飞的"谢辞"回第一道"不允诏"时，言辞也诚恳："朕永念艰难之日，未酬于战多，逮兹恢复之时，不忘于武备。"这几乎是内疚地告诉岳飞，我不会忘记那些艰难岁月，朕没有

---

❶ 可以训兵饬上：应该对下练兵，能使上令迅速下达。
❷ 不虞：意料不到之事。
❸ 追寝：收回成命，指特授"开府"一事，岳飞表示不接受。
❹ 睿照：睿，颂扬帝王的用语。睿照，圣上眷顾。

及时酬劳过你的战功,如今这"恢复之时",我不会忘记你们,也不会放松武备。是的,赵构也没有将岳飞的"贴黄"在朝廷宣读。岳飞连续四次的"谢辞",赵构连续四次"不允",份份都说到岳飞的"疏通而能断❶,果毅而有谋,勋载旂常❷,令行襄汉"。

赵构这几句评价,和岳飞的谢辞一样,都没有玩虚的。当然,赵构这种真情的流露,也只是暂时的。当他踏上了议和这条路,若要走下去,下一步肯定不会再和岳飞虚与委蛇,玩儿嘴皮了。真正的目的到来之时,那就只能是收兵权。尤其秦桧将江西吉州一个叫周南仲的秀才那份上书递交给赵构以后,赵构益发联想翩翩。

赵构难以相信这周南仲是一个坊间秀才,因为他太洞晓政事底蕴了,几乎像是秦桧的联手杰作。因为这上书一开始就戳到赵构软肋,让他倒吸了一口凉气:

"兵对于将,就像臂端的手指;将对于帅,就像身上的臂膀。只有如此,大宋的军队才能做到百将一心、三军同力。如今诸军,互相间冷若冰炭、恨如雠仇,假使一军冲入敌中,有谁会快速接应?一军陷入敌阵,有谁会疾往增援?刘光世贪图仙宫之清闲;张俊是出名的跋扈之大;岳飞、吴玠、韩世忠之流,裹粮坐甲❸,却首鼠两端,不知其所以然。为什么?因为朝廷在上,没有一个能通盘全局、一呼百应的主帅。"

这周某人真是吃了豹子胆,人人都知晓岳飞、吴玠、韩世忠、张俊是朕的抗金倚重,他却不屑一顾地评介为"裹粮坐甲,却首鼠两端,不知其所以然"。岳飞真要是如此"首鼠两端"的不知所以,而听命于朝廷指挥,倒也好了。这周南仲的文字之大胆,还不仅仅于此,接下去他又说:

"想当年,陛下身披甲胄,亲冒烟尘,但未收尺寸之土地,不得退守浙西。近来徒以巡幸,又羡慕汉光武征讨王郎、征讨赤眉的故事。陛

---

❶ 疏通而能断:处理战事纠纷能当机立断。
❷ 勋载旂常:旂常,当时王侯所用的一种旗帜,特指功勋满载。
❸ 裹粮坐甲:携带干粮,披甲而坐,形容吃饱了,又全副武装了,等待战情发生。

第十四部　得偏、裨之心，分大将之势

下知道太祖太宗吗？他们指使将帅如同大将唆使偏将裨校，究其原因，就是让大将的权势不为太过，绝无尾大不掉之虑。陛下既不能有太祖太宗驭将之法，又不能亲征杀敌，岂是中兴明主所为？陛下想驾驭诸支军队，不可不亲自统率在外诸将。

"再说朝中之弊病，弊于结党。初时，张浚在朝，则赵鼎离去，赵鼎一走，其门人也去。后来赵鼎入朝，张浚离去，张浚一走，其门人也去。难道赵鼎之党人，张浚不能使用吗？难道张浚之党人到了赵鼎的辖下，就都不贤了吗？御史谏官只知道望风迎合，有一人诋斥了吗？"

赵构晓得，眼下的秦桧，也不是赵鼎走了，赵鼎党人也尽？这周南仲不敢言说当今，可见也不是什么志士。倒是"臂指之势"这一说法，似民妇洗涤的杵衣，"啪！啪！"直捣到了赵构的痛处，害得他端端地在慈宁殿小阁中坐了一晌午。

记得绍兴八年（1138）岳飞面见赵构时，曾提出要差遣胡邦用为靖州知州，赵构说：这应是朝廷的选差，若皆由将帅提出升迁，非"臂指之势"。赵构这话，当时说的是地方文官，并非指各军所辖武将。但赵构寝食所想，何尝不是想避开"家军"势力，直接指挥各军统制、裨佐将领？

侍御史张戒说的诸将权势太重，此时又在赵构脑中重现。张戒说这话时，正是朝廷用兵的当口儿，武将的兵马虽多，但聚则强大，分则软弱，不得不如此。但张戒以淮西之变为例，提出一个拆兵分支的计谋，倒还是言之有理。是的，赵构曾想用一二年的光景，让各大将手下的统制，以及佐将、偏将、裨将直接听从朝廷指挥，而不是只知大将，不知朝廷。如今看来，"和议"若是成熟，应该可行了。

"得偏、裨之心，则大将之势分也"，要想直接指挥，首先得笼络住那些佐将、偏将。赵构在心中默默地念叨，又默默地下了决心。他准备开始由远及近地召见、安抚那些偏、裨之将，逐步掌握各大"家军"的指挥权。

眼下，川陕宣抚副使吴玠有病在身，赵构打算先将金州安抚使郭浩召来，觐见后再擢升为陕西宣谕使。名义上仍在川陕宣抚副使吴玠属下，实际让陕西单独编制，先将吴玠、吴璘兄弟把持的川陕，控制一部分。赵构抬头远望，那之江上的舟船，正趁春汛之水，往下游走得快了，他似乎看见襄汉那滔滔的大江，还有声名远著、让他时时挂牵的岳飞部队。

要说这秦桧，虽然万事不露声色，倒是时时在揣摩赵构的内心。这一日，有一支曾是伪齐刘豫属下的兵马，五千七百余人，在原东京同留守使郭仲荀的带领下，辗转投奔到了镇江。秦桧说郭仲荀是一个善人，驭兵并非他的所长，但也不能将这支队伍整建制划归于哪一个大将。秦桧这话一出口，也断了镇江属地韩世忠的收归念想。秦桧又说，不如选派其他武将单独领之，也就是归朝廷、枢密院直接指挥。

赵构一听正中下怀，问秦桧考虑何人？秦桧说，从三大将的部将中选一名统制官。此举上上，赵构颔首。于是，秦桧提名，由岳飞军中的董先或牛皋前来担当。这提议，明眼人一看，就是要拆分岳飞的爱将，棋子下得还正对赵构思路。再说，这董先、牛皋也并非岳飞从草莽中擢升的佐将，本也是朝廷调遣。

赵构沉思良久，动岳飞的部将还为时过早，他说："二人诚然骁勇，但董先好货❶，牛皋嗜酒，驭众未可❷。"

看来，赵构不但比秦桧棋高一筹，对岳飞属下诸位佐将的脾气，也是了如指掌。

第四十七章　谒陵进退

临安城的春天，沉浸在过了大年后一连串的迎春、元宵、孟享的喜庆之中。成了端明殿学士、签书枢密院事的王伦，也在这日子中，担任

---

❶ 好货：贪恋财物。

❷ 驭众未可：还不能单独统率兵马。

了北上迎梓宫使,还受了交割地界的重托,出发了。

王伦这一走,首先是去和颛顼的女真人交接土地,第一个要面对的,是驻守汴梁以强硬著称的金国右副元帅完颜宗弼。这兀术吃过韩世忠和岳飞的大亏,对赵宋成见极深。王伦前脚一走,次日,主战的文臣们议论纷纷,都当他会撞了南墙,掉头回来,好挫了议和派的风头。连赵构对臣子们说话,都不时有战备不能松懈的嘱咐。

没料到王伦一到东京汴梁,居然一帆风顺地和完颜宗弼进行了土地的交割。尽管这兀术是一千个不愿意,一万个不情愿,但女真人耿直,对黄纸黑字国书,不敢违背,只得按章交付。该交割的州、军公物清点完毕,兀术有点不情愿带兵北撤,不晓得是他的口碑,还是士民急于送瘟神一样送金兵撤走,城内的汉人官吏、长者,居然有来送别兀术的。

众人送兀术到了汴梁城北郊的土地庙,兀术端坐坛上,也就是土地庙的祭台,向众人酹酒三杯,以示告别。看来,刘豫被逐以后,金人多少给百姓带来过好处。这也是后来岳飞被十二道金牌无奈召回时,有汉人秀才拦住狼狈而退的兀术,告知岳军已经撤退的原因。可见天下万事,总不可一概而论。

兀术只带走了十分之二的官署轻软器物,王伦这混混,为官也算清廉,倒没有当"接收大员",混个盆满钵满。朝廷一道敕令,王伦就此留下来担任了东京留守兼开封府尹,府署就在旧京汴梁城内。

土地归还了,原伪齐地的驻兵将领、州县官吏,依然将驻将地,尹守尹位。城头上那些"王五赵六"的杂色旌旗,也陆陆续续,呼呼啦啦地易帜成了橘黄红边的大"宋"旗号。忠心宋室的士民,再也不用拉家拖口地往南奔了,"牧"民的和被"牧"的,都一心奔了好日子,为不再受兵燹之苦而庆幸。当襄阳的杨柳在风雨中长成了长串的时候,淮河南北,地头春耕的乡民也比往年多了三成。

和平了,难道真要马归南山了吗?要说吉州周南仲能看清的时势,岳飞能看不清吗?更何况眼下堂堂正正的开府纳士,幕僚个个足智多谋。

这一日，岳飞在校场看完将士练兵，自己也找了一个偏僻处，练了一套枪术。转身的时候，看见袁溉、张节夫正侃侃而谈，踱步走来。

要说岳飞以往的非战士，眼下的幕僚，数薛弼、李若虚、朱芾、袁溉、张节夫、朱梦说、杨光凝、吴师中最为知己。其中，任了参议官的薛弼、李若虚，因屡次表彰，被朝廷擢升，调任他处了。眼下，是朱芾担任宣抚署的参议官。不过，岳飞对仍是一身布衣的袁溉，十分敬重。

袁溉比岳飞年长，自宜兴练兵开始，随从十余年，岳飞称他"先生"。袁溉几次拒绝岳飞报请朝廷，授予功名，倒也落得一身无赘。当绍兴十年（1140），十二道金牌从郾城召回岳军时，袁溉借口母亲病重，离开了岳营，不再返回。有人问起为何，袁溉说："岳公武人而泥古，幕府又无圆机之士，难乎免矣。"

袁溉对岳飞的泥古，也就是不知变通，早有微词。当然，这种微词也只是关切之深的流露。在岳飞的幕府中，刚烈之士居多，缺少机变之人。当绍兴十年（1140），岳军都要打到黄河了，赵构狠心做出撤兵之举时，袁溉就料到岳飞将会有一场免不掉的大难。袁溉的感觉还真准，后来岳飞蒙难，幕僚们没有一个据理喊冤，全是一副任剐任黜、任流放的不屈。所有幕僚，也只有袁溉提前全身而退，泛舟江湖。还有，薛弼因秦桧的念旧，高抬一手，放过了。

岳飞和袁溉、张节夫相遇，在校场边厚实的碾盘和粗大的石碌上分坐下来，那槐树的玉白色花，蓬蓬勃勃地倒挂，郁郁芬芳，三人聊起当下的"和议"。岳飞问袁溉："以先生看来，这宋金和议，日后变数如何？"袁溉说："从北面的信讯来看，变数可能有。不过，眼下的金国君王崇尚儒学文化，少了虏人的粗鲁无信。当今圣上，又多仁义。从长远看，过节会有，但和好可待。"

岳飞疑惑地说："依先生说来，终为一和，那朝廷几十万兵马，该不会让百姓如此白白供养了？"袁溉和张节夫听出了岳飞的话外之音，也不再多说。

当晚，岳飞请袁溉到住处，敬茶过后，岳飞说："先生，为飞拟一份

'乞解军务札子'。"袁溉明白，岳飞要写这老生常谈的请辞札子，和下午的聊天多少有些关系。袁溉也听说，河南、陕西的部分州县文武官员，近日被召往临安，由给事中楼炤安排，听了一场秦桧以枢密使名义宣谕的圣上旨意。

这楼炤就是出"高宗谅阴，三年不言"主意的那位给事中，如今极受秦桧青睐。河南、陕西部分州县，战事不断，武将极多。秦桧宣谕完了圣上旨意，楼炤告知全场：武将悉数退出都堂，返回客驿，另请通判、幕官留下来接着议事。这事传到各州县以后，议论纷纷，都晓得如今的朝廷，议和了，对武将看得轻了，今后又将是士大夫治政的日子了。

袁溉的"乞解军务札子"就此拟了出来：

"臣窃谓事君以能致其身为忠，居官者以知止不殆为义❶。伏念臣受性愚戆，起家寒微，顾在身官爵之崇❷，皆陛下识拔之赐，苟非木石，宁不自知，每誓粉骨糜身，以图报称。然臣叨冒已窬十载❸，而所施设，未效寸长，不惟旷职之可羞，况乃微躯之负病。盖自从事军旅，疲耗精神，旧患目昏，新加脚弱，虽不辞于黾勉❹，恐有误于使令，愿乞身稍遂于退休，庶养疴渐获于平愈。比者❺修盟漠北，割地河南，既不复于用兵，且无嫌于避事。伏望陛下俯昭诚恻❻，曲赐矜从，令臣解罢兵务，退处林泉，以歌咏陛下圣德，为太平之散民，臣不胜幸甚。他日未填沟壑❼，复效犬马之报，亦未为晚。臣无任❽激切战惧俟命之至。取进止。"

---

❶ 以知止不殆为义：把懂得适可而止、避免危险作为行事准则。
❷ 顾在身官爵之崇：回顾任官职到最高一阶。
❸ 然臣叨冒已窬十载：然，但是。叨冒，谦称受赏赐。窬，通"逾"。十载，十年。全句，我受圣上恩宠已经十年。
❹ 黾（mǐn）勉：勉力。
❺ 比者：近来。
❻ 伏望陛下俯昭诚恻：俯，敬辞，称对方对己方的动作。全句，希望皇上明白（臣下的）至诚之意。
❼ 未填沟壑：若没去世。
❽ 无任：非常。

这札子写得中规中矩，没有一丝怨恨与撂挑子的意思。岳飞只是说到身体，从眼睛到双脚，都渐渐不能胜任圣上的重任了。还是乞求圣上，趁近来和议修盟，让我退休，静养身子。只要我岳飞没有埋进土里，陛下你随时一声召唤，我一定来效犬马之劳。

这份札子发出没多久，岳飞又发第二份"乞解军务札子"。除了再三说到疾病缠身，期盼早日过上田园赋闲的日子，又说："今贤能辈出，才智普臻，干城❶腹心之士可付以军旅者，类不乏人。"又说："今讲好已定，两宫天眷不日可还，偃武休兵，可期岁月，臣之所请，无避事之谤。"

岳飞越是以身体说事，赵构越明白醉翁之意，他晓得，和平了，岳飞心里没底，只是想探听一下当下朝廷对武将的态度。这一回，朝廷敕令回复得也快："具悉。卿竭忠诚而卫社，迪果毅以临戎，元勋既著于鼎彝❷，余暇尚闲于俎豆❸。蕃宣❹所赖，体力方刚，遽欲言归，殊非所望。顾安危注意，朕岂武备之可忘；惟终始一心，汝亦戎功之是念。益敦此义，勿复有云。所请宜不允。"

这一回，从口气看，完全是赵构的亲口嘱咐：岳爱卿啊，你竭尽忠诚护卫社稷，果敢坚毅亲临战阵，功勋已然卓著，余暇不忘祭祀，朕始终仰赖于你保家卫国，也知晓你戎功在此一念。如今你体力方刚，却突然说要退隐，这绝对不是朕与臣民人等所愿意看到的。朕日夜顾念天下安危，时刻不忘武备御敌。爱卿啊，你也要一心一意，以战事为念。千万不要再反复请辞，那是朝廷上下绝对不允许的。

赵构把话说到这份儿上，岳飞也无话可说了。

仲春时分，没有战事的将士们，每日除了练兵，就是耕耘。闲着也是闲着，岳飞听说朝廷要派员去嵩山脚下祭扫皇陵，也生出了同走一遭

---

❶ 干城：盾牌和城墙，比喻捍卫者。
❷ 鼎彝：青铜祭器，上面铸有表彰功勋的文字。
❸ 俎豆：古代祭祀、宴飨时盛食物用的礼器，亦泛指各种礼器。后引申为祭祀和崇奉之意。
❹ 蕃宣：本指藩篱与垣墙。引申为藩屏护卫。

的愿望。西京洛阳那嵩山脚下的七座先帝陵寝，离岳飞的辖地最近，虽然还没有交接完毕，岳飞倒真想先去看看。那毕竟是岳飞离开了十三年的家乡热土，此外，岳飞还想看看，"和议"了，金人的葫芦里近来在卖什么药。岳飞向朝廷上了一道奏札，这一回，他不再说一句"提前退休"的话了，字字是对赵宋宗室的忠心。

岳飞写道："金人正在交割河南各州县，因西京河南府系臣所管辖地，自从刘豫盗据以来，祖宗皇陵久废，臣不胜区区之情，欲乞量带官兵，躬诣洒扫。"

岳飞的这道请求札发出，朝廷回复也快，看落款，来去还不到三十天。回札写道："朝廷已降指挥，同判大宗正事士儦（niǎo）、兵部侍郎张焘前去祗谒❶陵寝。三省、枢密院同奉圣旨札与岳飞照会，候逐官❷起发，审取朝廷指挥，量带亲兵，同共前去祗谒。今札送湖北、京西路宣抚使岳开府。"

这一份札子文字简洁，透出的是赵构对岳飞的赞许，札子告诉岳飞，朝廷的决定已经下达，同判大宗正事士儦，以及兵部侍郎张焘，将前往皇陵祭拜。等士儦一干人到了襄阳，岳飞你可以稍带亲兵，一同前往皇陵祗谒祭拜。

大宗正事这一职署，主管的是在外的赵氏宗室子弟的考察、训饬等事务。设定的职务还有知大宗正事、判大宗正事。同判大宗正事的"同"，也就是"等同"，在没有前两个职务设定的前提下，此职务也算是宗室管理的一把手了。

绍兴初年，因大量宗室子弟被北掳，赵构心目中称职的"正事"还是选不出，从只设一个"同判"来看，对虚位以待的正职，赵构还是指望金国中宗室嫡系的归来。后来，士儦涉及岳飞案遭万俟卨一类的构陷被贬，旁系也是一个不被看好的缘由。

---

❶ 祗谒：恭敬地进见、祭拜。
❷ 逐官：本指临阵退却的官员，此处是对赵氏宗室人员成年后外放为官的谦称。

士㒟，是宋太宗赵炅的第四个儿子的后裔，虽然隔了七八代，在没有嫡系宗亲的情况下，好歹也是血脉正宗的皇族之后。行文只写"士㒟"，不写"赵"姓，也是对上的忌讳。从后来士㒟与岳飞的交往来看，他对赵宋的厉害关系，分寸掌握得还是不尽赵构心意。

　　靖康之乱时，赵构没有在京城汴梁，免了北掳一祸。靖康二年（1127），赵构能当上皇帝，赵士㒟也是有功的。因为是赵士㒟找到了同样在外而免祸的元祐皇后孟氏，也就是后来的隆祐皇太后，当时大宋皇权中唯一的长者。赵构承继大宋皇位，也是经过元祐皇后认可并主持登基仪式的。

　　赵构成为大宋第十位皇帝以后，赵士㒟扈从左右，南征北战，十几年来也算屡有苦劳。如今，赵士㒟享有光山军节度使、开府仪同三司的待遇。

　　接到朝廷这札子以后，岳飞心情不错，喝着小酒，数着日子，翘首以待。当他数到第十九天时，陵寝祇谒使还没有来，朝廷倒来了一份要钱的省札，那札子抬头如此写道：合用修工费用令王良存于大军钱内支省札。岳飞读完，一时眉头紧锁。

　　这是一封要岳飞出钱修陵寝的札子，行文不到三十个字，几乎像是一道命令："三省同奉圣旨，札与岳飞，与士㒟商议，应付人工修奉，其费用令王良存于大军钱内支。"

　　王良存本是朝廷的太府寺丞，太府寺专责营造、冶铸、杂买等职。赵构北巡时，王良存扈从行在，又兼了建康兵马都督行府的干办公事，颇受赵构看重，去年派到湖北、京西路担任漕司，负责岳部粮饷的供支。精干的王良存能到岳飞辖地供职，当然是赵构对岳军的重视。岳部的钱袋子捏在了王良存的手上，也似为朝廷守了供支的口子，岳飞想任意支钱，多少也有了一些顾忌。

第四十八章　卿不能走

西京这七帝八陵❶，十几年间赵氏宗室都没有人去拜谒过，靖康元年（1126）还被金兵盗挖过一次，毁坏可想而知。要修葺，工费不菲，不带兵的赵士儳、张焘，连饷银尾子都没有，手中哪有这笔修葺的钱？朝廷这几年的库银，全对付军饷了，哪怕前朝列宗，和平年代，要有一个突然的计划外用钱，除了加赋加税，也只有如此东拉西凑。

据说建造仁宗陵寝的那一年，短命的英宗也是靠官一笔吏一笔捐凑的。如今的官库，比英宗的治平年更惨，早已是瓴空甏空，朝廷只有想到在岳飞的军费中开支了。札子要岳飞与士儳商议，商议什么？无非出多出少。朝廷这么一说破，哪怕你岳飞想给祗谒使赵士儳做一个私人的人情，都没门了。

岳飞不晓得，那一日朝议，赵构和众臣僚还真为这修陵寝的费用挠了头。有人提出，在东南的富庶州县中再增加一个赋税的名头，殿中侍御史谢祖信反对加赋税，他说："东南之财尽于养兵，也只能止于养兵一事。如今，北面岁贡的二十五万两白银，二十五万匹绸绢都要备起来。而后，梓宫、皇太后之归，迎卫的费用亦是前此所无，往后的养兵之费又不可阙。"这么一议二论，有人就提到岳军兵马最多，粮饷拨得最多，营田搞得也不错，应该有一点余款。

那时候，被后人称道的市场贸易，以及泉州出洋的交易，八字都还没有一撇。七帝八陵这一修，上千人驻下帐篷一住几个月，十万贯钱是远远打不住的。赵构一寻思，也只有同意三省发札子，要岳飞认挨这一刀了。

绍兴九年（1139）四月初二，赵士儳、张焘一干陵寝祗谒使终于来到了岳飞大营。岳飞在从军以前，本是务农的，投入军旅，戎马倥偬，对宗室之人几乎不了解。好在兵部侍郎张焘和岳飞见过几次，主战之人，

---

❶ 七帝八陵：指北宋除了徽宗、钦宗以外的七位皇帝，外加赵匡胤的父亲。

志同道合。当岳飞和赵士㒟双手相揖时，对这位比自己年长十八岁的宗室后人，倒也一见如故。

谈吐间，岳飞与广读博识的赵士㒟十二分投机。到了宣抚使署后，引座深谈，少不了设宴款待。把盏间，岳飞说了朝廷已恩准其一起前往拜谒之事，又让陪坐的王良存说了陵寝修葺工费的准备。士㒟也说了将经信阳，过蔡州、颍州前往西京的打算。聊着聊着，就聊起了和议，这本不应该当了宗室的面讲的敏感话题，只因酒喝到份儿上，话就憋不住了。

岳飞毫不掩饰地说了一些对赵构主和的反感话语，他担心金人异常，担心和议会反复，再加上赵士㒟等人要走的这一路，又是宋、金都没有管辖到位的地域，岳飞极力请士㒟、张焘两公宽住一些日子，待时局平稳一点再行。岳飞说："和议虽定，但敌无信，盍❶少缓，未害也。"岳飞是一个没有弯弯肠子的汉子，他要赵士㒟等人再喝几天薄酒。岳飞说："不要以为圣上奢谈和议大事已成，金人对祗谒使北上就没了戒心。"

当然，岳飞盛邀士㒟等人宽住几日，除了想看看金人有什么变化，还想等一等朝廷的回札。几天前，岳飞已经启禀朝廷，他同去祭拜陵寝时，沿途还有什么使令。

当晚岳飞再向朝廷发了奏札："士㒟、张焘今日到达本营，只候得向北面关报行期，便一同起发。或恐陛下别有使令，愿赐一一训敕。谨具奏知。"

岳飞这奏札发出，快马还奔驰在半道的时候，朝廷持金字牌递的快马又送来了省札："三省、枢密院同奉圣旨，令岳飞更不须亲往。止选差将官一二员，部押壕寨人匠、军马，共一千人，随逐士㒟、张焘前去祗谒陵寝。其一行合用钱粮，令王良存随逐应办。仍札与士㒟、张焘照会。今札送湖北、京西路宣抚使岳开府，疾速施行。绍兴九年四月十一日。"

读了这札子，岳飞这几天等待中的满腔热情，一下子从头凉到了脚

---

❶ 盍：何不。

第十四部 得偏、裨之心，分大将之势

趾。为了能一同前往祭拜皇陵，岳飞也认了在大军粮饷钱内支付修葺费用，如今出了钱又不让他同行，这不是山东人耍猴，刚戴了翎冠，又叫抬破轿了？一连三天，岳飞借故宴请，喝起了气酒，直喝得眼疾发作，只得由王良存出陪士㒟、张焘。

岳飞虽然不能喝酒相陪，但还是令下属三天一小请，五日一大宴，轮流招待祗谒使。这一日，朝廷的快马又似燕子飞水，来了。札子虽不是御笔，但也是近臣按赵构的口吻拟就："卿慨然陈情，请为朕往，虽王事固先于尽瘁❶，然将阃❷不可以久虚。殆难辍于抚绥❸，徒有怀于忠盖❹，寤寐于是，嘉欢不忘。已降指挥，止差将官一两员，部押❺壕寨人匠、军马，共一千人，随士㒟、张焘前去，卿不须亲往。故兹诏示，想宜知悉。"

这札子确实是近臣遵照皇上的谕旨写的，赵构极清楚岳飞的脾气，朝令夕改，岳飞肯定接受不了，他还是内疚地再补一笔的好。是的，一开始光想到岳飞的忠心，没考虑到他要是往北地一走，惹眼不说，一旦捅了马蜂窝，麻烦就大了。

自宋金和议首倡以来，赵构极少有亲笔手札写给岳飞。但岳飞读完这札子，也似乎看到了赵构的亲嘱。他在厅堂中转起圈来：工费要出，壕寨人匠，也就是工兵、匠人要出，护卫的将官、军马要出，但答应岳飞"量带亲兵，同共前去祗谒"却泡汤了。圣上，你再怎么解释，我岳飞能当无事一般？岳飞一气，眼疾更是发作起来。

赵构也担心岳飞就此而发的脾气，隔日一早，岳飞刚端坐宣抚署大堂，众将佐正在禀报军中诸事，快马的蹄声又从远而近，辕门外戛然而止。这一次，送来的是枢密院的院札，再一次强调岳飞不得前去祗谒陵

---

❶ 虽王事固先于尽瘁：固，原本。全句，虽然王室的事原本应该鞠躬尽瘁。
❷ 阃（kǔn）：本意是城郭门槛，此处指守卫。
❸ 殆难辍于抚绥：殆，大概。辍，中止。全句，对军队的看守是不能或缺的。
❹ 徒有怀于忠盖：盖，虚词。全句，（一旦出事）就空怀有尽忠之心了。
❺ 部押：督率。

寝，札子的文字，将缘由说得更为直白："缘今来新复故地之初，正要大将抚存军旅。"只是末尾又有了"仍令学士院降诏奖谕"一句，似乎告诉岳飞，朝廷正在考虑奖谕。奖谕什么？岳飞还真不缺这个。

学士院就是学士、直学士这些为皇上运筹国事而出谋划策、书写诏书的近臣所在之处。看来，枢密院的当家人秦桧，更怕岳飞一意孤行，拍屁股走人。一些对和议不利的文字，又不能在札子上直截了当地说，只能说当前"抚存军旅"是最大的要事。

这样的"三省、枢密院同奉圣旨"的省札，几天后又来了一道，从落款的四月十五日来看。应该是岳飞四月初二写的"或恐陛下别有使令"的请复。不过，这省札的文字，从头到尾和枢密院的札子同出一个模子。还是那句话：岳飞不能走！

岳飞不能走的札子，同样一份不少地抄送给了赵士㒟。祇谒使们看到这么住下去，朝廷不放心，还给岳飞带来了麻烦，也待不住了，催促着修葺费到位，要上路去。

要说这赵士㒟，好容易盼到北土归还，到了能祭扫先帝陵寝的日子，也打熬不住。又见岳飞竭力反对主和，整日说一些对朝廷有违的话语，也不想再作久留，给岳飞添堵。当朝廷这份四月十五日的省札到来以后，赵士㒟、张焘喝完当晚的酒席，决定不再听从岳飞挽留，次日一早上路北走。

这日一早，祇谒使们怕岳飞挽留，只留了谢函就匆匆上了路。哪晓得，才走了没数舍❶，前面突然尘烟遮天，喧嚣声隐隐可闻，似有军马厮杀。众人面面相觑，大惊失色，继而返身南奔。顷刻间，一支大军赶到，"岳"字旗帜迎风，当头一员银袍大将，正是岳飞。岳飞笑对赵士㒟说："原本不让公走，正因为此段地界与金人犬牙交错，尚未交接完毕，不时有歹徒骚扰。为此，昨日已派董先、牛皋为前站打探。据报，现正与敌人交锋。兵家胜败无常，公本是王室之人，吾当以亲兵护送公一阵。

---

❶ 舍：一舍约三十市里。

赵士傀闻言，感慨不已。

于是，赵士傀、张焘一行在岳飞护送下，又行了数舍。见董先、牛皋前来报捷。原来，他们正遇到金人佐将浑坦领六十余精骑前来袭取岳军粮饷运载，被消灭一尽。

岳飞又送了数舍，这才与赵士傀、张焘告别，立马目送祗谒使们往北徐徐而去。要说这一次赵士傀在岳营的二十多天，对岳飞也算是多了一份了解，他明白岳飞对朝廷的不满，只在于和议而已。对赵构，对宋室，忠心耿耿。又见岳飞万事运筹得当，部下兵贵神速，俱敢担当，甚是敬佩。

后来岳飞下了大理寺，赵士傀愿以全家性命担保岳飞无不忠之心，与这一次邂逅极有关系。为此，万俟卨等弹劾赵士傀在外交结武将，以至赵士傀遭到了罢黜。当然，这又是后话。

第四十九章　平和之患

祗谒使走了，宣抚署冷清了不少，五月是江淮一带最好的季节，麦穗开始灌浆，岳飞的心情却好不起来。朝廷说的"奖谕"倒没食言，祗谒使走了不久，"三省同奉圣旨"的省札到了，恩准岳云"可落阁职"。也就是岳云不再是岳军编制的将佐，准许转入朝廷编制，以武显大夫的官衔，接受相当于郡州刺史一级的职务，入朝当从五品官员。

岳飞并没有惊喜，反显出了不安，他不希望二十岁的岳云进入连自己都没看好的朝廷中去。宦海艰险，不但要看秦桧脸色，还会被秦桧捏住了手脚，不如战场的腥风血雨来得让人安心。岳飞要幕僚起草"谢辞"，和以往一样，这"谢辞"不玩虚的，岳飞的秉性，幕僚熟知。但这次毕竟涉及岳大公子的前程，幕僚还是有一点不知所措，怕措辞不当。

于是岳飞口述，幕僚再作斟酌："臣听说惟有名与才不可以不真实，历来讲究循守资格。必有非常之功，而后才有非常之赏。譬如臣儿岳云,刚步入做人的正道,尚存乳臭,虽累经战阵,曾未见于大功。以往仰蒙圣恩特别垂眷,在军中骤进官职,早超越了他的资历。况臣既已仰窃国恩,致身显位,固有贪冒之名矣。如今,其子岂可一并贪冒?伏望陛下明鉴,特赐睿旨,追还诰命,使云粗知官爵之难,得勉力学业。他日或能备效驱策,受之未晚。"

这份名为"辞男云特转恩命札子"的谢辞,岳飞前前后后一共上了四道,虽然大同小异,但也超出了三次辞谢的常规。这期间,岳飞整日如坐针毡、如芒在背,他是不能让云儿去朝廷的。当受到朝廷三封"不允诏"后,第四封谢辞岳飞就亲笔挥写了:"伏望陛下怜臣拙直,察臣愚衷,早赐玉音,收还成命。"

见岳飞如此恳求,赵构授意,也就罢了岳云入阁的敕令。

日子又平静了下来,戎马倥偬惯了的岳部将士,也没空闲,每日一早的操练必不可少。岳飞也不时派出探子,前往北地,打探金国的动态,也打听七帝八陵的修复,还有护卫的兵马,有没有安分守己。

这一日,探子归来,告知金国右副元帅完颜宗弼,也就是兀术,如今已擢升为"沈王",正是"春风得意马蹄疾"的日子。又探得,这兀术对河南、山东等地归还宋朝,十分不满,扬言操作此和议的完颜宗磐、完颜昌,肯定从中得了南宋好处。其实,这也是脚趾都能明白的事情,无利不起早,哪一个官员肯放过这捞一票的机会?

兀术向金帝完颜亶一参本,一查一个准,完颜宗磐这就惨了。这宗磐本是金太宗完颜晟之子,完颜晟是太祖完颜阿骨打的堂弟,完颜宗磐与完颜亶为了承继皇位一事,虽然没有争得头破血流,但也芥蒂极深。两个族系的人,权力斗争中必定会灭掉一个,自古如此。游牧族过来的女真人,此意识更甚。兀术一参本,正是完颜亶铲除堂叔完颜宗磐的极好机会。

完颜宗磐就这么被铲除了,左副元帅完颜昌也因为是具体操作者,贬为了签书行台尚书省事。行台尚书省,也就是河北的地方"尚书省",并非朝廷尚书省。此行台尚书省的丞相是南宋降将杜充,对此,完颜昌

第十四部 得偏、裨之心，分大将之势

十二分不平：我堂堂开国元臣，有何罪与一个降奴为伍，还是一个"签书"？慢慢地，完颜昌对金廷不满的语言，又被扩大了数倍，传到了大权在握的兀术耳朵。再经扩大，传到了完颜亶的耳朵。

伪齐一垮，原本州、县的官员，想法更多。除了杜充这种死心塌地随了金廷的臣子，大多数官员都作鸟兽散了。有不少州、县衙门，往往是师爷、吏胥在处理日常。也有不少官吏，就近投奔到了犬牙交错的襄汉一边，指望岳飞给一个明正言顺的安排，早点入了南宋的门槛。这样的事不只是湖北、京西路有，淮西、淮东也有。但为此直愣愣地向朝廷打招呼的将领，也只有岳飞。

岳飞启禀："湖北、京西路，曾累经残破，其州、县官无人愿就，蒙朝廷许臣辟差❶。今已复河南，以及其他两路，自后差官，欲乞从朝廷差注。"

岳飞说的"蒙朝廷许臣辟差"这话，本是绍兴六年（1136）二月，都督府有行文给过岳飞的，准许他在所辖区域，有缺官的州县，可委派"强明清干"的人先行供职，再申报朝廷。如今已经收复的河南一路，正是岳飞的辖区，但赵构已经明确和岳飞说过，今后这职权要经朝廷行文。岳飞这一说，也是向朝廷提个醒。尤其失地归复以后，累经残破、无人愿意就任的州、县，旧官吏既然来投奔了，朝廷紧快拿个办法出来。

于是，朝廷又争议开了：边境的将领可不可以随时接纳北来的投诚者？最终，还是宗正少卿方庭实的启奏打动了赵构，方庭实说："大金割还河南旧地以通和好，两国生灵遂获休息，恩德甚厚。陛下应明守信义，坚如金石，誓守和好。今只怕边境州、县，不能体察圣上德意，或有招纳叛亡，使得其不断渡河侵扰，动摇和好大事，伏望明诏各地将官。"

这话八成是秦桧授意的，但仔细品品也没错，金国那么大的归还动作，且正在交接之际，切不可再刺激他们。不过，将此说成"招纳叛

---

❶ 辟差：宋时，帅臣、郡守如铨选可用人才，奏请朝廷授以实际职务，或者追认实际职务。

亡",就打自己脸了。这时的朝廷,敢于不看秦桧脸色说话的,极少。方庭实的启奏,满朝文武也没有出班提出异议的。建炎以来,皇帝与士大夫共议国事的风气,眼下逐渐转向一言堂了。

不久,岳飞收到了朝廷的回札,一拆封,居然是久违的赵构亲笔:"朕委任卿严防边备,唯是过界招纳,得少失多,已累行约束,丁宁❶详尽。今后虽有三省、枢密院文字,亦须缴奏,不得遣发。付此亲札,想宜体悉。"

赵构难得写这亲笔,也是向岳飞再次约束:所有归复前的原伪齐州、县,一旦过界来投奔你岳飞,千万不要招纳,这是得少失多的事。以前虽然有三省、枢密院的行文,允许你岳飞可以先行委派职务,这规矩从今以后也得收回,你应该知道朕的衷曲。

赵构曾经是有亲札答应过岳飞,对北来的官员可以先招纳后禀报,现在他是假装糊涂,一股脑儿推到发文的三省、枢密院身上了。赵构如此反复,岳飞也只能哑巴吃黄连,不能反诘。于是,眼前被招纳的,能退回的则退回,不能退回,也不敢名正言顺地许官了。

紧接着,三省、枢密院同奉圣旨的省札也来了。估计,是赵构要学士院那一帮妙笔生花的学士,再安抚一下岳飞,省札说:"河北、京西路宣抚使岳飞言'已复河南故地,其两路(湖北、京西路)并是腹心州县,所有知州、通判以下官属,今后欲望朝廷差注。'奏可,仍赐诏奖谕。"

这两年岳飞也有了长进,不会再和朝廷,也就是赵构,发梗、抠字眼了。在幕僚点拨下,岳飞干脆交出了以往都督府代表朝廷给予他州县以下官员的任免权力,一份"乞免便宜辟置札子",送达了朝廷。以往的权力,到此为止:"湖北、京西路辖下州县,累经残破,官职无人愿就,圣上许令自知州、通判以下,可令臣先行差派。如今河南故地已复,其两路并是腹心,所有州、县差官,请自朝廷差注施行。"

岳飞这札子,不客气地点出了曾经准许任免、委派的"许令",是

---

❶ 丁宁:叮咛,反复嘱咐。

"圣上"下的。这种直接的点破，让赵构有点不悦，好在岳飞也没过多计较，将这权力完全交还给了朝廷。官场激流，再有棱角的坚石，慢慢也磨炼出了光滑，终是上进。这对于武将岳飞来说，赵构认为是好事，"不悦"的赵构还是令近臣拟写诏书一道。

诏书说，"得旨依奏，仍赐奖谕诏"，爱卿岳飞，你好比汉将卫青，奉法不接纳士人，虽处功名，却能远离权势，不争名利，令朕不胜感慨。"昔日干戈未戢❶，道路不通，襄汉之间，凋敝尤甚。故州县之吏，上自守宰，下至僚属权时之宜，委卿辟置。今既臻绥靖，远迩如一，铨择之柄，当在朝廷。卿所抗章，殊合事体，自非思虑之审，谦恭之至，何以及此。古人不远，嘉欢叵忘，所请宜允。故兹奖谕，想宜知悉。"

诏书对岳飞的交还授权，提升为了是对往年枢密院下文的自发"抗章"，圣上很欣慰。以前这一片土地兵燹不断，道路不通，民生凋敝，朝廷允许你岳飞任命官吏。"今既臻绥靖"，趋于和平了，能有官任，谁还会计较远近，这就需要朝廷来调配了。岳爱卿，你对此有不同想法，完全正常，没有必要"谦恭之至"。在这当口儿，对于岳飞的如此悟性，诏书是满满的"嘉欢"。

岳飞哪有这等悟性，能和皇上赵构想得如此同步？只是岳飞学乖巧了，不愿意和朝廷再有抵牾。记得幼时，家有老毛驴一头，好不容易喘了粗气拉完磨，卸一边，只是拉长苍老的脖子叫唤了几声，当爹的就唠叨什么时候宰杀剥了皮，好熬一锅驴胶。

同样反对议和的韩世忠，说话就和润多了，他要给赵构献一匹上好的纯白西北骏马。赵构说："还是爱卿留着自己使用吧。"韩世忠说："圣上，如今和议已定，岂复有战事，臣要好马何用？"

这是一句墩话❷，赵构心中明白，他说："不然❸，敌虽讲和，战守之备哪能就此放弃？朕最近重新调整了茶马司，如果能得到西北良马万

---

❶ 戢：与"止"相通，停止。
❷ 墩话：不显山不显水的反讥（见《金瓶梅》第五十八回的使用）。
❸ 不然：不是这样。

匹,分拨诸将,乘此和平闲暇,广练武备,以警戒意外之事。只有如此,才足够对待强敌,难道和议能完全依恃吗?"

茶马司,当年负责西南茶叶交易和西北马匹收购的官署。这时的南宋,按赵构要求,边境贸易刚开始。深谋远虑的赵构,也有创建一支铁骑的想法。不过,从后来赵构收兵权的运作来看,赵构这"良马万匹,分拨诸将"一说,几乎是给韩世忠戴的驴眼罩,铁骑最终是要掌握在朝廷手中的。眼下的和议,若是顺利下去,也将是赵构收兵权的极好开始。

秋天的淮上,凉意总来得那么突然,一夜秋风,心急的槐树叶子纷纷扬扬落了满地。这让岳飞想起了家乡安阳,如今仍在金人手上,家乡是回不去了。以后真要赋闲,他是要住到庐山岳家市去的,那是一片圩田间的高地,有亲娘的坟冢,还有从建炎年以来陆续聚在一起的族人。

尽孝与尽忠,亲娘也是嘱咐岳飞要先尽忠的。岳飞每一次以"尽孝"为由,提出辞职,只是想提醒赵构,要打过黄河去。直到如今,金国就是永久停战了,岳飞都不愿意就此放弃黄河以北的土地。但岳飞还能提什么?自从赵构说了"元勋既著于鼎彝,余暇尚闲于俎豆"以后,岳飞要是再提辞职,也为难赵构了。

早些日子,岳飞得知韩世忠、张俊率了将佐,都已经觐见过赵构了,岳飞有一点郁愤,他也想和赵构说说话,议和了,以后怎么办,圣上你能不能给一个准信?思量再三,岳飞写了一道奏札。这一次,岳飞自己动笔,写得相当简单:"臣欲乞赴行在奏事,伏望圣慈降指挥。取进止。"

这一次,朝廷的回札极快,赵构也想找岳飞聊聊。那金牌快递奔跑了六天六夜,重阳节前,在一片白露的大早,将"省札"送到了岳飞手上:"三省、枢密院同奉圣旨,依奏,今札送河北、京西路宣抚使岳开府,疾速施行。"

第十四部　得偏、裨之心，分大将之势

第五十章　再觐行都

　　岳飞到了临安，在余杭门外秀州船埠落了船，驿站早得通报，守阙主事一行人等也已在船埠候着了。岳飞骑上一匹棕色大马，众亲兵跟随，缓缓向城门走去。

　　那余杭城门高大，不同于寻常州郡，城门外也有直街一条，那直街更是比外埠的城内直街还要热闹。秋高气爽，朗朗蓝天，日斜时刻，也是余杭门外最闹猛的时分。沿了城门两边的城墙脚下，拉幕搭棚，大多是外来的艺人、工匠亮绝活儿的去处，人头济济。

　　突然，西向城角的人群，"吼吼"的大声呼起好来，引得路人纷纷赶去，岳飞的亲兵都被冲得七荤八素。岳飞放慢了马脚，在高大的马上一眼望去，那打圈子的并不是裂肺大唱的"野呵"艺人，而是一个三四十岁的壮汉，短扎打扮，正在施一支棍棒，耍得浑身上下没有半点差池，似乎远远都能听到棍棒的嗖嗖声。

　　岳飞的马走得近了，他高喊一声："端的使得好棒！"那汉子看过来，两眼炯炯有神，见高头大马上的岳飞头戴抓角儿头巾，穿一袭浅蓝色圆领战袍，系一条搭尾银龟背腰带，脚蹬瓜头皂鞋，前后有带腰刀护兵，知道是北面来的军爷。于是，这汉子停了棍棒，跳出人群，问一声："那军爷何人？"守阙主事呵斥一声："大胆放肆！湖北、京西路宣抚使岳开府在此，不得无礼！"

　　那汉子大步走来，在岳飞马前深深作了一个大揖，口称："小人李宝，山东兴仁府人氏，久闻大帅英名！"岳飞一听，名字似乎耳熟，他微微点头，要李宝一边跟了同往驿馆，再作深聊。李宝说："我还有众兄弟随在，让我转告他们就此客栈等候。"

　　到了晚上，岳飞才晓得这李宝是兴仁府乘氏县人，少年好斗，一介无赖且尚节气，专打抱不平，人称"泼李三"。山东沦陷为刘豫伪齐之地后，李宝曾为不平之事，聚众数百人，想谋杀濮州的州守。无奈州卒人众，李宝不敌，只得率众兄弟闯关夺路，逃了出来。

李宝等人后来过了黄河，又渡淮河，一心想投奔南宋军队。没料到，正遇上宋金议和，朝廷明确诏谕不能招纳北来的义勇人士，处处驻军不敢收留。李宝率众兄弟再南渡大江，来到临安，想为众兄弟找一个寄身之处，也好有个交代。

　　李宝早闻岳飞大名，山东与河南，也算是大老乡了，但岳军驻兵大江上流，李宝顺运河南下，一直无缘相识。如今能见到岳飞，李宝大呼三生有幸，当即提出要归入岳飞军中。李宝说，他等四十余人，皆以马术见长，想当骑兵。

　　这毕竟是一帮能征善战的汉子，岳飞也想大胆收留后一起北归。不过，军中本是马少人多，想当骑兵，还真让岳飞有点为难。当步兵，李宝又怕弟兄们不愿意。当晚，李宝怏怏而去，临走时说好岳飞北归时，同船上路，去鄂州看看。

　　这一次岳飞上了凤凰山大内朝觐赵构，仍是单独谈心。说这话的时候，金国的完颜昌，也就是签书行台尚书省事的挞懒，因为有不满朝廷的言语，被人告发。据说，这挞懒本想投奔赵宋，后来转念逃亡沙漠，被追获后，押入了祁州元帅府大狱。

　　挞懒犯事，连带在金的王伦，也被兀术指责为"只知有元帅（完颜昌），岂知有上国（金廷）"。又说王伦不落实岁贡银两、绢匹，反倒来索要梓宫、韦氏及河南土地。如今，还以反间计陷我君臣。这一回，王伦又回不来了，被押在了金国，只允许副使蓝公佐回临安报信：要南宋落实当年银、绢岁贡，再改国书表册上的"诏谕"命名。

　　这正应了岳飞"金人无信"的说法，赵构面对岳飞，说起此事，很有一点愧意。其实，早半个多月，赵构已经得到王伦密报，要求朝廷速派张俊去接收东京汴梁，韩世忠接收南京应天府，岳飞接收西京洛阳，以武据守，以防金人有变。朝议时，如今的臣僚大多是和议派，都认为王伦此说不妥，容易刺激金人，还是不派兵的好。

　　赵构和岳飞就此事说开了去，岳飞道："金人诛戮大臣，其国正处内扰之时，和议也许有变。臣愿疾速返回襄汉，乘虚掩袭北上。陛下，复我大宋，正当此时，臣乞倾兵一举。"

赵构还在等待宇文虚中的确切密报，这一点他没有和岳飞说破。赵构说："内讧不等于衰落，相反，金国军事并无减弱，完颜宗弼的掌控，反倒使原本各听左、右两帅的兵马合力为一。我朝好不容易得来和平，还有民生的安息，更仰望前线各将尽力守卫。"

赵构又说："尔等千万要识大体，金人方通盟好，若乘乱幸灾于一时，何以使敌国守信义？"赵构这话有点重，是的，他的内心，真的盼望和平，不想交战。只要能达到和议的目的，他可以答应金国对条约的修改。只有和平，国家安定，他才有可能逐步削去各大将的兵权，不用事事再看大将的脸色。

赵构又说："朕不是怯敌，靖康年间朕在相州起兵，也曾连续三天，率兵从相州直插大名府。朕也不是贪图安逸，当时夜半露宿荒野，寒甚之时，只有半只破陶盂，烧柴温汤，用瓢酌饮，茅檐下也与汪伯彦一同吞食过。朕当时还亲率一支兵马，如今朕正需依赖卿等大将，卿应知朕衷。"

赵构说这一段，也想起战时和文臣相处的同甘共苦，对兵马的如臂使指。岳飞也记得，靖康元年（1126）五月，黄河南北麦子长得齐人之高，本是丰年，哪晓得麦将熟，却遭逢连续的大雨，收成只有一二，次年又被金人一掳而空。皇上能记得与汪伯彦午夜用破陶盂烧汤，估计连麦粒都是少有的。

赵构见岳飞凝听，差一点要说出自己不能掌握军队的苦衷。这一番谈话，赵构是掏了心，倾了腹，他要岳飞枕戈以待，毕竟眼下和与战还没到最后的决定时刻，赵构离不开武将。岳飞也被赵构软硬皆有的语言说服，答应即日返回襄汉，尽力守卫，以待时机。

岳飞回程时，李宝等人倒是如约相会，同船北上。途中，岳飞还是希望李宝等人加入步兵。李宝本也是慕岳飞之名而来，好不容易说服了四十多位兄弟，一起投军于岳飞帐下，被分在统制王贵所部。

先交代一下李宝这四十余人，当他们到了王贵手下，一是游弋散漫惯了的汉子，平时对军营的管教多有不服；二是没有收复黄河以北的战事，凑一起，都说"闲得蛋疼"。这一年的腊月，李宝这四十余人暗中串通一起，各人拿一支木锨，约定日子，到河边搞一只大船，以木锨为桨棹，准备渡水北上。不料事未成，消息败露，尽为王贵捉获。

率众脱离军队的事，按战时规矩当斩首不赦。李宝这四十余人被押到岳飞大堂，李宝呼叫不止，他说，脱离北归是我李宝一人策划，他人并不知情，大帅要杀，就杀我一人。岳飞对李宝的胆略，倒是暗暗钦佩，但军纪难违，岳飞若是一软心，毁掉的将是整个军风。不过，建炎年间岳飞也有过擅离军队的事，岳飞有心放李宝一马。于是一声令下，四十余人都按军律伏了法，只留下李宝一人，关入了大狱。

其实，李宝这四十余人吵噪"闲得蛋疼"，岳军十万官兵何尝不是如此。这一点，远在临安的赵构也想到了，长时间的息战，毕竟不利于战斗力的养成。这盱食宵衣的赵构，难得给岳飞发来亲笔御札，谆谆提醒要注重部队的"耕战交举"。

赵构御笔，先说了曹操首开屯田，任命大将任峻为"典农中郎将"，当年就收获谷子近百万石。又说诸葛孔明和司马懿在渭南对峙，正因为屯田，才成就了"久驻之基"。最后说了西晋名将羊祜镇守襄阳的时候，垦田八百余顷，还开设学校，从最初"军无百日之粮，及至季年❶，有粮十年之积"。

赵构的书法不错，得他老子的真谛，龙飞凤舞地将博大精深的学识，以历史说事，洋洋洒洒写了一纸。岳飞是大年三十收到这札子的，他阅毕，苦笑一声，圣上真当我是抓农业生产的了。

岁末的赵构，既沉浸在对和平的盼望之中，又对金国的变数感到忐忑不安。这一日朝议，有一项议案，是江东制置大使兼行宫留守叶梦得修造建康行宫的事。叶梦得提出，要把大庆殿、垂德殿、垂拱殿、紫宸殿这四座大殿搞得规模稍大一点。赵构说："只恐劳民，从简俭为好，止

---

❶ 季年：第三年。

营造两殿足够矣。"

这几乎是在宋金和平大局稳定以后，赵构想把两面都当作行在的打算，但赵构还是不求奢华，毕竟战事甫歇，前景未卜，黎民尚苦。赵构和众大臣说："天下之财，何必尽敛于府库，有若曰：'百姓足，君孰与不足？'若藏于民，犹在官也。"当然这是赵构的托词，种种迹象表明，建康还不是常设行在的时候。

秦桧出班称赞说："圣上之言，大得与天下共利之意。"又说："后人若是评论当今，可称前望各帝王之治，不可企及本朝，圣上真是尧舜再世。"

赵构说："尧舜是何种圣人也，予❶何人也，哪有如此说的？"赵构倒也明智，这一反诘，让吹捧过度的秦桧默默无语。

---

❶ 予：我。

第十五部
仰诸路大帅各竭忠力

第五十一章　风云突变

　　赵构要岳飞抓农业生产的手诏，岳飞读了，苦笑归苦笑，回札倒是在绍兴十年（1140）正月的小酒喝过以后，要幕僚及时写的，文字中为此充满了怨怼和醉意："臣闻先正❶司马光有言'德胜才谓之君子，才胜德谓小人'。论人者能审于才德之分，则无失人❷矣。"

　　岳飞那意思是，圣上，那位幼小时砸破缸的司马光你肯定知晓，司马光说，论人要德、才有所偏重。我虽无才，德还是可以，屯田大使该具备的职责，我很明白。接下去，针对御笔文句，岳飞就抬开"杠子"了：曹操屯田，是为了积粮。诸葛亮屯田，是为了百姓安生。羊祜虽然心怀远近，得江、汉士民之心，但也是为了垦田获利。曹操酷虐变诈，诸葛亮开诚布公，羊祜怀柔初附，三人之德，远不能相提并论。岳飞这话，似乎在给皇上讲大课了。

　　笔锋一转，岳飞说自己庸德薄才，不敢妄论古人，但种田的仅仅盼望秋收打粮，只是农夫意识。要是只以种田来论我岳飞，那么，"鞭挞四夷，遵强中国，扶宗社❸于再安，辅明天子，以享万世无疆之休❹，臣窃有区区之志，不知得伸欤否也❺"？圣上，你总不想让为臣的仅仅做一个农夫吧？

　　这札子发出以后，好酒的岳飞也过了一段酣畅淋漓的醉仙日子。哪晓得，正月十五才过去，北地探子纷纷来报，王伦被金人拘禁，归还南宋的河南、山东等地，兀术扬言要全部收回。

---

❶ 先正：前代的贤臣。
❷ 失人：对人的失察。
❸ 宗社：宗庙和社稷，泛指国家。
❹ 休：福禄，吉庆。
❺ 臣窃有区区之志，不知得伸欤否也：窃，谦词，指私下、私自。欤，表示疑问。全句，我小小的北上之志，不知能否实现？

这几年与兀术打过几次交道的岳飞，晓得这并非空穴来风，金国的几个正副元帅，数兀术对南宋成见最深，每每不肯吃亏。岳飞晓得，该武将出力的时候又来了，眼下要有一个准备，至少，已经收回的土地一定要守住。必要时，抓住机会打过黄河去，给翻脸不认人的兀术一个教训。

岳飞突然想到正关押中的李宝，他问亲兵，李宝关押多少日了？答："三十九日。"岳飞说："提李宝。"李宝一到，岳飞令亲兵卸了李宝的镣锁，先问了河北等地如今大约有多少抗金的山寨民军。又问李宝愿不愿意回到河北，联络各地民军，若愿意打我"岳军"旗号的，要伺机听我号令，举旗反击金人。李宝一听，来了精神，他说："在下原本就有此心，只要岳帅恩准，愿当即渡河北上。"

这日晚上，岳飞设酒席款待李宝，酒酣之机，岳飞令人取出五十两白银，赠予李宝。岳飞说："你返回山东后，只要能联络民军八百余人，就委你武翼大夫、阁门宣赞舍人官衔，并任'河北路忠义军兵马统领'，人马依旧驻扎原地，静候大军北上。"岳飞要参谋官朱芾先付给李宝空头文牒令，等立功后上报朝廷，行文补正。因为这不是地方官职，属本军官衔，岳飞还是可以先提后补的。

远在临安的赵构，也得到了宇文虚中的密报，知晓兀术反约，情急之下，连走路都像踩在棉絮上了。赵构不晓得金人的葫芦里究竟在卖什么药，一时心火上涌，又不慎患了风寒，居然卧床不起，捧起了药罐。

岳飞的回札，赵构是在病榻上听内侍读的，虽然文字充满怨怼，赵构还是听出了岳飞的一片用心。赵构挥一挥手，让内侍出去，他又闭眼沉思了起来，害得一边的吴贵妃，走也不是，留也不是。

赵构一患病，五日一次的朝议也停了两回，这对于勤勉视朝的赵构，是极少发生的事。朝廷的抗战派又慷慨激昂了起来，和议派也似乌龟缩起了脑袋，挨了骂也不敢伸头。赵构躺不住了，病体稍有好转，便强打精神视起朝来。

赵构先要近臣给岳飞写回札，赵构说道："自从金使去年来了行在以后，朝野传说委实不够严慎，妄以为朝廷专意与虏人❶议和，放弃武备。却没有考虑到朕几次降旨，要求各地严饬边备。"近臣点头，一一记下，他明白赵构的言下之意：重点要表明圣上一直对和、战是并重的。

赵构又说："近据诸路探报，虏人举措，似欲侵犯。卿智谋精审，不在多训，更须曲尽关防❷，为不可胜之计，斯乃完全❸。朕比❹因伤冷作疾，凡十日不视朝，今则安和无事。虑贻❺卿远忧，故兹亲诏，想宜知悉。"

关照完了岳飞，赵构又对韩世忠、张俊、吴玠等将领，一一写了札子，叮嘱再三，曲尽关防。

次日，又到了朝议的日子。自赵构患病以后，积事不少。先是兵部侍郎张焘出班启奏，虽然他从西京永安朝谒与修葺陵寝归来后，已经面觐过卧病在床的赵构，但朝议的过程还是要走一走，让臣僚们知晓。

张焘出班奏道："臣从西京归来的途中，旧时的官吏多人告知，金廷如今是完颜宗弼掌了朝纲，有挥兵南渡黄河的迹象，毁约和议，是早晚的事情。"张焘又说："如今川陕的兵马没有一个如同张浚那样的主帅，也请圣上早晚定夺，否则一旦有变，川陕将会无所适从。"

川陕自从吴玠病重，朝廷一直没有明确过主将。当然，这局面也是和赵构想趁机将兵权拆分下沉，以便朝廷能直接指挥分不开的。赵构没有想到变化会来得这么快，一时没了孰轻孰重的头绪。

秦桧出班奏道："至于和议，只要我大宋能有诚意，还是应该继续争取。张侍郎所说的川陕状况，也该有所加强，请圣上定夺。"

这日朝议，还论及了即将到来的四月朔日的遥祭，也就是初一这日，赵构照例要亲率文武百官，出和宁门，朝北遥空揖拜渊圣皇帝。自

---

❶ 虏人：金人。
❷ 曲尽关防：曲尽，竭尽。关防，防范、防备。
❸ 完全：万全之计。
❹ 比：近来。
❺ 贻：留下，带给。

从赵构登基，每年的四月初一，或遇事推迟到十五，赵构都会率众臣遥拜父皇道君帝，兄皇渊圣帝。道君帝去世以后，遥拜就改为渊圣帝赵桓一人了。

御史中丞廖刚出班启奏说："如今先道君帝已终，而朔、望❶遥拜渊圣帝之礼如故，此盛德也。"廖刚又说："以前遥拜先帝、渊圣帝是不可废的常礼。如今，先帝已仙逝，礼仪应该有一个轻重的区分。兄长为帝王时，确实应该以帝王之礼对待，如今圣上已成了帝王，就应该遵循兄弟之礼。眼下圣上久病初愈，龙体欠安，希望自此寝罢❷。届时，圣上在内庭行家人之礼遥拜即可。"

廖刚接着说："渊圣远在万里之外，圣上每每尊以帝王之礼，一旦渊圣返回，若不能让其摄政，更会招来天下人非议。何况圣上如此拳拳之意，于渊圣何补？万一其归未有期，难道后人就这么无期地揖拜下去？"廖刚这句"一旦渊圣返回"，也是点了赵构的软肋。赵构常说等渊圣皇帝归来，将退位让政，但如同流言所说，一旦金人在汴梁推出渊圣为帝，或者以渊圣的儿子为帝，怎么办？

礼部侍郎吴表臣、冯楫，太常寺少卿周葵等纷纷出班，赞同廖刚之谏。恳请圣上在朔、望的日子，用家人之礼遥拜于大内之中。到日子，群臣也可以在大内的北宫门外随从揖拜。赵构颔首从之。

没过多少日子，被任命为成都府知府的张焘，向赵构辞别。张焘说，以前的任官去四川，都是坐船逆大江而上，再舍舟走陆路入蜀。这次臣请求取道东京、西京，过潼关，走长安而去。这一路，虽然行途多有困顿，但也可以将圣上的旨意晓谕各地将领，并互相商议防御协调之事。

赵构一听，不等一旁的秦桧开腔，连连点头嘉许：不愧是兵部侍郎，有远见。张焘这一路虽然要经过金国的辖地，但此时兀术还没发起

---

❶ 朔、望：初一、十五。
❷ 寝罢：废除。

战端，只要不穿越对方垒寨要塞，路途尚无风险。后来，张焘走这一路的效果之好，连赵构都没想到。因为紧接着的金人南犯，有了张焘和沿路驻将的沟通协调，吴玠之弟吴璘等将领也有了配合岳军北上的意识，从据守到频频出击，给岳飞分担了不少的压力。

张焘走后不久，赵构又考虑派一员得力的武将，带兵前往东京汴梁，协助留守使孟庾这位文臣，担任留守副使，以固城防，也可对兀术的夺地遏制一二。派谁去？要是就近从韩世忠、张俊、岳飞所部调拨将佐兵马，倒也方便。但赵构不希望再扩大这些将领的权辖。考虑再三，赵构决定调拨从庐州回来后充任殿前侍卫副军都统制的刘锜，带兵前往。

刘锜是前朝老将，绍兴初年在川陕一带抗金战斗中，以勇猛著称，后被调任殿前宿卫亲军统制，有实战经验。这几年近在殿前，深受赵构信任。眼下他所辖领的殿前侍卫副军，不少是王彦留下的八字军兵士，孔武善战。

刘锜临行之前，赵构告诉他东京汴梁的情况，金国南犯的流言，日后或许会有的不测变化。赵构说：你领兵到了顺昌城，先将随军家属留下，再领精兵前往汴梁。到陈州时，你可分一半兵马屯扎，再带主力到汴梁。如此，汴梁之兵和陈州能作掎角互护之势。

赵构对这一路极熟，一番话也使得刘锜有了先往顺昌一走的行动。后来，南宋史上一场难得的以弱胜强的大战，就在顺昌城下偶然展开。

刘锜是四月十七日离开临安的，赵构想起了张焘的建言。是啊，朝廷自王庶走后，还真缺少一个能协调各路将领的帅才。当然，最好是文官。这枢密使秦桧出谋划策、襄助庶事倒还可以，调兵遣将，难以胜任，这确实是赵构的一个心结。

也就在这时候，淮西宣抚使张俊来了奏札。当然，张俊并不是来请缨出兵的，他是向赵构要求，乞免他的岁输和买绢税。也就是朝廷实封给张俊的那些田地，他想免掉每年临时附加的赋税。还有，免他用粮食换取绢绸的那部分税款。

张俊能和赵构说这种话，是不把皇上当外人看了，完全是家人一般的说话。赵构微微一笑，他还真需要像张俊这种能掌得帅旗的心腹之将。当即指使三省，拟定每年特别赐予张俊五千匹绸绢的待遇。但赵构提出，不要以此为例，推恩其他将领。也就是其他大将不能享受这待遇，毕竟五千匹绸绢，是给金国岁贡绸绢的五十分之一。

赵构又写亲笔御札给张俊："诸将皆无此，独汝欲开例，朕固不惜。但恐公议不可。汝自小官，朕拔擢至此，须当自饬❶如作小官时，乃能长保富贵为子孙之福。"赵构提醒张俊，你要像当年做小官那样，夹紧尾巴做人，荣华富贵还长着呢。

张俊虽然长赵构二十岁，但赵构这话，对张俊来说，还真有一点慈父的口吻。君君臣臣，父父子子，这让张俊惶恐不已，本来只想免税，没想到圣上会赐绢，赶紧"力辞"。后来宋金第二次和议达成，张俊罢兵回了临安，还真掌帅枢密院。不过，到了这时候，朝中众臣才晓得，张俊家的岁收租米有六十万斛（石），他根本不缺这点钱。

后人评赵构这事，说"赋绢天下之公法也，赐绢一人之私恩也，圣上对待将臣宽厚如此，御❷将诚有道矣"。这话虽然貌似褒语，倒也不无讥讽。不过，此话还是见出了赵构对未来将要下的一盘大棋，不惜先破了一贯的"公正"。

第五十二章　毁约之战

没等赵构对张俊进一步重用，五月中旬，宋金形势突变。金国分兵向淮北、河南、川陕等地发起进攻，要将已归还给南宋的土地，悉数夺回。

完颜亶诏谕黄河南、北各州县："以前挞懒擅自割地河南等处，给予

---

❶ 饬：谨慎。
❷ 御：驾车、指挥。

江南。朝廷初时不肯从之，只是徇其邀求❶之故。本次对江南出兵，并非朕对和议食言，一人决定，而是恩威张弛❷之间，盖不得已。遂命各使，持此诏遍抵诸郡，分兵随之行动。"女真人不说谎，毫不掩饰这次出兵是对和议的食言，只是一句话：大家认为，太便宜"江南"了，必须"恩威张弛"一下。

这是金国所有兵力的同时出击，有完颜宗弼、韩常、三郎君、龙虎大王四支主力部队参战，每部十余万兵马。完颜宗弼一支首先进入河南，汉将孔彦舟、郦琼、赵荣打头阵。五月十一日，完颜宗弼，也就是兀术，率先攻打东京汴梁。

东京留守使孟庾，是一个无军事经验的文臣，翘首盼望着副使刘锜早早领兵到来，一听四门突然被围，一时仓惶不能自处。统制王滋说："下将愿以兵马保护留守使夺门回行在临安。"孟庾认为金兵太多，王滋那上千老弱病残的刘齐遗兵，完全不是兀术对手，要突围遽去，不可能。怎么办？死磕，早晚城破，满城百姓性命难保。思来想去，孟庾还是打开城门，投降了金人。

五月十四日，金兵另一路先锋大将，都统制完颜裒(póu)率兵围攻南京应天府。这完颜裒原本就是应天府驻将，军纪不错，颇得人心。他轻易拿下应天府城后，张榜安民，首先传告城中的刺儿头，即府学的学生：本军进城，不杀不扰，请诸位勿躁。

他又请应天府的南宋留守使路允迪出署门相见，路允迪一身南宋朝服坐于厅堂，不亢不卑地说：允迪不降，以死报效朝廷。完颜裒命令拿下路允迪，押往东京。路允迪后来在北上途中，绝食七日而死。

进攻西京的一路金兵，到了洛阳城外，南宋留守使李利用弃城遁逃。于是，兴仁府、淮宁府相继失守。已归还南宋的各州、县，望风纳降。另一路攻打陕西的金兵，由副帅萨里罕打的头阵，渡过黄河，进入

---

❶ 徇其邀求：徇，曲从。邀求，企求。全句，曲从他再三的要求。
❷ 恩威张弛：张弛，一紧一松。全句，是对南宋恩威、紧松的策略需要。

同州，疾驰二百五十里，接近永兴军（今陕西西安以南），受到了吴璘等部的激烈阻击。

初时，南宋朝廷不仅过分相信了金国，怕派驻武将会刺激对方，同时也担心武将的派驻会掌握更多权力。所以，派往归还地的接收大员，全是文职，守军也都是伪齐归正的兵马。若按王伦这"少文化"的混混说法，哪怕派韩世忠、张俊、岳飞的部下带兵北上，分驻东京、南京、西京，也不至于会被金兵囊中取物般地要了回去。

不过，在南宋如此不设防的境地下，金兵还是吃了两次意料不到的败仗。兀术也为此感叹说，十年前金兵那股如狼似虎的戾气与勇猛，这几年都被安逸消磨光了。

第一个败仗是在河南滑州渤海庙，兀术的兵马要过黄河，去进击东京。在李宝的民军袭击下，损兵不少。当时，太行山的寨主梁兴并未应邀参战，否则，金兵的损失会更大。

第二个败仗，那就丢大份儿了。

当金兵轻轻松松拿下东京汴梁，正打算南下收回顺昌时，刘锜的兵马正好到了顺昌城。那顺昌知府，正是以一介文职坚守德安城，反击李横七十天的陈规。此时，他还挂职从二品龙图阁直学士。陈规毕竟打过守城保卫战，到顺昌上任的第一件事，就是修城储粮，招募流亡兵士。见刘锜领兵到来，陈规告诉刘锜，城中有粟米数万斛，勉励同为生死。然后两人登城察看，分配好四门的守卫将士，又招募土人乡导，充作间谍，暗守四处。

刘锜兵马与顺昌守军共一万八千，先期到达的金兵有三万。五月十四日金兵开始攻城，连连失利。此后，都统制葛王雍率三万金兵赶来增援，也连日被刘锜的强弩、水淹、夜袭，打得损兵大半，只得向汴梁的都元帅兀术求援。

宋军在顺昌开战后的接连大捷，后来被朝中士大夫议论起来，总是首推文臣陈规之功的多。其实，文武携手，互相计谋，是这次大捷的主因。后来刘锜因庐州失守，一撸到底，这血战顺昌的大功全被文臣的强势淹没了。

当临安得知顺昌告急时，还真调不出兵马了。但赵构深知顺昌城的重要，顺昌要是一丢，这一路过淮水到庐州，大江岌岌可危。赵构赶紧下札给就近的老将刘光世，请他"出山"，并调拨周边的兵马给他，立马增援顺昌。赵构又急告襄汉的岳飞，赶快派兵，去顺昌救急。从岳飞的防守区域到顺昌，并不远，战斗力足以威慑金兵。

兀术一听顺昌受挫，深谙"兵贵神速"的他，在地毡上扔掉喝酒的壶，连声高叫索取战靴，一起身出了大营，跃马就奔。亲随骑兵见大帅一马当先，都忙不迭地跟在后面跑开了。步兵也吹号整顿，呼呼隆隆出发。东京汴梁到顺昌，一千二百多里，兀术领了骑兵，连头带尾只跑了七天。六月五日，他赶到了顺昌城下。这时的宋军，还在调拨援兵之中。

兀术大骂部下："区区顺昌，靴尖趯倒❶，取有何难？"兀术亲自上阵，指挥攻城，哪晓得，连续攻城十余次，还是被打退了。这前前后后，金兵在顺昌城下连续惨战一个多月，前后增兵七八万，最终还是以败告退。当然，这是后话。

顺昌之战开打之前，已经接收原伪齐各地的南宋守臣，见到金兵来势汹汹，纷纷闻风而降。对此，赵构十分愤怒，这日朝议，他愤然说："敌国之人不知信义，无足怪者，但士大夫不能守节至于投拜，风俗如此，情何以堪！"

见赵构如此愠怒，秦桧出班说道："自靖康以来，卖国之人皆蒙宽恩，故习熟见闻。若惩革之，当在今日。"见赵构赞许，秦桧接着又说："臣昨见挞懒有割地讲和之议，故赞同陛下取河南等故疆之伟业。岂知兀术戕其叔挞懒，和议已变，如今，微臣更赞叹陛下定下吊民伐罪❷之策。臣虽不才，愿先至大江督促诸路大军，同力招讨。陛下相次劳军，如同汉高祖以马上治天下，不宁厥居为社稷宗庙❸。如臣言不可行，即乞

---

❶ 靴尖趯倒：趯，跳跃。全句，跳跃起来用靴子尖都能踢倒。

❷ 吊民伐罪：征讨有罪者，以抚慰百姓。

❸ 不宁厥居为社稷宗庙：为了大宋社稷，不安于昏沉沉的坐守。

罢免，以明孔圣'陈力就列，不能者止'之义❶。"

秦桧这一番激昂之说，也是怕承担"主和"的责任，将以前的"讲和之议"，今日的"和议已变"，都说成是对陛下的依附。最后，来了一段"招讨"的雄心。赵构一听，那一再对金退让的卑谦，反倒被秦桧激出了勇气。五月二十五日，赵构下檄令给各路大将、州郡，题目极为醒目——"金人叛盟，兀术再犯河南，令诸路进讨诏"。

檄令先说本朝一再"忍耻不问"，后又说"今河南百姓休息未久，又遭侵扰，朕尽然痛伤，何以为怀？仰诸路大帅各竭忠力，以图国家大计，以慰遐迩不忘本朝之心，以副朕委任之意。故兹诏示，想宜知悉。"赵构终于憋不住了，各位将领，放开打吧！

接着又诏谕赏格❷："将帅、军民，有能擒杀兀术者，见任节度使以上者，授以枢柄❸；未至节度使以上者，授以使官❹。官高者除以使相❺，见统制者仍除宣抚使，余人仍赐银、绢五万两、匹，良田一千顷，宅第一区。"

这赏格中所说的"余人"，就是一般人，只要能擒杀兀术，可赐予五万两银子、五万匹绢，还有良田一千顷，以及临安城内第一区，即秦桧府邸附近、望仙桥直街一带的都城"第一区"宅邸一座。这赏格确实诱人，但一般人想杀了兀术，谈何容易？赵构示意承诺的"赏格"，只是对将士的激励而已。

这时，李宝在渤海庙的战报也传到了临安，赵构当即下诏给黄河南北的中原之士。诏谕说："天下忠臣义士，虽在沦陷之中，乃心不忘国

---

❶ 以明孔圣"陈力就列，不能者止"之义："陈力就列，不能者止"，语出《论语·季氏》，是孔子引用古代史官周任的话，意思是：能够施展才能、贡献力量的，就接受这个职务；不能施展才能的，就应当辞职让位。

❷ 赏格：悬赏所定的标准、数额。

❸ 见任节度使以上者，授以枢柄：见，通"现"。枢柄，中枢权力。全句，现任节度使以上官职的，入枢密院。

❹ 使官：相当于节度使一级的官员。

❺ 官高者除以使相：除，任命。使相，相当于副相级官员。全句，指文职高官，可任命副宰相一级。

家,今兀术再起兵端,南北云扰,未知休息之日,凡尔怀忠义之乡里豪杰之士,有能杀戮者或生擒兀术来献者,并与除节度使。其余,能取一路者即付之以一路,能取一州者即付之以一州,便令久任。所获府库之金帛,一并留赏给予兵士。其余忠力自奋者,随功大小,高爵重禄,朕无所吝惜。"

"能取一路者即付之以一路,能取一州者即付之以一州",也就是任何人,你能夺回多少州、郡,你就是州、郡的知州、知尹。这些州、郡的官府库藏,全归你支配。自建炎以来,赵构还没有如此明文放权,如此不惜代价过。

赵构的这几道诏谕,是直接驰檄的天下,并没有按照惯例发往各大"家军"逐级传达。有关的赏格分配,也没有要诸位大将掌握。这也让各位驻外将领搞不明白,赵构所说的"各竭忠力",是杀过黄河去,还是仅仅要兀术的一颗人头?黄河以北的忠义之士,要是真能激战于"一路",宋军要不要过河去增援?这些,诏谕都没有说清楚,也没有主帅去会议诸方布置一二。

尤其没有说明的是,前方的战斗一旦开打,谁牵头号众?难道是各自为战?连秦桧这文臣都明白,前线要有主帅,他愿意去充当。但赵构不知是假糊涂还是真忙昏头了,没有委派任何一个主事之人去往前线。当然,这"帅",并不是对武将的泛泛尊称,而是真正能代朝廷行事,统筹得了全局战事的人。

但能看清赵构用意的人,还是有,岳飞就明白赵构用的是"推恩削藩❶"之策,希望各军将佐"只知朝廷,不知大将"。以前的赵鼎、王庶知道赵构这心思,如今在朝廷中能明白的,只有秦桧。秦桧当然希望兵权集中在朝廷,由他这个枢密使来指挥。但秦桧高估自己了,赵构吃过张浚的苦,不会再一次踏进同一条河了。

不知就里的人也是有,譬如给事中冯楫,他就向秦桧提出:"兴师讨

---

❶ 推恩削藩:将一个藩镇大将的权力拆分给许多小将。

伐，必须有张浚那样的前线主帅，付之戎机❶，以督诸将。"秦桧听了很高兴，他说：冯公此话极善，明日朝议，吾当上殿推荐之。

冯楫不明白这是秦桧给他挖的坑，秦桧晓得，冯楫一提张浚，肯定会当殿吃壁。但秦桧还是希望冯楫能把话说出来，或许赵构能让他秦桧当主帅，他要当面看看赵构的态度。果真，当秦桧启禀说给事中冯楫有奏后，冯楫出班一提议，赵构几乎是发怒地说："朕宁可覆国，决不复用此类。"

第五十三章　解危顺昌

身在朝廷之外的建康府行宫留守叶梦得，和冯楫一样，对没有主帅，也心存担忧。担忧赵构如此指挥，会带来眉毛、胡子一把抓的后果，最终出现各将见机争先，打仗不分前后、出兵不分主次的结果。叶梦得一道奏札到了朝廷，直言不讳地向赵构指出了诏谕的不足。

叶梦得说："今大兵所恃，惟韩世忠、张俊、岳飞三将，臣欲乞朝廷先定大计，更命三将各具所见。如何则守，如何则战，守以何道，战以何术，孰当先锋居前，孰当勒兵殿后，如何以为声援，如何以为策应，一一条上，圣上取所可行者，再以付之实施。然而各尽其谋，更相究知，以责功效❷。仍下诏慰勉，俾务辑睦❸，苟无同异，躬率部曲，一以社稷为心。"

对此，岳飞不但担忧各将的协调，更担心宋军会失去这次难得的战机。岳飞提出要到临安来一趟，面觐赵构，当面说一说作战的进取谋略，再在战争到来之前，说说久藏的心结。这心结是绍兴八年（1138）的秋天，岳飞在大内见到赵瑗以后生发出的。好一根筋扳到底的岳飞，自

---

❶ 戎机：军事权。
❷ 更相究知，以责功效：究知，追究。全句，互相更能知道行动目的，并以追究、知晓职责与功效。
❸ 俾务辑睦：俾，使得。辑睦，和睦。全句，务必使得各军互相和谐。

那一次见到赵瑗，就认定这是未来皇储的最好人选，是大宋的希望。岳飞常对身边人说："社稷得人矣！"眼下，大战在即，为防不虞之时，岳飞希望圣上能明确赵瑗为皇储，绝了金人再立宋帝之心，岳飞也好放开手脚，打兀术一个天翻地覆，让他再也缓不过气来。

赵构晓得岳飞是一个不怕事情搞大的人，他要求觐见，或许会提出趁金国后方空虚，直捣东京的谋划。或许会重提寝阁之议，能有一个兵权一统的机会。历史的经验告诉赵构，越是打仗，打大仗，大将越容易扩展兵权，他不希望岳飞就此提出更大的要求，乱了朝廷的既定方针。赵构没有想到的是，绍兴七年（1137）岳飞因为立储一事遭到他斥责后，还会大了胆子再来重提此事。

赵构亲笔回札给岳飞："金人再犯东京，贼方在境，难以召卿远来面议。今遣李若虚前去，就卿商量。凡今日可以乘机御敌之事，卿可一一筹画措置，先入急递奏来。据事势，莫须❶重兵持守，轻兵择利。其施设之方，则委任卿，朕不可以遥度也。盛夏我兵所宜，至秋则彼必猖獗，机会之间，尤宜审处。遣亲札，指不多及。付岳飞。御押。"

李若虚，是在岳营参议官的任上擢升为京西、南路提举使兼转运使的，又称"监司"。提举转运，不只是掌管漕粮和军饷、军器等物的运转，而且还控制了当地的钱粮和监察、狱案大权，实为地方一长。很受看重，又颇遭非议。

李若虚上任也就一年，因侍御史周秘抓住某些地方"监司"的不良之风，李若虚也一度同遭弹劾。周秘节外生枝，还指责李若虚并非"三考"出身，提拔"尤为超躐"，如此素质容易生出弊病。宋时，不论出身，只重科考选拔取士之策，让李若虚每每被人诟病。

但李若虚有真才实学，好在京西、南路又是岳飞的辖地，他返回岳营，重操了老本行。此后才一年，又被朝廷重用，成了司农寺少卿。眼下，赵构派他急赴岳飞军中，也是看重他与岳飞的关系，能更有效地站

---

❶ 莫须：毋须，毋必，不持绝对的态度，谓能因时变通。

第十五部　仰诸路大帅各竭忠力

在朝廷角度，把握、督促岳飞对金战事的大政方针。

岳飞得知李若虚前来，也就打消了亲往觐见赵构的念头，但他立意已定，还是想说立储之事。他不怕再遭绍兴七年（1137）赵构那种勃然大怒，倔人一旦决意做什么，谁都挡不住。岳飞沐浴更衣，郑重坐定，尽量婉转地写道："今欲恢复，必先正国本，以安人心。然后不常厥居❶，以示不忘复仇之志。"

从临安前往襄汉，舟船加车舆，至少要比持金牌的快马多跑五六天。李若虚离开临安不久，朝廷就接到了刘锜在五月十二日发出的告急信，赵构立马调动兵马，又要岳飞出兵增援。从赵构给岳飞的亲笔手诏来看，他把顺昌战事只当作金兵的一般性进攻，并没有想到兀术会亲率大军打得如此惨烈，赵构主要说的是这次战局岳飞该怎么行动：

"览卿来奏，欲赴行在奏事，深所嘉叹，何况以戎事之重，极欲与卿相见。但虏酋在近，事机可乘，已委卿发骑兵至陈、光、蔡，出奇制变，因以应援刘锜。及遣舟师至江州屯泊，候卿出军在近，轻骑一来，庶不费事。卿忧国康时❷，谋深虑远，必有投机不可淹缓之策❸，可亲书密封，急置来上，朕所虚伫待也。遣此亲札，想宜体悉。付岳飞。御押。"

赵构再次强调岳飞不必前来临安，要求立马往顺昌发骑兵，先行占领顺昌西、北面的陈州、光州、蔡州，以配合东、南面的韩世忠、张俊，对顺昌形成包围之势，然后"出奇制变"，围歼兀术。赵构还担心大江的驻防，恐被金兵趁虚突袭，他要岳飞的水师大部，从江州移师池州，舟船顺江上、下力守天堑。如此，也易"轻骑"出击，再加上韩世忠主守淮东，张俊主守淮西，刘锜以及驰援顺昌的王德，都可以择地待发，确保长江万无一失。

在此之前，枢密院已经有院札给过岳飞，赵构无非再次强调一盘大棋该如何落子，以显示他的主帅在胸。赵构熟知岳飞，越是这种连朝

---

❶ 然后不常厥居：厥，其。全句，不是常住在某处。使敌莫测，摸不清我方动向和意图。
❷ 康时：匡时，能使时世安定。
❸ 必有投机不可淹缓之策：淹缓，即延缓。全句，你必定有投我心计而不能延缓的计策。

廷都把握不了的瞬息万变的战事，岳飞越容易见机行事，自行定夺。赵构还真猜对了，这时的岳飞，一心想的就是以进为守，乘机直捣金兵后方，打兀术一个措手不及。至于长江，金兵都难以顾及前后了，哪还来窥觊？圣上，你不是发"檄令"，发"赏格"吗？岳飞要让你看看，凭我本军，同样可以打得他兀术人仰马翻。

不过，看了赵构诏书的岳飞，还是稍稍变动了原定计划：粮草先行，兵马又作调拨，派遣张宪、姚政领骑兵先行，暂不占领陈州、蔡州，而是经光州直插顺昌。自己亲率大军继后，到蔡州以后，再根据战况，见机行事。

这时的宋、金双方，虽然还没有全面展开战斗，但双方的战术，已见出了高低。金帝完颜亶将前方指挥权完全委于兀术一人，任其见机行事。赵构却不同，又想亲自指挥，又想分而治之，还希望各将领在瞬息万变的战事中，事事能征得他的同意。不过，遇上了一个果断行事，又对战局早已了然于胸的岳飞，赵构的一盘棋还是被彻底打乱了。

五月十二日起，刘锜、陈规一直在顺昌苦苦防御，屡屡出现险情。陈规接连向朝廷发出告急信，朝廷这才知道兀术是势在必得，顺昌城危在旦夕。一座城几万士民，一万多的兵马，要是城破，都成刀下之鬼了，金兵也会趁了锐气一举南下，庐州又得告危。赵构这才急了起来，一道紧跟一道告催岳飞等将领，赶紧前往顺昌。要是不将三省、枢密院同奉圣旨的省札计算在内，仅赵构写给岳飞的亲笔诏书，前后就有六道。

赵构从五月中旬第一道要求岳飞发兵，援助刘锜守城，到六月六日的第四道告急诏书，话就越说越重了："刘锜在顺昌府，捍御金贼，虽屡杀获，其贼势源源未已。卿依已降诏旨，多差精锐人马，火急前去救援，无致贼势猖狂，少落奸便，不得顷刻住滞。"

这札子一来一去之间，刘锜、陈规已经和金兵在顺昌城下血拼一个多月了。兀术万万没有想到，顺道驻兵顺昌城的刘锜，以及顺昌知府陈规，对他来说不是一个巧合，而是夺命的煞星。

当时正逢暑天酷热，骄阳当空，远道奔驰而来的金兵极不适应。每

第十五部 仰诸路大帅各竭忠力

日一早,刘锜先令将士在城楼乘凉,爽够了,再以弓弩伺候攻城的金兵。接近午时,金兵攻得口干舌燥,精疲力尽,刘锜突然打开城门,率数百人冲出城外,一阵狂杀。最惨时,宋军统制官赵樽、韩直身中数箭,仍然用刀斧拼力相斫金兵铁骑。晚上,月黑天高或瓢泼大雨,刘锜又挑精壮士兵吃饱喝足去偷袭金营,削瓜似的砍头颅,扰得金兵日夜不宁、叫苦不迭,一天杀敌五千余人。

一个多月下来,刘锜的八字军打得所剩无几,陈规的兵马十伤七八,金兵一度还攻上了城楼。六月十二日,当刘、陈以"水淹七军"之计,击退兀术最后一次攻城,金兵以惨胜告终时,岳飞部将张宪、暂拨刘光世的王德,率援兵也靠近了顺昌,并在外围小胜一局。兀术闻讯,怕被生生包了饺子,无奈撤兵。

不说葛王雍前期对顺昌城的攻打,就这兀术连战二十多天,也已精疲力尽,当金军退到泰和县(今安徽阜阳太和)时,兀术卧床酣睡两天两夜,才有了精神。这一日,兀术令众头领到来,算起了总账。他只给大将韩常留了面子,其他大小将领,统统挨墙站立,屁股朝外,兀术拿了藤杖逐一杖打。几个轮回,打够了,兀术满腹浊气才消。

兀术命令葛王雍镇守归德府,翟将军(史书未详其名)镇守陈州,自带了剩余兵马返回汴梁。兀术的这一顿杖打,后来还真起了作用,金将们都玩儿命一样振作起了精神。

葛王雍,姓完颜,汉名雍,兀术的亲侄儿,封葛王。这一顿杖打,兀术也没有饶过他。葛王雍自小熟读汉书,处事仁孝,沉静明达,骑射一流。二十年以后,际会风云,这完颜雍,也就是曾经的葛王雍成了金国第五代君主金世宗。当然,这也是后话。

六月十二日,正是顺昌告胜之日,赵构不知道啊,他又给岳飞下了第六道催促急援诏书。当金牌快递日夜兼程,辗转交到正在行军中的岳飞手上时,离顺昌大捷已经过去七八天了。这催援诏书,哪怕看了也没啥大意思,但岳飞还是先朝南揖拜,再恭敬展读。

这一读,满纸的赵构怨怼就出来了:"累降诏旨,令发精锐人马,应援刘锜。今顺昌与贼相对日久，虽屡杀获，恐人力疲困不便。卿可促其已发军马，或更益其数❶，星夜前去协助刘锜，不可少缓，有失机会。卿体朕此意，仍具起发到彼月日奏来。六月十二日。付岳飞。御押。"

不知道顺昌已经解围的赵构，真急了。他除了要岳飞增添兵马，还要岳部星夜兼程，并将一路到顺昌的行程，按时日一一写出，奏来朝廷。赵构这种恨不得将魂魄全附在岳飞身上的发急，让暑热中的岳飞，后背也有了丝丝凉意。幸好，顺昌已经解围。

赵构的发急，也引来了"特授"，一道敕令：晋升岳飞为少保，兼河南诸路招讨使。这一次"特授"，不只是岳飞，淮东的韩世忠、淮西的张俊都有。韩世忠从少师晋升为太保、封英国公；张俊从少傅晋升为少师，封齐国公。

从"检校少保"改成了"少保"，大致是候补成了正式。"少保"，从一品衔，若是按太师、太傅、太保、少师、少傅、少保这么一个从上到下的排列，最末的少保，是可以撒胡椒粉一样，可劲儿加封的。当然，越往上，数目越少，韩世忠这"太保"，全朝只有五个。再往上升到太傅、太师就更少。秦桧到死，就是"太师"，满朝仅一个。

三十八岁的岳飞得到"少保"衔，也明白，这当口儿的赐封，只能说明赵构又给他加了一道紧箍咒。岳飞对这道"特授"的"谢辞"，又是发梗地连写了五次，每一次都能读出"臣不任战悸，恐惧之至""臣不任战悸，俯伏俟命之至"的不踏实。

当李若虚风尘仆仆地见到岳飞的时候，正是六月二十一日的午后。李若虚是到了鄂州，晓得岳飞亲率大军北上，再往蔡州赶的。半道中，听说岳飞到了德安府（今湖北安陆），李若虚才辗转赶来。

当李若虚在一条小街的大院中见到岳飞时，岳飞正在布置全军继续北上的计划，李若虚一听，毫不迟疑地表示反对。他说："圣上的意思是'兵不可轻动，宜班师，等待朝廷指挥'。"

---

❶ 更益其数：益，增加。更益其数，即增加兵马。

第十六部

兵难遥度，卿可从宜措置

第五十四章　矢已离弦

李若虚传谕的这道赵构旨意，和一个多月前朝廷的诏谕檄令与赏格的那种慷慨激扬，确实大相径庭。李若虚并没有妄传圣旨，"兵不可轻动"，是赵构的旨意。赵构告诉李若虚，到了前线，金兵若是北退，千万不许岳飞妄进。檄令归檄令，对内还是要有所掌控。

赵构这话不仅仅针对岳飞，同样，侍郎周聿、周砺作为使臣，也派出到韩世忠、张俊部当面转达过。各将领应该明白，朝廷那种轰轰烈烈的讨贼檄令，是喊给金人听的。赵构早已决定，打的只是保卫战，一切还是要靠和谈。只要兀术能撤兵，还是要往和谈上引。

这时的岳飞，已经听不进这话了，他只认定朝廷对金人的征讨一说，他是明文授定的招讨使。岳飞拿出赵构的亲笔诏书，递给李若虚，他说："圣上说过，'兵难遥度，卿可从宜措置，务在取胜'。你我从军的初衷，不就是北图吗？今有这时机，如何放弃？"

李若虚见岳飞立意已坚，弩矢待发，再无劝说的可能，只得无奈道："圣上再三说，不可轻动，如果发现不应该进发而进发的，若虚可以宣诏还兵。如今，事既如此，大军已势不可还，那岳侯你就进吧。矫诏❶之罪，若虚当任之。"岳飞一听李若虚如此说，深深作了一揖，并承诺，得手以后立即还兵。

要说李若虚的这一生，与岳飞干系极大。就这一句"矫诏之罪，若虚当任之"，最终还是断送了李若虚。隔年，也就是绍兴十一年（1141），岳飞被拘大理寺，李若虚也因"不自循省，唱为浮言❷"被送往徽州"羁管"，不日郁郁而死。当然，这是后话。

---

❶ 矫诏：伪造皇帝诏书。
❷ 不自循省，唱为浮言：循省，省察。唱，古同"倡"。浮言，不实的言论。全句，不自省察，倡和不实的言论。

第十六部 兵难遥度，卿可从宜措置

其实，这一次岳飞是铁了心要给兀术一个教训，灭不了金国，至少要打瘫金军，让他们几年内像咸鱼一样无法翻身。如此的"和议"兑现，才是大宋的根本。岳军离开江州之前，正是五月中旬，岳飞只身上了庐山，祭拜完了亲娘的坟茔，又去东林寺看望主持僧慧海。这一次提兵北上，岳飞准备一战到底，他明白，这或许会惹怒赵构，岳飞豁出去了，大不了功成身退，再不和赵构虚虚实实周旋了。

东林寺的慧海禅师，是岳飞的忘年交。早在绍兴二年（1132），岳飞率部剿抚曹成，屯兵江州，东林寺就成了他流连忘返之地。尤其这寺的南面，远离圩田淤地，岳飞北来的族亲，也都选择在此居住，后来也叫岳家市。绍兴四年（1134）十一月，岳飞改任江南西路、舒、蕲州制置使时，又驻军江州，更与精通禅学、戒行孤洁的慧海禅师结为了知己。慧海还应岳飞的要求，授予过岳飞"佛心禅师"的法号。因为母亡守丧，以及赵构收回淮西军合并的成命，岳飞二度上庐山时，也在东林寺居住。可以说，与寺，与慧海师，极有感情。

早在东晋，东林寺就是一座佛教名寺，有志士结成的"白莲社"遗名，眼下依然有大殿两进，厢房众多。当髯须飘拂的慧海禅师得知岳飞是为了功成身退之事，专程来嘱托自己料理时，老禅师也不多说，只是告诉岳飞：早早看破，早早归来。

这日早起，满腹郁结的岳飞写下《寄浮图慧海》七律一首："溢浦❶庐山几度秋，长江万折向东流。男儿立志扶王室，圣主专师灭虏酋。功业要刊燕石❷上，归休终伴赤松游。丁宁❸寄语东林老，莲社从今着力修。"岳飞想"推着"圣上打完这场北上的大仗以后，彻底归隐，终伴赤松。

当岳飞在德安府告别李若虚以后，挥师继续向北进发，临近信阳军（地名）时，赵构的亲笔手诏又到了。这诏书写于六月二十二日。其中有：

---

❶ 溢浦：位于今江西省九江市。
❷ 燕石：用窦宪"燕然勒石"之典。东汉大将窦宪领兵大破北匈奴，登燕然山，刻石记功而还。
❸ 丁宁：叮咛。

"已令张俊措置亳州，韩世忠措置宿州、淮阳军，卿可乘机进取陈州、蔡州，就闰六月终，一切了结完毕。"

这时的赵构，已得知顺昌解围，他希望韩、张、岳三将见好就收。韩世忠停留在亳州，张俊停留在宿州、淮阳军，岳飞若取得了陈州、蔡州以后，也作停留，做好终止前的安排料理。所有的战事，在闰六月了结，静等兀术重启议和。

还有一个月就到闰六月底了，岳部也在抓紧之中。按岳飞原本计划，张宪、姚政领骑兵暂不占领陈州、蔡州，而是经光州直插顺昌。要是按赵构诏书，此时也就小战陈州、蔡州，就此了结。但岳飞不肯放过这盼望已久的机遇。攻下陈州、蔡州，只是他计划的起步。此时，一支岳军已尾随从顺昌撤退的金兵，正赶往颍昌（现河南许昌）的路上。矢已离弦，岳飞断不会就此掉转箭矢，他决意再一次违背圣上意愿，向天下展示岳军的威武。

岳部十万大军，除了小部驻守江防，大多数将领都随了大军浩荡北上。这些将领，与岳飞出生入死多年，前军统制张宪，中军统制王贵，如今都兼了同提举一行事务的职责，岳飞不在时，所有佐将都必须接受张宪、王贵节制。想血战到底的岳飞，对今后或许会离开部队，也作了部队节制的安排。

按照已变的计划，张宪率部渡过淮河后，不再直奔顺昌，以牛皋、徐庆部回手攻取了陈州。又分出孙显部，前往扫除陈州、蔡州之间的金兵营寨，为攻打蔡州清除外围敌人。然后姚政统领游奕军这支游击劲旅，随王贵部东进，拿下光州，渡淮河与张宪部在蔡州城外会合。六月二十四日，两支兵马到达蔡州，合兵攻下了蔡州城。然后又一路尾随蔡州败兵，掩杀六十里，一鼓作气攻占了郾城。

此时已是闰六月上旬，按照赵构"闰六月终"的要求，大功告成。但岳飞命令，继续北进，攻打颍昌城。颍昌守将韩常，是金军的一支王牌主力，极为兀术倚重。攻打顺昌失利，众将都挨了兀术十几藤杖，唯独韩常幸免。这一次，韩常不等岳军到来，先行出得颍昌城外，迎战于

第十六部 兵难遥度,卿可从宜措置

四十里处。一场鏖战,韩常拼了洪荒之力,仍敌不过张宪、姚政这一枪一刀,大败而退,岳军乘势拿下颍昌城。

拿下颍昌城是闰六月二十日,西北侧的汝州,是牛皋老家,牛皋出马,也顺手取下。颍昌、陈州、归德,本是汴梁以南的三大门户重镇。颍昌、陈州一失,东京汴梁的大门失去了两扇,兀术大惊失色。急忙调就近的长葛县守军先行赶往颍昌增援,又派镇国大王、邪也孛堇率六千骑兵,与韩常余部合并一起,夺回颍昌。岳部踏白军统制董先、游奕军统制姚政各率所部在颍昌城北七里店,与金兵各路来援部队迎战。大战两个时辰,金兵终于不敌,溃败而奔,被岳军追杀三十里地。

为巩固颍昌,岳飞决定将招讨使署大营移驻到离颍昌城四十里的郾城,在此分派战令。他令王贵、牛皋、董先、杨再兴、马孟邦等率领各部,继续向河南腹地郑州、西京、永安军、登州进军。也就在那几日,朝廷持金字牌递快马,接二连三送来了诏书。第一封是闰六月二十六日赵构亲笔,这御札倒并不是写给岳飞个人,前线大将人人有份:

"敌人不道,荐肆凶残❶,王师所临,无往不克,捷奏继至,俘获踵庭❷,尚虞狃吾屡胜之威,忽彼不虞之戒❸。天下本吾一家,岂贪尺寸之利,敌人亡在朝夕,必有殄灭为期❹。咨尔六师,咸体朕意❺。"

这是赵构看到接连押送到临安的顺昌战俘,发出的感慨,他向各位将领告诫:你等千万不要沉浸在胜利之中,要想到不虞之虑。"天下本吾一家",估计赵构也是被胜利"烧"的,高兴大了,很有一点"溥天之下,莫非王土,率土之滨,莫非王臣"的飘然。既然"敌人亡在朝

---

❶ 敌人不道,荐肆凶残:道,道德。荐,一再,屡次。肆,放肆。全句,敌人不守道德,一再放肆凶残地侵犯。

❷ 俘获踵庭:踵,接踵。全句,被俘的敌酋接踵献于朝廷。

❸ 尚虞狃吾屡胜之威,忽彼不虞之戒:虞,预料。狃,习惯。全句,曾习惯屡屡的胜利之威,易忽视戒备意料之外。

❹ 必有殄灭为期:殄,灭绝。全句,敌人的灭亡是有期限了。

❺ 咨尔六师,咸体朕意:咨尔,表示赞叹和祈使。六师,对军队的统称。全句,全军将士啊,都要理解朕的意思。

夕",我大宋早晚是要殄灭他们的,你等千万不要贪寸功之利,险进,搞得兵民皆苦,该歇手时就歇手。全军将士,这是朕的意思,千万要记住。

那时候,韩世忠在泇口(今江苏邳州),杨沂中在柘皋(今安徽巢湖),都打了胜仗。张俊与王德,为援顺昌,进兵江北后,因宿州、亳州的金兵并非主力,一听宋军来到,闻风弃城,也让张俊部捡了一个大"漏"。川陕的吴璘,在兄长吴玠患病期间,闻岳飞北上,独率大军频频出击凤翔、宝鸡的来犯金兵,也获大胜。至此,除了岳飞,宋军各路都按照赵构六月二十二日的诏书要求,开始措置驻地的防务。

要说张俊的淮西防地,紧挨岳部襄汉之地,如果张俊能分一部兵马渡过淮河北进,完全可以分散岳军对阵金兵的压力,再要能主动配合进攻,几乎可以要了兀术的小命。后来张俊没经朝廷同意,撤兵江南,使得岳飞孤军无助,无法迅速北进获取全胜。为此,张俊遭到了朝廷抗战派的责骂,骂得他都要辞去赵构所有的赏赐了。当然,这多少也冤枉了张俊,他的退兵,虽然没经朝廷同意,但也是按照赵构"所有的战事,在闰六月了结完毕",不"贪尺寸之利"要求进行的。

只有岳飞看了赵构这诏书,没放心上:"圣上,这刚刚开始啊。"将在外,君令有所不受,岳飞还是按自己的既定方针,继续扫清东京外围的金兵。老天给了我岳飞这灭金的大好机会,一旦放弃,还会再有?

第五十五章　孤军深入

赵构料定岳飞不会言听计从,随朝廷中枢的指挥棒转,他最担心的是,岳飞孤军深入。这要是有一丁半点闪失,那就是四分之一宋军的葬送。闰六月二十七日,忐忑不安的赵构又给岳飞写了亲笔:

"近据诸处探报,及降虏面奏,皆云兀术与龙虎❶议定,欲诱致王

---

❶ 龙虎:金国的正三品武将,分上、中、下三等,上称"龙虎卫上将军",简称"龙虎"。

师❶,相近汴都,拼力一战。卿切须占稳自固,同为进止。虏或时遣轻骑来相诱引,但挫其锋,勿贪小利,堕其诡计。俟可乘之隙,约定期日,合力并举,以保万全。廿七日。付岳飞。御押。"

写这诏书,赵构并不知晓岳飞已经将战场铺得这么大了。岳飞一直没有奏报,赵构只是根据探子的报料,判断岳飞有挺进东京汴梁的可能,也得知金国对此有了准备。要说这兀术,对宋军也是了如指掌,执意北进的,只有岳军一支,他军几乎不会相助。兀术决意放岳飞深入,作一次鱼死网破的决战。

赵构告诫岳飞,一定要"占稳自固",若想北进,得和友军"同为进止"。此时的赵构,好像一个碎嘴婆婆,恨不得附在岳飞耳边,一再交代:万一敌人前来引诱,你只要挫其锋芒就可以,千万"勿贪小利",中敌诡计。岳爱卿啊,我们还是静等时机,若有可乘之隙,和友军"约定期日,合力并举"。

岳飞觉得这一次出兵,不比提笔写回札难到哪里,圣上你想得太复杂了。当晚,岳飞回札赵构说:"虏之技穷矣❷,使诚如谍言❸,亦不足畏也。"岳飞相当自信,金兵打到了现在这个程度,只有招架之功,哪还来还手之力?圣上啊,真要如同探子所说,也不足畏惧,岳飞我打算明日开始主动出击,不等敌兵驰援,速战速决,哪一座城的金兵不出战,退缩一日,我将士就叫骂一日,看他如何有脸。

次日,岳飞这回札刚送出,朝廷信使又疾驰到来,又是赵构亲笔,字里行间,透出了踌躇。赵构担心前两封亲笔写得"过"了,说深了不好,说浅了,怕岳飞听不进去。他一改纯粹告诫的语气,赞许说:"览卿奏,提兵已至蔡州,暑行劳勚❹益见忠诚许国,嘉叹无已。朕意初欲擒取孽酋,庶几群丑自溃,两国生民有肩息之期。然贼情敌势,必已在卿

---

❶ 王师:本指宋军,此处特指岳军。
❷ 虏之技穷矣:敌人黔驴技穷了。
❸ 使诚如谍言:假如真同敌人探子所言。
❹ 劳勚(yì):勚,劳苦。

目中,迅速进退,卿当审处所宜。廿八日。付岳飞。御押。"

这闰六月廿八日赵构的亲笔,几乎溢满了"将在外,君命有所不受"的无可奈何。岳爱卿啊,我本想擒住或者打退兀术这"孽酋",两国黎民有一个休养生息的机会,大功就算告成。如今,敌人已经完全控制在爱卿你的手上,战场态势也在岳飞你的掌握之中。是进是退,是快进还是缓进,爱卿,你审处一下,好好把握。当然,言下之意,赵构还是指望岳飞能懂他的委婉之辞,给点面子,见好就收,就此罢兵。

三省、枢密院同奉圣旨的"到蔡州给犒赏军银绢省札",也在同一天发往岳军大营,那是犒赏岳军进取蔡州大捷的,毕竟这也是大宋对金军的威慑。要晓得,这次蔡州守军是女真人,并非伪齐。该省札说:户部已拨给岳军白银五千两,绸绢五千匹,作为犒赏。夏日的将士暑药,已由内侍押送,一并上了路。闰六月二十八。押押。

朝廷这四封札子接连发出的第三天,岳飞奏报也发到朝廷了,赵构一看,猛地站立了起来,啊!半个月没有信息的岳军,居然打到颍昌以北的中牟了!河南、河北的地形,赵构相当熟悉,岳飞,你是要打到旧京汴梁,还是要打过黄河?

颍昌在蔡州的西北二百多里,中牟又在颍昌的正北一百多里,这一惊,赵构连午膳都没了心思,赶紧提笔回复。赵构除了感叹,还是感叹:"览卿奏,克复颍昌,已离蔡州,向北措置。大帅身先士卒,忠义许国,深所嘉叹。"

这也是赵构的无奈之语,你岳飞"已离蔡州"了啊,这几乎是一句废话,岳军都北进到了颍昌,早已离开蔡州了。但赵构是话中还有话,岳飞,朕是要你进取蔡州的啊。哪怕让你"审处所宜",也没让你整出这么大的动静啊。将在外,这时的赵构,完全是无可奈何了,他婉转写道:"然须过为计虑,虿怀虿❶毒,恐至秋高马肥,不测豕突❷。"岳爱卿

---

❶ 虿(chài):传说中一种尾部有毒刺的虫子。
❷ 豕突:豕,野猪。像野猪一样狂奔而来。

啊，朕还是希望你退保蔡州，使"遗民保聚"。

赵构还是不想把话说得太重，正在"过五关斩六将"的岳飞，让赵构的心完全悬在了半空中，他无奈地说："大军进退之宜，轻重缓急，尽以委卿，朕不从中御也。初三日。付岳飞。御押。"真的，眼下岳军战事瞬息万变，赵构真的没法再控制岳飞了。皇帝要当到这样一种处处小心说话的份儿上，也算憋气大了。

这是赵构七月初三晚上的亲笔，第二日，赵构又让三省、枢密院给岳飞发赏赐省札，干脆，好话说到底，给岳飞一个全然的鼓励："奉圣旨，岳飞提兵已到蔡州，遣发官兵，收复颍昌府。可差内侍黄彦节去传宣抚问，仍赐金合茶、药，及支降金带、金碗一千两，……并折绢银，可共添赐作五万两。令彦节管押赴军前，委岳飞将立功官兵等第给赐。"

省札还是重申岳飞的功劳是"提兵已到蔡州"，至于"遣发官兵，收复颍昌府"一句，似乎透出并不认可岳部大营已在郾城的意思，仍然是依照朝廷部署，在蔡州指挥。蔡州，朝廷圈定的"原点"，仅有的一点武将尊上的面子，三省、枢密院都不愿意说破。

其实，赵构也晓得，按岳飞的性子打下去，到什么地步收场，已经不是朝廷说了算了。赵构陷入了两难之中，他完全被岳飞牵了鼻子在走。

要说持金牌递的快马从临安到颍昌，至少十日。还有暑茶、药，五万两银子的押送，少说要半个月。就这日子，岳飞早已采用了谋士黄纵三年前的计谋，把对金的战斗打到黄河以北去了。就算赵构认可被岳飞牵了鼻子在走，想要岳飞歇手，已不是那么容易。

黄纵虽然早一年考取了进士，离开了岳部。但黄纵在绍兴六年 (1136) 就提出，要想收复黄河以北的中原失地，只能靠奇兵，而不是正兵。正兵是什么？是岳飞手下十二统制率领的十二支部队。奇兵是什么？是出其不意，提前派往黄河以北待命的小股部队。

小股部队哪里来？可在当地招募、联络，也可暗中派往。岳飞本是河南人，这几年来，他通过各路关系，逐渐在黄河南北的紧要渡口，安插了亲信、裨校，掌握了渡船、船夫、客栈、马夫。自李宝从这一"暗径"北上后，河北的忠义军以及山寨头领，如赵俊、梁兴、董荣等，都来往过襄汉岳营，取得了军事委任状。

当岳飞进兵蔡州时，将北进中原的计划同时向河北的忠义军通报了。李宝、梁兴、赵俊、董荣等也都做好了策应的准备。岳军一开始进攻颍昌，河北的忠义军就联手攻占了卫州、赵州，还有绛州的垣曲城。李宝等部还向东绕过王屋县城，攻打孟州要城。这时，金兵的主力几乎都在黄河以南应对岳军，河北多是乡签军，乡勇不经打，义军是一打一个赢。尤其梁兴部，在孟州以西的曲阳县，以少胜多，击退了高太尉所率的一万五千兵马，梁部还趁胜直入到了河北腹地翼城。

这黄河北岸的战场一展开，打的都是"岳"字旗号，兀术闻讯，吓得不轻。最初，他以为是岳军主力分兵过了黄河，终日惶恐不安，乃至有了放弃汴梁的打算。后来得知是当地义军，才稍觉心安。兀术决定暂时舍彼保此，只要岳军主力没有过黄河，河北可以暂时放一放，先集中兵力与河南的岳军决战。

兀术和岳飞交手多次，极了解岳飞用兵好自信，好破对方一点，孤军深入。如今兀术见岳飞又是老套路，马上调集军队，准备以其人之道，还治其人之身。也就在这时，兀术得到情报，郾城的岳军大营只有部分背嵬军和游奕军，他当即决定"选其薄处擒其首"，以几倍于岳军大营的兵力，也破对方一点，进击郾城，擒拿岳飞。

当时的岳军，十万人的编制几乎都是精锐，十二个军种各部约有八千余人。过了颍昌，各军种拆分去攻打各个城池，游奕军的大部也随统制姚政进驻到了颍昌。唯一在岳飞身边的整编军种，就是背嵬军，外加部分游奕军，若是算上大营本部的辎重、伙夫，满打满算一万出头。

完颜兀术从龙虎、盖天、韩常等部选了一万五千名精锐铁骑为前头部队，当先突奔，后面大军继上。七月八日，天麻亮，兀术一马当先出发。马不停蹄奔驰一天，下午申时到达郾城以北二十里地。接探子飞报，岳飞领军，前来迎敌。只见尘烟起处，两军相临。

第十六部　兵难遥度，卿可从宜措置

当先的金兵精骑，真不是浪得虚名，个个孔武高大。临到阵前，穿起了加重的铠甲，膝盖以上护有厚毡，人称"铁浮图"。他们以三人一组，皮索相连，身后有"拒马子"随着前进推移，逼使他们不得后退。

铁浮图的左右两阵，是以三匹马为一组的骑兵，身穿重铠，绳索相连。两军厮杀时，他们能左右照应，冲阵时并行猛进，人称"拐子马"。以往与宋军作战，这铁浮图加拐子马一旦发力，所向披靡，宋军只有溃败奔命。只见铁浮图与拐子马的军中，高竖一面"帅"旗，旗下一员大将，外着白袍，内裹铠甲，在中军来回走阵督战，无疑是兀术。

金兵这铁浮图加拐子马的阵势一摆，眼前的岳军竟岿然不动，那"精忠岳飞"的旌旗，更是迎风飘动。又见一杆"岳"字大旗，旗下正是岳飞立马横枪。他见自家兵士面露惶色，哈哈大笑："此拐子马在顺昌城下也没捞得劳什子便宜，如今何足惧矣！"将士一听，纷纷镇静。只听岳飞命令岳云：背嵬军兵士，每人任意执麻扎刀、提刀、斧头一件。

岳飞又吩咐杨再兴、岳云说：要是拐子马直冲过来，尔等只要一手持盾牌，一手持刀、执斧，迎头而上。一旦交手，不要仰视，只顾低头去砍马腿。只要一马倒地，另两匹马必定跪伏，这时候，再逐一砍去骑兵膝盖。

岳飞这一招，是谋士杨光凝、吴师中的指点：要先破了金兵近距离的交战优势，也就是破他们的精骑术、重铠甲、韧毛毡。岳飞向杨再兴、岳云的背嵬军指点完后，又要岳云冲锋在先："此仗必须得胜，如不用命，吾先斩你！"

背嵬军、游奕军将士听得岳飞训令，个个血脉偾张，激愤不已。当战鼓擂响，众将士一声呼啸，紧随着往前冲杀过去，个个猛虎扑食似的冲进了敌阵，和铁浮图、拐子马绞杀在了一起。只见铁浮图与拐子马只要一人或一马倒地，另外两人、两马就跪地不起，当即被砍得一分为二，血喷肉飞。

素以坚韧著称的金兵铁骑，依然前仆后继，冲锋不断。这一仗，从申时厮杀到了天暗，战场上敌我双方尸如丘堆。兀术连连呼叫："吾自起兵，皆以此为胜，今完矣！"他这时才彻底明白，今非昔比，眼前的岳军已称得上虎狼之师。

无心恋战的兀术，单骑扬鞭，一下子遁入了阵中。杨再兴见兀术要跑，单骑闯进敌阵，追赶兀术。只见杨再兴横枪直冲，几个来回下来，身上多处受伤，却还是没有找到兀术，倒是一群金骑，被他杀得四处狂奔，呼爹喊娘。

第五十六章　血战郾颍

两天以后，金国的龙虎大王、盖天大王又各率数万金兵前来支援，兀术咽不下这口气，重新整兵，准备再攻郾城。岳军虽然伤亡不小，但士气没减。得知巡绰马卒报来，金兵的前军已到五里店，岳部背嵬军部将王刚领了一千多骑兵，赶到五里店一字排开迎候。不等金兵会合，王刚要给他们一个迎头痛击。

只见金兵前军刚到，后军正黄尘蔽天地赶来。这一回，金军并无铁浮图与拐子马当阵，身经百战的岳军明白，金军的步兵，少部是女真人，大多是汉签军，斗志不强。王刚不等对方一字阵排完，当先率骑兵冲进阵去，那金军的紫袍将领还没缓过神来，坐骑的前蹄就被岳军刀斧手砍断，紫袍将领大头朝下落地，他还没看明白王刚的枪尖，胸口"噗"的一下就是一个窟窿。从腰牌得知，是大将阿李多勃堇。

岳飞领后续兵马赶到，只见他头戴朱红束发盔，内裹吞兽狻猊铠，外穿绛红征战袍，骑一匹胭脂马，使一杆银白长枪，大呼一声："不可退却，汝等封侯取赏之机，正在此举，岂可再候他时！"又手指金兵阵中那外罩一身白色战袍的大将，说一声"那厮莫不是兀术？"，话音刚落，岳飞一勒缰绳，那胭脂马呼啦啦早冲出阵去。都训练霍坚也飞马出阵，大叫一声："岳侯为国重臣，安危所系，奈何轻敌！"岳飞一鞭子打向霍坚的手说："非尔所知！"

众兵士见岳飞如此，山风似的呼啸，狂风一般杀向金兵。中军一出，左右两阵也以箭矢齐射，压住金兵。宋军的箭术虽然不及金兵，但箭镞、箭杆都要比金兵精良、锐利，杀伤力极强。两军对垒，头一鼓作气，金兵就先输了一着。金军中那些原本硬了头皮上阵的汉签军，胆小的怕胆大的，胆大的怕不要命的，见岳军将士杀红了眼，大多返身抱头鼠窜。

岳飞持一杆银枪，在阵中左冲右突，直奔兀术。那兀术大喝一声，拖一把大刀迎了上来，两马一接近，二话没说，一枪一刀就蛟龙一般绞在了一起。十几个回合下来，刀枪铿锵，战马嘶鸣，尘土飞扬中只看到红、白战袍飞去遮来，难分难舍。

抱头鼠窜的金兵前面一退，后面更是卷浪一般地转身就跑，大呼"岳爷爷来了！"，狂奔不已。兀术见将士退去一半，知道大势已去，他虚晃一刀，勒马跳出阵去。几名金将冲上来应战救急，被杨再兴迎住，双方又大战了十几个回合，金兵大败，兀术夹在溃散的军中，退入了临颍城。再次以守为攻，等待援兵。

七月的黄河南北，太阳下热得也似江南，打起仗来更是满铠甲淌汗，连日苦战中的岳军，也有点力不从心。再加上部队的粮草全靠攻城掠池得来，盼望中的友军，还有后方的给养运输，都没有到来。兀术得知岳军处境，又大胆撤下了淮西一线的防守兵力，纠集十万，他决意要让岳飞死在郾城。

岳飞深知"软肋"，要不要各处撤兵，集中郾城？若如此，那么已攻下的城池怎么处置？尤其黄河以北，要义军驻守也不可能，难道放弃？岳飞赶紧向朝廷写出一封"乞乘机进兵札子"，着重说了黄河以北："河北已经乱了，民心都愿意归向大宋，近来兀术只得从河南分兵八千去了河北增援。如今正是陛下中兴之机，臣乞求朝廷赶快遣发大兵，前来措置，并令诸路官兵火速前进。若不乘胜殄灭，恐贻后患。"

"恐贻后患"，赵构早就怕这一招了，岳飞自作主张北上，打到这步田地，赵构不爽归不爽，见胜利还是高兴的。但眼下岳飞叫出"后患"的话，也让赵构深感不妙起来。赶紧要三省、枢密院奉旨下令：任命杨沂中为淮北宣抚副使,赶快从宿州、亳州向北发兵,牵制金军。又任命刘锜为淮北宣抚判官,也赶紧向北进兵。这任命,也是将淮河以北到黄河以南的地域,纳为了新的淮北路辖地,并以两员骁将执掌,对金兵造成威慑。

赵构将杨沂中和刘锜的任命通报给了岳飞,又再三强调:"卿当审料事机,择利进退,全军为上,不妨图贼,又不堕彼奸计也。遣此亲札,谅深体悉。"这手诏是赵构在七月十六日写下的,"择利进退,全军为上",赵构只指望岳飞以保住全军为上。但赵构不知道,七月十三日,岳军已中金兵奸计,失去了一员虎将杨再兴。

杨再兴是轻敌了,当临颍的正面金兵凭了工事据守时,杨再兴率三百骑兵,绕道进入了临颍境内。这时的临颍境内,除了郾城的败退金兵,另几支援军也到了,屯兵已达十二万。兀术指望在临颍掐断颍昌和郾城的岳军呼应,各个突破,歼灭岳军,不知临颍兵力的杨再兴几乎就是落进了虎口。

杨再兴的三百精骑,就在这种情况下,浴血奋战了一天,最终只剩了杨再兴一人,又不慎陷进了泥沼,被金兵乱箭射死。后经张宪所部拼死抢回杨再兴尸身,焚化后,骨骸中取出的箭头就有"两升"。岳飞悲恸不已。

岳飞料到兀术的各个击破之计,他命令岳云:"汝宜速领背嵬军去支援王贵。"果真,兀术纠集步兵、骑兵近十万,转身进攻颍昌。中军统制、提举一行事务王贵,先令踏白军统制董先、先锋军副统制胡清,守住城池,自己率了中军,以及姚政的游奕军、岳云的背嵬军出城迎战。

眼下除了踏白军是整编,中军、先锋军、游奕军、背嵬军都是部分,总共不到三万兵马。当王贵看到从舞阳桥往南,横亘近十里的金军尘烟不绝时,心中也有了怯意。岳云明白,金军中不少是汉签兵,只要打掉女真兵的傲气、锐气,其他不足道。岳云大声对王贵说:"将军,报国殉身正当此时,有何可怯?"

岳云命令背嵬军中的骑兵正中冲阵,左右翼的刀斧手听见梆子声就砍马脚。在震天的梆子和金鼓声中，双方一交手就呈胶着之势，从辰时杀到午时，杀得天昏地暗，血流成河。副将严成方，使的也是一对混铁大锤，金兵本以为岳、严二人只是乳臭未干的小将，不足为虑。哪晓得这两对大锤，舞得金兵根本近不得身，哪一个靠近，不是脑袋开瓢，就是肋骨断裂。岳云与严成方也多处中枪、中箭，铠甲赤红。手下的兵士，人成血人，马成血马，却没有一个后退。混战中，兀术的女婿、上将夏金吾和五名千户佐将，一一丧生，七十八名大小首领一命呜呼。

兀术得知女婿阵亡，女儿成了寡妇，气得嗷嗷直蹦。后来他与秦桧在议和的信札中说："尔朝夕和我说要议和，岳飞却日夜想打过黄河，且杀了吾婿，此仇不可不报。必杀岳飞，而和可以成也。"当然，这完全是兀术丧失女婿后气急败坏之说，秦桧也绝对不会拿这话去劝赵构杀岳飞。岳飞最终被害，是后来事势所成。

好在这时候岳飞率兵从郾城赶到，横刺里杀了进来，与王贵合兵，岳军大举发力。金兵一时抵挡不住，前军一退，后军返身溃逃。兀术见这阵势，只得领兵向朱仙镇奔去。朱仙镇是东京汴梁的最后一道屏障，兀术收拾败兵，驰令各路，准备在朱仙镇立下阵势，再次与岳军决一死战。他料到，岳飞已经是强弩之末了。

"撼山易，撼岳家军难！"这是三十多年以后，"鄂州忠烈行祠记"碑文中最著名的一句。但岳家军真正给人有以一当十的壮烈气概，就是绍兴十年（1140）的郾城、临颍、颍昌三大战事。这是岳军最完美的战斗诠释，兀术的金军主力，在岳家军前，完全在作困兽斗了。

两军都在作最后的殊死拼搏，当然，"岳家军"三字，也是三十多年后，岳飞冤案昭雪，民间毫无顾忌的呼喊。当年的岳飞，是绝不敢自称"某家军"的，那是自谋拥军的妄称。后来的《宋史全文》，采用的也只是"撼山易，撼岳飞兵难"。

岳军进到朱仙镇的战报，十天以后送达临安，赵构简直不相信这是真的，迟疑了好几天。直到探子报来，他才惊喜若狂。当七月初四朝廷派往岳营押送赏银的黄彦节后来回到临安，说起二十岁的岳云，在颍昌大战中身上多处刀伤，一度成血人时，赵构就抑不住激动了。他当即下令，擢升岳云为五品"左武大夫、忠州防御使"。

对岳军的嘉奖制词，也表示出赵构对郾城、临颍、颍昌大战的认可："忠义之气，通于神明，却敌兴邦，惟卿是赖。"对岳飞没有及时给岳云报功，赵构半是指责，半是奖谕："若夫成功行封，忧有遗者，何以为劳臣之劝者❶……显赏❷未行，殊非国典。"

这几句奖词，尽管饱含了褒扬，还是能读出赵构对岳飞的侧面敲打，"显赏未行，殊非国典"，我赵构最终还是要以国家刑典为重，该赏要赏，该罚当罚。赵构还写道：朝廷已命令张俊从淮西路，韩世忠从京东路，向北"择利并进"。

这一道诏书到了岳飞手上，一看"择利并进"四字，岳飞就晓得指望不着援军了。进军不"利"是常态，"择利"，援军就不可能奋不顾身。

赵构也明白援军不可能这么快，他最后告诉岳飞："若虏势穷蹙❸，便当乘机殄灭，如奸谋诡计尚有包藏，谅卿亦能料敌，有以应之。"这话很明白，打得赢你就打，打不赢，你岳飞也能"料敌"，看情况"应之"！这也表示出赵构对战局的把握，已无能为力，一切由岳飞看着办，能打赢，总是好的。

要是按临安到郾城的行程推算，持金牌的信使最快得跑十一天。就这十几日中，岳飞的奏报从"陈州颍昌大捷""郾城县北并垣曲县等捷奏"开始，雪片一样纷纷飞到了临安："郑州捷奏""漫独化捷奏""复西京奏""龙虎等军捷奏""复南城军捷奏""河北孟州捷奏""王贵颍昌（再次）捷奏""鹘旋郎君捷报申省状"，临安朝野，连日一片欢喜。

---

❶ 若夫成功行封，忧有遗者，何以为劳臣之劝者：如果成功以后再行封赏，担心有所遗漏，怎么勉励有功之臣。

❷ 显赏：厚赏。

❸ 若虏势穷蹙：穷蹙，窘迫困厄。全句，如果敌人窘迫困厄。

第五十七章　诏令班师

收复郑州的是岳军部将杨成，一个知名度并不高的裨将，他是在郝晸部的配合下，先打垮郑州城外金将漫独化的五千兵马，然后攻下郑州的。杨成的兵马和郝晸的一部，经整顿以后又继续向东，朝东京汴梁前进。这一路，因为进入了金兵腹地，屡屡遇敌，缴获马、骡、器物，不计其数。不少马匹，因为汴河岸高，无法赶入舟船南送，只得砍成几截，充作军粮。

先锋军统制郝晸的属下张应、韩清所部，在郑州分兵，西取西京洛阳。一路上，又会合了攻取永安军的马孟邦部，他们绕开南京应天府，一连几天急行军，到了洛阳城下。驻扎洛阳城的是李成旧部，与岳军交手过几次，突然见了"岳"字大旗，哪还敢应战，弃了洛阳城，连夜溃逃，让郝晸的前军捡了一个大便宜。

洛阳不仅是河南府署所在，其东侧的巩县还是宋朝历代帝王的陵寝所在。河南府地处战略要道，东接东京开封府，南京应天府；西南面扼守了陕蜀要道；北面控制黄河津渡。那正南面，隔了淮河上游的几条支流，以及水泽，就是岳军的襄汉地域。

河南府一失，兀术完全慌了阵脚。朱仙镇是不能再分兵出援了，兀术急忙驰令后方征召汉签军，但这令一出，河北、山东诸州、县的汉人无一应从。兀术见此，大叹："自我起兵北方以来，未有如今日之挫衄❶！"岳飞得知兀术已穷兵如此，更是大喜，和左右说："这回杀番人，直到黄龙府❷，当与诸君痛饮一顿！"

绍兴十年（1140）七月，是岳飞最称心遂意的一个月，也是赵构最为提心吊胆的一个月，接到郾、颍大战的捷报以后，赵构的心情稍微好转一点。这日，两难中的赵构，憋不住又给岳飞写了亲笔："卿以一军，独

---

❶ 衄（nǜ）：战败。
❷ 黄龙府：今吉林农安，金朝建国后首次攻取的辽国重镇。岳飞此语，是将它作为必须攻取的金人巢穴。

与决战，忠义所奋，神明助之，再三嘉叹，不忘于怀。比已遣杨沂中全军自宿、泗前去，韩世忠亦出兵东向。卿料敌素无遗策，进退缓急之间，可随机审处，仍与刘锜相约同之。屡已喻卿，不从中御❶，军前凡有所须，一一奏来。七月廿二日。付岳飞。御押。"

这时的赵构，也只有随了岳飞的思路跑了。"屡已喻卿，不从中御"，岳爱卿啊，你"料敌素无遗策"，该说的我都说了，你就看着办，想怎么打就怎么打，我也不再在朝廷"中御"你了。军中需要什么，你一一奏来，我尽力办。赵构晓得，仗打到这程度，再劝阻，全是废话，还是挑好听的说。还有，就是全力以赴提供支持，毕竟这也是为赵宋江山的好。

三省、枢密院也遵赵构口谕，再次颁发对岳飞的褒奖制词："自羯胡入寇❷，今十五年，我师临阵，何啻百战，曾未闻远以孤军，当兹巨孽❸，抗犬羊并集之众，于平原旷野之中，如今日之用命者也。盖卿忠义贯于神明，威惠孚于士卒❹，……陷阵摧坚，计不反顾，鏖斗屡合❺，丑类败犇❻。""未闻远以孤军，当兹巨孽"，这是南宋初时，前所未有的战绩，前所未有的褒词。

赵构要中书省敕令，再赏赐岳军铜钱二十万贯。这二十万贯铜钱数太大，不宜押解，朝廷命令太府寺属下，掌管有价证券的榷货务，在三日内印制出一张二十万贯的"关子钱"，也就是纸币，送往鄂州，由当地兑现。

那几天的临安城内，茶馆酒肆，人人争说岳军。北来的士民、商绅，尤其兴奋。昨日说岳军已经拿下了旧京汴梁，今日又传言要打过黄河，

---

❶ 屡已喻卿，不从中御：御，指挥。全句，我几次告诉过你，随机应变，不必听从中枢指挥。
❷ 羯胡入寇：羯，骟过、阉过的公羊。全句，将金兵（胡人）入侵比作羯羊入境。
❸ 当兹巨孽：兹，这。巨孽，首恶。全句，能挡得这金兵首恶。
❹ 盖卿忠义贯于神明，威惠孚于士卒：盖，虚词。孚，为人所信服。全句，全是你以神明贯之的忠义，为士卒信服的威势与恩惠。
❺ 鏖斗屡合：合，符合事物规律。每一次鏖战都和战争要求相符。
❻ 犇（bēn）：奔。

第十六部　兵难遥度，卿可从宜措置

久盼中的大宋光复，似乎已经到来。和宁门外的大街，往年只有暑热过后因商家促销而带来的闹猛，今年全被北来的喜庆替代了，有人开始置办起了北归的物件。大街上一旦有马蹄声传来，都当是岳军的快马，奔驰而过的热风洒在脸上，露出的都是欢笑。

往年在凤凰山皇宫纳凉都叫热的赵构，这一回，随着战事的深入，哪还有叫热的心。岳飞越往北打，赵构的心拎得越悬，担心粮草不济，担心旧事重演。眼下，又有两份岳飞的奏札送达龙案，赵构要亲自拆封，尽管捏拆札刀的手有点颤，心还是迫不及待。

展开第一封奏札，是七月十八日从郾城发出的："河北州县往往❶自乱，民心皆愿归顺朝廷，乞发大兵，前来措置。……此正是陛下中兴之时，乃金贼灭亡之时，若不乘势殄灭，恐贻后患。伏望速赐指挥，令诸路之兵火速并进，庶几❷早见成功。"

另一封是"乞刘锜依旧屯顺昌奏"：枢密院认为顺昌府旧时属于京西路管辖，如今应该要岳飞分拨兵将守备。刘锜在等到岳飞的兵马到后，才能率部离开。如今我部兵马，已调拨派往陕西、虢州、西京、陈州、蔡州、颍昌、汝州、郑州各地，还有差往河东、河北去措置北上事务的。我已两次向朝廷申奏，乞将刘锜的部队继续屯扎顺昌，一旦有急也可照应。"伏望圣慈特降睿旨，依臣已申奏事理施行。"

在这两份奏折中，岳飞都希望"依臣已申奏事理施行"。赵构隐隐觉得，这哪是岳飞的"伏望"啊，这是在给朝廷提要求。赵构所担心的武将左右朝廷的现象，似乎正在显现，他要内侍去叫秦桧，前来商议。

秦桧也拿不出好主意。原本要岳飞分兵防守，也是赵构说的；攻下一座城池，无将士驻守，也不是一回事。怎么办，同意岳飞抽调兵力合军再进？如此，那就不是派他军去驻守的事了，而是要布置全面进攻了。但朝廷所有北上的准备都没有落实，万一打僵了怎么办？

---

❶ 往往：处处、纷纷。

❷ 庶几：或许能够。

岳飞说得也对，要顺昌的兵马北上，要岳军分兵南下去守顺昌，这不扯吗！那干脆要岳飞退兵？单凭以往的经验，这时候你要岳飞停下来，天王老子都难说服他了。再说岳飞打到了这一个程度，在临安的中原士民也都满大街地在奔跑欢呼，朝廷还真不能说岳飞的不是。

秦桧这么一分析，赵构也无语以答。就在这时，内侍急步进来，又送上一份岳飞的奏札，那题也醒目：乞号令归一奏。

大概是岳飞觉得前一封奏札没有把话语说透，在"乞号令归一奏"中，他再次明确要求，将岳军所有夺回的城池、土地，一一交还原地辖主。以前该谁管辖的，现在还应该谁派员来接收。岳飞说："虢州本来就属于陕西，欲望圣慈特降睿旨，将虢州依旧拨隶川陕宣抚使，"眼下岳部所驻的蕲州、黄州、光州，原本是淮西的区域，请朝廷明文要求淮西路宣抚使来接管。如此"拨隶本路，庶几归一，缓急❶不致误事"。臣还是乞求只防守湖北、京西两路的区域，"伏候敕旨"。

京西路，也就是旧京汴梁以西、以南的区域，这也让分兵防守过多的岳军不用再力不从心地去驻防更多的城池。早在七月初，岳飞得到朝廷要他派兵镇守顺昌，又将有病在身的吴玠拨给岳部作为先锋军副都统制，并由岳军分管虢州防务，岳飞就向赵构表示，不能遵守。如今，岳飞更是明确表示，既然谁都没赶来增援，那就谁家的孩子，谁家抱去。

岳飞的驻防城池越多，可以说，就是变相拆分了岳军，阻止他整合兵力北上。当然，这是秦桧的馊主意，也是赵构的默许。如今打到这地步，为赵宋天下计，赵构还真陷入了两难，怎么办？要岳飞停下北上的行动，还是下决战令要其他军队全面跟进？

内侍又送来两份札子，因为不是淮上京西一路的军务急件，内侍的脚步轻缓了许多。赵构一看，一份是江东安抚制置大使兼建康府行宫留守叶梦得的奏报，一份是金国辗转而来的宇文虚中密报。密报是以蜡丸的形式送到临安一处指定栈房，再由虞候呈送来的。

---

❶ 缓急：指危急或发生变故之时。

第十六部　兵难遥度，卿可从宜措置

赵构先拆开蜡封，剥去油纸，有小纸一截，赵构看了，双唇嗫嚅。这秦桧是什么眼睛？他早知道宇文虚中与赵构有密札来往，又看赵构脸色，知道宇文虚中这密札绝对刺激了赵构。秦桧没有斜一下脑袋和眼睛，但他已猜中，这信札应该与北线战事有关。秦桧眼皮下垂，静等赵构发声。

秦桧的肚内当然也有"小九九"，没隔多久，秦桧借了照料宇文虚中的理，将宇文的妻儿老小送到了金国。不知这是秦桧有意为之，还是想投赵构所好。不久，宇文虚中事败，反落得了一个满门抄斩，从此绝后。当然，又是后话。

叶梦得的奏报就稍长了，这叶梦得也不得了，如今满朝文武，数他资格最老，是哲宗绍圣年间的进士及第，"四朝"元老。叶梦得在徽宗政和五年（1115）任过颍昌府知府，对颍昌的节气民情，极为了解。他说："自中兴以来，未有今日之举，凶焰既挫，其技已穷，理宜遁伏❶。然诡诈不测，窃恐尚怀奸谋，以图后举。今暑气方盛，去秋凉意尚远，我师虽屡捷，不无暴露伤残之困。若更（换）乘胜之策，攻取不已，窃恐贼得暂休，抚养其众❷，济师于国，八月间尽力复来，则我师劳疲，或恐不能相当。……臣愚愿诏诸将，亦且令还屯，益励士卒。今复多雨，暑湿之余，乘此秋气，疟痢将作。使过为调护，明远斥候❸，当度机会，预为定计，相为掎角。因时乘间，一举直前，役不再籍❹，仰称陛下恢复土宇，报雪深仇之意。"

赵构看完叶梦得奏札，递给秦桧。秦桧看完，见赵构双唇紧闭，也不知说什么才好。叶梦得已将颍昌的形势说得相当分明：夏尾秋头，暑气方盛，按眼下宋军的伤残状况，哪怕不停地更换进攻方式，但军力已疲，也不能重创金兵，反使得金兵趁机得以喘息。颍昌八月多雨、湿热，

---

❶ 遁伏：逃亡，认输。
❷ 抚养其众：使得金国的兵马得到安抚、休养。
❸ 明远斥候：明远，旷远。斥候，指侦察的人。全句，驻防后远派侦察的人。
❹ 役不再籍：不用再次登记兵役，引申为不用再次征兵发兵。

疟疾、痢疾容易发作，士兵伤残暴露，需要养息。叶梦得建议"还屯"，是回原本驻地，还是就地屯兵？有点棱模两可。不过，"使过为调护"还是比较明确："调护"好军队，日后寻找机会。

那么，究竟是撤回，还是就地驻扎？秦桧依然看着赵构的嘴唇。见赵构老僧坐禅似的定了神，似乎将秦桧晾鱼干似的搁了一边，秦桧内心也没了底，他试探着问："陛下，要岳开府继续用兵吗？"赵构没有回答，秦桧明白，圣上正处于两难。是的，岳飞若能退兵，尚有"调护"军队之余地；岳飞若是拒绝退兵，一旦冒险取胜，极有可能再现太祖赵匡胤之势。秦桧不敢贸然向赵构细析。

当然，洞幽察微，赵构并不比秦桧这老臣差到哪里，他想到岳飞开战前的那一道奏札，"今欲恢复，必先正国本，以安人心。然后不常厥居，以示不忘复仇之志"。岳飞这一次出手之前，要圣上"先正国本"，这在赵构看来，对兀术推出丙午元子赵谌，岳飞是有准备的，也极有可能会火中取栗，冒险搏取一胜。宇文虚中的密札，有一点也说到要赵构谨防金人推出赵谌。

君臣似乎都在沉思，像是各处一地，秦桧打熬不住，他再一次小心翼翼地问："陛下，要岳开府继续用兵吗？"赵构闻言，微微睁眼，徐徐说："快马驰告岳飞，班师襄汉！并告杨沂中、刘锜声援相及，同为进止。"

见秦桧应声要退，赵构从龙椅上突然起身："命岳飞班师后，速来朝廷。"

赵构担心岳飞的倔脾气，抗旨还不至于，半途走人极有可能。赵构召岳飞来行都临安，为的是安抚，他不能让岳飞任性而为。毕竟，岳飞是赵宋难得的战将，只能为我所用。于是，金字牌递快马持了第一道班师诏书，飞似的奔出了大内。

至于岳飞到达临安一段，已在"引子"一节述过，不再赘言。

第十七部
以辅不逮,擢贰枢廷

第五十八章　径捣寿春

去年有一个闰六月，绍兴十一年（1141）正月的临安春暖来得早了一点。凤凰山上的赵构，却没有因早春的到来，生出欢喜。大过年的，一颗心似乎被一双无形的手紧攥着，整日惶惶。

去年腊月，探子几次禀报，兀术还会南下寻衅一把，捞回去年七月失败的面子。得到这一报料，赵构一直担心岳飞返回襄阳的心情，他再三关照三省、枢密院，要注意湖北、京西路的动向。三省、枢密院也按旨意，一个腊月内就给岳飞发了六道省札。腊月初六这一日，还接连发了两道，要求岳飞"修城增兵"，务必在敌人到来之时，能守得住。赵构怕兀术专找岳飞复仇，毕竟去年岳军北上一战，伤残不小，战斗力也有下降。

没料到的是，兀术要寻仇的不是岳飞，而是刘锜。输给岳飞的十万大军，兀术总还挂得住脸；十万金兵败给一个都统制，还是一支一万多兵马的杂牌军，坚守了一座一靴子都能踢得倒的顺昌城，这让兀术情何以堪？

过大年喝大酒，越喝，兀术那口闷气就越往上来，他想去找眼下驻守庐州的刘锜，再打一仗，捞回点面子。元宵的彩灯刚刚挂上，兀术率十几万大军，渡过淮河，不宣而战，直奔到了寿春。

岳飞第一个得到情报，信使飞驰，向朝廷发来急奏：请圣上能让臣领兵前往淮西，会合张俊、杨沂中、刘锜，共同阻击兀术。岳飞强调说，"兵力既合，必成大功"。尽管岳飞在每一次大战前提出的想法，事后证明确实可行，但眼下赵构还是希望岳飞坚守湖北、京西一路，先不要动。

朝廷是正月二十七日得到庐州急报，紧绷一个多月的赵构，靴子落了地，反倒从容不迫起来，当即给前线各将领依次下战令：首先要杨沂中领兵赶往淮西。其次，要张俊的兵马立即渡江，进取和州。再命令淮

第十七部　以辅不逮，擢贰枢廷

东的韩世忠在淮西附近布置兵力，策应杨沂中。对于岳飞，只是通报战况，坚守伺敌。但宋军的节奏总比兀术慢半拍，宋军还没全面启动，金兵就杀过来了。

刘锜在去年被任命为淮北宣抚判官，属宣抚一级官员。不过，淮北宣抚司署正式命名后，改为副使的杨沂中，所属兵马也只是原殿前都虞候时的三万。刘锜除了从顺昌城撤出的五千多残剩兵勇，还有张俊拨给的统制关师古带来的一万多兵马。确切说，是张俊挑选出的，强不到哪里。固守庐州的命令一下来，刘锜就没进入过状态。庐州城广，又不及顺昌城坚固，经过这几年兵燹，城中粮草匮乏。刘锜在城墙道上放马一匝，又看势单力薄的兵马，他说："此城不足守也。"

"不足守"并非不能守，要看对方是谁。二月二，龙王爷抬头，随了北下的寒风，还有倾盆大雨，兀术率十几万大军赶来复仇了，刘锜决定放弃庐州。当晚，宋军冒雨撤出南城门。次日一早，金兵进城，好在没人抵抗，金兵也没开杀。

轻易得了庐州的金兵，直扑长江。兀术吃准了宋军协同作战的软肋，观望的比撸袖子参战的要多，趁了过大年正松懈的日子，仅仅两天，金兵就攻取了柘皋（今安徽巢湖柘皋镇）。二月初六，金兵五百精骑，疾驰一百二十里，轻松拿下毫无防备的含山县城。含山的淮西守军，仓促退守和州（今马鞍山和县）。二月初八，随着金兵大军临近，淮西军放弃和州，渡江退到江南，据大江天险而守。

镇守建康的叶梦得急了，淮西军还没有放弃和州之前，他已给朝廷发出急报，说江北的和州要是一丢，大江不可保也。这一奏，把赵构吓得不轻，本来睡眠就差，一连做了几宿噩梦。好在兀术大军并没有过江，只是到庐州出一口恶气，再到江边饮饮马而已。

赵构当即下令，要淮西、淮东诸军迎击。去年打了几个小胜仗的张俊，在叶梦得的几次告诫下，也命令淮西军诸路统制，誓死夺回和州。张俊放海口承诺：谁胜谁为"王"。张俊说这话是有一点依据的，去年朝廷发过话，只要建功显著，现任的统制，可以上报擢升为节度使、宣抚使。所赐予的银、绢、良田、一等区的豪宅，相当于"王"的待遇。统制王德一听，当即身先士卒，愿为诸军先锋，让众将看看他当年的威势。

得知张俊发兵，赵构依然寝食不安，毕竟庐州被金兵所占，这一路南下轻而易举。赵构要夺回庐州，想想还得岳飞出马。不得已啊，只得写了亲笔："岳爱卿，据探报，金兵自寿春府渡淮，已在庐州界上，张俊、刘锜等部正合力措置掩杀。卿可星夜前来江州，乘机照应，出其前后，使敌腹背受敌，不能枝梧（**支撑**）。"赵构又说："投机之会❶，正在今日，以卿忠勇，志吞此贼，当即就道❷。付此亲札，卿宜体悉。付飞。御押。"

注意，赵构要岳部"先到江州（**九江**）"等待，再见机出兵。手诏充满了对岳飞的激励，赵构盘算好了，只要张俊、杨沂中、刘锜等部与金兵正面一开打，东侧的韩世忠一夹击，西侧的岳飞出其不意从江州出兵，断金兵后路。众人一心，给兀术一个有来无回。

这手诏是正月二十九日发出的，以金牌快马的速度，到襄阳，应该二月初九之前。

然而赵构的担心还是来了。听闻金兵已占领庐州，二月初四，岳飞在襄阳连发两份奏札，提出要出兵北上："金国举国南来，巢穴必虚，若长驱京、洛以捣之❸必奔命，可以坐制其蔽❹。"岳飞想要抓住兀术在淮西被张俊等部牵制住的大好战机，发兵北上，打过黄河，捣毁金国老巢。

岳飞这奏札是十天以后到达临安的，赵构读完，脑壳嗡嗡直响：岳爱卿你怎么还固执着孤军北上？怕岳飞已擅自行动的赵构，一夜未眠，次日一早赶紧给岳飞回信。怕刺激岳飞，赵构避而不谈岳飞北上的请

---

❶ 投机之会：利用时机，抓住机会。
❷ 当即就道：时间紧迫，马上出发。
❸ 长驱京、洛以捣之：发兵长驱直入东京汴梁、西京洛阳。
❹ 坐制其蔽：不费工夫，坐以制他毙命。

求，含糊称赞岳飞的出兵也是配合："昨得卿奏，要合诸帅破敌，备见忠义许国之意，嘉叹不已。"这一段如果不是赵构故意示好，也可见出他的城府之深。

赵构又写："今虏犯淮西，张俊、杨沂中、刘锜已经并力与贼相战，卿若趁此机会，疾速提兵前去会合，必成大功。以朕所见，卿如果从蕲（蕲州，今湖北蕲春）、黄（黄州，今湖北黄冈）出击金兵后路，使敌人腹背受敌，确是良策。望爱卿兵贵神速，不可失机会也。再遣亲札，想宜体悉。付飞。御押。"

是的，这一次赵构将岳军的集合出发地从江州改成了蕲州、黄州。江州在大江以南，蕲、黄两州在大江以北，又是在大江一个往北的大弯头上。从蕲州或者黄州直奔庐州，比从江州出发至少要快两天。赵构不愧是从北往南一路奔来的，对大江南北的地形可称得上了如指掌。

赵构这亲笔写于二月十四日，不过，在此之前，长长的十天，着急的赵构已经写信给了岳飞：张俊、杨沂中、刘锜，以及统制王德、田师中、张子正，正在向和州推进。韩世忠也出兵濠上。赵构希望岳飞要从快："卿宜倍道，共乘机会。"又说："前所发亲札，卿得之，必已就道。"岳爱卿啊，你应该出发了吧。是啊，自第一道亲笔发出以后，赵构还没得到过岳飞的回札。

再说岳飞，二月初四这日发出要求北上的奏札以后，他也感到突兀了一点，毕竟去年秋上受过皇上训斥。岳飞赶紧又发一札，写道：眼下金兵侵犯我淮西，臣如果领兵直捣他后方，势必得手。万一敌人已经就近，须当即解决，我将亲自率兵，进驻蕲州、黄州，根据敌势，也可对金军发动打击。兀术总认为我会从江州出兵增援淮西（赵构也这么说过），我要是从蕲州、黄州发兵，离庐州更近，能给敌人一个出其不意。

岳飞虽然不情愿放弃北上直捣金国后方的打算，但他还是愿意依照朝廷要求，一旦金兵已经打来，我须当即解决眼前。岳飞提出，先进驻蕲州、黄州，以便近距离发兵。岳飞这一谋划，和赵构二月十四日的手诏倒是不谋而合。

战争突发，前方和中枢都深感消息沟通的迫切，吃过大亏的赵构，更是坐立不安。早在二月十日，赵构担心岳飞会为去年的战事发梗，已派出中使张去为，前往襄汉，慰抚并督促岳飞发兵。在此之前的二月七日，赵构也有亲札给岳飞，将"社稷所系，贵在神速，少缓恐失机会"的重要性，说得恳切。到了二月十五，江淮各路，还是没有岳飞发兵的消息传来。

前线战事瞬息万变，不知道岳飞是否已经驻兵蕲、黄两州？一夜没睡的赵构，一清早，置侍妃的盥洗于一边，再给岳飞写手诏。这一次，措辞特别谦和：

"比屡遣手札❶，并面谕属官❷，仍遣中使趣卿提兵前来❸，共破房贼。谅卿忠愤许国之心，必当力践所言，以摅素志❹。今据归正人❺备说，金贼桀黠头首皆在淮西。朕度破敌成功，非卿不可。若一举奏功，庶朕去年宥密之诏，不为虚言。况朕素以社稷之计，倚重于卿，今机会在此，晓夕以伫候出师之报。再遣此札，卿宜体悉。十五日。付飞。御押。"

"若一举奏功，庶朕去年宥密之诏，不为虚言"，赵构这一句话有点费解。"宥密"，即中枢、枢密院。"宥密之诏"指什么？是指去年六月赵构要枢密院发的赏格，即节度使以上者，能擒杀兀术，授以枢柄？还是指去年九月赵构与岳飞面晤时所说：朕记得爱卿的好，不会等你有了功绩再封赏你？看来，应该是后一句，那是赵构只对岳飞一个人说的，赵构有一点疚意。

赵构没办法，他要是能有祖爷爷赵匡胤驰骋疆场的一半英武，哪还会如此小心地"侍候"岳飞？自得了"难言之隐"以后，赵构播不出龙种不说，连早年的刚勇之气都日渐少了。

---

❶ 比屡遣手札：近来多次发去亲笔手札。
❷ 并面谕属官：并当面告诉起草御札的近侍。
❸ 仍遣中使趣卿提兵前来：趣，古同"促"。全句，又派遣中使催促你岳爱卿提兵前去淮西。
❹ 必当力践所言，以摅（shū）素志：全力实践你曾说过的诺言，以抒发（实现）你平生的志向。
❺ 归正人：从金国归来的反正人。

第十七部　以辅不逮，擢贰枢廷

又两天过去，天天盼着岳飞回札的赵构，终于得到了岳飞将进驻蕲州、黄州的来札。这正是午膳时分，赵构推开侍妃端上的碗箸，赶紧给岳飞回复，首先一句"得卿奏，欲躬亲（亲自）前去蕲、黄州"，都能读出赵构满满的"受宠若惊"，是啊，除了这不恰当的比喻，还有什么词能表达出赵构此时的欢喜？这或许是赵构的故意，却正是他久盼甘雨般的真情。

赵构写道："贵得不拘于九江"，亏得爱卿你不拘泥于九江（江州）发兵。是的，先到江州驻兵等待，是赵构在正月二十九日的要求，多亏你岳飞更改了。赵构如此褒扬岳飞的正确，相对贬低自我，用心良苦。赵构继续说"以卿天资忠义，乃心王室❶。……若得卿出蕲、黄，径捣寿春，与韩世忠、张俊相应，大事何患不济。中兴基业，在此一举，览奏不胜嘉叹，再遣亲札，卿宜体悉。十七日未时。付岳飞。御押。"

"径捣寿春"，是赵构这一次合兵歼敌的重中之重，他在手诏中已经二次向岳飞重申过这一要点，即爱卿你赶快赶到寿春，设法断了金兵退路，对兀术来一个瓮中捉鳖。

要说十二年前赵构南奔，对淮河渡口印象极深。寿春府正阳关是一个能容得大部队渡河的自然滩坡大渡口，位于淮河南侧。正阳关镇虽不大，却汇集南北货运且粮草丰沛，历来是兵家必争之地。东晋的淝水之战，就是在这一带开打的。金兵要想北撤，无论是渡河，还是坚守，正阳关镇都是一个首选之地。宋军要是抢先一步拿到，卡住这渡口，金兵就只有死路一条了。

赵构几次三番要岳飞就近从蕲州、黄州出兵，就是希望能直插舒州（今安徽安庆），"径捣寿春，出其敌后"，掐断金兵退路。当正面的张俊、韩世忠一开打，前后夹击，"合力剿除凶渠（元凶），则天下定矣"。这"天下定"，指的是和谈的砝码倾向赵宋。但岳飞能不能依照赵构的

---

❶ 以卿天资忠义，乃心王室：乃心，也有版本为"尽心"。全句，以你岳飞精忠报国的天资，肯定尽心想着大宋王室。

布局，赶快出兵呢？

岳飞的奏札终于来了，赵构一见，从头凉到了脚。来札说："飞方苦寒嗽，力疾戒行❶。"我岳飞正在咳嗽，还是不容易痊愈的寒咳，不能出征了。但"军机重任，臣飞怕圣上退敌心急，还是准备在二月十一日发兵。大军一时难以集聚，先发八千背嵬军"。

军令如山倒，岳飞却说在咳嗽，要迟三天发兵。难道爱卿你不能让张宪、王贵领命先发兵吗？赵构一急，心火又上来了，他不晓得岳飞这又是唱的哪门子戏。

张俊一接到命令，立即投兵八万，当然，这是他的辖区，责无旁贷。杨沂中出兵三万，刘锜的残兵连同关师古的都算上，至少两万。韩世忠、李显忠两部投入五万。这些兵力，都往兀术的正面压了过去。你岳飞掐的是尾巴啊，八千兵马，会不会太少？这也是后来岳飞被张俊再三愤激指责"三日不携重兵"，而"携兵为寡"，援淮西不力的"罪名"。

不过，在岳飞看来，他的背嵬军个个以一当十，和张俊的兵丁不能一概而论。不说以往，就说去年闰六月和金兵在郾、颍对垒，岳飞的八千背嵬军，就抵挡住了几万金兵。为此，岳飞常轻视他军，有些当着部将说过的话，后来就成了他的罪名。比如，他曾对张宪说："似张家人，张太尉（张宪）尔将一万人去蹋踏了❷。"又说董先："似韩家人，董太尉不消得一万人去蹋踏了❸。"不过，这话也是张宪、董先下了大狱被逼招的，当然都是后话。

第五十九章　兵败濠州

这时的杨沂中、刘锜会同张俊的王德、田师中等部，已经接近柘皋

---

❶ 飞方苦寒嗽，力疾戒行：我岳飞正苦于身寒咳嗽，勉强支撑的病体无法立即远行。
❷ 似张家人，张太尉尔将一万人去蹋踏了：蹋踏，践踏。张家人，指张俊的将士。张太尉，指官拜太尉的张宪。
❸ 韩家人：指韩世忠的将士。董太尉：指官拜太尉的董先。

城。说到这里,有必要插个段子:张俊的一名小妾张秋,本是钱塘名妓,极受张俊宠爱。张俊到了淮西,想着张秋,写信给她,也说了眼下的淮西战役。这张秋不得了,回信要张俊时时以汉朝的霍去病、蜀汉的赵云为榜样。又说今日大宋,惟在于宣抚你,千万不要以家事为念,勉励张俊多多想到忠君报国。

张俊得此信,以眷属深明大义,转奏赵构。赵构开心得不得了,亲笔奖谕,赐封张秋为"雍国夫人"。自从绍兴五年(1135)岳飞的母亲被赐封"荣国太夫人"后,还真少见赵构赐封过大将的眷属。这还不算,赵构又派了内侍省副都知陈永锡,前往庐州劳军。一个内侍省副都知的外派礼节,可见赵构对这次战役的重视。

比起相处十四年的张俊,此时的赵构对岳飞真是满腹的不放心,他思来想去,又给岳飞写了亲笔:"得卿已择定十一日起发,往蕲、黄、舒州界,闻卿见❶苦寒嗽,乃能勉为朕行,国尔忘身,谁如卿者!"赵构说完赞叹,又说重点:"以卿素志殄虏,常苦诸军难合。"岳爱卿啊,你向来要求各路大军能通力合作,如今,张俊、杨沂中、刘锜正在与金军正面作战,韩世忠也到了濠上(今安徽凤阳东),李显忠、吴锡、张锜已将金兵后营的眷属、骡马都拿下了。眼下,只等爱卿你早日到达舒州,与张俊、韩世忠相互策应,伺机出兵寿春。岳爱卿啊,你久蓄的灭金心愿,如今一定可以如愿以偿了。

赵构又担心兀术会逃:岳爱卿啊,"兵贵神速,恐彼已为遁计❷,一失机会,徒有后时之悔"。赵构还说到为岳飞准备好的粮草,以及让岳飞称心的钱粮督运人。最后,赵构措辞恭谨:"春深,寒暄不常,卿宜慎疾,以济国事。付此亲札,卿须体悉。十九日二更。付岳飞。御押。"这是赵构所有亲笔中,第一次特意注出的夜晚"几更"的落款,让岳飞读出了皇上彻夜无眠的倚重,还有刻意的迎合。

---

❶ 见:现。
❷ 恐彼已为遁计:恐怕敌人已经在考虑撤兵了。

这时的赵构还没得知,二月十八日,张俊会同宋军各部,与十万金军打了一场大战,已经收复了柘皋城。二月十九日,又在庐州外围与金兵恶战一场。这些捷报,身在临安的赵构,至少要到二十四日以后,才能见到。这期间的赵构,怕的还是岳飞的多变,怕这一次"关门打狗"乱了如意算盘。

赵构当然不知道,这时候岳部的八千背嵬军已经到了黄州。当岳飞读了赵构在二月十七日的亲笔,回札也说了一番"臣敢不仰体睿智,殚竭愚陋❶"的话。此外,岳飞又问到了庐州会战的确切日期:"不知张俊等会战在甚日,庶几臣得以照应。"这话也是给赵构出了一个难题,估计,这信札一来二去的十几天行程,稍瞬即逝的战机谁都把握不准了,除非赵构亲自在前线坐镇。

但赵构信心满满,他和宰执们议事说:"今日我大宋形势,与建炎年大不同,那时,打的是退守江南之战,杜充傲慢轻敌,派遣出战的皆为偏将,故一时使得敌人猖獗无度。如今,韩世忠屯兵淮东,刘锜屯兵淮西,岳飞屯兵长江上游,张俊从建康进兵渡大江直驱金兵。哪怕朕放开镇江一路,檄呼敌虏渡江前来,敌虏哪敢?怕的是我军乘机断了他的后路。是的,只要卡住寿春,金兵从哪个渡口能瞬间撤兵?"

赵构心想:眼下也非朕一人静坐一室,苦思能应付得了,惟当亲自坐镇之。这是赵构最大的感慨,前线没有一个主帅,哪怕我有锦囊妙计,一来一去,也全晚了。

参知政事兼权同知枢密院事孙近上前一步说:"以微臣看来,前线没有一个能临阵调动各军,又镇得住各大将的主帅,不很妥当。陛下,是否能将张浚从福建召回,到淮西前线去都督诸军?"这不知深浅的孙近,只知圣上着急,不知犯了大忌。当他还想说时,被一旁的秦桧打断。秦桧直呼其名说:"孙近,容老夫说一句话。"孙近莫名:"恩相道来。"秦桧转身一指说:"你给老夫从那门出去!"

---

❶ 臣敢不仰体睿智,殚竭愚陋:我岂敢不仰望圣上的睿智,竭尽我愚陋的能力。

秦桧如此说话，赵构只是抬了抬眼皮。自绍兴七年（1137）淮西兵变，赵构对张浚是越想越气，好端端的局势，搞得麻绳串豆腐似的碎瘫了一地，赵构发过狠誓，绝不会再起用张浚。这孙近是秦桧提拔的，如同弟子，此前毕竟非中枢之人，说话不知就里。秦桧回一声"陛下息怒"。秦桧想，孙近说这话，圣上不要以为是我秦桧趁机想揽权，导致孙近脱口。后来战事完毕，借了一个小过，孙近被黜，去洞霄宫面壁思过了。

其实，孙近说这话也事出有因。就这几日，三省同奉圣旨，议定右承事郎张子颜、右承务郎张子正，擢升进了直秘阁承事，并赐正六品衔。这二人是张浚的儿子，绍兴七年（1137）张浚在建康主持都督府时，同时擢升进朝廷。张浚虽不为赵构看好，但对其子，还是能见出赵构的宅心仁厚。这孙近充其量是一介书生，以为赵构已弃前嫌，却不知天下是君王的天下，但你又不能单以天下的得失，来揣摩君王的心事。

好在前线有了转机，自二月十八日张俊和老部下杨沂中联手，恶战金兵一场，夺回了柘皋，又乘胜向庐州逼进。占据庐州的兀术，得知韩世忠、岳飞正在靠近，怕被包了"饺子"，放弃了庐州开始北撤。

这时，岳部背嵬军的前锋已到了庐州境内，探子得知庐州收复，岳军也就停止了前行。岳飞后来解释说，他也想过，一旦大军会合，粮草肯定会匮乏，所以暂驻粮草充足的舒州，等待朝廷命令。为此，岳飞也给赵构发过奏札。

柘皋大捷的消息驰传到了临安，赵构当即要给事中林待聘拟了褒奖制词："捷书累至，军声大张，盖自兵兴以来，未有今日之盛也。况淮东之军且出其后，沔鄂之众❶复来自南，合吾仁义之师，当彼残暴之寇。天时人事，理若相符，靖乱息民，其在兹举。……高爵重禄，朕不汝忘。故兹诏示，想宜知悉。二月二十三日。"

三省、枢密院同奉圣旨，在二月二十五日也发出了奖谕诏书，奖谕

❶ 沔鄂之众：指岳飞的襄汉之军。

的排名并未按各军的战功大小，而是以宣抚使的资历：刘光世、韩世忠、张俊、岳飞、杨沂中、刘锜。尽管在这次会战中，岳飞的背嵬军并未投入，刘光世也只是旧部在出力，但按赵构一贯的奖赏惯例，都有褒奖。

赵构得知岳飞大军正在舒州待令，又连发两札，他还是念念不忘寿春府正阳关那个天然大滩坡渡口，他再三交代岳飞，一定要赶往寿春，将"门"关上，阻止金兵渡淮河北撤。岳爱卿，你要和张俊、韩世忠会约一下，看怎么才能够给金兵"痛与剿戮，使知惩畏"，让他们长长记性。

说到岳飞和杨沂中、刘锜的战时关系，赵构把握得十分得体，他要岳飞"率杨沂中、刘锜并往克复"。这着重是"率"，而不是"并往"。当然，丑话说在前，这哪怕是丑话，赵构还是说得相当得体："以卿体国之意，必协心共济，不至二三也。"赵构最担心的，还是张家、韩家、岳家，各军不能同心协力，二三相斥，背后拆台，好戏唱坏。

为此，赵构又在三月十日、十一日连发两封亲笔信给了岳飞。经历过多次对金战斗，赵构预料，吃了败仗的兀术决不会甘心服输，不会马上北渡淮河撤兵了之，他肯定在找战机，要捞回面子。

赵构要求岳飞赶紧向张俊、韩世忠靠拢，不管合围，还是"关门"，都要从速。三月十一日的札子，赵构是半夜写的，蜡烛下赵构看了堪舆图上的寿春，又看了寿春东南侧的濠州。他写道："兀术欲（应该想）再窥濠州，韩世忠、张俊、杨沂中、刘锜皆已提军到了淮上（淮水以南）。以卿忠智许国，闻之必即日引道，切须径赴（直接赶往）庐州，审度事势，以图寿春。"赵构还是忘不了寿春那扇"门"，要岳飞赶紧过庐州，赶往寿春府正阳关。

怕岳飞担心粮草接济不上，赵构又写："已行下诸漕，为卿一军办粮草，不管阙乏❶，付此亲札，卿须体悉。十一日未时。付飞。御押。"

---

❶ 不管阙乏：不管，不被相反的力量阻塞或阻止。阙乏，缺乏。全句，无论如何不会让你粮草缺乏。

第十七部 以辅不逮，擢贰枢廷

"付飞"二字，比"付岳飞"更亲近了一层。岳爱卿啊，我已经为你的部队专下了漕运行文，不顾筹备的难度如何，一定保证你粮草不缺。赵构要岳飞赶快和韩、张部队约定一下，斩断兀术的后路。赵构如此絮絮叨叨，似乎预感到兀术并非一个逃字那么简单。

绍兴十一年（1141）一月到三月，赵构前后写给岳飞十五札亲笔，诏诏都强调"关门打狗"，只有如此，才能打掉兀术的一贯傲气。赵构忍受已久，如今抓住这机会，他要求往死里狠打。若真能灭了兀术，什么"丙午元子复出"，万事皆休。

赵构在战场也滚爬过，这一次，他确实看到了近在咫尺的战机，天赐的好运。只要合围成功，何须北上，灭兀术就在眼前。赵构一再催促岳飞，日夜兼程赶往寿春，但他又不敢说得太重、太过，怕岳飞反感。一个皇帝，如此前顾后虑地下令，也算是克己至极。

那几天赵构确实亢奋，兀术一灭，金国还有何淫威可惧？哪怕大宋撕毁和议，你金国还有什么可以依仗的？赵构兴奋，秦桧也喝了雄鸡血一样，他启奏说，要将去年六月二十一日的"赏格"再重发一遍：将官兵民，无论南北，谁能就此擒杀兀术，朝廷保他官升三级，还有白银、绸绢，良田百顷，上好一等区的宅邸。于是，"赏格"一连两次发往了前线。

话说十万金兵，从庐州往北撤退以后，并没有立马渡淮水北撤，狡猾的兀术，虚晃一枪往东奔去了濠州。兀术与韩常说："南军近年兵势虽然雄锐，有心与吾争战，但不足惧。吾早有耳闻，韩、张、岳、杨各有不协，这也是我大金的幸事。"兀术打算在濠州设下一计，打宋军一个措手不及，然后再从寿春撤兵。

这时，返回舒州的岳飞，在赵构的几次亲笔下，深感战势紧要。当岳部的后续兵马到来以后，岳飞再次率部出发，向张、韩两部靠拢，三月十二日一早，来到定远县，伺机出击。定远县地处庐州、濠州、寿春之间，大致都在二三百里距离，随时可以合围濠州，或"关门"寿春。可惜，就在此时，濠州传来消息，三月八日，杨沂中兵败，几乎全军覆灭。

濠州兵败，主因是张俊轻信金军亡命北撤，他要杨沂中、王德率部赶紧前往濠州，捡个"漏"，得一个收复的头功。没料到，兀术在濠州设下了空城计，杨沂中六万步骑尚未站稳脚跟，立即遭到兀术近十万大军以逸待劳的伏击，一时慌乱奔散。金骑一路追杀，宋军死伤大半，被俘的更是不计其数，全军仅杨沂中与一干亲兵杀出重围。

这时的张俊、刘锜所部，都在濠州六十里外的黄莲镇，望尘莫及。韩世忠闻讯前来，又被金兵伐木断河，阻在下流的赤龙洲。兀术速战速决，捞了大便宜，连夜渡淮水跑路了。

第六十章　老谋深算

濠州折兵，怪只怪前线没有一个能随机应变，又能指挥各路的主帅。信息互通，靠赵构处中枢而决策，几乎下的是"马后炮"棋。当然，岳部停留舒州，也是一个因素。

杨沂中这六万步骑，一半出自殿前禁军，十余年来，与赵构极有感情，不少的佐将、裨校，赵构还叫得出姓名。如今亡的亡，降的降，成了横飞血肉，赵构几乎想大哭一场。又想到开煮的鸭子，因没有及时掐断退路，竟折腾飞了。赵构伤心好几天，还罢朝一天。

罢朝的日子，老臣范同到相府串门来了。这范同和秦桧都是前朝政和五年（1115）进士及第，但范同一直在吏部担任员外郎，虽然当过中书、门下省的检正诸房公事，说到底只是吏部侍郎手下的文书，还兼过实录院修撰，到老还是一个五品。好在秦桧当政，擢升范同为给事中，还让他进了直学士院。

这日范同与秦桧喝了一点小酒，说起了濠州之败。范同也算是文臣中的"耆宿"，对朝中盘根错节的往事，略知一二。早在绍兴六年（1136），张浚为相，赵构就议论过诸位大将手握重兵，难以制约，有过收兵权归属都督府的想法。后来也有过几次如此之议，但都没有实质性

第十七部　以辅不逮，擢贰枢廷

进展。淮西兵变，张浚被罢免，这事也就搁了下来。

赵鼎为相，王庶为知枢密院事时，赵构也曾旧事重提，想用"李代桃僵"之法，陆续擢升张军、韩军、岳军中的佐将、裨将，拆分诸军兵权，改由枢密院直接下令指挥。后来"和议"出现，赵鼎、王庶出局，秦桧执政，赵构又有了新想法。这就是先促"和议"，有了"氛围"，再伺机逐步收回各大将兵权。

可以说，"老机关"范同对收兵权的来龙去脉，略知一二。这一次淮西会战，范同也看出了军队不协调的端倪，他借了酒兴和秦桧说："四太子这一退，必将重提和议。何不乘此柘皋大捷的名义，诏张、韩、岳三位大将来京论功行赏，擢升为枢密要职，并撤了各路宣抚司署。再将各宣抚使的兵权，纳入枢密院，拟让三大将指挥，再慢慢伺机行事。"

范同喝高了酒，也是兴头上说事。秦桧一听，撸着几根不多的山羊胡须，频频点头。士大夫治政，好点子都出在不经意之间。秦桧本是枢密使，撤了都督府以后，枢密院本应是统兵的老大，但他压根儿就是一个摆设。何况既要治内，又要治外，秦桧哪有这能力与威势，去指挥、协调各大将？照范同这主意，兵权貌似集体领导，实为枢密使掌控，好一个削兵权的万全之计。

赵构何尝不想如此？他多次称赞过赵普，这本家，原本是祖爷爷赵匡胤当节度使之时的一介布衣，不起眼的幕僚，后来直线擢升为枢密副使。为啥？就是因为唐末以来数十年间换了八姓十二个帝王，兵燹一直没有休止，而赵普只用了一招，谈笑间尽削藩镇兵权。这就是赵匡胤的"杯酒释兵权"，也是赵宋王朝士大夫之治的由来。

当秦桧将范同的建议密奏给了赵构，范同当即受到赵构诏见。一番对话以后，赵构决定再来一次"杯酒释兵权"，即以柘皋大捷的名义，召韩、张、岳来临安受赏，伺机削去兵权。事不宜迟，赵构马上召来直学士兼给事中林待聘，起草三省、枢密院同奉圣旨诏书。一份任命韩世忠、张俊为枢密使；一份任命岳飞为枢密副使；一份宣布韩、张、岳三使即日起赴枢密院治事。

为防止诏书泄露，当林待聘起草完后，立即被"蹲"在学士院中"锁院"坐待，暂且不能回家。这毕竟是机密，不能泄露，真要惹出事来，出一个杜充，出一个郦琼，那不是没有可能。

宋时的枢密院，极少不是文臣执掌。如今，除了现有的枢密使秦桧，又加了两位武将枢密正使，一位武将枢密副使，也是破了赵宋的"天荒"。明白人一看这"四龙治一水"，就晓得是收兵权的障眼法。

果真，后来兵权一稳定，岳飞、韩世忠、张俊前后被解除了枢密职务。再到后来理宗继位，枢密院几乎是大庆大典时跑前呼后的"传令官"了。当然，这后话说得是远了一点。

范同为削兵权出了高招，官运由此亨通，先是由直学士擢升为翰林学士。不久，又被任命为参知政事，也算进了宰执班子。范同是在孙近被罢免以后，擢升为参知政事的。在这之前，朝廷的宰执，一度就是秦桧和参知政事王次翁。

三省、枢密院同奉圣旨的诏书发出以后，张俊、韩世忠先后来到临安。不过，该岳飞来的日子，他不但久久未到，连个准信都没有，秦桧和王次翁就担心大了。

是路远的缘故，还是泄露了风声？秦桧和王次翁天天提着一颗心。某日，王次翁的儿子王伯庠又见老头子一早起来眉眼不开，精神欠佳，就问父亲何故。王次翁说："为父与秦相为收兵权谋划已久，这几夜庶几没曾合眼，万一搞砸了，按岳飞的脾气，携亲兵前来问罪的可能都有。"王次翁这话一说出口，又连连交代王伯庠守口如瓶。这担心虽然有一点过，但主和的文臣，那一段时期还真忧心忡忡，尤其对岳飞，更是又忧又怕。

这一日，秦桧、王次翁和范同三人来到官驿，看望已住多日的韩世忠、张俊。寒暄完毕，秦、王、范三人又来到直省官舍。秦桧告诉直省官，一旦岳少保到来，要厨子烹饪更好的筵席，一日三餐不得有丝毫怠慢。秦桧担心岳飞的脾气，先得小心伺候出一个欢心，一旦岳飞知道削了他的兵权，天保佑不要惹出祸来。

第十七部　以辅不逮，擢贰枢廷

直到四月二十三日，岳飞带了幕僚、亲兵，来到临安，首先到枢密院都堂入觐秦桧。秦桧虽然心有隙罅，但一脸堆笑，似能掉落地砸了脚背。上茶，寒暄，秦桧说："圣上驱驰霜露❶十余年，似乎有点厌倦用兵了，岳少保你看，何种情况下方能息兵停战，迟速进退之计又当如何？"

岳飞端坐，说道："以前提兵出征，要粮饷若干，往往不能尽得，取胜终是功亏一篑。而退兵撤出某地之时，左右诸军坐视以待，不肯拼力相助牵制。一军之战，苦于进退都不能专力。以飞看来，只要文臣不爱钱，武官不惜命，以社稷为重，即了耳！"

秦桧佯色道："是这样的啊？诸公都是兼职一方之大员，不是朝廷不重视，战事一起，仓促之间，朝廷往往没有一个统筹，确实不当！"秦桧这话模棱两可，既为自己这枢密使略示歉疚，也为后来收缴兵权埋了一二伏笔。

次日，赵构在垂拱殿的内堂，召见岳飞。折兵六万的痛楚，仍纠结于赵构之心。好在赵构强颜忍住了，满口只是称赞岳飞能听从朝廷调拨，赶往淮西救援。

毕竟这一次将要收岳飞等人的兵权，赵构还是悬了一颗心。赵构让内侍捧出早为岳飞准备的从一品金丝品服一袭、象征荣誉的绣金鱼袋一只、金腰带一条，金镀银鞍辔一副，一一赐予。赵构告诉岳飞，明日秦相将与尔等大将置酒湖上，为淮西大战庆功，并颁发擢升敕令。

次日上午，艳阳高照。韩世忠、张俊、岳飞一行骑马出了和宁门，过万松岭道，来到聚景园，早已等候的秦桧等人殷勤迎候，一同上了画舫。

宽敞的画舫中，一座一几相连，每一案几上有花色拼盘，应时和窖藏的水果，垒似小山：枇杷、杨梅、木瓜、莲雾、芒果、荔枝、凤梨、香蕉、番石榴。

众人依次坐定，画舫在初夏的暖风中徐徐而行，侍女一一奉了上好

---

❶　驱驰霜露：风风雨雨地驱驰疆场。

的香茗，宰执和尚书们向三大将让茶致意。新任的参知政事范同起立，向侍者一点头，只见舱间那壁粉红帘子徐徐拉开，丝竹声倏然而起。一水的柳黄衣裳侍女，插梅花头簪，佩梅花首饰，曼妙窈窕，一字而出。她们各持美酒、银托盘，浮水似的袅袅而来。酒是好酒"玉练槌"，盘中是香药木瓜条、梅肉饼儿、荔枝甘露饼、炙橄榄等干果和蜜饯。侍女斟酒劝肴，叉腰作揖退下。

画舫到了湖中，初夏天气多变，微风吹来，细雨随之下了。船中人没有觉出变天的不好，雨西湖更有一种女子蒙了薄纱的朦胧之美。戎马半生的岳飞，来过临安多次，能从容船游西湖，还是头遭。你看，那苏堤在淅淅沥沥空空蒙蒙中，真似一幅十里花阴夹道迷、山压红阁树色低的水墨画卷。比起苏东坡"山色空蒙雨亦奇"的诗句，眼下倒是更胜却许多。

这时，年长的侍者轻拍三掌，那壁帘子又一次徐徐拉开。随了一首《角招》曲牌的奏起，上来十名歌姬，广袖飘逸，皆紫衣紫裙，头簪桃花，首饰桃花，衣领绣的也是粉红的桃花。歌姬的两手各托了银盘佳肴徐徐走来，岳飞的案几，上了六色冷盘：生牡蛎肉、炙野鸭脯、墨绿的巴榄子、黄褐的冻三鲜，还有紫李与红玛瑙饧。这玛瑙石榴籽，应该是窖藏的山西大石榴现剥，浇的上好蜂蜜。

那歌姬边唱边行，走马灯似的一圈一圈。歌舞过去，水果撤了，热菜来了。那热菜也是六盘，有蛤蜊米脯羹、江鳐炸肚、鳝鱼炒鲎、蝤蛑签、糟熊掌，以及用黄鱼和鳝鱼的薄片泡制的脆鲜石首鳝生。

秦桧提议，为淮西战绩举杯。韩世忠、岳飞和秦桧虽然互不看好，眼下"少保""太保"的一呼，酒喝得也豪爽了不少。觥筹交错中，天又朗了起来，酒也喝到了七分。残肴一撤，冰镇的醒酒果子端上来了：沉香藕、樱桃、青梅、鸭梨片、水菱肉。大内该有的，这一日全上了案几。

不知不觉，画舫到了花家山溪流的曲水幽港，只见好一片荷叶无穷碧。在荷叶的清香中，侍女适时端上了香茗，岳飞嘬了一口，品出了团茶的微涩，后味甘香了起来。这应该是建安进贡来的龙茶，每年不多，赵构今日赐予众将，正可平和一下酒意。

秦桧清咳了几声，郑重其事地起了身，又干咳几声润了润喉，朗声说道"圣上敕令"，接过范同递上的诏书，念起了制词："保大定功❶，武有经邦之略，蚤正素治，戒惟先事之防❷。……卿等勋在社稷，名震华戎；谦退踵征西之风，廉约蹈祭遵之节❸，比从人望，入赞枢庭❹。"

秦桧读到此，略作停顿，又读擢升正文："扬武翊运功臣、太保、京东淮东宣抚使兼河南北诸路招讨使、节制镇江府、英国公韩世忠，安民靖难功臣、少师、淮南西路宣抚使兼河南北诸路招讨使、济国公张俊，为枢密正使……"

岳飞的擢升敕令是："少保、湖北京西路宣抚使，兼河南北诸路招讨使，兼营田大使，武昌郡开国公岳飞，为枢密副使。……加食邑七百户，食实封三百户。"

"扬武翊运功臣"与"安民靖难功臣"是韩世忠和张俊的"功号"，绍兴年间只有三个武将被赐封过，另一个就是刘光世。岳飞晓得，与这三位曾经的老上司相比，他毕竟是后起之秀，战斗只要不消停，"功号"早晚会有。到此，岳飞的官阶待遇已是食邑六千一百户，食实封二千六百户，这要不出夺官的意外，足够满家上下尽享富贵了。

秦桧念第三道敕令："即日起，枢密正使、枢密副使赴本院治事。"岳飞、韩世忠这才明白，自己的辖兵之权，一顿酒席间，已被朝廷收走。眼下这枢密正使、枢密副使，都不是兼职的，回不去各自的部队了。

---

❶ 保大定功：安稳地居于高位，是建立功业后的最好置身。
❷ 武有经邦之略，蚤正素治，戒惟先事之防：蚤，通"早"。全句，有经邦之略的武将，早一点步入文治，是最好的先见之防。
❸ 谦退踵征西之风，廉约蹈祭遵之节：此句含"征西谦退""祭遵廉约"两个典故。一是东汉的征西大将军冯异，为人谦退，不以功臣自居。二是东汉名将祭遵，以英勇善战、清正廉洁著称。全句，夸赞三大将，谦恭退让有冯异遗风，廉洁俭约承继了祭遵节操。
❹ 比从人望，入赞枢庭：比，皆。赞，辅助。枢庭，中枢。全句，(你们)完全符合众望，辅助朝廷中枢。

就像当娘的拉扯儿女，一把屎一把尿，眼见长大了，却再也不随她了。要说这时三大将的内心很平静，那是瞎话。尤其岳飞，数万人马都是他自己拢大的，他能没有想法吗？

第六十一章　枢密院事

好几天来，岳飞都闷闷不乐，哪怕朝廷要临安府尹给岳飞在临西湖的钱塘门内盖一座府邸，岳飞的回复也没好气。仅仅几天，岳飞两次向赵构上奏，要求赋闲养老。什么枢密副使、宣抚使，我全不干了。

对岳飞的脾气，赵构习以为常，如今更不担心他撂挑子以使得军营难以控制。岳飞两次要求辞职的奏禀，赵构都是有恃无恐地要近臣拟定"不允诏"。近臣倒是极尽职地替圣上代言，在"不允诏"中，将擢职枢密院的缘由，说得相当完美：

"朕焦心劳思，宵衣旰食，所愿训武厉兵，一洒仇耻。寤寐贤佐❶，协济良图。卿忠勇自奋，材智有余，是宜左右赞襄，以辅不逮，蔽自朕意，擢贰枢廷。……固执谦辞。所辞宜不允。"

"不允诏"说得如此谦和、敬重：我是请你岳飞到我身边，来"左右赞襄"的，以辅助我的"不逮"（不足）。"高帽"如此，少了弯弯肠的岳飞也体谅圣上，不再推辞了。

要说削夺了兵权，韩世忠没有想法，那是瞎话。但老韩知道岳飞肯定沉不住气，与其先说，还不如先不说。只有和秦桧走得近的张俊，心中雪似的明了。早在绍兴六年（1136）张浚主持枢密院时，张俊已经搅黄过一次收兵权了，不过，那一次多多少少还掺和了他和张浚的矛盾。这一回，张俊积极响应，他明白，对于他这样一个武将，能靠近首宰秦桧，也就是走进了治政的士大夫行列。张俊向秦桧表过态，自己安心于枢密院，让手下的统制、统领官直接听从朝廷指挥。

---

❶ 寤寐贤佐：日夜渴求贤良的辅臣。

第十七部　以辅不逮，擢贰枢廷

三大将一摆平，赵构走出第二步。枢密院一道敕令：撤销淮东、淮西、淮北，以及湖北、京西、京东路各宣抚司署。宣抚司所属统制、统领官、佐将、副将，隶属枢密院直辖。

这么一听，枢密院还真握了兵权不成？且慢，大权这就掌在赵构手上了。紧接着，赵构又抛出一招：敕令诸军统制、统领官、正将、佐将、副将，全冠以"御前"二字，直接成为御前的将领。朝廷调兵遣将更名正言顺，全由"三省、枢密院同奉圣旨施行"。

这还没完，赵构大招迭出，命令原各大宣抚司的属官，从都统制往下，按职次高低，轮番入朝觐见圣上。当然，赵构也不会让你白跑一趟，所有觐见将官，自九品起，各转两官，譬如从九品承节郎，依法进一个官阶为正九品保义郎，"转两官"，进两级，为正九品成忠郎。这要在以前，都得由宣抚使以战功上报，才能提升。这一次，皆大欢喜。像统制官王德，这一次擢升为清远军节度使；田师中也是，加封为定江军节度使。于是，所有将领，都知道圣上亲自统军的好了。

赵构说："昔日三宣抚之兵各自为政，此将在此军有了过错，继而投往彼军，自此心中各有芥蒂，生出恶来好拥军观望，更有生出不尽心助战的。如今一统御前指挥，前日之弊则一并革除矣。"

说是这么说，但对于这次突然的变化，诸军将领能不能真心拥护，赵构心中并没有底。毕竟，军中的使唤，大多靠的是出生入死的交情。赵构想，万一有警，第一个起幺蛾子的，会是谁的属将呢？

韩世忠、张俊、岳飞，赵构一掂量，还是担心岳飞原部，毕竟都是岳飞从草莽中打下的底子。眼下，五日一大朝，说有事也无事，说无事也有事，赵构也看不透三大将的心思，但赵构在观察，谁家的"鸡"一旦不安分，正可拿来儆"猴"。

见赵构不动声色收了兵权，朝臣中说好的也有。礼部侍郎郑刚中向秦桧赞誉说："今去各宣抚大帅，朝廷、藩臣，人心亦惧，倚兵为重的共忧，变为了平安之道。以前大帅之间的纠葛，如今不再，各军的统制官哪怕再有尘蒿一般的纠缠，有谁还敢生出不合。眼下，正应该逐渐立法，按月勘察，庶无冒请之弊。武臣的战事，哪些需要提交枢密院定夺筹划的，哪些应该递交圣上决断的，也得斟酌起来，别等待他日攻守进退时再临时为言。"

这话说得秦桧点头称是。以前赵构之下，枢密院是我秦桧一人，如今，多多少少要划分一些权力出来，让三大将有所作为。郑刚中的说法，代表了朝中文臣的多数，至少应该让人觉得，我秦桧并非大权独揽。

岳飞和韩世忠，本都是军中独大、散漫惯的。这一回，身在九五之尊的廷地，一时还真适应不了。每次大朝，要穿一品绛紫公服，还得里外整齐，那叫一个拘谨。去枢密院都堂议事，也要求穿公服，就犯嘀咕了。入夏天气渐热，韩世忠首先不买账起来，这日，他如同军中，大刺刺披一件宽松道衣，头裹一字软巾，左右是自带的亲兵，进了枢密院。见了身穿公服、头戴翅纱帽的秦桧，韩世忠只是斜眼一视，算打了招呼。秦桧虽然勉强挂笑，见韩世忠走远，也气得嘴歪眼直。

韩世忠是前朝老臣，仗了"明受兵变"救过驾，和秦桧又都是正一品，压根没把秦桧放眼里。每当此时，秦桧就想起绍兴八年（1138），韩世忠要劫持金国使者，败坏议和的事来。相比较，从一品的枢密副使岳飞稍好一点，虽也是军中闲散似的披了襟衫，倒还有些雍容端正。见了秦桧，也作一个揖，呼声"丞相"。张俊闲散是闲散了一点，但毕竟随驾的岁月多，骨子里习惯了对文臣的尊重，见了秦桧，恭敬有礼，有事没事也会应付几句。

要说赵构削了三大将的兵权，内心还是有一点疚意，尤其岳飞，毕竟是南宋再造的功臣。韩、张、岳第一次以枢密正、副使名义上朝，按照前朝旧例，要重新排列班序。按宰相、枢密使这么下来，本应该是参知政事的班序，赵构却提出岳飞应站在参知政事王次翁之上。

岳飞一听，赶紧出班说："启奏圣上，臣飞有愧，按旧例，王庶任枢密副使之时，也在参知政事之下，岂可为臣忝窃孤卿❶，臣不敢造次。"

赵构一听，微微笑说："岳爱卿不必多虑，我大宋能有今日，卿功不可没。"

王次翁是前年从御史中丞任上擢升的参知政事，不久前又兼了权同知枢密院事。参知政事等同副宰相，知枢密院事仅次于枢密使。王次翁无非是"知枢密院事"前加了一个"权同"，等同暂领，与岳飞本无仲伯之分。当然，赵构如此说，也是对岳飞的有意为之，王次翁心知肚明，他出班奏道："岳枢使与王庶不同，乃少保也。"

王次翁这老臣，本是秦桧推荐，说话相当得体，赵构闻言露了笑，秦桧也咧嘴附和。不过，对于赵构的心思，秦桧早已揣摩透了，明白这只是一种示恩，在士大夫治政的绝对优势下，给武将一点地位，权宜之计罢了。这三位枢密院的同僚，以后谁会第一个被开出局，眼下还真看不出来。

安排完了岳飞的站班，韩、张不言而喻地也就领先了岳飞。见各位安顿以后，心中仍有疚意的赵构，又对韩、张、岳三位说了几句似是而非的话："朕昔日付予诸位爱卿一路宣抚使之职，尚不够应对各位功勋。今日付诸卿以枢府，兵权更大，卿等宜共为一心，勿分彼此。兵力全则莫人能敌，顾❷如兀术，何足挂齿乎！"

赵构这么说，秦桧的脑子仍在钻牛角，武将入枢，本是摆设，历来是融不进士大夫执政圈的。前朝擢武将入枢，也只有仁宗朝的狄青，英宗朝的郭逵，也是因时势而设，时过而退。那眼下的三个枢密使，第一个被开的该是谁？

秦桧指望韩世忠第一个退出枢密院，这人称"泼皮"的韩世忠，在洪泽借故刺杀金国使者张通古，就差一点坏了和议大事。当淮北宣抚司署刚设立，枢密院本着就近调拨淮东、淮西的兵马充入淮北宣抚司，淮

---

❶ 岂可为臣忝窃孤卿：忝窃，谦言辱居其位或愧得其名。孤卿，指少师、少傅、少保。全句，哪能为愧居职位的臣再领孤卿之先。

❷ 顾：但看。

西的张俊倒也买秦桧账，马上调去统制关师古一万多兵马，又暂拨了王德五千多精锐。韩世忠不买秦桧的账，一直借故拖延，在他想来，淮北宣抚使杨沂中原本就是你张俊部属，你不调拨，谁调拨。

韩世忠识字不如王伦，却压根看不起文臣，马打江山牛耕地，本身使的是两股劲，文臣却要压武将一个头。所以，韩世忠见了文臣，无论官职大小，都好称"子曰"。文臣非议极多，某日朝议将毕，赵构当众问韩世忠："闻卿呼文士为'子曰'，是否？"韩世忠一本正经地说："臣今已改。"赵构闻之欣慰，你总算懂得尊重文臣了。哪晓得韩世忠说："今呼为'萌儿'矣。""萌儿"，即不懂事的呆儿。赵构"扑哧"笑出了声，气得秦桧与一帮文臣牙根直痒。

这老韩还真被秦桧逮着过一"腔"，他有位亲兵裨校温济，写信到枢密院，告发韩世忠不少"隐私"。秦桧本想妥妥地搞掉这韩大，将"告发信"递呈赵构，赵构却不露声色搁案头了。过了几天，赵构要枢密院调遣温济到湖南任职，省得再滋事。倒是韩世忠不买这账，连连向秦桧提出，要温济回淮东。受赵构青睐的韩世忠，还真有恃无恐了。

秦桧相信，他早晚会让韩世忠出局。还记得建炎年随赵构出生入死的王渊吗？担任同签枢密院事的武将王渊，不就是跋扈大了，惹出了苗、刘兵变？满朝的士大夫对此记忆犹新，武将入宰朝政，极少有看好的，这也是秦桧的底气。

相比三大将收了兵权，淮北宣抚副使杨沂中就被赵构看好。或许是因了世家的浸淫，温良恭谨的杨沂中反倒加封为了检校少保、开府仪同三司，掌了殿前副都指挥使一职。不久，又擢升为殿前都指挥使，赵构还赐予他"存中"的名字。可见，赵构的收兵权也不是一概而论，只是看能不能得心应手地指挥。

最倒霉的是刘锜，放弃了庐州，天大的顺昌战功，大半就算在文臣陈规的身上了。经张俊、杨沂中几次弹劾，刘锜以"战斗不力"之名，被罢黜了淮北宣抚判官一职。此后一撸再撸，降为了侍卫亲军马军都虞候。

第十七部　以辅不逮，擢贰枢廷

对刘锜的罢黜，岳飞深为惋惜，提出调刘锜前往湖北，执掌原岳飞部队。这提议在枢密院就遭到了秦桧、张俊的否定，岳飞的提议根本没能走出枢密院。岳飞第一次觉得，一旦没了兵权，说话近乎喘大气了。

赵构待岳飞还是不薄，临安上班的第一个月，就支赐给了岳飞银锭一千两、绸绢一千匹，与枢密正使是一样的待遇。岳飞诚惶诚恐，上奏札表示对圣眷至厚至深的感恩："微臣飞夙夜震惊，恐不足以当陛下锡予之厚。伏望圣慈俯垂睿照，收还所赐银、绢，庶使稍安分量❶。"当然，这也是臣子上表的套话，岳飞推辞再三，还是感激涕零地收下了。他一心一意想辅助圣上，做好京官。

三大将进京时，本也有幕僚随从。张俊一听擢升为枢密正使了，也明白个中缘由，几日内就将幕僚打发得干干净净，只留了一个文字撰写。岳飞留在身边的有朱芾、李若虚两位，赵构待他们也不薄，朱芾以敷文阁待制的身份，任命为了镇江府知府；李若虚以秘书阁修撰的身份，任命为宣州知州。虽然大家都心知肚明，这是支开了岳飞身边出谋划策的人，但毕竟是提拔，没人说得出一个"不"字。

事已至此，亲兵也留不住了，岳飞近百名亲兵只留了当值的十几人。他向朝廷上一份奏札，要求将亲兵遣归旧处。三省同奉圣旨，依了岳飞的禀奏。

朱芾、李若虚走了，亲兵走了，岳飞的身边一下子清静了。好在还有幕僚如孙革、张节夫、于鹏等，虽然派封为了各地的参议官，但都要求"奉祠"在临安，在附近的宫观当个"执事"，倒也常在岳宅小聚。岳飞有这一些属下，有好酒，有儿子岳云、岳雷、岳霖，还有梦中的金戈铁马，日子也就如此打发了。

对于岳云，赵构也不吝啬，考虑到他战功卓越，既要给一个好的前程，还得让父子聚一起。当然，在京城带兵是不可能，赵构给了一个"带御器械"的武臣荣誉衔。"带御器械"，也就是带剑近侍，作为皇城

------

❶ 分量：重量、压力。

司所属的亲事官，按编制有六位官职。当然，只要赵构开口，因人而设一个例外也可以。城府极深的赵构，也是给了岳飞一个羁束。

岳飞只知皇恩浩大，他担心的是习惯了沙场的岳云，守不住性子。一旦有个不慎，轻则问罪，重则要掉脑袋。岳飞赶紧上奏："伏念臣擢升进了枢府，静思无补，已剧愧颜。臣男云年少蠢愚，未练官业，今辄处以御带之职，实为亲近。但在臣寒微，尤不遑处，兼恐于法或有妨碍，不免控沥危恳，仰渎圣聪❶。伏望睿慈曲垂天鉴，追还已降指挥，庶得稍安愚分。"

岳飞一辞不行，又二辞、三辞。要说仅仅这三辞，也让人当作常规。岳飞一连四辞，连赵构都觉出给岳云的擢升会给岳飞带来不安，只好下诏说："所请宜允。"同意了。

赵构对待岳飞，还真说不出不好来，要是没有淮东差事所惹出的是非，可以说，被收了兵权，少让赵构犯怵的岳飞，倒也会让君臣的前嫌渐渐消去。要是岳飞再夹紧"尾巴"，蔫悄地做人，满可以有一个悠闲的下半生。

---

❶ 控沥危恳，仰渎圣聪：控沥，即倾吐。危恳，使人惊奇的由衷语言。渎，轻慢。全句，由衷地倾吐过分之语，亵渎在上的圣听。

第十八部
天下事，竟如何

第六十二章　楚州之行

绍兴十一年（1141）六月，赵构要张俊、岳飞一同前去楚州（今江苏淮安），抚谕韩世忠原本的淮东军，并指导、措置即将到来的秋防。那一段日子临安炎热，习惯行旅生涯的岳飞也想去江淮走走。但要和张俊同行，岳飞的脑袋就有一点大。

当年岳飞从军，就在张俊帐下，又比张俊小十七岁，较得张俊青睐。绍兴四年（1134）之前，张俊也屡次向赵构提及岳飞的卓越，岳飞能得到提拔，最初也有张俊的缘由。绍兴五年（1135）以后，赵构渐渐看好岳飞，出于"分大将之势"的深谋，岳飞擢升极快，直到了好说"朕非卿到，终不安心"，就让张俊不爽了。

岳飞从第一次见赵构时，就流露出了对张俊那一套领兵打仗路数的不满。到后来，也常放出轻视张家军的话来了。如今同在枢密院，张俊高出岳飞一截，岳飞倒也没觉得不妥，只是话说不到一起，总是有意无意地回避。哪怕偶尔相见，也是甲鱼露头，打一个小脸的招呼。这要是一起出差，二十来天的抬头不见低头见，岳飞还真有点不舒服。哪怕一起逢场喝酒，只两人对酌，都浑身不舒服。

岳飞赶紧求免，赵构不知就里，他要近臣拟一份敕令给岳飞："以前朕认为兵力分散，各司一军，不足以施展各将才能，也不足以抵御敌人。这次合兵一统，朕让你们三大帅登于枢机之府，以极尽朕的委任之意。凡是战守之事，朕一定会首先托付于你岳爱卿。如今爱卿刚被委以巡阅之事，就要求去位，难以应允。此行府（以枢密院行府的职责）之命，措置之责，毋烦费辞。卿不能如此稽❶我成命，所请宜不允。"

赵构认为，这一趟对淮东军队的点阅、敕训，非岳飞这样有威望的

---

❶ 稽：计较。

第十八部　天下事，竟如何

将帅出行不可。日前得到镇江府奏札，韩世忠的部下听说老长官被留在临安听候使唤了，都有一点不知所措。年头相处长了的老统制官，对韩世忠感情很深，哪怕赵构让他们翻身做主人，直接听令朝廷，都转不过弯来。

有一个左武大夫耿著最为明显，韩世忠临到京城前，特地派耿著驻防楚州。耿著和淮东宣抚司总领财赋官胡纺旧交很深，酒一喝，无话不说。胡纺告诉耿著，朝廷早晚要分拨淮东旧部，胡纺也听几位统制说过，万不得已，只有出走，不干了。耿著借酒胆壮，他说军中虽无郭子仪般的义士，也不会视若无睹，一走了之，吕祉之鉴不可不虑。哪晓得胡纺媚上，打了小报告给秦桧，耿著以鼓惑众听之罪下了大狱。好在耿著是一条汉子，严刑之下没有扯上主子，最终杖脊刺字发配去了吉阳军牢城。为此，韩世忠也遭了"怂恿养奸"的告讦。

原三大宣抚司所辖，居然是赵构最信任的韩世忠部下先出了幺蛾子，赵构有点想不通。据说，淮东宣抚司署各将领，还纷纷出现盖房热，建府、修宅，一时多达二百余间。搞得镇江城内如同国公出阁、勋臣还朝一般，费用不下十万余缗，全出在韩部日常所敛的钱财账上。赵构不无生气地说："这样的费用，要是为老幼军属的归宿而安寨盖房，也就算了。但为军官们如此修宅，岂能免百姓怨乎？"

要说韩世忠任了枢密正使，晓得回不去淮东大营了，也向赵构说过，在楚州的一笔钱财想进纳给朝廷。这一次岳飞和张俊北上楚州，秦桧也是有话告之，要逐一清查。据韩世忠自言，从提兵以来，存放在回易库中的利钱和存息，估计有一百万贯。此外，存放在前军之中，还有垦种的稻米九十万石，不在军粮之内。还有楚州、镇江、真州、高邮、瓜洲等地的制酒库共有十五处，望朝廷给予收交。韩世忠还说，他在楚州圈养有西夏骏马五百匹，也一并进献朝廷。

都说韩世忠好货，也就是精于买卖，当时也称"回易"。但各路大将，为生存计，何尝不是如此？张俊、岳飞，在各自的宣抚司内，都置有"小金库"，也就是为买卖而设的回易库。绍兴七年（1137）二月，老将刘光世以患风痹之疾上疏请罢兵柄时,就有百余万缗金银财物上缴都督府。眼下没了都督府,淮东宣抚司的钱财,估计得上缴枢密院。

为此,王次翁向赵构提议:"如此军中之弊,应该派文官前去处理。"赵构说:"士大夫去是可以,但事关恢复北图之敕训,还只能将帅去。士大夫皆虚辞非实用,朕这次派遣二枢使,按点阅军马的要求,还想使得将士战既可战,守则能守。如此,若有敌虏挑衅,更可进讨以图恢复。"

赵构拒绝了岳飞不去淮东的请辞以后,三省同奉圣旨,又给岳飞下了一道省札:"以枢密职事前去,与宣抚使事体不同,令随意措置,专一任责,节次❶具已措置,事目闻奏。"

这么听来,以枢密职事去视察,与宣抚使不在同一层次,前者代表的是皇上与朝廷。朝廷还要求岳飞应随枢密使的职责,专一措置,随后"节次具已措置,事目闻奏",即按日依序,将所有进行完的事,立条目上奏圣上,也算是代天子行事。

没办法,岳飞硬了头皮和张俊一同上了路。临行之前,两人在枢密院都堂和秦桧一起议定了将处理之事,秦桧倒是毫无遮掩地说:"这一趟,还要查查楚州军队中谋反的事。"岳飞一听,耿直的他又藏不住话了,他直言说:"世忠已归职朝廷,其军队就是朝廷的军队,一二将士所说犯上的话语,不必涉及全军。"秦桧一听,小眼直翻白,答不上话来。

张俊一听秦桧的话,当即明白,这不就是要去找碴儿,让老韩的小日子不好过吗?于是,这一路北上,张俊就在打韩部的主意了。这一日,岳、张同船,都在看两岸风光,张俊似乎无意说道:"岳少保,韩太保的背嵬军甚是称得精壮,吾等在枢密院,正需如此卫队。依俊看,不如到了楚州,就此将背嵬军拆分两拨,你我各领一拨,回朝廷再作禀报,如何?"

岳飞佯作没有听见。张俊再问,岳飞只得说:"少师,飞以为不妥,国家所依赖收复失地之人,也就吾等三四将领。万一哪天朝廷下令韩太

---

❶ 节次:按程序。

保官复原职,重领淮东之兵,吾等有何脸面再见韩太保?"

张俊一听此话,甚是尴尬。是啊,世事难料,三十年河东、三十年河西,谁都不知将来甚事。张俊就此无语,岳飞倒是为韩世忠担心了起来,他明白,与秦桧走得很近的张俊,能说这话,那老韩早晚要倒大霉。

一到楚州,岳飞、张俊登上了城墙骑马巡视。远远望去,那一段淮河夹了浅滩,不甚开阔,微风阵阵吹来,比起临安凉爽多了。张俊说:"楚州城墙年久失修,要重为修葺方好,也可作日后抗敌防御。"张俊这话其实没错,但依岳飞的性子,凡是他看不顺眼的,总会有下意识的执拗,岳飞不想回话。张俊又问:"岳少保以为如何?"

岳飞见推避不开,缓缓说:"吾曹(我等)蒙国家厚恩,当相与努力恢复中原,今若修筑楚州城池,专为防守退保之计,将如何去激励将士?"岳飞这话似乎也没错,但这当口儿说出,就让老上司张俊下不来台了。张俊当时就被噎得直哼哼。

当晚,岳飞说要下榻在州治的客舍之中,张俊说要住到城外原本韩世忠的大营去。两人心知肚明,还是不照面的好。分手时,张俊说明日一早校场呈点楚州兵马,由正、副枢密使晓谕朝廷旨意。岳飞说:"烦劳少师一人宣读训敕令,飞分头点阅楚州兵马名单,整理原淮东军回易账目,以呈少师。"

次日一早,原韩部中军统制王胜引了一万军队来到校场受阅,入场前就全身盔甲披挂停当,犹如临战。有人密告张俊,说王胜有加害你枢密使的意思。张俊一听大惊,怪不得岳飞不参与点阅,难道他事先知晓?这一想,张俊益发感到心惧。不过,张俊转念一想,也好,一旦被我抓住把柄,这老韩要是遭黜,万余名中军兵马,也就抓在我手上了。

张俊嘱咐亲兵小心行事,他先要中军统制王胜一人到大堂问事。王胜一到,张俊问:"将士何故射摱甲胄❶,披挂在身,如临大战?"王胜说:"枢密使来点阅军马,在下不敢不穿戴盔甲。"说完这话,王胜也不

---

❶ 射摱(huàn)甲胄:射,弓箭。摱,穿戴。全句,佩弓箭、穿戴盔甲。

等张俊下令,似乎赌了一口气,当堂三下五除二,去了自身盔甲。又转身传令,要全军卸去盔甲前往校场。说这话时,全没将枢密使当一回事。张俊见王胜出得门去,深恨之极。

岳飞住在城内州署,一早调来楚州兵马名册,翻阅起来。当他得知韩世忠在楚州一带才布置了三万余兵马,十几年来却让金兵不敢窥视淮东,还有余力打过山东去,不禁暗暗称道老韩用兵有术。楚州往西约两百里,是泗州,虽也是淮东宣抚司的管辖范围,却隔了淮水,在河流的北侧。岳飞本想去视察一番,又怕节外生枝,让张俊多心,也就在犹豫的时候,泗州知州刘纲前来禀见。

刘纲一见岳飞这位朝廷来的宰执,捧在手上的茶盅还没揭开盖子,欠了屁股就说起了泗州的苦衷。他说:"本州城池地处淮河以北,是运河由淮河入汴河的口岸,也是进入中原的襟喉。但泗州地势低,又是土城,没有驻军没有粮草囤积,以往的防守,全靠楚州照应。眼下,淮东宣抚司一撤,没了韩大帅威势所罩,更像是少了亲娘的儿子。枢相在上,下官敢问一声,若金人南犯,泗州是守还是弃?"

岳飞昨日已说过楚州不必修葺固守的话了,泗州更是不用再提。对于刘纲的问话,岳飞没有当即回答,他拿起茶盅嘬了一口,徐徐问刘纲道:"这泗州还有何名?"刘纲说:"京口。"岳飞再问:"还有何名?"刘纲说:"属丹徒。"岳飞又问:"还有何名?"刘纲说:"南徐。"岳飞将茶盅置于案几,看了刘纲一眼说:"就此是矣。"

"就此",就是如此,如此什么,"南徐",也就是不急不缓地南行。刘纲顿时大悟,这不是要我缓急之时,南退吗?于是立身告辞。

第六十三章　群起弹劾

岳飞对楚州和泗州的防守之说,或许存有自己的看法,他始终认为,前线防地不只是要坚守,更需要出兵进取。只有进取,才能收复中原的失土,才能显出将士对社稷的效用。一味地坐镇,只能迎合割地自守的议和条约。当张俊与岳飞处理完了淮东军各统制的防守，查阅完了财物账册以后，一起返回了临安。

依然是先旱路，后水路，坐船顺运河南下。一路上，张俊几次说起三月的柘皋大捷，说得神采飞舞。岳飞却"王顾左右"而言他，不以为然，让张俊好生没趣。

岳飞虽然眼观远方，心中却想，这柘皋、和州，本是你张俊防地，因守备不当，连丢两城，实属不该，你张俊有啥好吹的？要是没有韩世忠及时赶去助你，能取胜吗？

张俊并不这么想，他几次提及柘皋之战，也是想提醒岳飞，可惜你没有及时赶到，三缺一，合围功亏一篑。圣上没有责怪你，大家没话好说。但杨沂中这六万人马，一半是从我淮西军中拨出去的，濠州之败，全军覆没，你以为我张俊不心痛？好在柘皋大捷我多少收降了一些兵马，难道不值得一说？你岳飞现在是平起平坐了，却拿马猴不当猴，真扫我兴。

岳飞心中，倒是佩服韩世忠，如今同在行都为官，互相都不得志，也有点惺惺相惜。眼见张俊事事在算计韩世忠，晓得这也是秦桧的意思，岳飞决定回临安后向韩世忠提个醒，要老韩长个心眼，提防着。

韩世忠毕竟见惯了宦海起落，晓得潮涨潮落间总有倒霉的人，他不像岳飞好发梗，而是单独向赵构诚惶诚恐地示弱，想辞去枢密正使，隐居西湖。赵构除了劝慰，还是劝慰，他总记得建炎三年(1129)韩世忠发兵救驾的好。赵构说："爱卿放心，秦相绝无加害之意。"

秦桧有没有加害之意，有，尤其对韩世忠，这一点赵构也清楚。当初设正、副枢密使，本是收兵权的权宜之计，并没有加害的说法，但秦桧多多少少有暗示。眼下，赵构并不希望对枢密使们有所妄动，更不允许秦桧对韩世忠有什么想法。

张俊和秦桧走得近，骨子中完全是赵宋一代的为将习气，即武将好向文臣士大夫示媚。张俊得知赵构削兵权的用意后，更是处处投秦桧所好，为己谋一个好身后。这一切，只有长期驻镇一方的岳飞不甚了了，宦场的那些党同伐异，岳飞只是耳闻，并非亲眼所见。当韩世忠明显对张俊、秦桧有了怨怼以后，张俊、秦桧多少也明白了岳飞已与老韩通了风，矛盾转了向，岳飞却蒙在鼓里。

是的，岳飞不担心老部下们会有什么把柄被秦桧、张俊抓住，要说韩、张、岳三支军队，就数岳军纪律最为严明。往时，将校一有犯军律的，惩罚极严厉，小则鞭挞，大则诛杀，哪怕一次杀了李宝的四十余人，岳飞都不眨一眨眼睛。手下的士兵，哪个还敢造次。这次岳飞一走，统制官直属朝廷指挥，虽然部下人人都少了一点约束，但也不会如同别的军队那么容易出事。

不过，要想找岳飞的岔子，也不是难事。尤其以往的征战，朝廷一旦不能遂岳飞心意，连赵构都拿他没有办法。单凭军事上的"抗上""不尊""延误"，只要赵构稍有起意，以往这些"梁子"，哪一条都够岳飞喝一壶。如果秦桧与和议派们再推波助澜，搞翻岳飞并不是难事。当然，机会不到，赵构无意，秦桧也不会仓促行事。

但万万想不到的是，后来岳飞的祸事，还真出在他部下身上。这一点，岳飞确实没有料到。不过，事情的初起，还是朝中的文臣士大夫对岳飞的刚直难以容忍。

要说太平日子，枢密院那些闲事，哪要得了三四个枢密使去应付。无事可做的岳飞，不好女色，不善吟诗作画，还真闲出闷气来了。再说，他在朝中也没有走得近、说得上话的臣僚，洒脱惯了的汉子，唯有喝酒了。一喝二喝，岳飞又动了辞职的念头。要是能回到前线，再好不过。最不济的，奉祠或外放，离开这闲出鸟的朝廷，还有好惹是非的张俊、秦桧。当然，一辞到底，去东林寺赋闲，岳飞似乎又下不了决心，他还是想"尽忠"为上。

一旦起了念，岳飞就憋不住，他上了奏札："窃念微臣性识疏暗，昧于事机，立功无毫发之微，论罪有丘山之积。……德薄宠殊，荷圣眷之兼容，在孤忠而益畏。"岳飞真是个实在人，这"论罪有丘山之积"的说法，哪怕发自肺腑，也是哪壶不开提哪壶。就算那些"罪"他完全出于社稷，只要赵构一提起，就够岳飞喝一壶的。

好在赵构对岳飞的辞职早已习以为常了，岳飞一辞不准，继续二辞："伏念臣滥厕枢庭，误陪国论❶，贪荣滋甚，补报蔑然❷。"岳飞的辞呈写得确实够真心，他说自己是一个心术不多的武将，在朝廷荣华富贵的时日越长，越会生出贪图虚荣的心来。

岳飞的真言诚语，让臣僚们很不是滋味，同样是无所事事，但我们为王朝治政，怎么能说滥厕枢庭、尸禄素餐？难道就你岳飞觉悟高，晓得有愧皇恩俸禄，我等安分守己，都成碌碌无为了？一个刚从右正言之职擢升为右谏议大夫的万俟卨，本就是秦桧从谏议属官中提拔上来的，就来事了。

"万俟"是个复姓，估计因了万俟卨，后世这姓氏少了。要说万俟卨，还真与岳飞有过节，当年他由湖北转运判官擢升为湖北刑狱使时，和荆湖宣抚使署同处一地。上任第一天，万俟卨拜会岳飞，不知道是岳飞看万俟卨不顺眼，还是对端了士大夫架子的人有所误会，居然没有吩咐侍童上茶，更甭说设筵接风了。万俟卨失了颜脸，一直耿耿于怀。

如今，万俟卨任了右谏议大夫，正找不着弹劾的业绩。见岳飞被削了兵权，文臣士大夫们对武将的跋扈和缺学少识正颇有微词，万俟卨想要好好报一下当年被怠慢的羞恼。

万俟卨和秦桧说："恩相，某些大将起于行伍，只知利益，不懂道义，打起仗来又不当朝廷一回事。圣上仁厚，给了他们高官大职，子女❸玉帛，极尽其欲，却从不惩罚他们出兵逗留、观战不前，也不追究临阵退却。如此，还会畏怕朝廷的王法吗？"

秦桧一听，明白万俟卨在说谁，秦桧答道："朝中有万俟大夫如此疾恶如仇之臣，何愁朝纲不兴？"果真，后来岳飞被押大理寺，御史中丞

---

❶ 滥厕枢庭，误陪国论：滥厕，混充其间。全句，混充于朝廷中枢，对辅助国事只能是误陪。
❷ 贪荣滋甚，补报蔑然：滋甚，越发增益。蔑然，豪无所有。全句，贪图虚荣之心日深，却不能一丝回报朝廷。
❸ 子女：侍童侍女。

何铸、殿中侍御使罗汝楫调任审案，都认为若以"谋反罪"定案岳飞，着实不当。秦桧当即调任万俟卨为监察御史，刑审岳飞，最终促成了死罪。当然，这是后话。

八月仲秋，一年一度的大江秋防即将开始。有朝臣说："往年秋防，三位宣抚使各负其责。今年只是众位统制官在分管一摊，一旦有敌情，谁去实地搓合协调？如果江淮飞檄告急，再等朝廷调遣兵马，怕为时晚矣！"

那么，派哪一位枢密使去江淮前线作秋防布置？赵构与秦桧一商议，说起张俊、岳飞二人议事不一，还是单独派张俊前往吧。这时的张俊，深得赵构信任，已被加封为太傅，赐爵位广国公。

未被公派的岳飞，就让朝臣们看出冷落了。万俟卨见机，一份弹劾状递交到了御史台："伏见枢密副使岳飞，在楚州之时，公然对将佐说，楚州不可守，此言沮丧士气，动摇民心，远近闻之，无不失望。莫不是岳飞想放弃两淮，动摇社稷？"万俟卨除了指责岳飞"楚州不可守"之说，又弹劾岳飞在绍兴八年(1138)对册立皇储的提议，说是岳飞"干预建储"。

要说"干预建储"，尤其武将，罪名确实不小。但赵构知道，岳飞和自己说这话，完全出于忠心。再说，早已时过境迁。看了御史台转呈的弹劾状，赵构淡淡一笑，不以为然。

哪晓得，文臣士大夫圈子，从来不乏议政的推波助澜，御史中丞何铸、殿中侍御史罗汝楫，见了万俟卨的弹劾，怕奏事落后，有失职责，也先后对岳飞提出了弹劾。何铸说："岳飞公然在将佐面前说楚州不可守，实是沮丧士气，有负君望。"罗汝楫说："楚州地处边境要害，是捍敌所当其冲之地，岳飞如此议论，莫晓所谓。"

本就反感岳飞说朝中无事要辞职的臣僚，也跟奏纷纷，说"岳飞回到临安，与士大夫说楚州之事，借口二三，另言理由"。又说"岳飞言，枢密使这官职早晚是要除去，当年某某不愿担任，后来果真撤除。一个枢相，如此说话，岂不误兵枢大事？请圣上早赐处分"。此话中的某某，指王庶。这也是给赵构提个醒,主战的人不能留。

对于这种似是而非的重复弹劾,赵构没有为之所动,也没有为难岳飞。这么多年,岳飞的倔脾气都宽容过来了,眼下收了兵权,更不以为然。

万俟卨见赵构没有态度,又奏:"如果真按岳飞所说,楚州一失守,哪怕斩首岳飞,又有何益?臣以前只知岳飞不主张议和,如今居然说此言语,不知为何?"

弹劾一事不见效,万俟卨又上一事:"伏见枢密副使岳飞,爵高禄厚,志满意得,平昔功名之念,如今却日以颓堕❶。今春,敌寇大入,疆场骚然。陛下趣飞出师,以为掎角,玺书络绎,使者相继于道,而乃稽违诏旨❷,不以时发,以至贻误战机,致使濠州兵失。伏望免去岳飞副枢职事,出之于外,以伸邦宪❸。"

见到万俟卨的这份奏折,赵构虽然仍没表态,内心还是有所触动。是啊,一贯兵贵神速的岳飞,为什么单在这当口儿,一延再延,难道是为了发泄心中的不满,而无视朝廷,无视战事?

这时的朝臣,多是秦桧亲信,见万俟卨接二连三地弹劾,效仿的全上来了。说来说去,集中一点:都指责岳飞说楚州不可守。倒还真没一个臣子,能把赵构心底的些许想法,揣摩透彻。

第六十四章 祸起回易

万俟卨对岳飞"不以时发"的弹劾,还真勾起了赵构心病。想到几次发兵,岳飞若有不同见解,总好说"力疾戒行"。你大将生了病,难道就不能派佐将领兵出行?于是,"楚州不可守"的弹劾,赵构也有点想

---

❶ 颓堕:精神颓废衰怠。

❷ 玺书络绎,使者相继于道,而乃稽违诏旨:玺书,皇帝的诏书。稽违,延误。全句,送诏书的使者相继不绝于道,而他还是延误圣旨。

❸ 邦宪:国家大法。

法了。

赵构和秦桧说:"楚州要地,屏蔽淮东,要是不予巩固,敌虏一旦来犯,建康、常州岂不动摇?如此明了的事,岳飞竟在众将士中倡言楚州不可守,城墙安用修,这不是让久守生厌的将士放弃?难道岳飞是附和日久劳苦的将士,想得到拥戴的声誉?如此,朕这么信赖他,为何焉?"不知是赵构仁厚,还是不想过分难堪岳飞,他没将岳飞往"罪愆"上推。

秦桧躬身,诚恳附言说:"圣上说得极是,岳飞对人之言,乃至于是❶,中外之人❷或未知也。"听秦桧如此说,赵构微微仰了一下头,对岳飞的外表与内心还有哪些过分之事,赵构不感兴趣。大凡他人内心,只能揣度,你秦桧能钻进岳飞肚皮?

赵构本不想对削了兵权的岳飞再有追究,不过,眼下朝臣的弹劾,若是不做表态,他也怕担了失察的闲话,赵构有一点犹豫。

虎落平阳,哪怕不被狗咬,只是群吠,也够烦的。岳飞风闻朝臣的议论,晓得自己历来好犯上抗旨,多有得罪圣上,如今没了兵权,稍不小心,都有挨整的可能。这么一想,还是走的好,岳飞又递辞呈。辞呈先是自贬了一番:"近日繁言沓至,私义奚安❸。欲免累于明恩,理还图于亟去❹。"

在岳飞再一次的辞呈中,离开这是非之地的想法,更为直白:"冀保全于始终,宜远引于山林。"岳飞明白,如不离开,早晚连一个"忠臣"的声誉都保不成了。岳飞这话还真说出了内心的隐痛,他无法把握自己的性格,如此下去,不会有好的结果。

早年有一相面的对岳飞说:"你一旦显贵,好睥睨众人,此猪精之相也,硕大必受害,死非其命。"岳飞属羊,对此说不以为然。但随着仕

---

❶ 乃至于是:甚至于此,比这更甚的还有。
❷ 中外之人:中外,内心与外表。此指表里不一之人。
❸ 私义奚安:私下如何能安心。
❹ 欲免累于明恩,理还图于亟去:要想让圣上的恩德不受牵累,理应立即离开现在的职位。

途升迁，难以接受蝇营狗苟、好睥睨庸官的本性愈显，岳飞感到相面人说的确有应验。东林寺的慧海法师也告诉过岳飞："早点归隐山寺，贫僧已为你留了法号。"这几乎都是一种提醒，眼下，岳飞觉得是到隐退的时候了。

其实，赵构要撤韩、张、岳的枢密院职事，本打算两三年以后。眼下就撤，哪怕能找出缘由，总难免让朝野有"卸磨杀驴"的想法。但岳飞遭了众臣弹劾，又一再提出辞职，赵构只好先委屈他了，多少也给朝臣有个交代。

八月十二日，一份诏书下来，岳飞被免去枢密副使职务，改赐"少保，武胜、定国军节度使，任万寿观使"。要说少保，本就是荣誉加官，无非重申一下。武胜军、定国军节度使，只是荣誉衔，岳飞任了枢密副使以后，也不再兼这空头虚衔。如今枢密副使被免，虚衔重申。

万寿观使，虽是奉祠，倒也是宰执一级的闲职，保持了从一品的俸禄。这要是"提举宫观使"，那就是降职了，可见直到此时，赵构显出的仍是仁厚。

再说，无论"宫观使"，还是"提举宫观使"，东山再起的可能极大。朱胜非、吕颐浩、李纲，都在洞霄宫当过宫观使，战事起来，都将归将位，相归相位。这一点，岳飞应该明白。何况万寿观使并不一定要去万寿观履职，那只是一个虚名。朝廷希望岳飞能身处近郊，或"奉祠"在家，随时"仍奉朝请"，也就是奉召参加朝议、咨询军事。

如果岳飞能就此看破一切，一辞到底，遁入山林，什么体制待遇都不要，去过清苦日子，还真可以避祸颐养，终身无忧了。但岳飞接连写出的辞札，只是要求辞去武胜军、定国军节度使这些虚职，要求去外地宫观"奉祠"。他还是想着君恩，想着社稷，辞职，无非离这是非之地远一点，去衢州、处州那种道宫。洞霄宫虽然条件优渥，却在临安北郊，容易让那些不爽的文臣叨念。

至于岳飞辞去节度使的理由，几近套话，他说："窃以为对国家没有大勋之人，岂容轻易授与。臣以前也曾叨据过，常常担心智术短浅，不称职，更尔冒荣。"这一说，又是得罪人的话语。节度使是虚职，他人也如此，谈不上"智术短浅，不称职"。倒是岳飞说的"顾待遇之愈隆，夙夜以思，虽粉身碎骨，何以图报万一，愧深汗溢"，流露出了他对皇恩的眷念与图报。后来，岳飞悲剧的产生，就在他如此一念之间。

对此，赵构连下了两份"不允诏"："君臣之间，庶几无愧。令弗惟反，又何辞焉。"岳爱卿啊，你我之间，几乎没有互存有愧的事，有何必要非辞去远走呢？这诏书虽是近臣撰写，但其中一句"终始之恩"，仍能看出是赵构的口谕。

朝廷特地还为岳飞"量身"下发了"武胜、定国军节度使，万寿观使奉朝亲制"："岳飞禀资❶肃毅，挺质沉雄，方略得古良将之风，忠勇有烈丈夫之操。"这些词评价岳飞肃穆坚毅、不蔓不枝、傲骨沉雄、忠勇刚烈，确实到位。但"禀资肃毅"几乎就是难以亲近人的代词；"烈丈夫之操"往往是得罪人的脾气。

接下去对岳飞的指责，顺理成章地来了："欻烦言之荐至❷，摘深衅以交攻❸，有骇予闻，良乖众望。朕方记功掩过，事将抑而不扬，尔乃引咎自言，章即却而复上。"

这几乎就是赵构的口气：面对突然而来的烦言絮语，你太不冷静，以往内心的裂痕，全暴露出来了，让人惊骇，令人失望。朕对你岳飞，从来是记功绩，掩过错，抑而不说，过往不扬。可是你往往引咎自言，朕不同意，你的章奏却反复又上。

这是赵构的愠怒，也是告诫。免去岳飞的枢密副使，也就整饬到此，以后谁敢保证没有战事，不起用岳飞？将你岳飞留在京城附近奉祠，本身就是对你的器重，何必喋喋不休再提陈年往事？

赵构又以东汉光武帝刘秀与大将邓禹的关系作了比拟：邓禹曾主动引咎辞职，交出大司徒印章。但惜才的刘秀不仅将印章还给邓禹，几个

---

❶ 禀资：天赋的资质。
❷ 欻（xū）烦言之荐至：欻，突然。全句，突然有烦言絮语接连而来。
❸ 摘深衅以交攻：摘，选取。深衅，感情上的裂痕。全句，以往内心的裂痕全表现出来了。

月后又拜邓禹为右将军。赵构说,我会像刘秀保邓禹那样,自始至终对待功臣。岳飞你也要"无贰色猜情❶"。"奉朝亲制"的最后一句是"朕方监❷此以御下,尔尚念此而事君"。朕正是借鉴这些古例来驾驭属下,希望你岳飞也要依此奉侍君王。话说到这份儿上了,岳飞不再坚持。但从后来的发展来看,祸端并没有因此而止。

留在临安的旧时幕僚如孙革、张节夫、于鹏等,见岳飞奉了祠,晓得为岳飞图远略出谋划也没有大戏了。为了不再授人以柄,幕僚们也都一一辞别岳飞,去外府上任。没被任命的,归去了乡里。临别之前,他们应该会向岳飞进言:眼下这种既想远离是非之地,又想为朝廷继续出力的选择,极不妥当。

赵构指责过了岳飞以后,又示了好,要求临安府尹会同两浙运司,以岳府屋宇不足居住的理由,将钱塘门内后洋街上的岳府再作扩建,让岳飞安心居家奉祠。

从岳飞到临安上任枢密副使,到退任万寿观使,也就四个月。这期间,知道处境不妙的韩世忠,也打过几次辞职报告,赵构都没批准。倒是张俊明白,只要战争的危险存在,枢密院还是要有一名主外的帅,为此他对秦桧言听计从。

这期间,最大的一次战事,是楚州丢了。不过,这倒不是岳飞说不要加固城池的缘故,是张俊决定放弃。因为兀术要想和谈,故意发奇兵占了楚州,挽回一点柘皋败绩的脸面,以增加谈判砝码。三天以后,南宋备兵迎战,兀术又放弃楚州,退到了淮北。

八月仲秋,临安的天气仍不见得凉了多少,桂花开得正盛,岳飞的心却冷了起来。先是湖北转运判官汪叔詹,写了书札给秦桧,说以前岳飞在鄂州,每日仅自置酿造卖酒的钱,就有数百缗。岳飞在襄阳还有一处通货场,所经营的买卖获利颇丰,从不纳税。岳飞被罢免宣抚使以

---

❶ 猜情:猜疑之心。
❷ 监:古同"鉴"。

后，此两项收入都由副都统制张宪主掌，前几日按朝廷要求，才由都统制兼中军统制王贵与张宪同掌，这笔钱约有二千万缗。

二千万缗，相当于二千万两白银。怕岳飞下不了台阶，赵构没在朝议中当众询问，只是派人私下问了岳飞。事后，赵构告诉秦桧："昨日岳飞已对朕认可了此事，只是钱数稍有出入，可见人言不妄也。"赵构要秦桧派军器少监鲍琚前往鄂州，查一下这笔钱，要是不能全部归回朝廷，得其半亦不少，剩下的，岁末也可供军队之用。

一个军器少监外派查账，也是赵构的苦心。鲍琚人缘不错，颇懂得疏通，又精于财赋计算。赵构指望鲍琚出使，在不搞僵关系的情况下，能为朝廷收回一些钱财。赵构说："哪怕回收数百万缗，比之头会敛赋，不知要好出几多，民力何以办此。""头会敛赋"，即按人头"来会"收税钱。赵构这说法，指的是军队做生意，不晓得漏掉了多少税收，黎民那一点临时起意的赋税，根本不可及。

秦桧说："我朝自圣上亲征以来，偶尔有税赋于民，却都是万不得已，至今没有过横征暴敛。圣上朝夕广念诸处蓄备，一旦国家缓急，不待取于民，而军队自足耳。"秦桧这番话，既颂扬了兵权收回以前，征战的赋税，没有过横征暴敛，又恭维赵构如今对粮饷蓄备的处处用心，不惜动用了军队的敛财所得。如此，一旦有了战事，民众少了税负，军中粮饷也不会短缺。

秦桧貌似无意的说话，其实是对岳飞等藩镇弊病的指摘。赵构闻之，频频点头。对于帝王来说，忠臣只能得宠一时，佞臣始终左右逢源。

皇上要查岳飞的经济账，不啻是一个信号，次日就传开了。"夫风生于地，起于青蘋之末"，这最初的涟漪，谁都预料不到结果。

第六十五章　仰天长叹

军器少监鲍琚到达鄂州以后，这一日秦桧从大内回到相府，刚想坐，下人送来镇江枢密行府张俊发来的密札。秦桧从头看到尾，将密札重重往书案上一拍，大叫一声："好一个岳飞，老夫料不到你也有今天！"一屁股坐到太师椅上，把侍女、书童惊得不轻。

张俊这一次到前线巡视，按朝廷部署，要求各军副统制以上将领，分批到镇江枢密行府进见。岳军副都统制兼前军统制的张宪接到信札，怕其中有诈，万一到镇江被无故留下，岳军的统领更容易落入张俊手中。张宪回札说，近期金人有侵犯京西路的可能，希望朝廷让岳飞回来暂且掌兵，我再前来谒见枢相。

张宪没去镇江，都统制兼中军统制王贵就先行前往镇江。王贵和张宪一样，原本都有提举岳军一行事务之职。当岳飞任职枢密副使以后，朝廷任命王贵为原岳军的都统制，岳飞最亲信的张宪成了副都统制。王贵离开襄汉大营去镇江，是八月初。

八月下旬，王贵一回到大营，张宪的副手、前军副统制王俊前来谒见。这王俊并不是岳飞的老部下，而是绍兴三年（1133）从御营司同都统制范琼手下调拨过来的。有人说王俊的性格刁钻，战事中少有功劳，八年来晋升得慢，常怀不满。

王俊一进王贵官署，先要求屏退左右，然后上前一步，递上一封书信。信中说，王贵不在时，张宪想调动兵马，或者提部分兵马，前往临安；或者举军北上襄阳，借此胁迫朝廷放回岳飞，重掌军队。

王贵和张宪，都是岳飞在宜兴时的亲信，但不知出于什么原因，王贵见了王俊的告发信后，居然派快马送往了镇江枢密行府张俊处。又说枢密行府要张宪前往进见。张宪见王贵顺利回来，也无所顾虑，九月初一从鄂州上船，顺大江去了镇江。哪晓得，这一去，张宪再也没有回来。

张俊给秦桧的密札中，有王俊的告发信，还有一份摁了张宪指印的招供。张宪承认岳云给他书信，要张宪率兵赴行在临安，逼迫朝廷派岳飞回归安抚，重掌军队。如达不到目的，再领全军北上襄阳，靠近金国，迫使皇上派岳飞前来抚谕。

秦桧没有想到张俊办事会如此迅速，如此可他心意。坐在太师椅上的秦桧，再一次看了王俊告发信中的一个细节：岳飞在郾城遭十二道金牌撤军后，途中夜息，与张宪、王贵、董先、王俊等众将在村寺中会坐。一直闷闷不语的岳飞忽然仰天长叹："天下事，竟如何！"众人闻声，皆不敢回应。只有张宪徐徐说："在相公处置耳，前去如何，吾等听你的！"张宪是铁心跟岳飞走到底的人，以后怎么走，相公你说，我们都听你的。

次日，并无朝议，秦桧求见赵构。一到内殿，秦桧就将张俊的密札递上。赵构展纸，先读张俊札子，又阅王俊的告发信。半晌，赵构问秦桧："此事可信有几何？"问这话，赵构对王俊的告发信还是心存疑问。不会是你秦桧整岳飞心切，不择手段串通出来的？

秦桧见赵构如此问，回说："这是岳飞部下一副统制王俊的'首状'，此人只是想对朝廷示忠，并无他人教唆。"

赵构闻言，仍是半信半疑，他说："自艰难以来，将士分隶主帅岁月久矣，未尝迁动，使家军之中植根深固。如今才易将帅，正要似膀臂运筹十指，岳飞军中是否有此事，还劳丞相细查。"此时的赵构，内心还是有岳飞一定的地位。不过，仅一句"劳丞相细查"，也见出赵构内心对岳飞，开始没了底。

秦桧是何等的人尖，见赵构凝重，又要再"细查"，当即顺从着说："圣上明鉴，眼下秋防在即，朝廷正要运筹十指之时，此事是要详细、稳妥地询问才是。"

赵构颔首，又徐徐说道："近日兀术遣使递来书信，语言虽有不逊，但议和一事的提出，也是他熟思已久。如今朝廷一统军队，吾强彼弱，足以制其命，彼完全有惧我之意。这正是和议之时，切莫在此时横生出事，爱卿好生处之。"

见秦桧低头称"是"，将要退出，赵构又说："外国不可责以中国之礼，吾中国之礼万万不能乱之。"秦桧明白，赵构不仅说的是两国使者来往中不可怠慢了对方，也透出此时万万要稳定，要保持收了兵权以后的好氛围。

看来，王俊之事无论真假，正是秦桧要示威给诸军看的好机会。不

第十八部　天下事，竟如何

日一早，张宪、董先押到了临安，秦桧先见董先，告诉说："止是一句语言，要尔为证，证了则今日便可出得囹圄。"要董先为证无非二事，一是张宪召王俊时说的话；二是岳飞、张宪在村寺中会坐时说的话。于是张宪、董先被送往了大理寺，到了傍晚，董先走出了那扇画有狰狞狴犴的大门，张宪却被羁留了。

隔日，十月十三，朝议。秦桧出班："张宪已押到行在，请圣上早日下旨，诏岳飞父子证实张宪之言。"赵构闻之，缓缓说："刑所以止乱，若妄有追证，易动摇人心。"赵构说得极严峻，刑讯是用来制止乱臣，若胡乱用来追证，那会动摇了人心。不过，说这话，赵构并没有明确表示不能召岳飞到大理寺作证。他的玉音，也可以理解为不能动刑。

岳飞就这样被杨沂中辗转请到了大理寺，当晚受到了御史中丞何铸、殿中侍御罗汝楫与大理卿周三畏的询问："国家有何亏负，汝要反背！"岳飞当然不服，落地有声地说："飞对天盟誓，吾无负于国家，汝等既掌正法，且不可损陷忠良。若是，吾到了阴曹冥府，也要与汝等面对不休！"

殿中侍御史罗汝楫说："相公既不反，记得游天竺之日，在壁上题曰'寒门何载富贵乎'？此岂不是张楚陈胜❶称王之说！"岳飞仰天长吁："欲加之罪，何患无辞，吾方知既落秦桧国贼之手，使吾为国忠心，一旦都休！"说罢合眼，任审者胡说。直到此时，岳飞还是认为，皇上是好的，他落进秦桧国贼的陷阱了。

大理寺的狱子，本是军中士卒调任，平日里若见岳飞，相当恭谨。此时，用棍杖敲击着地面，要岳飞叉手正立。岳飞只得应诺。当晚，岳飞被羁留在了大理寺狱房。岳飞见狱子斜倚在门框上，以轻蔑的眼神看他，没有一点下人该有的恭敬之状，他长叹一声说："吾曾统领十万大军，今日乃知狱吏的厉害。"

那狱子见岳飞愤慨不平，也开口说道："吾平生总以为岳少保你是

---

❶ 张楚陈胜：秦末，陈胜起事为张楚王，曾说："王侯将相，宁有种乎？"

一个大大的忠臣，故见了你甚是恭谨，岂敢半点怠慢。今日听说你是逆臣耳，有何脸面教训吾。"岳飞说："请问，什么缘由让你如此深信吾是逆臣？"

这狱子也不是简单人，他斜倚门框，徐徐道来："大凡君臣之间不可有疑，疑则为乱。若要是君疑臣，臣早晚得遭诛杀。要是臣疑君，则早晚得设计谋反。如果臣疑君而不反，那肯定要被君疑而诛之。今日君疑臣矣，故送岳少保来大理寺，岂有再放出的道理？岳少保，你死无疑矣！少保若是不死，能出得狱去，那么汝再次被君怀疑，不等入狱，安得不反？"

狱子这一番"若要是君疑臣，臣早晚得遭诛杀"的话，惊得岳飞一身冷汗，自己真不如一个狱子看得如此清晰。难道这是圣上旨意？

早听人说，进了大理寺，本就是定罪在先，至于判定，只是走一个过程。岳飞一双出了冷汗的手掌，捏紧了冰凉的铁栅，他仰天长叹：我岳飞为大宋驰骋疆场十几年，皇上竟是如此待我？事到临头，我怎么仍在想着皇上能为自己澄清事实？眼下，皇上在天，我在地，天壤之别间，我只能与壤土之狱卒争一分晓了，岂不痛煞人也！

秋末初冬，临安十月小阳春，仍有暖风融融。夜空中，只听得一群候鸟正聒噪飞过，那该是最后一批南下的鸟，从肃杀中不畏艰辛飞来，在这暖风尚存的湖山间盘旋，如今该飞走了。万籁俱寂中，它们鸣叫得分外清晰动听，是的，这虽然是南下，北归却已有了定期。

岳飞一仰头，遥望铁栅外天井上空那一抹湛蓝夜色，长叹一声："鸟犹如此，人何以堪！"愤然泪下。

赘言

岳飞是绍兴十一年(1141)十月十三日进的大理寺，仅仅七十六天后，就被处死，时年三十九岁。张宪、岳云均被绑赴众安桥的北瓦，当众斩首。

岳飞的死案，虽然放在中国的任何一个朝代都可能发生，不过，要是追溯起来，死案形成的第一个要点，是一封告密信，即由岳飞的亲信王贵所提交的王俊"首状"。

《宋史》卷三六八《张宪传》："桧与张俊谋杀飞，密诱飞部曲，以能告飞事者，宠以优赏，卒无人应。闻飞曾欲斩王贵，又杖之。诱贵告飞。贵不肯，曰：'为大将，宁免以赏罚用人，苟以为怨，将不胜其怨。'桧、俊不能屈，俊劫贵以私事，贵惧而从。……时又有王俊者，善告讦，号'王雕儿'，以奸贪屡为宪所裁。桧使人谕之，俊辄从。"

《宋史》是元朝丞相脱脱组织史官，以史料为据，撰写的。这段文字说：秦桧与张俊想谋害岳飞，先是秘密诱使岳飞的部下，谁能告发岳飞，立即擢升、重赏，但无人响应。听说王贵曾经因作战退却，差点遭到岳飞斩杀，秦桧指使人引诱王贵告发。王贵不肯，他说：作为大将，对部下的使用，免不了赏罚，这要是都成为怨恨，那怨恨就不胜其多了。

秦桧、张俊见不能使王贵屈从，便拿出已经掌握的王贵把柄，再次迫王贵就范，王贵害怕，只得答应。岳军副统制王俊，一贯以告发他人隐私为能事，绰号"王雕儿"，即奸诈贪婪之人。王俊几次被张宪制裁过，秦桧派人告诉王俊计谋，诱以富贵，王俊答应。

至于王贵，秦桧与张俊掌握了他什么把柄，几乎是一个历史谜团。如果从朝廷派军器少监鲍琚调查原岳军的钱、谷账来看，王贵或许是这方面被抓到了短处。所以，也有史料说，王俊"首状"最初是交予鲍琚的。

于是，案子的第二要点出来了：王贵与王俊，是什么时候被秦桧、张俊所收罗？读史料，有以下一二。

《建炎以来系年要录》卷一百四十一中，绍兴十一年（1141）九月癸卯（初八）所载有引注一条："时，统制官等各以职次高下，轮替入见。宪身为鄂州大军副都统制，于九月初一日，起发赴枢密行府。王贵之入见，应早于张宪，而在七、八月间。"可见，王贵早于张宪入见张俊时，有被秦桧、张俊胁从的可能。而在同时，王俊也被张俊派来的人拉落了水。

第三个要点是：张宪怎么会在"招供书"上摁的指印？

《宋史》卷三六八《张宪传》："桧、俊谋，以宪、贵、俊皆飞将，使其徒自相攻发，因及飞父子，庶主上不疑。（张）俊自为状付王俊，妄言宪谋还飞兵，令告王贵，使贵执宪。宪未至，俊预为狱以待之。属吏王应求白张俊，以为枢密院无推勘法。俊不听，亲行鞫炼，使宪自污，谓得云书，命宪营还兵计。宪被掠无全肤，竟不状。俊手自具狱成，告桧。"

这段文字说：秦桧、张俊合谋，认为张宪、王贵、王俊都是岳飞部将，要是使他们互相揭发，涉及岳飞父子，赵构几乎不会怀疑。张俊将写好的"首状"交给王俊，妄说张宪图谋要岳飞回来掌兵权，要王俊向王贵告发，让王贵抓捕张宪。

张宪还没到镇江枢密行府时，张俊已经准备好了刑讯、狱房。属吏王应求告诉张俊，枢密院没有审讯将领的法律依据。张俊不听，亲自严刑逼供张宪，要张宪承认得了岳云书信，实施还岳飞兵权行动。张宪被打得体无完肤，不承认。张俊乘张宪昏迷，在写就的"招供书"上加摁张宪指印。

《宋史》成书于元至正五年(1345),这一段张宪被王贵绑缚送去镇江的文字,应该来自《三朝北盟会编》卷二〇六:"都统制王贵赴镇江府,诣枢密行府禀议,方回鄂州,前军副统制王俊以其事告之,贵大惊。诸统制入谒贵,贵遂就执宪,送于枢密行府。"

《三朝北盟会编》刊书于绍熙五年(1194),此稿初成时,应该更早。采用的资料,并没有王俊的"首状"原文。王贵与张宪,当时虽有"都统制"与"副都统制"之分,但岳飞不在之时,都能行使"提举一行事务"之职,王贵没有当众捆绑张宪的可能。

南宋史学者王明清(1127—约1214)的《挥麈录》有王俊"首状"原文,说到张宪被捕,文字如下:"九月初一日,张(宪)太尉起发,赴枢密院行府,(王)俊去辞。张太尉道:王统制,今日以后,你后面粗重物事处理了,着我去后将来必定一起行事(指发兵一事),这灒(烦)事一处你收拾,等我来叫你重念(实施心中的打算)。"

这段文字,王俊说到张宪被捕的时间,是去镇江枢密行府之后,而并非王贵所执并押送。王明清所看到的这份"首状",从时间和口述者来看,更接近事实。

第四个要点:王俊的"首状"究竟说了一些什么?会促使赵构如此痛下狠心,同意抓捕岳飞。

对这问题,王明清也很迷惘,他一度通过当时的尚书郎仲贯甫,前往大理寺查找岳飞的案卷。据寺吏说,张俊与韩世忠死后,为了能在太庙中得到大祭的功臣配飨资格,后裔有过竞争。为此,张俊后裔厚赂了当时的大理寺主管,取走案卷,目的是不让后人知道张俊做过这桩无德的事情。

说这话,是在赵构禅位给赵眘(即孝宗)的前夕,也就是绍兴三十二年(1162)七月十三日,"三省同奉圣旨"下达省札"追复"了岳飞原官。不久,岳飞平反昭雪,又"以礼改葬"。张俊加害岳飞的事要是败露,他根本没有资格进太庙配飨。

不明不白地杀了,又皇恩浩大地平反了,岳飞的后代歌功颂德,张俊的后裔心存罪疚,大理寺的原案卷因此被毁。这一切,似乎一阵风吹过,看在太上皇赵构的面上,大家不再追究。

好在王明清有史学者的求真之心,绍熙三年(1192),他在宁国府(现安徽宣城)的王俊老家中,得到了"首状",也就是"王俊首岳侯状"原件抄本。

"首"是告发,"岳侯"是对岳飞的尊称,王俊如此称呼岳飞,也说明他心存后怕,万一扳不倒岳飞,他是要倒大霉的。

对这份"王俊首岳侯状"的文字,王明清认为"甚为鄙俚"。为啥?王明清认为这"状"写得太粗劣,不过,他还是没有更改一个字。

以下引用王俊的原文,为了便于阅读,作了分段和注释,加了标点。某些古涩的语词,也译为了今文。

左武大夫果州防御使,差充京东东路兵马钤辖,御前前军副统制王俊,右(见文):

俊(我)于八月二十二日夜二更以后,张宪太尉派奴厮儿庆童,来请我去说话。俊到张太尉衙署,门外请虞候兵禀报。俊进了衙署,到后园莲花池东面一亭子,看见张太尉与和尚何泽点了蜡烛,对面席地而坐在说话。俊到时,何泽并没有与我相作揖,却往灯影黑处默默走去。俊在张太尉前唱喏问候、坐下,张太尉不作声。

过了小一会,张太尉问俊:你早睡也,那你睡得着?俊道:太尉,有甚么事睡不着。张太尉道:你不知自家相公得出也(岳飞任万寿观使后曾要求离开临安)。俊道:相公(岳飞)得出哪里去?张太尉道:或衢州、婺州。俊道:既得衢州、婺州则无事也,有甚么好烦恼的。张太尉道:恐怕朝廷有后续的命令。俊道:后续命令又如何?张太尉道:你不懂,我与相公从微(初时)相随,相公一旦不被信任,朝廷必然会连带怀疑我们。朝廷如此翻覆,如果现在要我去(行府),我肯定是回不来了。

俊道:以前我也是与范(琼)将军从微相随,最终被任命右军统制同提举一行事务。范(琼)获罪被朝廷赐死,但我王俊心怀忠义,朝廷也没有赐罪于我,太尉不须别生疑虑。张太尉道:我再告诉你,我相公(岳飞)处有人来叫我救他。俊道:如何救?张太尉道:我这里人马一动,就能救他。俊道:人马一动,似什么意思?张太尉道:先将人马老小全都移扎襄阳府,然后驻扎在那不动。朝廷得知后,必定会派岳相公来弹压抚谕。

俊道:太尉千万不得动人马,若太尉动人马,朝廷必定怀疑岳相公,越是要加彼罪也。张太尉道:你不懂,如果朝廷派岳相公来时,便是我救他也。若朝廷不肯叫相公来时,我就分布人马,据守襄阳。俊道:我军人马众多,如何起发?张太尉道:先掳劫舟船,尽量装载步人老小,命令马军陆路前去。俊道:国家患难,才且消停,太尉三思。

张太尉道:我准备做,你先安排着,待我叫你下手做时,你便听我言语。俊道:恐军中不伏(服)者多。张太尉道:谁敢不伏。傅先道:我不伏。(作者按:从这一句看,傅先当时应该在场,是说完这话离去的。)

俊道:傅(先)统制慷慨之人,丈夫刚气,必不肯伏。张太尉道:待有不伏者,剿杀。俊道:这军马做甚名目起发?张太尉道:你问得对,我假做一件朝廷札书下发,必须叫人不疑。俊道:太尉去襄阳府,后面张相公(张俊)遣人马来追袭如何办?张太尉道:必不敢来赶我,待他人马来到这里时,我已到襄阳府了也。俊道:如到襄阳府,张相公必不肯休,继续前来收捕,如何?张太尉道:我又何惧。

俊道:若番人(金兵)打探得知,必定来夹攻太尉,南面有张相公人马,北面有番人,太尉如何处置?张太尉冷笑:我别有道理,等我这里兵马才动,先派人送书信去与番人。万一我等支吾不前(临时不利),叫番人发兵马助我。俊道:我诸军人马老小(眷属)数十万,襄阳府粮草如何够?张太尉道:这里粮食尽数着船装载前去,鄂州也有粮,襄阳府也有粮,可吃得一年。

俊道:怎么说,这里有数路漕运应付钱粮供应,尚有不继的日子,襄阳那些小地方,一年以后无粮怎么办?张太尉道:到襄阳后一年以外可去别处转动军队筹粮,番人见状必退。我迟则迟动,说动也是极快,你安排起来。张太尉又道：我前军如果一动，不知背嵬军、游奕军伏不伏我？俊道：估计不伏的多。

张太尉道：姚（政）观察使，背嵬军的王刚、张应、李璋伏不伏？俊道：不知如何，明日来聚事厅议事时，我说你请姚观察、王刚、张应、李璋去你衙里吃饭。我会说，张太尉一夜不曾得睡，他知道相公（岳飞）出走，恐有后事，若是诸军人马不稳定，叫他怎生处置。反正我王俊要我东则东，随他，我又不是都统制，朝廷也不曾有文字交我。我王俊说这话，看他们怎么个反应。

太尉与俊聊至三更后，俊才归回到家。

次日天晓，二十三日，一早，众统制官到张太尉衙前，张太尉没有坐衙议事，俊叫了姚（政）观察（使）于教场内亭子西边坐地，姚观察（使）道：有甚事，大哥？俊道：张太尉一夜不曾睡，知道相公（岳飞）得出，烦恼至极，叫俊来问观察（使）如何。姚观察（使）道：既相公（岳飞）不在时，张太尉管军事，一切都由张太尉指挥也。俊问姚观察（使）道：将来诸军乱后，如何？姚观察（使）道：与他（帮他）弹压，但不可交乱，恐坏了这军人马。你帮我复知太尉，缓缓地（不要冲动），且看国家患难的面上。

俊与姚观察（使）说完此话，各自散去，更不曾说张太尉所言移兵襄阳的事。俊后来去见张太尉，张太尉道：昨夜所言事怎么样了？俊道：没去请王刚等人，只是与姚观察说完话就来回复你。

太尉道：我担心兵一旦骚乱以后，不可不弹压，游奕军管束得整齐，到时候就怕他（姚政）会不从。太尉又道：既然姚观察（使）卖弄他游奕军人马整齐，我得更稳妥一点行事，你先安排着。俊便唱喏出来，自后不曾说话。

九月初一日，张（宪）太尉起发，赴枢密院行府，（王）俊去辞。张太尉道：王统制，今日以后，你后面粗重物事处理了，着我去后将来必定一起行事。这懑（烦）事一处你收拾，等我来叫你重念（实施心中的打算）。

俊原本在东平府雄威军的时候，曾经因为军中缺粮，受了诸营兵士的鼓动，准备参与抢劫府属粮库。当晚俊想到拿了朝廷俸禄，不敢辜负于国家，又不忍弃老母，于是到安抚司告首，奉圣旨降迁为本营副都头。后来金人侵犯中原，俊跟从军旅，在京城下与金人相拼，被金兵一箭射中口内，射落二颗牙齿，奉圣旨特擢升为了成忠郎。后来又立战功，转至如今的官阶。

俊全尽节操，仰报朝廷，今张太尉结连俊起事，俊不敢负于国家，欲伺机赴枢密行府，面覿张（俊）相公前告首。但又怕都统（制）王（贵）太尉一旦面临起事背叛，临时力所不及，使我王俊陷于不义，俊已于初七日面复都统王太尉，纳状告首。以上如有一事一件分毫不实，乞依军法施行。……谨具首状，披告，伏候张（俊）相公指令。

以上是"王俊首岳侯状"全文，说到"首状"交予的第一人，是王贵。但《宋史》卷二九《高宗纪》，说到"首状"的交予，最初是鲍琚。如前所述，《宋史》在转述史料时，略有差误。《挥麈录》的成文与"首状"的发现，更具可信度。

不过，明眼人一看，"王俊首岳侯状"，题目与内容不尽相符。题是"首岳侯状"，内容是告发张宪。岳飞是否真的通过岳云捎信，要张宪相救，完全无来由。王明清认为，单以王俊"首状"，定岳飞罪，是"诬证"。

那么，赵构究竟有没有旨意要大理寺勘审岳飞，又是根据什么"罪行"，按什么刑律，来判定这案子？

绍熙四年（1193），王明清来到临安，继续寻访此案线索。功夫不负有心人，在当年发落岳飞的一叠来往省札中，王明清终于得到了岳飞案卷的全部抄本。

抄本有绍兴十一年十二月二十九日（1142年1月27日）刑部、大理寺的判决状。一开首，有"奉圣旨，就大理寺置司根勘"一句。也就是说，大理寺的"三堂会审"，是经赵构同意，设立一个"司"的，专用来"根勘"，即彻底查清岳飞案子。这个"司"，按大宋"承诏置推"的说法,也称"制勘院"。

王明清从头看到尾,以文案者的功底,得出这份判决状"皆一时锻炼文致之词,然犹不过如此"的结论。也就是,该"状"的文字,是刑讯逼供下,经狱吏一支笔,如同锻铁,反复打造而成。王明清明确说:"飞之冤可见矣。"

那么,岳飞的案子,以什么定的罪?王明清对案卷进行了仔细梳理,找出几条"定罪"依据:

一、岳飞说过,我与太祖一样,都是三十二岁成为藩镇一方的节度使。此话被指为有觊觎"乘舆"之心,也就是有窃取皇位的想法。因为赵匡胤能发动陈桥兵变,篡夺后周皇权,就是因为他当了节度使,手握重兵。

二、岳飞有十五次受了"庚牌",没有当即出师。庚牌,就是兵符、虎符,皇帝调兵遣将的凭证。凡是大将,一旦得到发兵的庚牌,应该立即照办,但岳飞拖延。那么,当初为什么不追究?因为"将在外,君命有所不受"。如今,不说你抗拒诏命,也属于"坐观胜负,逗留不进",致使他军兵败。

三、濠州一仗以后,张宪、董先向岳飞询问淮西战况,岳飞说:"都败了回去也。"又说:"张家韩家,你等只将一万人,就踏踏了。"这就是坐视他军兵败的佐证。

四、指使旧时亲信孙革写书信给张宪,"令措置别作擘画❶,又令看讫焚之。又令张宪虚报四太子大兵前来侵犯上流"。

但孙革写信如果确实,也只能认为岳飞是想重返襄阳前线,要张宪找一点理由,不存在岳飞谋反。所以,"令措置别作擘画"的措辞也较含糊。

那么,最终是按什么律例处死岳飞?两条。

一是"指斥乘舆,情理相切害者"。此判定相当"切害"(厉害),尤

---

❶ 擘画:筹划。

其藩镇一方的大将，按大宋刑律，当"斩"。

二是"有临征讨（有征讨令下达），稽期（按要求日期滞留）三日者"，按大宋刑律，当"斩"。

大理寺依据上述二"罪"，决定岳飞"重杖处死"，也就是重杖打死。

注意，王俊"首状"中所谓岳云策划"谋反"，最终查无此事。要知道，岳飞正是因为涉及"谋反"案，才被"请到"大理寺审勘的。审讯了两个月，"谋反"不能成立，却以"指斥乘舆""逗留不进"两"罪"，要了岳飞性命。可见，这是先抓，后行刑逼供定的。

牵涉此案的张宪、泽一（僧人何泽）、岳云、孙革等八人，初审中只有张宪"罪行"最大，大理寺判定"绞"刑处死。

岳云是什么"罪"？只是"写咨目与张宪，称可以得心腹官兵商议擘画，因此致张宪谋叛"。"写咨目与张宪"，也就是给张宪写出心腹校士之名，以供联络商讨。大理寺为此判定岳云"徒三年，追一官，罚铜二十斤"。"徒三年"，即关押三年；"追一官"，降一官阶；"罚铜二十斤"，以仅次于金银的铜，作罚。这也是说，大理寺认定岳云并非大罪。

对于泽一、孙革等六人，各是"夺官""罚铜""决脊杖""流放"不等。以上判定后，大理寺呈报朝廷，"取旨裁断"。也就是上呈皇帝，听候旨意，最终判决。

皇帝赵构最终判决："有旨：岳飞特赐死。"

"赐死"，就是不重杖致死，不斩首、不当众、给一个全尸。也算是赵构看在岳飞血汗之功的分儿上，开的恩。这也看出，在赵构的内心，完全没有恨到要将岳飞"重杖处死"。岳飞并非文臣，一重杖就会毙命。岳飞练武出身，极有可能"重杖"得血肉模糊、残缺不全，才会毙命。至于岳飞是怎么被"赐"死的，是佳肴毒酒，还是黄绫勒死？无文字记载。

对大理寺上报"绞"刑处死的张宪，"徒三年，追一官，罚铜二十斤"的岳云，赵构的最终判决又如何？

一贯宅心仁厚的赵构，露出了内心的另一面，即最为狠毒的杀心。朱批："张宪、岳云并以军法施行，令杨沂中监斩，仍多差兵将防护。"

既然岳飞不存在谋反，那岳云、张宪也不该是死罪。况且，大理寺给张宪是一个全尸的"绞刑"，给岳云更是一条"徒三年"的生路。为什么赵构如此狠毒，尤其对岳云，定了如此天壤之别的判决？用杀一儆百，几乎无法回答。

可见，此答案只有一个：比赵构年轻的岳云，只要留下，极有可能会成为掀翻赵宋江山的主角。

对岳飞与张宪家属的处理，赵构亲自批示："分送广南、福建路州军拘管，月具存亡奏闻。"令杨沂中、王贵等"多差得力人兵，防送前去，不得一并上路。岳飞、张宪家业籍没入官"。

"不得一并上路"，即分开押送岳、张两家。思虑缜密的赵构，怕押送途中会生出乱子，在赵构心里，岳军的部下、主战的将士，依然分量很重，外在危险不得不防。王贵一类的趋势附利者，既然能背叛主子，同样也会背叛别人。

"家业籍没入官"，就是所有产业、田地抄没归入官府。岳、张家属怎么生活？"日赈米钱，以活其命"，即由当地官府按吃救济粮的难民标准，给予活命。

那是春末夏初，南方多雨，岳夫人李氏，儿子岳雷、岳霖由杨沂中和临安知府俞俟负责押送。张宪家属由王贵和湖北路转运判官汪叔詹负责押送，分开日子，出了临安。按大宋刑律，重犯发配去五岭以南，只能步行。于是，岳、张两家眷属，出了临安城钱塘门，一路越山而去。

两拨"人犯"翻山越岭、风餐露宿，走到了第二年春末，才到达福建路，其中皆有老幼病弱。可见，能走完这一程险山恶水，押送者的恻隐护佑也有。这年十月，朝廷又下诏令，转押张宪眷属，分送到广东的封州、程江和福建的兴化军居住。

分别押送岭南，分地拘管，并要当地每月向朝廷奏报拘押人的死亡、缺失情况。赵构为什么要如此费尽心机，应该是他想确切地知道，在多瘴疠之气的岭南,被流放的岳、张后代,能否病故、消亡。可见,对岳飞这桩冤假错案,赵构还是心存惧怯,怕后代有死灰复燃的可能。

《建炎以来系年要录》说到这一段,提及诏令中附有小帖子一张:"出榜晓谕,应缘上件公事干涉之人,一切不问,亦不许人陈告,官司不得受。"也就是说,此案所涉家属,当地谁也不能过问,谁也不能出手拯救。

要说赵构的思虑缜密、细谨,还体现在另两个人身上。一个是签书枢密院事、御史中丞何铸,一个是光山军节度使、享受开府仪同三司荣誉衔的同判大宗正事、齐安郡王赵士㒟。

何铸,浙江余杭人,老臣,一开始,他跟了万俟卨弹劾岳飞。到了他主持鞫讯,听岳飞申诉,又见岳飞背上"尽忠报国"刺字,何铸就当了秦桧面为岳飞喊冤。秦桧告诉何铸:"此上意也!"这是当今皇上的意思,难道你老何还搞不清楚!何铸依然固执己见:"铸岂区区为一岳飞者,强敌未灭,无故戮一大将,失士卒心,非社稷之长计!"何铸说,我并非为岳飞个人,我是为大宋啊!秦桧当即撤了何铸,换万俟卨当了御史中丞,岳飞才"被"坐实死罪。

朝中臣僚见何铸落势,纷纷弹劾,要将何铸"远窜遐荒,使与同恶之人均其废放"。也就是同岳飞、张宪家属一样,发配五岭以外的蛮荒之地。"帝不允",赵构没有同意,还给了何铸一个"秘书少监"的俸禄,到临近临安的徽州居住。可见,对于文臣士大夫,赵构还是网开一面。

宗室赵士㒟为岳飞的案子,就属于公开叫板了,赵士㒟称:愿以所有眷属"百口性命",担保岳飞无罪。对此,落井下石的弹劾者也有,赵构同意贬赵士㒟去往福建建州拘管。但赵构明白,士㒟没有错。赵构的内心,或许也有被煎熬与拷问的一面。

赵士㒟临走之前,"上赐手札慰问,且以白金千两赐之"。"上"就是赵构,"白金千两"不知是白银、黄金各一千两,还是仅仅银子一千两,但赵构的心意是到了。毕竟,岳飞案走到了这一步,赵构心中并非无愧。至于手札写的是什么,史书没有记载。但从赵士㒟在建州的"宾客日盈其门，谈论之间，无不诋讪时政"的当地邸报来看，手中有赵构手札的赵士㒟，确实有恃无恐。

当然，期盼战乱结束的庶民，对朝廷"岳飞谋反"的宣传持支持态度的有，且成为主流。但选择反对的也有，这些人往往知晓案情，如大理寺卿周三畏，大理寺丞李若朴、何彦猷，都公开向秦桧、万俟卨叫板，说岳飞的罪最多只能判二年徒刑。当然，他们都被贬了官，外放去了他州。

此外，临安的刘允升、剑州的范澄之、汾州的智浃，以及原岳飞部的裨将、小校，对岳飞案的反对，都被史册所载。尤其刘允升，在皇宫门外边敲打门扉边喊冤，军士来了也不逃，坐等"极典"戮杀。

受岳飞案牵涉的官员，多达四十余名。如曾经的幕僚，无论擢升到了何处，都被一一彻查。除了薛弼曾在秦桧贬放永嘉时与之有过交往，幸免以外，其他如李若虚、朱芾、张节夫、于鹏、孙革等十余人，全被罢黜、逐放。朝中被弹劾夺官的也有，如张戒、刘洪道、王良存等二十余人。

已看破世态，沉溺湖山的韩世忠当面责问秦桧："岳云与张宪的书信在哪里？"秦桧有恃无恐地说："飞子云与张宪书信虽不明，其事体莫须有。""韩世忠怫然曰：'相公言莫须有三字，何以服天下乎！'"

"莫须"，是宋时常用的口语，"莫须有"就是"岂不须有"，一种有恃无恐的语气，"难道没有吗？"

以上对话，载《建炎以来系年要录》绍兴十一年十二月"癸巳"条。"癸巳"，即十二月三十日，是岳飞被害的第二天。"澧泉观使"韩世忠第一时间得知岳飞被害，相当愤怒，当然，他不清楚定岳飞死罪的依据是什么，责问得也不得要领。此时的秦桧，不屑一顾：没有整你韩某，已经很不错了。

岳飞被害，金人第一反应是"两国和议自此可以坚固矣"。因战争而疲惫的金国，怕的就是岳飞的存在，怕的就是武将的强势。金人为此喝酒庆贺，开始懂得享乐的他们，也不想再浴血奋斗了。

杨沂中后来被赵构赐名杨存中，又擢升为"王"，这不仅是因他在岳案中备受赵构的青睐，也是因他在文臣士大夫面前始终恭谨有致。元人写《宋史》时，名声显赫的"杨存中"不但没有单独列为一"传"，就是在四人一"传"中，"杨存中"也是被排列在了李显忠的后面。看来，元人也有见识。

我曾在梦中穿越到了南宋，觐见赵构，我启奏：

陛下，岳飞对南宋有再造之功，你为什么非要置他于死地？难道你不知道是秦桧、张俊的党同伐异？这些年来，你也明白岳飞的脾气，他是报国不成积下的怨恨。要说岳飞不对，也是你惯的。如今天下无战事了，你就卸磨杀驴？

赵构勃然大怒：哪来狂徒！秦桧、张俊是有过分之处，但削兵权归朝廷，是朕的决定！朕不能功亏一篑，让大宋兵马听令他人！

我说：你已经削了诸将的兵权，就算岳飞心中有隙，也没了谋反的本钱。你杀了他，不怕苍天有眼，祸及赵宋后人？再说岳云年少，大理寺都定他"徒三年"，你怎么狠心斩首？

赵构窜天猴似的站了起来，全然没了斯文：大胆，放肆！我要是宽释了岳飞、岳云，他父子能忍，手下人能忍吗？你小子保证他们不反？

我说：你斩了忠良，抑了武运，南宋气数已尽！

赵构狂怒：杨存中！将这小子架出去！

我以为架出去砍头，大叫：老子就是不服！

这一惊，我出了梦境，身有微汗。又听手机的音频仍在喋喋不休播放，应是做梦的"诱饵"，赶紧关闭。

主要参考文献

（宋）岳珂编，王曾瑜校注：《鄂国金佗稡编续编校注》，中华书局1989年版。

（宋）李心传撰，辛更儒点校：《建炎以来系年要录》，上海古籍出版社2018年版。

（宋）李心传撰，徐规点校：《建炎以来朝野杂记》(甲集、乙集)，中华书局2000年版。

（宋）徐梦莘：《三朝北盟会编》(影印本)，上海古籍出版社2019年版。

（宋）赵鼎撰，李蹊点校：《忠正德文集》，上海古籍出版社2018年版。

（宋）确庵、耐庵编，崔文印笺证：《靖康稗史笺证》，中华书局2000年版。

（宋）庄绰：《鸡肋编》，中华书局1983年版。

（宋）周淙：《乾道临安志(附札记)》(丛书集成初编)，中华书局1985年版。

（宋）王明清撰，田松青校点：《挥麈录》，上海古籍出版社2012年版。

（宋）叶绍翁撰，沈锡麟、冯惠民校点：《四朝闻见录》，中华书局1989年版。

（宋）吴自牧：《梦粱录》，浙江人民出版社1984年版。

（宋）灌圃耐得翁：《都城纪胜》，收于《南宋古迹考》(外四种)内，浙江人民出版社 1983 年版。

（宋）四水潜夫：《武林旧事》，浙江人民出版社 1984 年版。

（宋）脱脱等撰：《宋史》，上海古籍出版社 1986 年版。

（宋）脱脱等撰：《金史》，上海古籍出版社 1986 年版。

（明）田汝成著，陈志明校：《西湖游览志余》，浙江人民出版社 1980 年版。